**Direito à Felicidade**

# Direito à Felicidade

2017

Saul Tourinho Leal

**DIREITO À FELICIDADE**
© Almedina, 2017

Autor: Saul Tourinho Leal
Diagramação: Almedina
Design de Capa: FBA.

ISBN: 978-858-49-3232-0

Dados Internacionais de Catalogação na Publicação (CIP)
(Câmara Brasileira do Livro, SP, Brasil)

---

Leal, Saul Tourinho
Direito à felicidade / Saul Tourinho Leal. –
São Paulo : Almedina, 2017.
Bibliografia
ISBN: 978-85-8493-232-0
1. Brasil - Direito constitucional 2. Dignidade humana 3. Direitos humanos 4. Felicidade I. Título.

17-06754      CDU-342.7

---

Índices para catálogo sistemático:

1. Direito à felicidade : Princípios constitucionais: Direito 342.7

Este livro segue as regras do novo Acordo Ortográfico da Língua Portuguesa (1990).

Todos os direitos reservados. Nenhuma parte deste livro, protegido por copyright, pode ser reproduzida, armazenada ou transmitida de alguma forma ou por algum meio, seja eletrônico ou mecânico, inclusive fotocópia, gravação ou qualquer sistema de armazenagem de informações, sem a permissão expressa e por escrito da editora.

Agosto, 2017

Editora: Almedina Brasil
Rua José Maria Lisboa, 860, Conj.131 e 132, Jardim Paulista | 01423-001 São Paulo | Brasil
editora@almedina.com.br
www.almedina.com.br

"A aspiração à justiça está tão profundamente enraizada nos corações dos homens porque, no fundo, emana da sua indestrutível aspiração à felicidade."

Hans Kelsen

*Rebeca Drummond de Andrade,
você é a minha felicidade.*

# AGRADECIMENTOS

O primeiro agradecimento vai para o meu orientador de doutorado na PUC/SP, Marcelo Figueiredo. Foi em sua disciplina, Tribunais Constitucionais e Direitos Fundamentais, que esse trabalho nasceu. Diante das demonstrações de importância da jurisdição constitucional nesse início de século, tive a oportunidade de pensar as raízes do constitucionalismo e isso não teria sido possível sem o contato que tive com o professor Marcelo, a quem saúdo e agradeço, de todo o coração.

Obrigado, ainda, Carol Graham, por ter me recebido em seu escritório em Washington, durante a temporada em que estive na Universidade Georgetown, como pesquisador visitante, aprofundando a investigação sobre as raízes da conexões entre a felicidade e o constitucionalismo contemporâneo. Carol Graham é uma pesquisadora de vasta qualificação e ocupa posto de destaque na Brookings Institution. Ela, assim como outros estudiosos, tem se dedicado a mensurar a felicidade das sociedades e a questionar se isso poderia, ou não, servir de referência para processo público de tomada de decisão de impacto coletivo. Essa fileira é integrada por Richard Earterlin, Richard Layard, Amartya Sen, Bruno Frey, Cass Sunstein, Martha Nussbaum, Derek Bok, Daniel Kahneman, Daniel Gilbert, Ronald Inglehart, Alois Stutzer, Michael Sandel, entre outros, que abordam o tema segundo suas áreas de formação.

Há também os colegas que leram capítulos desse livro, fornecendo-me suas valiosas impressões a respeito. São eles: Antônio Monteiro, com quem tratei da parte filosófica; Renato Caumo, que, da faculdade de direito de Georgetown, fez considerações a respeito das implicações do assunto junto à jurisdição constitucional; e João Rafael Gândara de Carvalho, mestre em Direito pela UERJ, que dividiu impressões acerca da possibilidade de ponderação entre bens constitucionalmente protegidos, visando à maximização da felicidade. Esses três colegas, mesmo diante de toda a escassez de tempo, dedicaram atenção a trechos da obra, fornecendo-me críticas.

Também merecem agradecimentos os amigos Celso Cintra Mori e Vicente Coelho Araújo. Com Celso, pude discutir a respeito do caráter substancial do direito à felicidade, observando as considerações oportunas que me fez objetando a dificuldade conceitual de tal direito e as inúmeras restrições ao seu suporte fático, impossibilitando sua confrontação pelo Judiciário. Vicente, por sua vez, fez uma revisão do último capítulo, tratando dos danos hedônicos que, nesse livro, contaram com a chegada, também, do chamado "dano existencial", que começa a ser discutido e concretizado pelo Judiciário, notadamente o trabalhista. Cheguei a revisitar alguns pontos cruciais do capítulo depois de discutir potenciais imperfeições lançadas na versão inicial. Agradeço a Celso e Vicente por me honrarem com seus comentários e indicações.

Gostaria de lembrar de Celso Campilongo e Luiz Guilherme Arcaro Conci, que participaram da minha banca de doutorado na PUC/SP. Sua solidariedade trouxe engrandecimento intelectual ao trabalho. As considerações que fizeram foram dignas da minha atenção e representaram mudanças em várias partes do trabalho.

Merece agradecimento, ainda, o amigo Rafael Freitas, com quem conversei a respeito da tese e de quem ganhei livros. Desde o primeiro momento, Rafael se dispôs a trocar ideias e a indicar materiais teóricos que dariam suporte à pesquisa.

Também a querida Ophelia Drummond de Andrade Müller que, com sua biblioteca sobre temas relativos à história, forneceu-me vasto material para o capítulo sobre a Independência do Brasil e suas conexões com o direito à felicidade.

A Leonardo Marques, companheiro de doutorado na PUC/SP, agradeço pelas impressões que dividiu comigo quanto aos problemas metodológicos do capítulo voltado para a felicidade coletiva como consequência da decisão judicial.

Devo agradecer ao amigo Thiago Jabor. De Harvard, ele fez críticas à parte da escola utilitarista, propiciando um importante refinamento nesse ponto e ilustrando fragilidades que meu raciocínio e exposição apresentavam.

Por fim, um agradecimento mais do que especial a uma pessoa que caiu de paraquedas nessa obra, mas que desempenhou um papel dos mais importantes para a elaboração do trabalho. Falo de Rebeca Drummond de Andrade. Não foram poucas as revisões que ela fez sobre o texto. Além disso, durante meses e meses, ela se viu diante do desafio de conversar a respeito do direito à felicidade. Rebeca virou noites lendo os originais, em voz alta, para que localizássemos imperfeições, que não eram poucas. Eu não poderia deixar de registrar toda a devoção demonstrada por ela na construção desta obra. A sua grandeza intelectual e capacidade de trabalho imprimiram um ritmo a essa tese sem o qual certamente o trabalho não teria, sequer, sido concluído. Fica fácil constatar que, de fato, se há vários caminhos para a felicidade, um deles há de ser o amor. Começamos esse trabalho como namorados. Terminamos como noivos. Hoje, ela é minha esposa, e eu, o seu marido. Obrigado, Rebeca, por tudo.

A vida que escolhi viver não é perfeita. Ela é real e sempre enfrenta dificuldades, provações ou frustrações. Mesmo assim, nada jamais me impediu de, no limite nas minhas possibilidades, contribuir com a comunidade usando os instrumentos que tenho, ainda que seja, nesse caso, uma tese que traz, em seu cerne, o sentimento sobre o qual a humanidade tem se debruçado há tanto tempo: a felicidade. Penso que sonhando e trabalhando nós nos mantemos vivos. E, vivos e ativos, nós mudamos o mundo.

# SUMÁRIO

1. A FILOSOFIA E A FELICIDADE — 25
   1.1. Alguns filósofos — 25
   1.2. Sócrates: vida feliz é a vida virtuosa — 30
   1.3. O Hedonismo: satisfaçam os vossos desejos — 32
   1.4. Platão: a felicidade na harmonia — 34
      1.4.1. As críticas de Karl Popper a Platão — 39
   1.5. Aristóteles: a felicidade na atividade — 42
   1.6. O Epicurismo: prazer como ausência de dor e perturbação — 47
   1.7. Cícero: fuga dos prazeres vulgares — 52
   1.8. O Estoicismo: Sêneca e as renúncias — 53
   1.9. Thomas Hobbes: a felicidade na busca — 58
   1.10. John Locke: o equilíbrio do prazer — 59
   1.11. Immanuel Kant: a negação da felicidade — 63
   1.12. Friedrich Nietzsche: a felicidade no conflito — 70
   1.13. Arthur Schopenhauer: dor e tédio como inimigos da felicidade — 74
   1.14. Madame du Châtelet: Tormentas no amor — 77
   1.15. A filosofia iluminista na Alemanha e na Escócia — 79
   1.16. A felicidade em Sigmund Freud — 85

2. O UTILITARISMO NA SUA PRIMEIRA VERSÃO: JEREMY BENTHAM — 87
   2.1. A personalidade — 87
   2.2. Mendicância, animais, esporte, tortura, voto, e outras ideias — 89
   2.3. O princípio da felicidade maior — 91
   2.4. Inspirações — 94

  2.5. As críticas   96
    2.5.1. O prazer   96
    2.5.2. Comparações interpessoais   97
    2.5.3. O problema da adaptação   99
    2.5.4. Alf Ross   104
    2.5.5. Michael Sandel   105
    2.5.6. Amartya Sen   109
    2.5.7. John Rawls   114
  2.6. A importância das ideias   120

3. O UTILITARISMO REVISITADO: JOHN STUART MILL   123
  3.1. A personalidade: genialidade   123
  3.2. A depressão   124
  3.3. A releitura da teoria de Jeremy Bentham   126
  3.4. Os direitos fundamentais   128
  3.5. A qualidade dos prazeres   131
  3.6. A opinião de Richard Layard   134
  3.7. As críticas de Friedrich Nietzsche   136

4. A FELICIDADE TESTADA: AS PESQUISAS SOBRE O BEM-ESTAR SUBJETIVO   141
  4.1. O batismo: Richard Easterlin   141
  4.2. Os números no Ocidente   142
  4.3. Medidas da felicidade interna bruta   145
  4.4. O Comunicado Ipea nº 158/2012: o Brasil e a felicidade   147
  4.5. O risco das comparações   151

5. A DECLARAÇÃO DE INDEPENDÊNCIA DOS ESTADOS UNIDOS E A FELICIDADE   155
  5.1. Ambiente   155
  5.2. A personalidade e liderança de Thomas Jefferson   156
  5.3. A felicidade norte-americana no século XVIII: participação política   159
  5.4. A influência de George Mason   167
  5.5. A inspiração de John Locke   169
  5.6. A Declaração de Independência   171
  5.7. As críticas de Jeremy Bentham   174

| | | |
|---|---|---|
| 5.8. | Os Federalistas | 176 |
| 5.9. | *Bill of Rights* | 178 |
| 5.10. | As Constituições Estaduais | 179 |
| 5.11. | O legado | 185 |

6. A REVOLUÇÃO FRANCESA E A FELICIDADE — 191
   - 6.1. Ambiente — 191
   - 6.2. Sintonia com a revolução norte-americana — 192
   - 6.3. A teologia do direito constitucional — 195
   - 6.4. O projeto constitucional de felicidade — 196
   - 6.5. O constitucionalismo da felicidade acabou? — 205

7. A INDEPENDÊNCIA DO BRASIL E A FELICIDADE — 209
   - 7.1. Como as revoluções norte-americana e francesa influenciaram a independência do Brasil — 209
   - 7.2. A doutrina utilitarista divulgada no Brasil – colônia — 218
   - 7.3. O projeto constitucional de felicidade — 219

8. A DETURPAÇÃO DO DIREITO À FELICIDADE — 231
   - 8.1. O populismo — 231
   - 8.2. O discurso corrompido — 233
   - 8.3. O Reino do Butão — 235
     - 8.3.1. Resultados alvissareiros — 236
     - 8.3.2. Críticas — 237
     - 8.3.3. Felicidade por decreto? — 239
   - 8.4. O uso populista da felicidade pelo regime do *apartheid* na África do Sul — 241
     - 8.4.1. Os efeitos colaterais no continente africano — 248
   - 8.5. Calibrando o potencial uso autoritário do discurso político da felicidade — 250

9. A DOGMÁTICA DO DIREITO À FELICIDADE: CONTEXTO — 259
   - 9.1. O positivismo — 259
   - 9.3. Estados constitucionais — 266
   - 9.4. As constituições — 268
   - 9.5. Direitos Fundamentais (os novos Direitos Humanos) — 271
   - 9.6. A expansão dos direitos humanos no Reino Unido — 276

| | | |
|---|---|---:|
| 9.7. | Proteção das minorias e a felicidade coletiva | 278 |
| 9.8. | A constitucionalização da felicidade na África | 281 |
| 9.9. | Cortes Supremas | 284 |

10. **DIREITO GERAL À FELICIDADE E SEUS DESDOBRAMENTOS**    287

| | | |
|---|---|---:|
| 10.1. | Por quê a felicidade? | 287 |
| 10.2. | Conceito e características | 288 |
| 10.3. | O direito à felicidade como princípio | 291 |
| 10.4. | O direito à felicidade pública (participação popular) | 293 |
| 10.5. | O direito à busca da felicidade (liberdade) | 297 |
| 10.6. | O bem-estar objetivo (direitos sociais) | 300 |
| | 10.6.1. O direito ao bem-estar objetivo e o mínimo existencial | 307 |
| | 10.6.2. O bem-estar objetivo e o Estado do bem-estar social | 310 |
| 10.7. | Vedação aos prazeres sádicos (dignidade da pessoa humana) | 313 |
| 10.8. | A maximização da felicidade coletiva como consequência da decisão judicial: técnicas utilitaristas de ponderação | 318 |
| 10.9. | Objeções e respostas | 321 |
| 10.10. | O sistema constitucional | 323 |
| 10.11. | A aurora do constitucionalismo brasileiro: A Constituição Imperial de 1824: "felicidade política geral e individual" | 325 |
| 10.12. | A Constituição Federal de 1988: bem-estar | 327 |
| 10.13. | O direito à felicidade na Constituição | 334 |

11. **A JURISDIÇÃO CONSTITUCIONAL E O DIREITO À BUSCA DA FELICIDADE: A EXPERIÊNCIA SUL-COREANA**    337

| | | |
|---|---|---:|
| 11.1. | Apresentação | 337 |
| 11.2. | O direito de casar | 338 |
| 11.3. | O direito à reputação ilibada | 339 |
| 11.4. | O direito à autonomia privada | 339 |
| 11.5. | O direito à livre-iniciativa: a venda de bebidas | 340 |
| 11.6. | Limites: quando se é feliz sendo adúltero | 341 |
| 11.7. | As críticas | 341 |

12. **A JURISDIÇÃO CONSTITUCIONAL E O DIREITO À BUSCA DA FELICIDADE: A EXPERIÊNCIA NORTE-AMERICANA**    345

| | | |
|---|---|---:|
| 12.2. | O cristianismo | 346 |
| 12.3. | A propriedade privada | 346 |

| | | |
|---|---|---|
| 12.4. | A exoneração da tributação | 347 |
| 12.5. | O direito de herança | 347 |
| 12.6. | O direito de casar | 348 |
| 12.7. | O direito de ser deixado em paz | 349 |
| 12.8. | O direito à privacidade e à vedação de provas obtidas por meios ilícitos | 350 |
| 12.9. | O direito de ministrar o estudo de línguas estrangeiras | 350 |
| 12.10. | Outros casos | 351 |
| 12.11. | Limites: quando se é feliz fumando ópio | 351 |
| 12.12. | As críticas | 352 |

13. A JURISDIÇÃO CONSTITUCIONAL E O DIREITO À BUSCA DA FELICIDADE: A EXPERIÊNCIA BRASILEIRA ... 355
   - 13.1. Apresentação ... 355
   - 13.2. A segurança jurídica ... 357
   - 13.3. A livre-iniciativa ... 358
   - 13.4. O direito de casar ... 359
   - 13.5. As pesquisas com células-tronco embrionárias ... 359
   - 13.6. Seria, a invocação ao direito à busca da felicidade, um *obiter dictum*? ... 360

14. DIREITO À FELICIDADE PÚBLICA (PARTICIPAÇÃO POPULAR) ... 363
   - 14.1. Teste: O plebiscito da divisão do Pará ... 363
     - 14.1.1. A felicidade ... 363
     - 14.1.2. A participação popular como direito à felicidade pública ... 363

15. DIREITO À BUSCA DA FELICIDADE (LIBERDADE) ... 367
   - 15.1. Teste: A Marcha da Maconha ... 367
     - 15.1.1. A infelicidade do silêncio forçado ... 367
     - 15.1.2. Liberdade e felicidade ... 368
     - 15.1.3. O Ministro Luiz Fux e o marco teórico de Stuart Mill ... 369
     - 15.1.4. O Ministro Luiz Fux e a menção a Oliver Wendell Holmes ... 369
     - 15.1.5. A felicidade como *telos* ... 370

16. O BEM-ESTAR OBJETIVO (DIREITOS SOCIAIS) ... 373
   - 16.1. Teste: O tratamento gratuito de saúde dos soropositivos ... 373

17. A VEDAÇÃO AOS PRAZERES SÁDICOS
    (DIGNIDADE DA PESSOA HUMANA) .......................................... 379
    17.1. A qualidade dos prazeres .................................................. 379
    17.2. Teste: As Brigas de Galo .................................................... 379
        17.2.1. Marco teórico ........................................................ 379
        17.2.2. Fatos .................................................................... 380
        17.2.3. Prazeres sádicos ................................................... 380
        17.2.4. Adaptação como maximização da crueldade ......... 381
        17.2.5. Conexão entre a vedação ao estímulo a prazeres sádicos
                e o princípio da dignidade da pessoa humana ....... 382
        17.2.6. Necessidade de a coletividade cultivar prazeres nobres .... 383
        17.2.7. Decidindo o caso à luz da fórmula da felicidade ..... 383
    17.3. Teste: A Farra do Boi ........................................................ 384
        17.3.1. Fatos .................................................................... 384
        17.3.2. Prazeres sádicos ................................................... 385
        17.3.3. Conexão entre a vedação ao estímulo a prazeres sádicos
                e o princípio da dignidade da pessoa humana ....... 385

18. A FELICIDADE COMO TELOS DA DECISÃO JUDICIAL
    (PONDERAÇÃO) ........................................................................... 387
    18.1. A ponderação em Robert Alexy ........................................ 387
    18.2. O princípio da proporcionalidade e seus desdobramentos ...... 389
    18.3. Felicidade como *telos* ..................................................... 390
        18.3.1. A visão de Richard Posner ................................... 391
        18.3.2. A visão de Ronald Dworkin .................................. 393
        18.3.3. A visão de Robert Alexy ....................................... 393
        18.3.4. A visão de Stuart Mill ........................................... 397
    18.4. A judicialização da felicidade na Nigéria ......................... 398
    18.5. Teste: Uniões Homoafetivas .............................................. 402
        18.5.1. Os fatos ................................................................ 402
        18.5.2. O direito à busca da felicidade Brasil afora ........... 403
        18.5.3. O caso no STF ...................................................... 405
        18.5.4. Vedação a prazeres sádicos, iluminismo e liberdade .... 406
        18.5.5. Projetos de felicidade e o princípio do dano
                (de Stuart Mill) ..................................................... 406
        18.5.6. Por que a fórmula da felicidade não considera
                a infelicidade dos oponentes ................................. 407

|       |         |                                                               |     |
|-------|---------|---------------------------------------------------------------|-----|
|       | 18.5.7. | Felicidade como *telos* e pareto-eficiente                    | 408 |
|       | 18.5.8. | Maiorias e minorias                                           | 410 |
|       | 18.5.9. | Felicidade como segurança                                     | 413 |
|       | 18.5.10.| O direito à busca da felicidade                               | 413 |
| 18.6. | Teste: As cotas raciais |                                              | 414 |
|       | 18.6.1. | A maximização da felicidade                                   | 415 |
| 18.7. | Teste: Crimes de Bagatela |                                            | 419 |
|       | 18.7.1. | A legislação penal e seus propósitos utilitaristas            | 419 |
|       | 18.7.2. | Crimes de pequena ofensividade                                | 420 |
|       | 18.7.3. | O utilitarismo e as cadeias                                   | 422 |
|       | 18.7.4. | A fórmula da felicidade aplicada ponto a ponto pelo STF       | 423 |
|       | 18.7.5. | Os teóricos da felicidade e o direito penal: ponto e contraponto | 424 |

19. OLHANDO ALÉM DO HORIZONTE: DANOS HEDÔNICOS — 431
    19.1. Apresentação — 431
    19.2. A nova dimensão dos danos morais: os danos hedônicos — 431
    19.3. Danos hedônicos e o seu desenvolvimento nos Estados Unidos — 432
    19.4. Danos hedônicos na jurisprudência norte-americana — 433
    19.5. As críticas — 434
    19.6. O dano existencial nas relações de trabalho — 438

CONCLUSÃO — 451

REFERÊNCIAS — 455

# INTRODUÇÃO

A edição de janeiro/fevereiro de 2012 da *Harvard Business Review* estampou em sua capa a matéria *The Value of Happiness* (O valor da felicidade). Era só mais uma a respeito do assunto dentre as tantas espalhadas pelas mais respeitadas publicações do mundo. Em 2007, a Faculdade de Direito da Universidade de Chicago havia realizado uma conferência sobre as novas pesquisas acerca da felicidade e suas implicações nas leis e na ordem pública. A coletânea de contribuições recebidas na forma de artigos recebeu o nome de *Law and Happiness* (Direito e Felicidade).

A fonte de inspiração desse trabalho vem da observação de que a felicidade passa a compor os debates jurídicos internacionais, precisando, no Brasil, de uma investigação a respeito dos importantes fenômenos que giram em torno desse fato.

Pretende-se investigar duas questões: uma geral e, se confirmada esta, uma específica. A questão geral se refere à existência de um direito amplo à felicidade. Visa a identificar se há referências históricas de apelo normativo a essa aspiração humana tão básica e, havendo, qual o momento em que elas se estabeleceram e em quais bases foram construídas. Há um direito natural à felicidade? Mais do que um elemento moral e ético que conduziu civilizações, a felicidade seria um bem apto a ser constitucionalmente protegido e, consequentemente, digno da atenção dos sistemas normativos por meio de leis e políticas públicas? Assim sendo, poderiam, os tribunais, definir seus contornos conceituais de modo a reduzir o uso populista, demagogo ou abusivo do direito à felicidade por parte das autoridades responsáveis pela sua concretização? Questões como essas aparecem como objeto geral a ser investigado.

Nesse primeiro ponto, os questionamentos acerca do conceito de felicidade, por mais impressionante que possa parecer, não merecem resposta. Temos em mente o que é felicidade, nada obstante cada pessoa tenha a sua própria representação do que a faz feliz. Esses conceitos indeterminados não são estranhos ao Direito Constitucional. Moralidade, boa-fé, segurança nacional, dignidade, bem-estar e justiça são termos utilizados comumente pelas Constituições, remetendo os estudiosos a reflexões a respeito de suas representações no mundo real. Ainda que tenhamos de investir tempo tentando estabelecer um conceito de felicidade, isso não a afasta do nosso campo de ação e não impede que tenhamos nela uma visão conceitual consistente capaz de fornecer elementos informacionais bastantes ao desenvolvimento desta tese.

Portanto, o objetivo geral é investigar se há suporte fático suficiente a estruturar, no ordenamento jurídico, um direito à felicidade, tal qual se enxerga com o direito à liberdade ou o direito à igualdade, por exemplo. A partir do momento em que constatamos que, de fato, essa aspiração ganhou fundamento nos ordenamentos jurídicos, passamos a novas investigações. A primeira delas é no âmbito da jurisdição constitucional. Como a jurisdição constitucional tem reagido quanto à proteção da felicidade? Em quais momentos? Quais direitos se lhe estão associados? Como é possível, por meio dos tribunais, ampliar a felicidade coletiva?

Esta obra apresenta a proposta de investigar se há conexões entre o constitucionalismo contemporâneo e a felicidade. Aborda a Independência dos Estados Unidos da América, a Revolução Francesa e a Independência do Brasil.

Após essa perspectiva histórica, passa a apresentar a escola utilitarista, inicialmente representada por Jeremy Bentham e, na sequência, por John Stuart Mill. O utilitarismo, aliado ao princípio da dignidade da pessoa humana, é a nossa base teórica, permitindo que a felicidade seja um bem protegido constitucionalmente e, além disso, propiciando que ela apareça nos raciocínios jurídicos desenvolvidos pelos julgadores como fundamento de decisões. Essa tese acredita que o utilitarismo, notadamente na versão desenvolvida por John Stuart Mill, caso aliado ao princípio da dignidade da pessoa humana, pode ser um método de extrema precisão na resolução de questões complexas que têm frequentemente afetado as sociedades contemporâneas.

O trabalho passa, então, para uma parte dogmática na qual tenta identificar a existência do direito à felicidade por meio da leitura da Constituição Federal de 1988. Nessa parte, afirma haver uma proteção explícita no texto constitucional ao bem-estar, que se desdobra em bem-estar objetivo e bem-estar subjetivo, sendo, este último, o que apresenta a dimensão emocional do ser humano, criando condições de proteção da felicidade, como um elemento imaterial, intangível e abstrato ligado à qualidade de vida das pessoas, que é outra aspiração coletiva protegida constitucionalmente.

O direito à felicidade, então, abriria espaço para um sistema normativo cujas bases se apesentariam em pelo menos seis vieses: (i) felicidade pública (participação popular); (ii) direito à busca da felicidade (liberdade); (iii) direito ao bem-estar objetivo (direitos sociais); (iv) direito ao bem-estar subjetivo (felicidade); (v) vedação a prazeres sádicos (dignidade da pessoa humana); (vi) ampliação da felicidade coletiva como finalidade da decisão estatal (método utilitarista).

Tratando da jurisdição constitucional, mostra como a teoria da felicidade tem sido utilizada nos julgamentos dos grandes temas nacionais no Brasil, a exemplo das uniões homoafetivas, das políticas das cotas, da Marcha da Maconha e dos crimes de bagatela.

Trata ainda dos abusos cometidos por meio da invocação à felicidade, ilustrando com o exemplo do Reino do Butão e da África do Sul. Não deixa de comentar a utilização indevida do discurso acerca da felicidade por líderes populistas, a exemplo do que se deu com a criação, pelo governo venezuelano, sob o comando de Nicolás Maduro, do Ministério da Suprema Felicidade Social. Por fim, apresenta a proposta dos danos hedônicos que, no Brasil, tem sido reconhecido em decisões da Justiça do Trabalho como "danos existenciais".

# 1.
# A Filosofia e a Felicidade

## 1.1. Alguns filósofos

A filosofia fornece importantes marcos para o estudo da felicidade, razão pela qual dificilmente se elaboraria um trabalho sem que ela fosse consultada. Não seria inteligente abrir mão dessa fonte informativa e até mesmo poderia soar presunçoso supor que a filosofia nada teria a oferecer para uma discussão desse relevo.

Tentaremos conhecer as manifestações de vários filósofos e escolas filosóficas sobre o que seria a felicidade. Nada obstante tenhamos um bom número de estudiosos em análise, não podemos dizer que se trata de um rol exaustivo. A filosofia muitas vezes se confunde com o próprio estudo da felicidade, enquanto vida boa, razão pela qual teríamos de estudar todos os filósofos para que esgotássemos o assunto.

Não podemos falar de felicidade sem conhecer Epicuro, Aristóteles, Platão ou Sócrates. Escolhemos aqueles cujas obras tenham se voltado em maior intensidade para o tema. Fizemos isso tendo a consciência de que outros nomes ficarão de fora, uma vez que a busca pela felicidade muitas vezes equivale à própria busca da sabedoria e, assim, todas as obras filosóficas contêm ensinamentos úteis. É que, como diz Philippe van den Bosch, "expor as doutrinas filosóficas sobre a felicidade parece constituir um ato de salubridade pública".[1]

---

[1] BOSCH, Philippe van den. A filosofia e a felicidade. Tradução: Maria Ermanita Galvão. São Paulo: Martins Fontes, 1998, p. 13.

No debate sobre a felicidade uma das primeiras indagações que se costuma fazer é a respeito da possibilidade de se estabelecer uma medida para definir quando se é muito ou pouco feliz ou, até mesmo, quando a felicidade estaria num nível desejado. Platão e Epicuro caminharam nessa trilha. No século XIX, foi a vez de Jeremy Benthan.

Em português, "felicidade". Em inglês, *happiness*. Em grego, *eudaimonia*. Aristipo usou da palavra 'fim'. Para Aquino, *beatitudo*. Em Thomas Hobbes, *felicity*. Santo Agostinho chamava de *felicitas*. Se associarmos felicidade a bem-estar, como os economistas e as Constituições brasileiras fizeram – e esta tese o faz –, podemos compreendê-la como uma dimensão imaterial da vida, reconhecendo o ser humano como um ser emocional. Platão assim o fez em *A República* e também no seu *O Banquete*. Aristóteles o faz quando cuida da chamada *vita contemplativa*. Para ele, a vida filosófica é a mais feliz e o homem sábio não persegue o que é agradável, mas, sim, a ausência de dor.[2] Essa saga civilizatória na qual as pessoas tentam escapar da dor e do sofrimento conduzindo suas vidas sempre em busca da felicidade é a matéria-prima dessa tese, seu objeto por excelência.

Sêneca, é bom que se diga, já havia alertado: "Nunca serás feliz enquanto te atormentares porque outro é mais feliz". É o drama da comparação. Como veremos, essa afirmação tem sido comprovada por meio de pesquisas mostrando que a comparação com a felicidade alheia pode trazer infelicidade. Talvez por isso Erasmo, em *Elogio da Loucura*, anotou: "a felicidade consiste em estar disposto a ser o que você é".[3]

Boécio, sentado em uma cela à espera da morte, escreveu *Consolação Filosófica*, em que a personagem "Rainha Filosofia" o ajuda a passar o tempo. Ironizando o sofrimento de Boécio, ela pergunta: "Você realmente se apega a esse tipo de felicidade que está destinada a terminar?"[4] A colocação introduz a transitoriedade da existência e, com ela, o caráter finito da vida e da felicidade que eventualmente seja alcançada com experiência. Assim sendo, para que se apegar a ela? É a colocação trazida por Boécio.

---

[2] Ética a Nicomano, X, 7-9. Também VII, 12, 1152b 15-16.
[3] O Elogio da Loucura foi escrito em 1509, por Erasmo de Roterdã, e publicado em 1511. É considerado um dos mais influentes livros da civilização ocidental e um dos catalisadores da Reforma Protestante. A citação pode ser encontrada na página 14 da versão em português disponibilizada em: <http://www.cfh.ufsc.br/~wfil/elogio.pdf>.
[4] *De consolatione philosophiae* (A Consolação filosófica). É um clássico.

René Descartes diferencia o bem supremo – uma condição da vontade do ser humano – da felicidade que surge quando o alcançamos. Para ele, a felicidade não seria esse bem supremo, mas o pressuporia, sendo, ela, o contentamento ou satisfação da mente com o fato de possuir o referido bem supremo. Descartes trata da felicidade em cartas trocadas com a princesa Isabel de Bohemia, alguém fascinada pela discussão. Ele recomendou que ela lesse a obra *De Vita Beata*, de Sêneca, traduzida por ele.[5]

Pascal, no século XVII, confessa ter aprendido com Santo Agostinho que alcançar a felicidade a partir das coisas exteriores corresponde a viver dominado pelo medo de ver essa felicidade ser destruída por fatores alheios ao nosso domínio.[6] Ele também tem escritos sobre a felicidade, notadamente em seus *Pensés*, no qual revela sua compreensão de que a cada novo estágio da vida estruturaremos uma nova aspiração de felicidade e, por tal razão, jamais seremos felizes. É a infinitude da busca.

Freud dizia que as pessoas "lutam pela felicidade; querem tornar-se felizes e assim permanecer".[7] Jacques Lacan acrescentou com ironia: "É um fato que nós, os analistas, não negamos nossa competência em prometer a felicidade em um momento no qual essa questão se tornou tão complicada: principalmente porque a felicidade, como Saint-Just disse, se tornou um fator político."[8]

Para Goethe, "a personalidade é a felicidade suprema".[9]

---

[5] DESCARTES, René. *The philosophical writings of Descartes*, 261, v. 2. Traduzido por John Cottingham e publicado pela University of Reading.

[6] A citação é do filósofo André Comte-Sponville, na sua *A mais bela história da felicidade: a recuperação da existência humana diante da desordem do mundo*. COMTE-SPONVILLE, André; DELUMEAU, Jean; FARGE, Arlette (*La plus belle histoire du bonheur*). Tradução: Edgard de Assis Carvalho, Mariza Perassi Bosco. Rio de Janeiro: Difel, 2010, p. 11.

[7] FREUD, Sigmund (2005) Civilization and its discontents (Unbehagen in der kultur, 1930). Ed. James Strachey. New York: Norton, p. 25.

[8] LACAN, Jacques. Écrits: a selection. Tradução: Alan Sheridon. Nova York: W.W. Norton, 1977, p. 252. SALECL, Renata. Sobre a felicidade: Ansiedade e consumo na era do hipercapitalismo. Tradução: Marcelo Rezende. São Paulo: Alameda, 2012.

[9] GOETHE. Divã ocidental-oriental, VIII, 7 (Livro de Suleika). Goethe amou sua irmã mais nova, Cornélia, em segredo. Em sua autobiografia, registrou: "[Ela me garantiu] que eu era o único que realmente a amava, entendia e estimava. [...] Estamos infinitamente infelizes, e tanto mais porque, neste caso específico, os confidentes não poderiam se transformar em amantes". SHAFFER, Andrew. Os grandes filósofos que fracassaram no amor. Tradução: Marcelo Barbão. São Paulo: Leya, 2012, p. 88.

Madame du Châtelet falava que não vale a pena tolerar a vida se a ausência de dor for o único objetivo. "É, portanto, preciso empenhar-se em ser feliz"[10] – disse.

Para Hegel, a felicidade consistiria na representação de certa forma confusa da satisfação de todos os nosso impulsos, os quais, porém, são necessariamente sacrificados, inteira ou parcialmente, em benefício de outros. Hegel diz que essa mútua limitação, que constitui condição insuperável de se lidar com a felicidade, é, por um lado, uma mistura de determinação qualitativa e quantitativa da emoção humana; por outro, a base subjetiva da felicidade termina por dirigí-la para uma aspiração pelo prazer virtuoso – ele chama de "bom prazer" –, sendo-lhe decisivo.[11]

Montaigne afirmou ter visto "cem agricultores mais sábios e mais felizes que reitores de universidades", todavia, defendia uma falta de emoção a ponto de se deparar com a morte e não se assustar.[12] Essa visão fez Madame du Châtelet – que amava Voltaire –, se opor firmemente a Montaigne, pois seria irreflexão envenenar com essa ideia triste e humilhante "uma parte do pouco tempo que temos para viver, a fim de tolerar com maior paciência um momento que as dores corporais tornam sempre muito amargo, malgrado nossa filosofia".[13] Já Voltaire entendia que a felicidade seria apenas um sonho, pois real mesmo seria a dor.[14]

Bertrand Russel viu na paternidade alegria maior do que qualquer outra. Ele disse haver dois tipos de felicidade, a simples e a refinada. Amante da educação, da leitura e do saber, Bertrand Russel acreditava

---

[10] DU CHÂTELET, Gabrielle Emilie Tonnerlier de Breteuil, Marquêsa. Discurso sobre a felicidade. Tradução: Marina Appenzeller. São Paulo: Martins Fontes, 2002, p. 14.

[11] HEGEL, G. W. F. (1990) Encyclopedia of the philosofical sciences in outline (1817). Tradução: Steven A. Taubenek. New York, Continuum, § 396. Quanto ao casamento, em conversa que manteve com sua irmã, Hegel afirmou que não tinha por objetivo a felicidade, mas "estar contente". Schopenhauer se referia a ele como o "último monumento da estupidez alemã". SHAFFER, Andrew. Os grandes filósofos que fracassaram no amor. Tradução: Marcelo Barbão. São Paulo: Leya, 2012, p. 95.

[12] MONTAIGNE, Michel de. The complete essays (Penguin Classics) [Paperback]. M. A. Screech (Editor, Translator, Introduction), p. 365.

[13] DU CHÂTELET, Gabrielle Emilie Tonnerlier de Breteuil, Marquêsa. Discurso sobre a felicidade. Tradução: Marina Appenzeller. São Paulo: Martins Fontes, 2002, p. 19.

[14] Letter to M. le marquis de Florian, Verney (16 March 1774), from Oeuvres complètes de Voltaire: Correspondance [Garnier frères, Paris, 1882, ed. Georges Bengesco], v. XVI, letter # 9067, p. 583.

que o tipo simples de felicidade seria aberto a qualquer ser humano, mas o outro, o refinado, só aos que sabem ler e escrever. Detalhando sua forma de pensar, ele anotou: "o segredo da felicidade é este: deixem seus interesses serem os mais amplos possíveis, e deixe suas reações às coisas e pessoas que lhe interessam serem ao máximo possível amistosas e não hostis".[15]

Ludwig Wittgenstein, na iminência da morte, abandonado em um sótão de Ithaca, Nova York, falou para a proprietária do lugar: 'Diga a eles que está sendo maravilhoso!'".[16] Diante da miséria na qual se viu enfiado, Wittgenstein ainda viu razão para sentir prazer.

Alexander Pope chegou a refletir poeticamente sobre a felicidade:

> Oh, felicidade! Fim e meio que nos consome!
> Bem, Prazer, Alívio, Alegria. Seja lá qual for teu nome:
> Aquele algo mais que causa eternas nostalgias,
> Pelo qual se suporta a vida ou se ousa chegar ao fim dos dias,
> Tão próxima, mas que não se deixa domar,
> Incóspua ou vista em dobro pelo tolo e por quem não se deixa enganar.[17]

Eis uma amostra de como a felicidade compõe a biografia de filósofos que integraram o rol dos interessados em desvendar os enigmas dessa busca universal que percorreu milênios sem sucumbir. As pessoas têm, no curso da história, usado toda a sua inventividade e coragem para escaparem da dor e do sofrimento pretendendo, com isso, construírem condições para fazerem livremente suas escolhas sempre em busca da felicidade. A filosofia mostra isso muito claramente. Exatamente por isso iremos, a partir de

---

[15] RUSSEL, Bertrand. The conquest of happiness (Nova York: Liveright, 1930), p. 153. Bertrand Russel foi filósofo, lógico, matemático, reformista social e historiador. Ganhou o Prêmio Nobel de Literatura em 1950. Casou-se quatro vezes, chegando a dizer: "talvez o divórcio cause menos infelicidade que qualquer outro arranjo, mas não sou capaz de ser dogmático quando se trata de casamento". Morreu aos 98 anos. SHAFFER, Andrew. Os grandes filósofos que fracassaram no amor. Tradução: Marcelo Barbão. São Paulo: Leya, 2012, p. 147.
[16] A citação é de Martin Seligman, no seu *Felicidade autêntica: usando a nova psicologia positiva para a realização permanente*. Tradução: Neuza Capelo. Rio de Janeiro: Objetiva, 2009, p. 26.
[17] Alexander Pope. An essay on man. In: The poems of Alexander Pope. John Butt (Org.). Yale University Press, 1963, Epistle IV, 536.

agora, conhecer algumas das mais importantes reflexões filosóficas acerca da felicidade. Começaremos com Sócrates.

## 1.2. Sócrates: vida feliz é a vida virtuosa

No século V antes de Cristo, a Grécia passou por uma revolução do pensamento filosófico liderada por Sócrates.[18] Foi quando a maior parte das filosofias gregas passou a ser considerada como da felicidade e dos eudemonismos (*eudaimonia* = felicidade). Sócrates fez com que a felicidade passasse a ser tratada filosoficamente como um bem soberano, além de delimitar seu escopo: determinar o significado de vida boa. A vida boa é a vida mais feliz e mais virtuosa. A partir do momento em que essa transformação ocorreu, os estudos a respeito do sentido da vida jamais foram os mesmos.

Basta começar a navegar no erudito oceano filosófico de Sócrates para entendermos mais suas razões de entregar à felicidade a razão de ser de seus pensamentos. O personagem platônico Philebus representou a posição hedonista de Eudoxus. Protarchus é trazido por Sócrates para rejeitar essa postura dizendo: "a busca pelo prazer colore o prazer em si, e o prazer de filosofar não equivale, qualitativamente, ao prazer da comida e do sexo". Aqui é feita uma distinção que se tornaria alvo de grande e insistente controvérsia: há, de fato, prazeres mais e menos elevados e, havendo, devemos investir nossas energias mais em uns em detrimento dos outros?

Tanto da leitura de Cícero – como veremos adiante –, como da de Sócrates, percebe-se a distinção entre prazeres virtuosos e prazeres vulgares.

---

[18] Sócrates nasceu em Atenas em 469 a.C., filho de um escultor e de uma dona de casa. Tinha nariz curto e achatado, olhos esbugalhados, sobrancelhas grossas, boca grande e carnuda. Era barbudo, calvo e de corpo atarracado. Ele vagava pelas ruas de Atenas conversando com estranhos sobre filosofia. Permaneceu solteiro até os 60 anos de idade. Para Xenofonte, Sócrates era insensível e insignificante. Para Hegel, tratava-se de figura central no fluxo da história do mundo. Nietzsche, ao escrever *A gaia ciência*, diz tratar-se de um monstro zombeteiro. Em 399 a.C., foi julgado por corromper a juventude de Atenas com a filosofia. Sócrates rejeitou a proposta de pedir misericórdia e prometeu que continuaria a praticar sua filosofia mesmo que declarado inocente. O júri o condenou à morte. Ele bebeu cicuta e morreu. Cf. COHEN, Martin. Casos filosóficos. Tradução: Francisco Innocêncio. Ilustrações de Raúl Gonzáles. Rio de Janeiro: Civilização brasileira, 2012, p. 26. SHAFFER, Andrew. Os grandes filósofos que fracassaram no amor. Tradução: Marcelo Barbão. São Paulo: Leya, 2012, p. 13. Nietzsche, Friedrich Wilhelm. A gaia ciência. Tradução: Paulo César de Souza. 1ª ed. São Paulo: Companhia das Letras, 2012.

Na passagem acima, realça-se o prazer decorrente da prática de filosofar e coloca-se num segundo patamar o prazer da comida e do sexo.[19] Essa diferenciação abre espaço para o que mais adiante a tese chamará de prazeres sádicos, que seria uma deturpação dos prazeres vulgares.

Sócrates introduz a reflexão como elemento integrador da felicidade. Em *Apologia*, discursa perante o júri ateniense que o condenou pela acusação de que ele havia desrespeitado as leis da cidade e os deuses tradicionais e corrompido a juventude ateniense. Defendendo a liberdade de pensamento e o caráter crítico da filosofia, Sócrates afirma: "a vida sem reflexão não vale a pena ser vivida".[20] Qualquer definição de felicidade que excluísse a reflexão seria inadequada. Todavia, nos seus *Diálogos*, Sócrates deixa claro que inserir a reflexão no conceito de felicidade não é tarefa simples.

Essa passagem da vida de Sócrates, dramática que é, quando o filósofo se vê diante da morte em razão das reflexões que oferta à comunidade sobre a vida, é uma primeira demonstração de um traço insuperável do direito à felicidade: a liberdade. O direito à felicidade é direta e inreverssivelmente ligado à liberdade, a ponto de eu afirmar que, sem liberdade, pode haver qualquer coisa, menos felicidade verdadeira. Sócrates, como se viu, exortava a liberdade de seguir refletindo sobre a vida e, corajosamente, firmava posição: uma vida sem reflexão não é digna de ser vivida. Muito mais do que uma crença romântica na emoção felicidade, Sócrates fez da defesa intransigente da liberdade um ato político e, assim, atrelou a felicidade ao exercício desembaraçado da liberdade. Esse raciocínio está presente em muitos outros filósofos.

Sócrates girou seu raciocínio para a virtude, afastando-a do prazer. A deferência conferida à virtude assume especial relevo, pois impede, por exemplo, que uma pessoa cruel seja feliz, nada obstante ela possa sentir prazer. A vida reta teria mais importância do que a saciedade que um dado comportamento pudesse trazer. O gozo resultante de uma postura que acarreta prazer só poderia ser considerado felicidade a partir do momento em que estivesse atrelado à virtude. Caso contrário, seria qualquer coisa, menos felicidade. É outra porta de entrada para a vedação dos chamados

---

[19] PLATO. The tragedy and comedy of life: Plato's Philebus. Traduzido e com comentários de Seth Bernadete, p. 100.
[20] PLATÃO (427-347 a.C.). Apologia, p. 38a. Outro clássico.

prazeres sádicos que, atualmente, encontram resistência direta do princípio da dignidade da pessoa humana, permitindo o renascimento do utilitarismo como metodologia confiável para o deslinde de controvérsias havidas no seio da sociedade contemporânea que tem na complexidade uma das suas mais inegáveis marcas.

Talvez seja essa a primeira manifestação quanto aos tipos de prazeres, uma diferenciação seminal que irá se repetir. A sua relevância se dá pelo fato de podermos eliminar da nossa consideração de felicidade alguns tipos de prazeres. A partir do momento que se compreende que nem tudo o que dá prazer corresponde à felicidade, podemos dissociar condutas sádicas ou perversas as quais, nada obstante tragam satisfação, não contribuem para o alcance da felicidade, pois além de estarem afastadas da virtude, machucam o outro e, assim sendo, incrementam o saldo social de dor e sofrimento, indo exatamente na contra-mão da marcha da humanidade. O papel de Sócrates nesse debate, é de fundamental importância.

### 1.3. O Hedonismo: satisfaçam os vossos desejos

O hedonismo transita no cerne do prazer e da satisfação dos desejos. Recorda-se, aqui, das considerações de Oscar Wilde, para quem havia dois tipos de tragédia na vida: não conseguir satisfazer todos os desejos e conseguir satisfazer todos os desejos.[21]

O *hedonismo quantitativo*, por ser sistemático e teórico, possibilitaria a medição do valor de todas as coisas que experimentamos e a extensão da sua contribuição para a nossa felicidade. Ele busca saber a "quantidade de prazer". É, portanto, uma abordagem não tão dedicada à qualidade do prazer, ou de suas dimensões ligadas, ou não, à virtude. Basta quantificá-lo para que se tenha a sua dimensão. Sendo o prazer intenso, ainda que de má qualidade (sádico, por exemplo), ele é prazer com extensão suficiente a contribuir para a nossa felicidade. Jeremy Bentham foi um adepto deste tipo de hedonismo e, exatamente por isso, é tão criticado.

Há também o *hedonismo psicológico*, que descreve como os seres humanos deliberam, segundo o qual todas as pessoas aspiram apenas ao prazer como objetivo final, na medida em que saibam como alcançá-lo.

---

[21] A citação é de BOSCH, Philippe van den. A filosofia e a felicidade. Tradução: Maria Ermanita Galvão. São Paulo: Martins Fontes, 1998, p. 25.

Por fim, o *hedonismo racional*, que faz uma afirmação sobre como os seres humanos deveriam deliberar, reputando racional agirem assim.[22]

O hedonismo ganhou vigor com os ensinamentos do filósofo grego, de família rica, Aristipo de Cirene (435-366 a.C.), discípulo e amigo de Sócrates e fundador da escola cirenaica de filosofia, situada onde hoje é o nordeste da Líbia. Ele foi um dos poucos que estavam presentes quando Sócrates bebeu a cicuta e morreu.

Defendendo a falta de qualquer tipo de estruturação dos desejos ou objetivos, Aristipo se afasta do uso da palavra "felicidade", pois ela teria a condição, estabelecida por teorias filosóficas, como a de Platão, de uma estrutura organizada de satisfações. Em vez de felicidade, Aristipo usa "fim".

Contrapondo Platão, ele defende que uma pessoa poderia ser livre de desejos superiores e que "tal pessoa era mais feliz do que aquelas que supervisionam, controlam ou filtram os seus próprios objetivos".

Aristipo diferencia o que ele chama de "prazer específico" da própria felicidade: um prazer específico é digno de escolha por si; já a felicidade, não, ela não é digna de escolha por si, mas pelos prazeres específicos. O fim do ser humano seria o prazer: "desde a infância, somos atraídos para ele sem termos escolhido de antemão e, assim que o obtemos, não buscamos nada adicional, e não evitamos nenhuma coisa dessa maneira, exceto o seu contrário, a dor".[23]

O movimento hedonista se mostrou envolvente ao seu tempo, a ponto de os filósofos que dele não eram adeptos terem constrangimento em afirmar isso em público. Pareceu incontestável a premissa segundo a qual o prazer seria a medida do valor de todas as coisas em comparação com todas as outras coisas.[24]

---

[22] As considerações sobre as várias formas de hedonismo vêm de WHITE, Nicholas. Breve história da felicidade (A brief history of happiness). Tradução: Luis Carlos Borges. São Paulo: Edições Loyola, 2009, p. 68.

[23] LAÉRCIO, Diógenes. (1925) Lives of the philosophers. Tradução: R. D. Hicks, Ed. Cambridge, MA, Harvard University Press, II. 88.

[24] A filha de Aristipo, Arete de Cirene, sucedeu o pai como diretora da escola cirenaica, ensinando filosofia natural e moral por três décadas. Escreveu cerca de 40 livros e ensinou uma centena ou mais de filósofos. O epitáfio inscrito em sua tumba diz que ela tinha "a beleza de Helena, a virtude de Tirma, a pena de Aristipo, a alma de Sócrates e a língua de Homero". Cf. COHEN,

## 1.4. Platão: a felicidade na harmonia

Em *Apologia*, Platão explica que a única felicidade é descobrir o que é a verdadeira virtude e praticá-la.[25] Ele se aproxima das ideias socráticas. Colocando de lado a tendência de ofertar várias possibilidades conceituais, Platão defendia que felicidade deveria ser uma harmonia de objetivos. Caso contrário, nenhuma descrição inteligente dela pode ser dada, já que o propósito do conceito de felicidade seria oferecer orientação à pessoa, nada além disso.

A harmonia da personalidade, como porta de entrada para a felicidade, tem duas vertentes: i) *formal*; ii) *substancial*. Pela perspectiva *formal*, a razão e a organização de objetivos são as vias primeiras de acesso à felicidade. Já pela *substancial*, diferentemente, a razão se envolve na filosofia racionalista a partir do momento que busca nela orientação sobre como organizar os nossos objetivos, sabendo que eles são não raras vezes distoantes e até contraditórios. Um exemplo seria os apetites corporais, constituintes de fatores desestabilizantes, enquanto o autocontrole deveria ser estimulado. Só seria feliz quem houvesse conseguido harmonizar as partes da sua personalidade, formando uma unidade, estabelecendo um ser humano em vez de muitos, com controle próprio e uníssono. Formalmente, sabe-se da necessidade de razão e organização dos objetivos. Substancialmente, questiona-se como fazê-lo da melhor forma possível de modo a, premiado pela harmonia, conseguir, então, a felicidade.

A ideia de Platão é diversa da de Hobbes – como veremos adiante –, que afirma não ser possível encontrar a felicidade numa mente tranquila. Também se distancia de Nietzsche. Influenciado pelo marco temporal sobre o qual ergueu sua teoria, na Grécia, Platão focou no autocontrole, na disciplina, na abnegação e no desvio quanto aos excessos, mesmo que

---

Martin. Casos filosóficos. Tradução: Francisco Innocêncio. Ilustrações de Raúl Gonzáles. Rio de Janeiro: Civilização brasileira, 2012, p. 380.

[25] Platão, em *A República*, considera a velhice como um estágio feliz da vida, pois nela finalmente se aquieta o desejo de possuir mulheres. Morreu em Atenas, aos 81 anos, solteiro, "depois de esbaldar-se no banquete de casamento de um dos alunos". Seu verdadeiro nome era Arístocles. Na escola, foi apelidado de Platon (amplo), por causa dos ombros largos. Tinha ascendência aristocrática e havia aprendido poesia e guerra. Retornou a Atenas em 387 para criar a Academia, local de estudo da filosofia considerada como a primeira universidade do mundo. Cf. COHEN, Martin. Casos filosóficos. Tradução: Francisco Innocêncio. Ilustrações de Raúl Gonzáles. Rio de Janeiro: Civilização brasileira, 2012, p. 30.

prazerosos. Sua teoria da felicidade pareceu sisuda, mas, na verdade, era apenas estruturada na disciplina e harmonia.

Platão, utilizando seu personagem Sócrates para confrontar Cálicles no Górgias, indaga: Diga-me agora se um homem que tem uma comichão, se coça e pode coçar-se até fartar-se, coçar-se a vida inteira, também pode viver feliz.

Cálicles defendeu que ser feliz consiste em fomentar as mais fortes paixões e satisfazer mesmo os loucos desejos. Como nem todo mundo consegue satisfazer seus desejos, nem dar vazão a suas pretensões, a saída para conter essa explosão natural seria construir símbolos e discursos moralizadores para acalmar a mente dos fracassados. Cálicles age como Madame du Châtelet, para quem "os moralistas que dizem aos homens: reprimam suas paixões e controlem seus desejos se quiserem ser felizes, não conhecem o caminho da felicidade". Para a Filósofa, "só se é feliz com os gostos e paixões satisfeitos".[26]

Platão rejeitou a descrição de felicidade formulada em Górgias, segundo a qual seria conseguir qualquer coisa que se quer. Na perspectiva de Górgias, se a pessoa está morrendo de coceira e quer se coçar, deve fazê-lo. Para Platão, o que entra na constituição da felicidade de uma sociedade é diferente do que entra na constituição da felicidade de um indivíduo. A partir do momento em que se deixa clara essa distinção, se oferece um instrumental importante para dialogar com o fenômeno da felicidade coletiva. Em seu *A República*, Platão busca conciliar o bem-estar e a justiça de uma cidade-estado (*polis*) com o bem-estar da pessoa, sem, contudo, negligenciar que há diferenças entre ambos. É o complexo diálogo entre bem-estar subjetivo (felicidade) do indivíduo e o bem-estar subjetivo (felicidade) da coletividade.

A distinção é fundamental para a compreensão da proposta teórica segundo a qual as investigações empíricas a respeito da felicidade coletiva podem constituir importantes fontes informativas para a decisão pública a ser tomada visando a ampliar o máximo possível a felicidade do maior número de pessoas. A partir do momento que compreendemos que a perspectiva coletiva da felicidade é distinta da noção nutrida por cada indivíduo acerca

---

[26] Du Châtelet, Gabrielle Emilie Tonnerlier de Breteuil, Marquêsa. Discurso sobre a felicidade. Tradução: Marina Appenzeller. São Paulo: Martins Fontes, 2002, pp. 4-5.

do que o faria feliz, poderemos partir para uma nova etapa na aproximação entre a teoria da felicidade e as decisões públicas.

Uma coisa é tentar suprir cada desejo íntimo contido na mente do indivíduo, outra é, diante de respostas acerca de fatos determinados, tais como se a democracia faz a pessoa se sentir feliz ou infeliz, o Estado iniciar suas discussões, sabendo que há, ali, uma opção que causa mais felicidade e menos dor e outra que traz mais dor e menos felicidade aos envolvidos. É dessa maquinário que nasce o direito à felicidade. Não sem razão, Hans Kelsen, lembrando os ensinamentos de Platão, disse: "o justo, e apenas o justo, é feliz; ou temos de conduzir os homens a crer nisso."[27]

Em *O Banquete*, as discussões se iniciam com o discurso de Fedro, que, descrevendo Eros, o tem como "o mais antigo, venerável e honrado dos deuses, concebendo-o [também] como detentor de suma autoridade para prover aos seres humanos vivos e aos que chegaram ao fim, virtude e felicidade".[28]

Ao ouvir Fedro, Erixímaco concluiu que Eros, se concebido como um todo único, exerce um poder múltiplo e grandioso, um poder total. Quando consumado com um bom propósito, "de maneira moderada e justa, quer aqui na Terra, ou no céu, é um poder ainda maior, absoluto e nos proporciona felicidade plena, nos capacitando a nos unirmos e celebrarmos a amizade, inclusive com o Deus sobre nós".[29]

Aristófanes trouxe uma abordagem diferente da de Erixímaco e Pausânias. Para ele, os seres humanos não perceberam o poder do amor. Caso tivessem percebido, "teriam erigido templos e altares grandiosos para ele e o honrado grandiosamente com sacrifícios".[30] Aristófanes prossegue afirmando que de todos os deuses, Eros "é o que mais ama os seres humanos; permanece ao lado da humanidade e é o curador daqueles males cuja cura representa

---

[27] KELSEN, Hans. O problema da justiça. Tradução: João Baptista Machado. São Paulo: Martins Fontes, 2003, p. 65.

[28] PLATÃO (427?-347?a.C). Diálogos V: O banquete; Menon (ou da virtude); Timeu; Critias/Platão [tradução, textos complementares e notas Edson Bini]. – Bauru/SP: Edipro, 2010. (Clássicos Edipro). 180B, p. 46.

[29] PLATÃO (427?-347?a.C). Diálogos V: O banquete; Menón (ou da virtude); Timeu; Critias/Platão [tradução, textos complementares e notas Edson Bini]. Bauru/SP: Edipro, 2010 (Clássicos Edipro), 188d-e, p. 56-57.

[30] PLATÃO (427?-347?a.C). Diálogos V: O banquete; Menón (ou da virtude); Timeu; Critias/Platão [tradução, textos complementares e notas Edson Bini]. Bauru/SP: Edipro, 2010 (Clássicos Edipro), 189c-d, p. 57-58.

a suma felicidade da raça humana".[31] Disse ainda que sua referência seria a todos, homens e mulheres igualmente, e o que pretendia dizer era que "o modo de promover a felicidade em prol de nossa raça é conduzir o amor à sua genuína realização; que todos encontrem os jovenzinhos que lhes cabem, de modo a recuperarem sua antiga natureza".[32]

Nesse momento, Agaton pediu a palavra: "embora todos os deuses sejam felizes, Eros – sem incorrer aqui em qualquer ofensa à lei divina – é o mais feliz entre todos, isso por ser o mais admirável e o melhor" – disse.[33]

Temos ainda a presença de Diotima, para quem todos os deuses são felizes e belos, além do que, são felizes os possuidores de coisas boas e belas. Para ela, "os felizes assim o são por obterem boas coisas, e é prescindível indagar qual o propósito de ser feliz, quando esse é o propósito".[34]

Em Ménon, o personagem Sócrates, de Platão, trava com Polo um intenso debate sobre felicidade. A tese sustentada por Platão é que todo aquele que comete injustiça, ainda que jamais seja pego por isso, não será feliz. Ao apresentar esse pensamento, Platão confere um caráter intrínseco à felicidade, ou seja, um elemento *a priori*, qual seja, a justiça. Pelo mero fato de ser injusto, um determinado ato fulmina, por si só, a possibilidade de alcançar alguma felicidade. Essa característica é importante para a presente obra, pois insere um elemento fundamental na compreensão de Platão.

Mais uma vez a filosofia aponta elementos que, nada obstante apareçam como caracterizadores de prazer, não podem ser reputados como integrantes da felicidade coletiva. Antes, ao se afirmar que ao ser cruel com o próximo, ainda que se sinta prazer ao fazê-lo. Agora, ao se entender que qualquer ação que seja injusta será, irremediavelmente, contrária ao que se imagina ser a felicidade. São, como já defendido nessa tese, barreiras contra os excessos da metodologia utilitarista. Essas barreiras estão, da contemporaneidade, erguidas pelo princípio da dignidade da pessoa humana.

---

[31] PLATÃO (427?-347?a.C). Diálogos V: O banquete; Menón (ou da virtude); Timeu; Critias/ Platão [tradução, textos complementares e notas Edson Bini]. Bauru/SP: Edipro, 2010 (Clássicos Edipro), 193c, p. 63.

[32] PLATÃO (427?-347?a.C). Diálogos V: O banquete; Menón (ou da virtude); Timeu; Critias/ Platão [tradução, textos complementares e notas Edson Bini]. Bauru/SP: Edipro, 2010 (Clássicos Edipro), 193d, p. 63-64.

[33] Agaton contraria o que Fedro afirma em 178b.

[34] PLATÃO. O banquete. Tradução, apresentação e notas Edson Bini. São Paulo: Edipro, 2012, p. 85.

O personagem Sócrates diz que tudo o que a alma empreende e suporta, se guiado pela sabedoria, finda em felicidade, mas se norteada pela ignorância termina no oposto. Eis aqui mais uma elemento da felicidade: informação. Não há que se falar em felicidade se o que se tem são cidadãos cujas informações centrais a seus julgamentos cotidianos são omitidas, manipuladas, negadas ou simplesmente falseadas. A felicidade pressupõe saber, não no aspecto meramente acadêmico, mas no que diz respeito a ter acesso às informações a partir das quais o ser humano passa a ser verdadeiramente livre para formular seus julgamentos quanto às coisas às quais atribui valor.

Em seguida, o personagem Sócrates indaga a Polo: "consideras possível que um indivíduo que se conduz injustamente e que é injusto seja feliz, uma vez que crês que Arquelau é a um tempo injusto e feliz. Devemos entender que essa é precisamente tua opiniao?"[35] No que Polo responde: "Certamente"!

Sócrates imediatamente diz que isso é impossível e retoma seus questionamentos: "será alguém feliz agindo injustamente se for atingido pela punição e retaliação?"[36] A resposta de Polo é: "De modo algum, já que se assim fosse ele seria sumamente infeliz". Sócrates retruca: "Mas se o agente da injustiça escapar à punição, segunda tua avaliação, ele será feliz?" No que ouve de Polo: "É o que te digo".

Segundo o personagem Sócrates, o agente da injustiça ou o injusto é, de qualquer modo, infeliz. Mais infeliz, porém, se não cumpre sua pena e escapa à punição pela injustiça que cometeu e, menos infeliz, se cumpre sua pena e recebe o castigo dos deuses e dos seres humanos. Este é um aspecto moral fundamental da concepção de felicidade. Não haveria felicidade se ausente a virtude. No caso, a ilustração vem da pessoa que, tendo errado, se vê impune. Seria ela feliz? Segundo o personagem Sócrates, não, ao contrário, ela seria sumamente infeliz, pois não há felicidade na mentira, na injustiça, na ausência de responsabilização pelo mal causado à comunidade.

Ao ouvir a posição, Polo reage: "Que imposição absurda, Sócrates, essa que tentas sustentar!" Todavia, para Sócrates, "ele jamais seria mais

---

[35] PLATÃO, 427-347 (a.C). Diálogos II: Górgias (ou da retórica), Eutidemo (ou da disputa), Hipias maior (ou do belo), Hipias menor (ou do falso)/Platão; tradução, textos complementares e notas Edoson Bini. Bauro, SP: Edipro, 2007 (Clássicos Edipro), 472d, p. 81.

[36] PLATÃO, 427-347 (a.C). Diálogos II: Górgias (ou da retórica), Eutidemo (ou da disputa), Hipias maior (ou do belo), Hipias menor (ou do falso)/Platão; tradução, textos complementares e notas Edoson Bini. Bauro, SP: Edipro, 2007 (Clássicos Edipro), 478e.

feliz nem naquela em que conquista o poder de tirano injustamente, nem naquela em que é punido; de fato, em duas condições em que alguém é infeliz, não é possível ser mais feliz, mas somente mais infeliz na condição em que se safa para instaurar-se como tirano". Segundo ele, "o mais feliz, portanto, é aquele que não tem nenhum estado vicioso em sua alma, uma vez que constatamos que é o estado vicioso o maior de todos os males".[37]

Platão inicia um debate clássico, que será refinado por quase todos os filósofos seguintes, permitindo que hoje tenhamos elementos teóricos suficientes a serem testados nesse desafio de resgatar os ideais primeiros das grandes revoluções constitucionais voltadas para a felicidade da sociedade.

Ao tecer considerações sobre os governantes-filósofos, Platão indagava se o objetivo no estabelecimento dos nossos guardiões deveria ser dar-lhes a maior felicidade ou se, nesta questão, deveríamos atentar para a cidade inteira e ver como a sua maior felicidade deve ser assegurada. Persuadindo auxiliares e guardiões a serem excelentes na execução de suas tarefas, Platão entendia que uma vez que a cidade inteira cresce e é bem governada, o correto seria permitir à natureza fornecer a cada grupo a sua parcela de felicidade.

Os líderes da cidade ideal de Platão governam mesmo sacrificando sua visão inicial de felicidade e dando azo a uma posterior felicidade, tida, pelo próprio Platão, como recompensadora. O raciocínio é simples: se fizermos bem à cidade, faremos bem à população. A atualidade desse pensamento pode ser demonstrada pela menção ao artigo 182 da Constituição brasileira que, voltado para as cidades, atrela a razão de ser destas à felicidade da população. Segundo o dispositivo, a política de desenvolvimento urbano tem por objetivo garantir o bem-estar de seus habitantes, um bem-estar que, conforme demonstraremos adiante, tem duas dimensões, uma objetiva e outra subjetiva. Ou seja, não há outra razão de ser desse desenvolvimento que não seja a felicidade dos habitantes das cidades. O dispositivo, constitucional que é, tem lastro filosófico na sabedoria de Platão.

### 1.4.1. As críticas de Karl Popper a Platão

Karl Popper criticou, como ninguém, e com razão, muitos aspectos da filosofia clássica, notadamente os potenciais efeitos colaterais totalitários

---

[37] POPPER, Karl Raimund. A sociedade aberta e seus inimigos. Tomo 1. Tradução: Milton Amado. Belo Horizonte: Ed. Tatiaia. São Paulo: Ed. da Universidade de São Paulo, 1987, p. 101.

de muitos de seus exponenciais. Platão foi um deles. Popper tece inúmeras considerações acerca, especificamente, da felicidade.

"Não há outros aspectos do programa de Platão, elementos que nem são totalitários nem baseados no historicismo?" – pergunta Popper, continuando seu raciocínio: "Que dizer da sua exigência de que os sábios, os filósofos devem governar? E de suas esperanças de tornar os cidadãos de seu estado tão virtuosos quanto felizes?"

Há teóricos que, nada obstante critiquem Platão, acreditam que sua doutrina política, a despeito de certas similaridades, se distingue do totalitarismo moderno em razão dos seus alvos: a felicidade dos cidadãos e o reino da justiça. Karl Popper recorda Crossman, para quem "a filosofia de Platão é o mais selvagem e o mais profundo ataque às ideias liberais que a história pode apresentar". Apesar disso, "o plano de Platão é a edificação de um estado perfeito, em que cada cidadão seja realmente feliz".

Há também Joad, que vê semelhanças entre o programa de Platão e o do fascismo, "mas que assevera haver diferenças fundamentais, visto como no estado melhor de Platão o homem comum... conquista a felicidade que corresponde à sua natureza e esse estado se baseia em ideias de um bem absoluto e uma absoluta justiça".[38]

A irresignação de Popper, portanto, está no fato de a crítica afastar Platão do totalitarismo em razão de suas ideias visarem, ao final, à felicidade. Se isso é verdade, como ele seria um teórico totalitário? Para Popper, acreditar que a felicidade é o alvo do seu programa político é "um resquício da tendência para idealizar Platão". Isso porque, para Popper, "o tratamento dado por Platão à felicidade é exatamente análogo ao que dá à justiça; e especialmente é baseado na mesma crença de ser a sociedade 'por natureza', dividida em classe ou castas".

Em Platão, a verdadeira felicidade só se realizaria pela justiça, uma justiça que, para ele, consistiria em conservar cada qual em seu lugar: "O governante deve encontrar a felicidade em governar, o guerreiro em guerrear e, podemos inferir, o escravo em ser escravizado". Fora disto, não se busca nem a felicidade dos indivíduos nem a de qualquer classe em particular do Estado, mas apenas a felicidade do todo, e isto "nada mais é do que resultado daquela regra de justiça que já mostrei ser de

---

[38] POPPER, Karl Raimund. A sociedade aberta e seus inimigos. Tomo 1. Tradução: Milton Amado. Belo Horizonte: Ed. Tatiaia. São Paulo: Ed. da Universidade de São Paulo, 1987, p. 101.

caráter totalitário. Uma das principais teses da República é a de que somente esta justiça pode conduzir a qualquer felicidade verdadeira" – diz Popper.[39]

A crítica, portanto, é a de que Platão acredita numa sociedade de castas, irreversivelmente desigual, eternamente dividida pelas condições sociais que não podem, nem devem, ser superadas, sendo que, a felicidade, só seria alcançada se tudo continuasse sendo exatamente como é. A manutenção da realidade tal qual ela é posta seria a justiça de Platão e, consequentemente, o retrato da felicidade.

Karl Popper, todavia, tenta enxergar benevolência em Platão: "Acredito que Platão, com profunda visão sociológica, verificou que seus contemporâneos sofriam sob severa tensão, que essa tensão era devida à revolução social que começara com o surgimento da democracia e do individualismo" – registra Popper, anotando em seguida que Platão "teve êxito em descobrir as principais causas de sua infelicidade profundamente arraigada – a mudança social e a dissensão social – e fez o máximo para combatê-las". Logo, "não há razão para duvidar de que um dos seus mais poderosos motivos era a reconquista da felicidade para os cidadãos."

Popper entende que "o tratamento médico-político que ele recomendava, a detenção da mudança e a volta ao tribalismo era desesperadamente errado", todavia, "embora impraticável como terapêutica, dá testemunho da capacidade de diagnóstico de Platão. Mostra que ele sabia o que estava deslocado, que compreendia a tensão, a infelicidade que o povo experimentava, ainda que errasse na sua afirmação fundamental de que, reconduzindo-os ao tribalismo, poderia diminuir a tensão e restaurar-lhes a felicidade".[40]

O que vemos é uma análise sobre o programa político platônico, fundado, segundo Popper, numa tentativa desesperada de combater a infelicidade das pessoas, contudo, fazendo exortações que mostravam um ideal conservador, qual seja, a detenção da mudança. Ao final, mostrando que a infelicidade das pessoas continua presente nos tempos modernos, Karl Popper registra: "Muitas pessoas vivem numa sociedade moderna sem ter,

---

[39] POPPER, Karl Raimund. A sociedade aberta e seus inimigos. Tomo 1. Tradução: Milton Amado. Belo Horizonte: Ed. Tatiaia. São Paulo: Ed. da Universidade de São Paulo, 1987, p. 184-185.

[40] POPPER, Karl Raimund. A sociedade aberta e seus inimigos. Tomo 1. Tradução: Milton Amado. Belo Horizonte: Ed. Tatiaia. São Paulo: Ed. da Universidade de São Paulo, 1987, p. 186.

ou só tendo extremamente poucos, contactos pessoais íntimos, vivendo no anonimato e no insulamento e, consequentemente, na infelicidade".[41]

Essa derradeira consideração sugere que, hoje, somos ainda mais infelizes e que isso deve ser alvo da consideração de todos, incluindo os pensadores, que têm por missão indagar se as sociedades estão mais tristes, mesmo com todas as conquistas que têm exibido ao longo do tempo, notadamente no que diz respeito à dominação das forças da natureza pelo uso da tecnologia.

Uma das razões que se apontará nesta obra para a situação acima é a limitação da crença segundo a qual uma sociedade cujo bem-estar objetivo é garantido graças a bens materiais é uma sociedade feliz. Tanto não o é que, nada obstante haja intensa consecução de programas de implementação de direitos sociais em muitos países europeus, o bem-estar subjetivo não foi alcançado. Adiante falaremos especificamente a respeito desse ponto.

## 1.5. Aristóteles: a felicidade na atividade

O pensamento de Aristóteles apresenta versões divergentes e discutíveis. Mesmo assim, pela sua força e atualidade, devemos insistir em compreendê-lo.[42]

Quanto à visão aristotélica de felicidade, podemos dizer que ela traz consigo uma natureza teleológica, remetendo a condição da felicidade para a virtude, adquirida com o hábito. Os bens que alçariam o homem à felicidade na *polis* podem ser divididos em constitutivos e coadjuvantes. Os *constitutivos* são os bens da alma, as virtudes morais: a coragem, a moderação, a justiça; as virtudes intelectuais: a ciência, a inteligência, a sabedoria, a

---

[41] POPPER, Karl Raimund. A sociedade aberta e seus inimigos. Tomo 1. Tradução: Milton Amado. Belo Horizonte: Ed. Tatiaia. São Paulo: Ed. da Universidade de São Paulo, 1987, p. 190.

[42] Ao longo da vida, Aristóteles cometeu inúmeros erros em seus raciocínios: (i) as plantas se reproduzem apenas de maneira assexuada; (ii) o coração era o centro da consciência e batia apenas nos peitos masculinos; (iii) o lado esquerdo do corpo é mais frio do que o direito; (iv) o cérebro serve apenas para resfriar o sangue; (v) há um espaço vazio atrás da cabeça do homem para a alma; (vi) animais não pensam, são capazes apenas de sensações e apetite, necessitando ser governados pela espécie humana para sobreviverem; (vii) as plantas e os animais não tinham alma e existiam unicamente para uso dos humanos; (viii) rejeitou a teoria de Demócrito de que as coisas eram feitas de átomos, atrasando a química em dois mil anos; (ix) as mulheres têm menos dentes que os homens; e (x) a criança seria, atualmente, um clone do pai, sendo a mãe uma incubadora. Cf. COHEN, Martin. Casos filosóficos. Tradução: Francisco Innocêncio. Ilustrações de Raúl Gonzáles. Rio de Janeiro: Civilização brasileira, 2012, pp. 41-43.

arte e a prudência, o prazer (inerente às atividades virtuosas). Estes são os bens essenciais à felicidade, porque a verdadeira felicidade é a atividade da alma. Contudo, são necessários os *bens coadjuvantes*, aqueles do corpo, tais como amigos leais e recursos materiais.

Aristóteles diferenciava as finalidades de cada indivíduo da finalidade da nação: "o bem do Estado é visivelmente um bem maior e mais perfeito, tanto para ser alcançado como para ser preservado". Segundo suas lições, "assegurar o bem de um indivíduo é apenas melhor do que nada; porém, assegurar o bem de uma nação ou de um Estado é uma realização mais nobre e mais divina".[43]

Quando Aristóteles indaga qual o mais elevado entre todos os bens cuja obtenção pode ser realizada pela ação, ele responde: "tanto a multidão quanto as pessoas refinadas a ele se referem à felicidade e identificam o viver bem ou o dar-se bem como o ser feliz".[44] Todavia, adverte da dificuldade de encontrar consenso acerca do que cada um tem como vida feliz: "Mas no que consiste a felicidade é uma matéria polêmica, e o que entende por ela a multidão não corresponde ao entendimento do sábio e sua avaliação". Aristóteles afirma que as pessoas ordinárias a identificam com algum bem óbvio e visível, tais como o prazer, a riqueza ou a honra. Entretanto, ressalta que "o mesmo indivíduo diz coisas diferentes em ocasiões diferentes, quando fica doente, pensa ser a saúde a felicidade; quando é pobre, julga

---

[43] LIVRO I2 1094b1 5-10. Ética a Nicômano. Traduções, textos adicionais e notas Edson Bini. Bauru: Edipro, 2009, p. 39.

[44] Aristóteles deixou a Grécia continental com seu amigo Xenócrates para estabelecer uma pequena academia na cidade de Assos, hoje noroeste da Turquia. Diógenes Laércio, reputado o maior biógrafo de Aristóteles, afirma que ele deixou a sobrinha de Hérmias, Pítia, com quem era casado, enquanto Platão ainda era vivo. Aristóteles conheceu Hérmias, um homem rico, durante a temporada de três anos em que ensinou na Escola platônica de Assos, patrocinada por Hérmias. Seu casamento com Pítia se deu em 344 a.C. Pouco mais de um ano depois, aceitava a proposta de Felipe II para ser o preceptor de seu filho, Alexandre, que estava com treze anos. Aristóteles, em razão dessa decisão, se mudou para Pela. Ele educou Alexandre até a morte de Felipe II e o início do reinado do próprio Alexandre (335 a.C). Aristóteles faleceu no ano de 322, aos sessenta e três anos, vítima de uma doença gástrica da qual sofria há tempos. Contudo, para Diógenes Laércio, o Estagirita teria cometido suicídio tomando cicuta, "exatamente o que Sócrates tivera que ingerir, um mês após sua condenação à morte". Cf. Ética a Nicômano. Traduções, textos adicionais e notas: Edson Bini. Bauru: Edipro, 2009, p.11.

45 LIVRO I2 1094b1 5-10. Ética a Nicômano. Traduções, textos adicionais e notas: Edson Bini. Bauru: Edipro, 2009, p. 41.

ser a riqueza a felicidade".[45] Ele reconhece a indefinição conceitual de felicidade e o esforço necessário para delimitar o seu âmbito.

Para o Estagirita, a felicidade parece ser absolutamente completa nesse sentido, uma vez que sempre optamos por ela por ela mesma e jamais como um meio para algo mais. Aristóteles defende a autossuficiência da felicidade. Ele é taxativo: "Entendemos por uma coisa autossuficiente aquela que por si só torna a vida desejável e de nada carente: e julgamos ser essa coisa a felicidade". Veremos que essa é também a compreensão de John Rawls.

Aristóteles prossegue afirmando que considera ser a felicidade a mais desejável de todas as boas coisas sem que seja ela mesma estimada como uma entre as demais, pois se assim fosse ela estimada, está claro que deveríamos considerá-la mais desejável quando mesmo a mais ínfima das outras boas coisas a ela estivesse combinada, uma vez que essa lição resultaria num total mais amplo de bem, e de dois bens o maior é sempre o mais desejável.[46] Essa colocação é importante, porque reveste a felicidade de um valor intrínseco, bastante por si.

Defendendo uma análise conjuntural da vida da pessoa para que seja possível indagar quanto à sua felicidade, Aristóteles afirma que "uma andorinha não faz verão, nem produz um belo dia", logo, "um dia ou um efêmero período de felicidade não torna alguém excelsamente abençoado e feliz". As pesquisas atuais provam isso.

Aristóteles não desconsidera que a felicidade requer bens externos: "seria difícil desempenhar um papel nobre a não ser que se esteja munido do necessário equipamento". Isso porque, "muitas ações nobres requerem instrumentos para sua execução sob forma de amigos, ou riqueza ou poder político". Para ele: "a felicidade exige o acréscimo da prosperidade externa, sendo esta a razão de alguns indivíduos identificá-la com a [boa] fortuna (a despeito de alguns a identificarem com a virtude)".

O raciocínio acima é de fundamental importância para o desenvolvimento contemporâneo do direito à felicidade, vez que introduz a necessidade de preservação do bem-estar objetivo para a consecução da felicidade, sem, contudo, afastar a distinção necessária acerca de bem-estar objetivo

---

[45] ARISTÓTELES (384-322 a.C). Ética a Nicômano. Traduções, textos adicionais e notas: Edson Bini. Bauru: Edipro, 2009, p. 58.
[46] ARISTÓTELES (384-322 a.C). Ética a Nicômano. Traduções, textos adicionais e notas: Edson Bini. Bauru: Edipro, 2009, p. 49.

e bem-estar subjetivo. O primeiro, material, tangível, concreto e objetivo, pode ser alcançado com uma parede de um quarto, ou água quente, ou então, uma caixa de medicamento. O bem-estar subjetivo, contudo, que revela a dimensão emocional do ser humano, algo imaterial, intangível e abstrato, também tem importância crucial ao ser humano, e não pode ser alcançado imediatamente à contretização do bem-estar objetivo.

Aristóteles faz outras distinções. Ele diz que "é melhor ser feliz como resultado dos próprios esforços do que por um dom da sorte". Segundo o Estagirita, se tivermos que ser conduzidos pela sorte, teremos com frequência que "classificar o mesmo ser humano como primeiramente feliz e, depois, infeliz; teremos que conceber o ser humano feliz como uma espécie de 'camaleão ou uma casa construída sobre a areia'". O exercício ativo de nossas faculdades aliado à virtude produziria a felicidade; as atividades opostas, o seu contrário. De acordo com Aristóteles, o ser humano que age assim, "suportará as reviravoltas da sorte com máxima nobreza e perfeito decoro, sendo como é 'verdadeiramente bom' e 'irrepreensivelmente franco'".[47]

Mesmo na adversidade, "a nobreza resplandece [e se destaca] quando um homem suporta pacientemente infortúnios reiterados e severos, não em função da insensibilidade, mas graças à generosidade e grandeza de alma". Assim, nenhum ser humano que seja bem-aventurado (supremamente feliz) jamais poderá se tornar infeliz, pois nunca praticará ações odiosas ou vis, uma vez que o homem verdadeiramente bom e sábio enfrentará tudo o que a sorte lhe reservar numa postura decente, e agirá sempre da maneira mais nobre que as circunstâncias permitirem, "tal como um bom general faz o mais eficiente uso possível das forças de que dispõe e um bom sapateiro fabrica o melhor calçado possível do couro que lhe fornecem, e assim por diante relativamente a todos os demais ofícios e profissões", diz Aristóteles.

Interessante notar que Aristóteles reconhece a felicidade mesmo na dor. Nesse ponto, sua teoria é contrária ao hedonismo. Enquanto o hedonismo elimina a dor da caracterização da felicidade, Aristóteles afirma que, a depender da personalidade da pessoa, ela pode ser feliz e estimulada com a dor. Vê-se um distanciamento entre suas ideias e a escola de Epicuro. Essa pessoa também não se mostrará passível de variações e suscetível de mudanças, porque não será desalojada facilmente de sua felicidade [pela

---

[47] ARISTÓTELES (384-322 a.C). Ética a Nicômano. Traduções, textos adicionais e notas: Edson Bini. Bauru: Edipro, 2009, p. 58.

força] de infortúnios ordinários, mas somente [pela força] de desastres severos e frequentes, e tampouco se recuperará de tais desastres e se tornará feliz de novo celeremente, mas somente, se o for, após um longo período, no qual haja tido tempo para atingir posições ilustres e grandes realizações.[48]

Aristóteles foi pioneiro em afirmar que o "prazer e a dor constituem os padrões por meio dos quais todos nós, num maior ou menor grau, regulamos nossas ações". Eles "são necessariamente a nossa maior preocupação, uma vez que sentir prazer e dor correta ou incorretamente exerce um grande efeito sobre a conduta". O prazer tornaria a vida perfeita: "se as pessoas perfeitas e sumamente felizes têm uma ou mais atividades, pode-se dizer em sentido lato que os prazeres que tornam perfeitas as atividades são os prazeres adequados às criaturas humanas".

Em relação ao ciúme, cinismo, inveja e ações de adultério, roubo e assassinato e outras emoções semelhantes, não existe meio-termo para Aristóteles, porque a maldade não está no excesso e na falta, mas implícita em seus próprios nomes. Nesse sentido, "nunca será possível, portanto, estar certo em relação a elas; estar-se-á sempre errado".[49] Não há felicidade verdadeira na maldade, na injustiça, da satisfação sádica de se sentir bem ao ver o semelhante mal. A felicidade deve ser concebida como uma emoção atrelada a ações virtuosas.

Aristóteles, portanto, afasta a possibilidade de os fins justificarem os meios, ou seja, de prazeres sádicos integrarem a fórmula da felicidade. Essa contribuição é importante e ilustrará a obra em variados momentos, chegando a compor a nossa ideia de vedação aos prazeres sádicos como conexão com o princípio da dignidade da pessoa humana. Fica claro que a inspiração de Stuart Mill é aristotélica.

Outro ensinamento precioso de Aristóteles vem do fato de ele enxergar na pluralidade um caminho para a felicidade da nação. Não bastaria a unificação para que a *polis* pudesse ser tida como a melhor ou a mais capaz de propiciar bem-estar a seus componentes. "A natureza de uma cidade-estado é ser uma pluralidade. (...) Portanto, não devemos conseguir a maior unidade mesmo que possamos, pois seria a destruição da

---

[48] ARISTÓTELES (384-322 a.C). Ética a Nicômano. Traduções, textos adicionais e notas: Edson Bini. Bauru: Edipro, 2009, p. 59.
[49] Ética a Nicômano, II 6, 1107a, 4-5. Mais um clássico.

cidade-estado"[50] – disse. Ele afirma que o "fim da sociedade civil é viver bem; todas as suas instituições não são senão meios para isso, e a própria Cidade é apenas uma grande comunidade de famílias e de aldeias em que a vida encontra todos estes meios de perfeição e de suficiência".[51] A ideia de respeito às individualidades como caminho para a felicidade será vista em muitos filósofos e aparecerá nos julgamentos do Supremo Tribunal Federal, analisados adiante.

A obra de Aristóteles sobre a felicidade é consistente e inspiradora. Tanto a sua diferenciação entre as qualidades de prazeres, como o alinhamento da busca da felicidade à felicidade coletiva e, ao final, a exortação de respeito à diversidade, abrem espaço para a construção de uma teoria baseada no constitucionalismo contemporâneo.

### 1.6. O Epicurismo: prazer como ausência de dor e perturbação

As duas principais correntes filosóficas helenísticas, o epicurismo e o estoicismo, surgiram quase simultaneamente, tendo os seus fundadores, Epicuro e Zenão de Cício, formado, em Atenas, escolas rivais. Com a morte de Alexandre, "o Grande", em 323 a.C., o mundo helênico sucumbiu. A crise das cidades-estado estimulou o desenvolvimento dos valores individuais em detrimento dos de cidadania. Surgiu o epicurismo.

A filosofia de Epicuro foi alvo da atenção de Nietzsche, que chegou a afirmar:

> Não conheço nada mais venenoso do que a piada que Epicuro fez às custas de Platão e os platônicos: chamou-os de *dionysiokolakes*. Isto significa, literalmente e em primeiro lugar, "aduladores de Dionisio", ou seja, clientes de tiranos e puxa-sacos servis; além de tudo quer dizer, porém, que "são todos atores, nada neles é autêntico" (pois *dionysokolax* era uma denominação popular para ator). E neste outro sentido está realmente a malícia que Epicuro lançou contra Platão: aborrecia-lhe o modo grandioso, a *mis-en-scene* em que Platão e seus discípulos eram entendidos – e de que Epicuro nada entendia! Ele, o velho mestre-escola de Samos, que se escondeu no seu jardinzinho de Atenas e

---

[50] A Política, 1261a 15-23. Obra clássica.
[51] ARISTÓTELES. A política. Tradução: Roberto Leal Ferreira. São Paulo: Martins Fontes, 2006, p. 56.

escreveu trezentos livros, talvez – quem sabe? – por ambição e raiva de Platão? – Foram precisos cem anos para a Grécia descobrir quem fora Epicuro, esse Deus do jardim. – Mas decobriu?[52]

Os ensinamentos de Epicuro não se voltavam para a degradação moral, mas para a ideia segundo a qual o objetivo da filosofia era garantir uma vida feliz a ser alcançada "no isolamento relativo, com amigos, mas distante dos assuntos humanos em geral, e longe da política". "Com a felicidade temos tudo de que precisamos, e se não somos felizes fazemos de tudo para sê-lo" – dizia o Filósofo. Ele estabeleceu que o bem é o prazer, sendo este "uma ausência consciente de dor e perturbação". Para Epicuro, "ninguém rejeita, deixa de gostar do prazer ou o evita porque é prazer, mas, antes, porque consequências dolorosas sobrevêm aos que não sabem como buscar o prazer racionalmente".[53] Esse componente racional de felicidade exposto por Epicuro ilustrará o nosso conceito de felicidade, a ser fornecido mais à frente. Além disso, mostra que o epicurismo em nada se alia à degradação, selvageria ou ausência de virtude. Pelo contrário. O epicurismo ergueu sua base sobre uma premissa muito elementar segundo a qual as pessoas conduzem suas escolhas dentro da dialética insistente da dor e do prazer, razão pela qual esses elementos precisam ser estudados e compreendidos. Fazer isso ao lado de amigos e amigas, num jardim, é sublime.

Epicuro desafiou instituições e avançou na quebra de paradigmas. Suas ideias confrontavam os dogmas da religião grega tradicional e estimularam as pessoas a pensarem formas de conseguirem o prazer e evitarem a dor, não se impressionando com os mitos de resiliência impostos pela religião.

É claro que, diante de um conjunto muito bem ordenado de símbolos que mostravam ao povo todos os temores decorrentes das ideias de céu e inferno, de pecado, vingança e culpa, a doutrina de Epicuro soou revolucionária. Ela não só qualificava firmemente a dor como algo a ser evitado, como enaltecia a busca pelo prazer. Esse cenário faz lembrar das lições de

---

[52] NIETZSCHE, Friedrich Wilhelm. Além do bem e do mal: prelúdio a uma filosofia do futuro. Tradução, notas e posfácio: Paulo Cesar de Souza. São Paulo: Companhia das Letras, 2005, p. 13-14.
[53] CÍCERO. (Marco Túlio Cícero) (1961). De finibus bonorum et malorum (On the boundaries of good and bad). Tradução: H. Rackham. Cambridge, MA, Harvard University Press, I. 32.

Madame du Châtelet, para quem "existem outros preconceitos que não os da religião, e creio que é excelente afastá-los, embora não exista nenhum que influa tanto em nossa felicidade e em nossa infelicidade quanto os da religião".[54]

A coragem e pioneirismo de Epicuro foram realçados pelo poeta Lucrécio, que destacou a ação contra o que classificou de "religião estúpida". Lucrécio diz: "Quando a vida humana jazia no chão miseravelmente, diante de nossos olhos, esmagada pela religião estúpida, cuja face atemorizante olhava do céu para ameaçar os mortais, um homem dos gregos foi o primeiro a ousar erguer os seus olhos humanos para encarar o seu olhar, o primeiro que se opôs a ela".[55] Era Epicuro e o seu Jardim.

Lucrécio falava também de suas ideias voltadas para a rejeição da dor e a busca pelo prazer, um prazer que não era vadio ou excessivo, mas um estado equilibrado de bem-estar subjetivo. Hoje, parece claro que a escola foi mal interpretada, tendo sido-lhe atribuído um caráter de prazer a todo custo, o que não é verdade.

Os epicuristas passaram a ser tidos como devassos, loucos, dedicados ao prazer sem limites. Epicuro, por esta razão, se esforçou o quanto pôde para esclarecer que sua escola não defendia o prazer decorrente de um comportamento imoral ou que gerasse danos à capacidade de uma pessoa de usufruir prazeres adicionais. Para ele, "o prazer que buscamos não é apenas daquele tipo que afeta diretamente o nosso ser com deleite e é percebido pelos sentidos de maneira agradável". Fica claro que Epicuro tentava afastar os rótulos atribuídos à sua escola e a seus ensinamentos filosóficos.

---

[54] Epicuro se alimentava de pão e água. Tinha uma saúde débil e suportava males na bexiga e no estômago. Ele foi para Mitilene, na ilha de Lesbos, local que sediava a escola filosófica de Aristóteles, fundada trinta anos antes. Lá, fez o seu primeiro discípulo não pertencente à família, Hermacor, que, quarenta anos depois, haveria de o substituir na direção da escola. As intrigas na escola de Aristóteles fizeram Epicuro se afastar. Ele se muda para Lampasco, nos Dardanelos, "onde a escola platônica se encontra desacreditada devido às tentativas de controlar o poder político". Chegando em Atenas, adquire uma casa e, mais tarde, um jardim. Da casa saíam livros e cartas. No jardim (*kebos*) acomodavam-se discípulos, homens e mulheres, e os escravos plantavam os mais diversos legumes. Ali, Epicuro – na escola *O Jardim* –, dirigia os debates sobre a felicidade e o prazer. Cf. EPICURO. Carta sobre a felicidade. Tradução: João Forte. Lisboa: Biblioteca editores Independentes, p. 13.

[55] LUCRÉCIO. (1975). De rerum natura (On the nature of things). Tradução: W. H. D. Rouse. M. F. Smith. Cambridge, MA: Harvard University Press, Livro 1.

Ele também registrou: "sustentamos que o maior prazer é aquele que é experimentado como resultado da remoção completa da dor".[56]

Sêneca tentou defender Epicuro das acusações contra sua escola. Segundo o Filósofo:

> Se os homens se abandonam a excessos, não é Epicuro que os impele a isso mas porque, entregues aos seus próprios vícios, ocultam a sua devassidão no seio da filosofia, e correm à porfia para os locais onde ouvem dizer que se faz o elogio do prazer. Julgam mal o prazer segundo Epicuro, não sabendo (é assim que vejo as coisas), como se prazer é sóbrio e seco; é a própria palavra que os faz acorrer, procuram para as suas paixões uma justificação e um pretexto. Perdem assim o único bem que lhes restava nos seus males, a vergonha pelas suas faltas: louvam, com efeito, as coisas de que coravam, e glorificam-se pelo seu vício; a própria juventude não se pode elevar quando um título honesto foi colocado sob tão vergonhoso deixar andar.[57]

Para Sêneca, "Epicuro dá preceitos veneráveis, justos e que, observados de mais perto, se revelam até severos". Os exemplos são os seguintes:

> Ele reduz o prazer a algo de mínimo e exíguo, e a regra que atribuímos à virtude, concede-a ele ao prazer: ordena que se obedeça à natureza; ora, aquilo que à natureza basta é demasiado pouco para a sensualidade. O que é que isto quer dizer? Quando alguém chama felicidade a uma vida completamente ociosa, alternando entre a boa comida e os prazeres amorosos, procura uma boa caução para uma má coisa e, quando procura a escola de Epicuro atraído por um nome lisonjeiro, vai atrás, não do prazer de que lhe fala a escola, mas daquele que levou consigo; como pensa que os vícios correspondem aos preceitos recebidos, entrega-se a eles sem receio; sem se ocultar, a partir de então, de rosto descoberto, dedica-se à devassidão.

Sêneca, então, finaliza: "É por isso que não digo, de modo nenhum, como a maior parte dos nossos, que a seita de Epicuro é uma escola

---

[56] CÍCERO. (Marco Túlio Cícero) (1961). De finibus bonorum et malorum (On the boundaries of good and bad). Tradução: H. Rackham. Cambridge, MA: Harvard University Press, I.37.
[57] SÊNECA. Da vida feliz. Tradução: João Forte. Lisboa: Biblioteca Editores Independentes, 2008, p. 55.

de perdição; mas digo: tem má reputação, está desacreditada e bem erradamente".[58]

Immanuel Kant foi um crítico das ideias que atribuíam a Epicuro. Ele afirmou que, "se com Epicuro, para determinar a vontade, expomo-nos na virtude ao simples deleite que ela promete, não podemos depois censurá-lo pelo fato de considerar este deleite totalmente homogêneo aos mais rudes sentidos". Kant dizia que o epicurismo procurou a fonte de muitas dessas representações igualmente no uso da faculdade superior de conhecer; mas isto não o impediu e tampouco podia de, segundo o mencionado princípio, "considerar como totalmente homogêneo o próprio deleite, que aquelas representações porventura intelectuais nos outorgam, e mediante o qual elas unicamente podem ser fundamentos determinantes da vontade".

Kant rejeita as premissas nas quais reside a essência da escola epicurista. Para ele, "os epicuristas tomaram como princípio supremo um princípio totalmente falso da moral, a saber, o da felicidade, e substituíram a lei por uma máxima da escolha arbitrária segundo a inclinação de cada um". Ele continua argumentando que os epicuristas assim o fizeram rebaixando seu sumo bem proporcionalmente ao nível pouco elevado de sua proposição fundamental:

> E não esperaram nenhuma felicidade maior do que a que deve ser obtida pela prudência humana (à qual pertencem também a temperança e moderação das inclinações), que tem de revelar-se de modo suficientemente pobre e muito diversamente de acordo com as circunstâncias; sem contar as exceções que suas máximas tinham de incessantemente conceber e que as tornam inaptas para leis.[59]

Mesmo defendendo certo isolamento e não tendo, explicitamente, pretensões revolucionárias, o epicurismo se converteu num poderoso movimento filosófico, social e político, que influenciou e ainda influencia o mundo.

---

[58] Sêneca. Da vida feliz. Tradução: João Forte. Lisboa: Biblioteca Editores Independentes, 2008, p. 56.
[59] Kant, Immanuel. Crítica da razão prática. Tradução baseada na edição original de 1788, com introdução e notas de Valerio Rohden. São Paulo: Editora WMF Martins Fontes, 2011, pp. 204-205.

Além da importância histórica como escola dedicada aos estudos sobre a felicidade, sua relevância também se dá pelo fato de Thomas Jefferson, autor da Declaração de Independência dos Estados Unidos, na qual constava a expressão "direito à busca da felicidade", se intitular um epicurista. A partir do momento em que conhecemos os ensinamentos do epicurismo, adquirimos condições de compreender algumas das inspirações de Jefferson, o que nos ajudará ao iniciarmos o estudo sobre a teoria da felicidade e a jurisdição constitucional nos Estados Unidos.

## 1.7. Cícero: fuga dos prazeres vulgares

Marco Túlio Cícero entendia que a virtude é suficiente para fazer o homem feliz e que a felicidade é o que a filosofia nos ensina de maior e mais essencial. Ele lembra que "os primeiros homens que se dedicaram a esta ciência estudaram preferivelmente a toda e qualquer outra coisa a arte de viver feliz – e não foi senão a esperança de alcançar a felicidade o que os levou a fazer tantas investigações".[60]

Na busca pela felicidade, Cícero rejeitava o foco no prazer, pois, para ele, se o prazer é soberano, então não apenas as maiores virtudes teriam de ser rebaixadas, mas, além disto, seria difícil dizer por que um homem sábio não deve ter muitos vícios[61]. É mais um filósofo que distingue as qualidades dos prazeres, mostrando que nem tudo que é prazeroso conduz à felicidade. Ele focou na virtude e na prudência destacando que "uma vida feliz é o quinhão de uma alma tranquila, na qual não irrompe nenhum desses movimentos impetuosos que desordenam a razão".

Cícero desejava a felicidade apenas para "aqueles que não abale nenhum terror, que não corroa nenhum desgosto, que não inflame nenhuma cupidez, que não transporte nenhuma desvairada alegria, que não enlanguesça nenhuma voluptuosidade". Como se vê, Cícero rejeitava as paixões desenfreadas, pois, para ele, "a alma do sábio veda a entrada a toda e qualquer paixão". Também rejeita o prazer dizendo que só se a filosofia não se reportar a ele ela seria digna e séria.[62] "Se alguém ambiciona o nome de sábio,

---

[60] CÍCERO, Marco Túlio. A virtude e a felicidade. Tradução: Carlos Ancêde Nougué. São Paulo: Martins Fontes, 2005, p. 05.

[61] CÍCERO. (Marco Túlio Cícero) (1961). De finibus bonorum et malorum (On the boundaries of good and bad ). Tradução: H. Rackham. Cambridge, MA, Harvard University Press, II. 117.

[62] CÍCERO, Marco Túlio. A virtude e a felicidade. Tradução: Carlos Ancêde Nougué. São Paulo: Martins Fontes, 2005, p. 29.

justamente devido a um Pitágoras, a um Sócrates, a um Platão, que antes aprenda com eles a desprezar tudo isto que a tantos deslumbra: vigor, saúde, beleza, opulência, dignidades" – disse. Contudo, afirma que com a coragem, temos a grandeza de alma; não nos deixamos aterrorizar nem abater; não conhecemos penúria, nem carência, nem obstáculo; estamos sempre na abundância e na prosperidade.

Percebe-se, na obra de Cícero, que as linhas-mestras do pensador estão firmadas na virtude e na dissociação da felicidade do prazer vulgar. Ele tenta conferir à felicidade um componente virtuoso, dotado de prudência, afastado de vaidades ou buscas havidas, por ele, como tolas, tais como a beleza ou a opulência. Perceberemos que essa aliança entre felicidade e virtude constituía um raciocínio rotineiro entre os filósofos.

### 1.8. O Estoicismo: Sêneca e as renúncias

Contrapondo a filosofia do prazer, os estoicos exaltavam a felicidade moral ou uma felicidade encontrada na moral: "não seremos jamais felizes, a não ser que façamos o bem e vivamos de modo virtuoso".[63] Para os estoicos, as pessoas buscam coisas (prazeres) que não podem ser caracterizadas como "boas", da mesma forma que o fracasso (dores) em tentar obter tais coisas também não seria algo a ser reputado ruim. Bastaria a postura correta para ser feliz. "O único bem para uma pessoa é a virtude, incluindo a justiça", sendo, o fim do ser humano, "a coerência com a natureza e a virtude e adesão a padrões morais e sociais, ainda que a identificação entre bem e virtude seja um "paradoxo".[64] Mais uma vez virtude, justiça e desapego às futilidades são havidos como elementos essenciais à felicidade.

Immanuel Kant tem opinião quanto aos estoicos. Entende que eles escolheram de modo totalmente correto seu princípio prático supremo, a saber, a virtude como condição do *sumo bem*. Todavia, adverte:

> Enquanto representavam o grau dela, requerido para a lei pura da mesma, como plenamente alcançável nesta vida, não somente elevaram demasiadamente

---

[63] COMTE-SPONVILLE, André; DELUMEAU, Jean; FARGE, Arlette (La plus belle histoire du bonheur). A mais bela história da felicidade: a recuperação da existência humana diante da desordem do mundo. Tradução: Edgard de Assis Carvalho, Mariza Perassi Bosco. Rio de Janeiro: Difel, 2010, p. 8.
[64] WHITE, Nicholas. Breve história da felicidade (A brief history of happiness). Tradução: Luis Carlos Borges. São Paulo: Edições Loyola. 2009, p. 144.

a capacidade moral do homem sob o nome de sábio para além de todos os limites de sua natureza e admitiram algo que contradiz todo o conhecimento dos homens, mas principalmente não quiseram de modo algum considerar também a validade do segundo elemento pertencente ao sumo bem, ou seja, a felicidade, como um objeto particular da faculdade de apetição humana, mas tornaram o seu sábio, na consciência da excelência de sua pessoa totalmente independente da natureza (com vistas a seus contentamento), igual a uma divindade, enquanto em verdade o expunham mas não o submetiam a males da vida (ao mesmo tempo o apresentavam também livre do mal); e assim efetivamente eliminaram o segundo elemento do sumo bem, a felicidade própria, enquanto o puseram simplesmente na ação e no contentamento com seus valores pessoais e, portanto, o incluíram na consciência da maneira de pensar moral, no que, porém, teriam podido ser suficientemente refutados pela voz de sua própria natureza.[65]

Kant lembra que as inclinações, que de fato sempre têm a primeira palavra, iriam pretender inicialmente a sua satisfação e, vinculadas à reflexão racional, a sua máxima e mais duradoura satisfação possível, sob o nome de felicidade.[66]

Sêneca é estoico.[67] Desde 62, o filósofo se afastara do Senado, vivendo numa fazenda nos arredores de Roma. Um ano antes do incêndio da cidade, por Nero, de quem foi tutor, começara a escrever a sua principal obra filosófica, as *Cartas a Lucilius*. Posteriormente, no capítulo inicial do livro VII do Tratado dos Benefícios, sintetizara a sua particular visão do estoicismo:

---

[65] KANT, Immanuel. Crítica da razão prática. Tradução baseada na edição original de 1788, com introdução e notas: Valerio Rohden. São Paulo: Editora WMF Martins Fontes, 2011, pp. 204-205.
[66] KANT, Immanuel. Crítica da razão prática. Tradução baseada na edição original de 1788, com introdução e notas: Valerio Rohden. São Paulo: Editora WMF Martins Fontes, 2011, pp. 234-235.
[67] Rico cidadão de uma província do império, a Andaluzia, Sêneca conseguiu chegar ao Senado e obter o título de cônsul. Tinha uma das mais prósperas "fortunas imperiais obtidas pelas especulações financeiras e as dádivas imobiliárias de Nero, de quem foi tutor, um enorme prestígio como dramaturgo e filósofo e uma morte corajosa". Era vegetariano. Com a morte de Calígula e ascensão de Cláudio, Sêneca foi condenado por influência da imperatriz Messalina, sob a acusação de cometer adultério com uma princesa, irmã de Agripina. A pena de morte foi comutada em degredo para Córsega. Este tinha 40 anos e imaginou que a sua carreira política terminara: "Mas Agripina, ao tornar-se a segunda mulher de Cláudio, arrancou-o do seu isolamento, em 48, chamando-o a Roma para tratar do seu filho, Nero, então com onze anos".

Se o nosso espírito apenas sentir desprezo por tudo o que nos vem da boa ou da má sorte. Se é educado de modo a manter-se acima das apreensões; se, na sua avidez, não procura as perspectivas sem limites, mas sabe buscar as riquezas apenas em si próprio; se nada mais receia dos deuses nem dos homens, não ignorando que pouco tem a temer dos homens e nada dos deuses; se desdenhar tudo o que faz o esplendor da existência e é também o seu tormento; se tiver conseguido ver claramente que a morte não é em si um mal, antes põe fim às nossas inúmeras infelicidades; se se tiver dedicado apenas à excelência e achar fácil todo o caminho que a ela conduz; se na sua condição de animal social e nascido para o bem de todos considerar o mundo inteiro como uma só e mesmo família; (...) – então libertou-se das tempestades e alcançou a terra firme sob um céu azul. Sabe tudo o que é útil e indispensável saber; (...) retirou-se para a [sua] fortaleza.[68]

Sêneca associa a filosofia à felicidade da seguinte forma: "Aquele que diz que a hora de filosofar não chegou ou já passou, assemelha-se ao que afirma que a hora não chegou, ou já passou, para a felicidade". Realçando a eterna busca, diz que "devemo-nos, pois, preocupar com aquilo que cria a felicidade, já que com ela possuímos tudo e sem ela tudo fazemos para a obter". Ao discorrer sobre os desejos, fala que alguns deles são naturais, enquanto outros são em vão: "se alguns dos nossos desejos naturais são necessários, outros são... apenas naturais. Entre os desejos necessários alguns são-no à felicidade, outros à ausência de sofrimento do corpo, outros à própria vida". Mais uma vez aparece a dialética marcada pela dor e sofrimento de um lado e, do outro, escolhas livres que conduzam à felicidade. Na sequência, discorre sobre o prazer e a dor e dá mostras ainda mais evidentes de sua doutrina estoica:

> Eis a razão que nos leva a dizer que o prazer é o princípio e o fim da vida bem-aventurada. É ele que reconhecemos como bem primordial nascido com a vida. É nele que encontramos o princípio de toda a escolha e rejeição. É para ele que tendemos, julgando todo e qualquer bem de acordo com o efeito que tem na nossa sensibilidade. E é precisamente por ser o bem primordial, nascido com a vida, que não escolhemos todo e qualquer prazer: existem

[68] SÊNECA, Da vida feliz. Tradução: João Forte. Lisboa: Biblioteca Editores Independentes, 2008, p. 18.

inúmeros prazeres em que não nos detemos, por implicarem um desprazer maior. Consideramos muitas dores preferíveis aos prazeres desde que um prazer para nós maior deva chegar após longos sofrimentos. Todo o prazer é um bem, pelo fato de ter uma natureza apropriada à nossa sem por isso dever ser necessariamente colhido. Simetricamente, toda a espécie de dor é um mal, sem que por isso se deva obrigatoriamente fugir de todas as dores. É através do confronto e análise das vantagens e desvantagens que convém tomar uma decisão em tal matéria.[69]

Afastando-se dos prazeres vulgares, afirma que "nem a bebida, nem os festins contínuos, nem os rapazes ou as mulheres, nem o deleite dos peixes e de tudo aquilo que pode haver numa mesa faustosa estão na origem de uma vida feliz", pois essa vida só seria alcançada por meio do "raciocínio sóbrio, que procura as causas de todas as escolhas e afasta as opiniões através das quais a maior perturbação se apodera da alma".[70]

Sêneca chega a associar prazer à felicidade, desde que, nele, haja virtude: "não é possível viver com prazer sem prudência, sem honestidade e sem justiça, nem com essas três virtudes viver sem prazer. As virtudes são, com efeito, conaturais com o fato de viver com prazer e viver com prazer é indissociável delas".[71]

O Filósofo afirma ser difícil encontrar a felicidade, pois "no caso de nos termos enganado no caminho, nos afastamos tanto mais dela quando para ela nos precipitamos com maior ardor". Ele, então, fala demoradamente sobre a sua visão de felicidade:

> A vida feliz é pois uma vida conforme à sua própria natureza; não podendo ser alcançada, a menos que a lama esteja sã, em posse contínua da saúde, e que seja depois corajosa e enérgica, bela e paciente, adaptada às circunstâncias, cuidadosa do seu corpo e daquilo que lhe diz respeito, sem no entanto ficar inquieta, diligente em relação aos outros meios de embelezar a vida sem admirar nenhum deles, pronta a fazer uso dos presentes da sorte, mas não

---

[69] SÊNECA. Da vida feliz. Tradução: João Forte. Lisboa: Biblioteca Editores Independentes, 2008, p. 31.
[70] SÊNECA, Da vida feliz. Tradução: João Forte. Lisboa: Biblioteca Editores Independentes, 2008, p. 30.
[71] SÊNECA. Da vida feliz. Tradução: João Forte. Lisboa: Biblioteca Editores Independentes, 2008, p. 31.

a sujeitar-se a eles. Compreenderás, mesmo que nada acrescente, que daí resultam a tranquilidade para sempre e a liberdade, pois ficamos livres daquilo que nos agita e nos assusta. Em vez de prazeres, em vez de alegrias tênues, frágeis e sujeitas a desonra, nasce uma imensa alegria, inabalável e constante; existe então na alma apaziguamento, acordo e grandeza aliada à doçura; pois a crueldade vem sempre da fraqueza.[72]

O homem feliz de Sêneca pratica aquilo que é honesto e contenta-se com a virtude; "os acidentes da sorte não podem nem exaltá-lo nem quebrá-lo, não conhece bem maior do que aquele que pode dar a si próprio; o seu verdadeiro prazer está no desprezo dos prazeres" – diz. A felicidade estaria numa "alma livre, elevada, sem medo, constante, inacessível ao receio e ao desejo; para quem só existe um bem, a beleza moral, e um único mal, a indignidade". Para Sêneca, todo "o resto é uma algazarra confusa que não retira nem acrescenta nada à vida feliz, que vem e que vai sem aumentar nem diminuir o soberano bem". Dizer que o verdadeiro prazer está no desprezo dos prazeres resume muito bem o racional estoico de Sêneca.

A virtude, para ele, existe muitas vezes sem o prazer e nunca tem necessidade dele. Ela seria "elevada, sublime, real, invencível, inesgotável; o prazer é coisa baixa, servil, fraca, frágil, que se estabelece e permanece nos lupanares e nas tabernas". Ele indaga "os homens mais estúpidos usufruem de mais prazeres, que a maldade é rica em satisfações e que a própria alma obtém, em grande número, prazeres viciosos?" Sêneca fala da "arrogância, a estima exagerada por si próprio, a presunção que coloca quem a tem acima de todos, o amor cego e imprevidente por aquilo que se possui, os prazeres loucos e alegrias imoderadas, por motivos fúteis e infantis". Lembra ainda da "mordacidade e o orgulho que têm prazer em insultar os outros, a preguiça e a decomposição de uma alma indolente que se descuida de si mesma". Por fim, aliando esses comportamentos à ideia de prazer, Sêneca afirma que "não é o seu uso que a satisfaz, mas a moderação nesse uso".[73]

---

[72] Sêneca. Da vida feliz. Tradução: João Forte. Lisboa: Biblioteca Editores Independentes, 2008, p. 47.
[73] Sêneca. Da vida feliz. Tradução: João Forte. Lisboa: Biblioteca Editores Independentes, 2008, p. 50.

O estoicismo abraçou a abdicação dos prazeres como caminho necessário à felicidade. Não sem razão, a linguagem cotidiana chama de estoicos aquelas pessoas dadas a sacrifícios, a renúncias, sempre em busca de um bem maior. Para Sêneca, era esse o caminho. Apadrinhado de Nero, dono de uma monumental fortuna imperial obtida pelas especulações financeiras e as dádivas imobiliárias de Nero, ex-senador e cônsul perpétuo, Sêneca impõe aos outros aquilo que não aplica a si.

### 1.9. Thomas Hobbes: a felicidade na busca

No século XVII, Thomas Hobbes não falou de *happiness* ou *eudaimonia*. Ele preferiu se valer da expressão *felicity*, que seria o sucesso contínuo em obter as coisas que a pessoa de tempos em tempos deseja, isto é, o prosperar contínuo.

Afastando-se da ideia de Platão, de uma felicidade resultante de uma mente harmoniosa, Hobbes afirma que "a felicidade desta vida não consiste no repouso de uma mente satisfeita, pois não existe tal *Finis ultimus nem um Summum bonum* como se diz nos livros dos velhos filósofos morais". Também refuta a eliminação do desejo como fonte integrante da felicidade. Para ele, "tampouco pode viver um homem cujos desejos se acabaram mais do que aqueles cujos sentidos e imaginações se encontram imóveis".

A visão de Hobbes acerca da felicidade é marcada pelo estímulo à satisfação dos desejos mundanos e, ainda, afasta a possibilidade de aliar felicidade à tranquilidade da mente. A distância com as ideias platônicas é total. A felicidade seria:

> Um avanço contínuo do desejo, de um objeto para outro, a consecução do primeiro, sendo ainda nada mais que o caminho para o segundo. De modo que... afirmo uma inclinação geral de toda a humanidade, um perpétuo e incansável desejo de poder após poder, que cessa apenas na morte.[74]

Thomas Hobbes acredita na busca da felicidade como sendo a própria felicidade, uma marca dinâmica impressa sobre sua essência. A

---

[74] HOBBES, Thomas (1994). Leviathan [1651]. Ed. Edwin Curley. Indianapolis/Cambridge, MA, Hackett, cap. 11.

felicidade por si só, solitária, desacompanhada dessa busca incessante, não existiria.

Eric Hobsbawn lembra que "Thomas Hobbes, cujas obras os utilitaristas britânicos colecionavam e publicavam com devoção, na verdade demonstrara que o interesse próprio impedia quaisquer limites *a priori* sobre o poder estatal", e os próprios benthamitas foram "paladinos da administração burocrática estatal quando pensaram que podia proporcionar a maior felicidade ao maior número de pessoas tão prontamente quanto ao laissez-faire".[75] Esse raciocínio talvez dirija a felicidade em Hobbes para um ansioso exercício de busca pelas satisfações primeiras do ser humano, sem que a felicidade virtuosa, construída pelos filósofos gregos clássicos, fosse alcançada.

A felicidade em Hobbes seria composta por atos sucessivos, motivados por desejos, visando a um fim derradeiro, que seria o poder. Ela corresponderia à sua própria busca, por meio de uma caminhada constante que não findaria com o alcançar do primeiro objetivo, uma vez que isso simplesmente forneceria o combustível para que a marcha seguisse rumo à uma nova conquista e, consequentemente, mais um componente de uma felicidade dinâmica, gradual, em eterna construção.

## 1.10. John Locke: o equilíbrio do prazer

Conhecer as impressões de John Locke quanto à felicidade é fundamental para os nossos estudos, uma vez que logo mais passaremos a nos dedicar a compreender as raízes da Declaração de Independência dos Estados Unidos e da utilização, por Thomas Jefferson, da expressão direito à busca da felicidade. Vamos à história.[76]

---

[75] HOBSBAWN, Eric J. A era das revoluções, 1789-1848. Tradução: Maria Tereza Teixeira e Marcos Penchel. São Paulo: Paz e Terra, p. 373.

[76] Isaac Newton estimava o pensamento de John Locke. Voltaire considerava-o um homem da maior sabedoria: "o que ele não vê com clareza não tenha esperança de jamais ver" – disse. Benjamin Franklin agradeceu-lhe sua educação autodidata. Para Thomas Jefferson, "era um dos três maiores homens que já tinham vivido sem nenhuma exceção". John Locke nasceu na Vila de Somerset, numa família de comerciantes puritanos. Era alto, magro e tinha nariz longo e pontiagudo. Em 1660, aos 28 anos, foi indicado professor júnior de grego em Oxford. A indicação exigia que fizesse os votos sagrados, recusados por ele, episódio contornado pela exceção aberta pela Universidade, em 1666. Cf. COHEN, Martin. Casos filosóficos. Tradução:

Lorde Anthony Ashley Cooper ficou encantado com Locke e convidou-o a ser seu médico e filósofo. Posteriormente, Ashley se tornaria o primeiro conde de Shaftesbury[77], personagem-chave na vida política inglesa. Em *Segundo Tratado sobre o Governo*, Locke "reflete o interesse do patrão no comércio e nas colônias e sua opinião, como lorde chanceler da Inglaterra, de que ambos eram cruciais para o poder do país".[78]

Locke registrou que, tendo a mente, na maioria dos casos, um poder de suspender a execução e a satisfação de qualquer um dos seus desejos, e, portanto, "todos, um após o outro, ela tem liberdade para considerar os objetos deles, examiná-los de todos os lados e pesá-los com outros". Exatamente nessa possibilidade estaria a liberdade do homem, e "não usá-la corretamente provém a variedade de equívocos, erros e faltas em que incorremos na condução das nossas vidas e em nossos esforços pela felicidade".[79] John Locke abraçou o *hedonismo geral*. Ele afirmou:

> O prazer que um homem deriva de qualquer ação ou espera como consequência dela é realmente um bem em si, capaz e adequado para mover a vontade. Mas a retidão moral dela mal considerada em si não é boa nem má, nem move a vontade de qualquer maneira, mas, como prazer e dor, acompanha a própria ação ou é vista como consequência dela. O que é evidente dos castigos e recompensas que Deus anexou à retidão ou à privacidade como motivos

---

Francisco Innocêncio. Ilustrações de Raúl Gonzáles. Rio de Janeiro: Civilização Brasileira, 2012, p. 158. SHAFFER, Andrew. Os grandes filósofos que fracassaram no amor. Tradução: Marcelo Barbão. São Paulo: Leya, 2012, p. 59.

[77] Shaftesbury foi um dos líderes dos Lordes Proprietários das Carolinas, uma companhia que obteve a concessão real para fundar uma colônia no que hoje são as Carolinas do Norte e do Sul, nos Estados Unidos. Locke foi secretário dos Lordes Proprietários (1669-71), secretário do Conselho de Comércio e Agricultura (1673-4) e membro da Junta de Comércio (1696--1700). Também lhe coube "a redação de uma constituição para a nova colônia, pondo assim seus princípios filosóficos em prática". COHEN, Martin. Casos filosóficos. Tradução: Francisco Innocêncio. Ilustrações de Raúl Gonzáles. Rio de Janeiro: Civilização brasileira, 2012, p. 160.

[78] COHEN, Martin. Casos filosóficos. Tradução: Francisco Innocêncio. Ilustrações de Raúl Gonzáles. Rio de Janeiro: Civilização brasileira, 2012, p. 159.

[79] LOCKE, John. An essay concerning human understanding. Ed., introd. Peter H. Nidditch. Oxford, Clarendon Press, II. xxi §47.

adequados para a vontade, que seriam desnecessários se a retidão moral fosse ela própria boa e a privacidade moral má.[80]

Em o *Segundo Tratado sobre o Governo*, ele se vale da expressão: "vida, liberdade e propriedade", e de "vidas, liberdades e fortunas". Apesar de a menção expressa à felicidade aparecer somente no *Ensaio sobre o Entendimento Humano*, a expressão "fortuna" refletia, à época, o ideal de felicidade. Felicidade em vários idiomas, como *Happiness* (inglês), *eutuchia* (grego), *Glücklinchkeit* (alemão) e *bonheur* (francês), baseia-se no conceito de "boa fortuna". Em francês, *heur* é sorte, e *bonheur* é a boa sorte. *Happy* (e *happiness*) vem do verbo *to happen* (suceder, ocorrer, acontecer). *Glück* é da mesma raiz que o verbo alemão *Gelingen*, conseguir, fazer.

Para Locke, a liberdade consistia em estar livre do risco da violação dos direitos naturais. "Todo bem é objeto próprio de desejo em geral; mas nem todo bem move necessariamente o desejo de um homem, apenas aquele que considera parte necessária de sua felicidade" – registra. Em seguida, diz que "um bem, por maior que seja ou pareça ser, não excita o desejo se o pensamento não o considera como parte de sua felicidade. Por isso mesmo, na busca e no desejo daquilo que faz parte de sua felicidade, o homem pretere outras coisas, reconhecidamente boas".[81]

Locke questiona: "Haveria alguém tão insensível que negasse que há prazer no conhecimento?" Ele responde que, "quanto aos prazeres dos sentidos, seus muitos discípulos não deixam dúvidas de como se apoderam dos homens". Diz também:

> se um homem põe satisfação em prazeres sensuais, enquanto outro põe no prazer de conhecer, mesmo que cada um reconheça o prazer daquilo que o outro busca, um não inclui o prazer do outro em sua própria felicidade: o prazer de um não move o desejo do outro, e cada um se satisfaz sem o bem que o outro desfruta, sem determinar sua própria vontade a persegui-lo.

Todavia, "tão logo fome e sede incomodem o homem estudioso, ele, cuja vontade nunca se determinou pelo paladar a buscar bebida, delicioso

---

[80] LOCKE, John (1963). A commom-place book to the Holy Bible. Apud Darwall, Stephen (1995). The british moralist and the internal "ought": 1640-1740. Cambridge, Cambridge University Press, p. 40.
[81] Op. cit., p. 267.

vinho e saborosos temperos, busca a saborosa refeição, ainda que, possivelmente, com indiferença".

Falando de Epicuro, Locke afirma que o filósofo "corre para os estudos quando a vergonha ou o desejo de se recomendar para sua amante tornam incômoda a ignorância". A conclusão é a seguinte:

> em sua sincera determinação na busca da felicidade, os homens, se pensam que podem ser felizes sem um bem, por mais que reconheçam que é bom, não se interessam nem se comovem. Mas a dor lhes concerne sempre: não experimentam incômodo sem comoção. Incomodado pela falta de algo que julga necessário à sua própria felicidade, o homem deseja todo o bem que seja parte dela.[82]

Desenvolvendo sua proposta de refrear os desejos como modo adequado a minimizar a infelicidade gerada pelas grandes expectativas, Locke afirma que qualquer dor presente é parte de nossa aflição presente, mas "nem todo bem ausente é parte necessária de nossa felicidade presente, nem sua ausência é parte necessária de nossa aflição. Do contrário, seríamos constante e infinitamente infelizes, pois são infinitos os graus de felicidade que não temos". Logo, "uma vez removido todo incômodo, uma porção moderada do bem basta para contentar os homens no presente; uns poucos graus de prazer, na sucessão de desfrutes ordinários, perfazem uma felicidade satisfatória".

Para Locke, "remover as dores que experimentamos e que nos afligem no presente é dar o primeiro passo para a felicidade; e o bem ausente, por melhor que pareça ser, não se inclui na aflição, e é posto de lado em nome da remoção do incômodo que experimentamos".[83] Sem dor e sofrimento, portanto, estaria presente a felicidade.

Por fim, Locke enaltece a moderação, ao afirmar que "a experiência mostra que a mente pode, no mais das vezes, suspender a execução e a sucessiva satisfação de qualquer um ou de todos os seus desejos, sendo livre para considerar os objetos deles, para examiná-los de todos os lados e pesá-los uns contra os outros". Para ele, "aqui se encontra a liberdade do homem, que, se usada incorretamente, provoca os inúmeros mal-entendidos, erros e faltas que cometemos na condução de nossas vidas e em nosso empenho

---

[82] Op. cit., p. 267-268.
[83] Op. cit., p. 269.

de felicidade, quando precipitamos a determinação de nossa vontade e a engajamos antes de a examinarmos".[84]

Falaremos mais de John Locke quando tratarmos da inspiração de Thomas Jefferson na elaboração da Declaração de Independência dos Estados Unidos.

## 1.11. Immanuel Kant: a negação da felicidade

Desde a segunda revolução filosófica, a de Immanuel Kant, deixamos de acreditar no bem soberano. A virtude não é suficiente para proporcionar a felicidade e a felicidade não basta para motivar a virtude.[85] Kant afirma que renunciar à felicidade seria o mesmo que renunciar a ser homem. Define a felicidade como a totalidade das satisfações possíveis. Veremos que, atualmente, o economista Amartya Sen, ao se referir ao utilitarismo, fala que a nova vertente do movimento se concentra nas preferências das pessoas ou nos seus desejos.

Tentando decifrar os enigmas da felicidade, Kant promoveu uma ruptura sem precedentes, pois se afastou tanto da condição moral como da tentativa de estabelecer graus de felicidade. Para ele, se uma pessoa tem ou não uma vontade moralmente boa, em nada define se ela é feliz. Defendendo um conceito empírico para felicidade, diverso da razão – na *Fundamentação da Metafísica dos Costumes* –, afirma:

> Os homens não podem formar nenhum conceito certo e definido da soma da satisfação de todas as inclinações que é chamada felicidade, infelizmente, o conceito de felicidade é um conceito tão indeterminado que, mesmo que toda pessoa deseje conquistar a felicidade, ela, não obstante, nunca consegue dizer definitiva e coerentemente o que é que ela realmente deseja e valoriza.[86]

---

[84] Op. cit., p. 271.

[85] Curioso buscar a felicidade em Immanuel Kant. Segundo Johann Friedrich Reichardt, o filósofo alemão "era mais seco do que poeira, tanto de corpo quanto de mente". Ele acordava pontualmente às 5h todos os dias e, imediatamente, mesmo sem tomar seu café da manhã, começava a escrever. À tarde, dava uma demorada "caminhada ao longo do rio, acompanhado do criado, Lampe, carregando um guarda-chuva pra o caso de chover". COHEN, Martin. Casos filosóficos. Tradução: Francisco Innocêncio. Ilustrações de Raúl Gonzáles. Rio de Janeiro: Civilização brasileira, 2012, p. 210.

[86] *Apud* WHITE, Nicholas. Breve história da felicidade (A brief history of happiness). Tradução: Luis Carlos Borges. São Paulo: Edições Loyola, 2009, p. 130.

Kant, com essa afirmação, afasta por completo as bases da doutrina utilitarista, pois elimina a possibilidade de formulação de um conceito certo e definido da soma da satisfação de todas as inclinações. Essa constatação é muito importante para uma compreensão quanto à jurisdição constitucional na qual se reconheça a possibilidade de decidir casos considerando os impactos sobre a felicidade coletiva. Kant desconsidera a possibilidade de os próprios envolvidos saberem ao certo o que os tornaria felizes. Se isso é verdade, cai por terra muitas premissas do direito à felicidade.

Kant faz indagações curiosas quanto à sensação de felicidade que cada pessoa pode sentir. Para ele, o ser humano não conseguiria visualizar, *a priori*, o que lhe faria feliz, pois não seria detentor de conhecimentos que o fizessem prever o futuro. Essa incapacidade humana pode colocar a perder todas as pretensões de levar a felicidade para o centro das discussões acerca da formulação de decisões públicas. A colocação é desconcertante:

> Ora, é impossível para o ser de maior discernimento e, ao mesmo tempo, mais poderoso, mas não obstante finito, estruturar aqui um conceito determinado daquilo que ele realmente quer. Ele quer riqueza? Quanto angústia, inveja, intriga ele não pode, com isto, trazer sobre sua cabeça?... Ou vida longa? Quem garante que não seria uma longa miséria? Ou saúde, pelo menos? Quantas vezes a fraqueza do corpo livrou-nos de excessos nos quais a saúde perfeita teria permitido que incorrêssemos, e assim por diante? Em suma, ele não é capaz, com base em qualquer princípio, de determinar com certeza completa o que o tornará feliz, porque fazê-lo exigiriam onisciência.[87]

Kant se aproxima, aqui, de Friedrich Hayek, para quem a prática do utilitarismo pressupõe a onisciência.[88] Ao escrever a sua *Crítica da Razão Prática*, parece desacreditar até mesmo na cientificidade de uma teoria da felicidade. Ele nega a possibilidade de se estabelecer regras universais capazes de estruturar tal teoria:

---

[87] *Apud* WHITE, Nicholas. Breve história da felicidade (A brief history of happiness). Tradução: Luis Carlos Borges. São Paulo: Edições Loyola, 2009, p. 130.

[88] HAYEK, Friedrich A. Law, legislation, and liberty, v. II, The Mirage of Social Justice: A new statement of the liberal principles of justice and policial economy, p. 17-23 (1976). The University of Chicago Press.

O princípio da felicidade pode realmente oferecer máximas, mas nunca máximas com competência para serem leis da vontade, mesmo que a felicidade universal fosse toda tornada o objeto. Pois, como o conhecimento desta baseia-se em meros dados da experiência, como cada julgamento dele depende da opinião muito mutável de cada pessoa, ele pode oferecer regras gerais, mas nunca regras universais.[89]

Segundo o Filósofo, "satisfazer ao preceito empiricamente condicionado da felicidade, raramente, e nem de longe, é possível a qualquer um, sequer com vistas a um único objetivo". Ele prossegue com seu estilo habitual: "um mandamento de que cada um devesse procurar tornar-se feliz seria tolo; pois nunca se ordena a alguém aquilo que ele já por si inevitavelmente quer". Para Kant, o que dever-se-ia fazer é, antes, "oferecer-lhe regras de procedimento, porque ninguém pode ter tudo o que quer".[90]

A alegação de Kant é grave. Temos visto que a felicidade é alvo da atenção dos estudiosos. Tentam conferir-lhe uma natureza objetiva capaz de ser identificada universalmente baseando-se em elementos comuns e testáveis. Contudo, há certa resistência a essa pretensão, ao argumento de que não seria possível definir felicidade, nem mensurá-la. Tal resistência pode ser encontrada mesmo em doutrinas filosóficas, a exemplo do que acabamos de ler. A descrença reside na ausência de informações consistentes quanto às variáveis envolvidas na construção conceitual da felicidade. Daí valer a pena ser sensível ao conselho de André Comte-Sponville, quando nos diz que, "apesar de o mero pensar não garantir o acesso à felicidade, fazer isso vale mais a pena do que permanecer na estupidez e na cegueira".[91]

A literatura especializada traz pesquisas respeitáveis que se dedicam a avaliar o grau de felicidade das sociedades. Essas pesquisas saem do âmbito individual e tentam traçar um mapa da felicidade na comunidade.

---

[89] KANT, Immanuel (1956). Critique of Practical Reason. Tradução: Lewis White Beck. Indianapolis, Bobbs-Merrill, V, p. 36.
[90] KANT, Immanuel. Crítica da razão prática. Tradução baseada na edição original de 1788, com introdução e notas: Valerio Rohden. São Paulo: Editora WMF Martins Fontes, 2011, p. 61.
[91] COMTE-SPONVILLE, André; DELUMEAU, Jean; FARGE, Arlette (La plus belle histoire du bonheur). A mais bela história da felicidade: a recuperação da existência humana diante da desordem do mundo. Tradução: Edgard de Assis Carvalho, Mariza Perassi Bosco. Rio de Janeiro: Difel, 2010, p. 21.

Estudantes chineses tiveram de responder a uma pergunta sobre a felicidade, uma vez em chinês e outra em inglês, com duas semanas de intervalo entre uma e outra. Eles declararam quase exatamente o mesmo nível médio de felicidade em chinês e inglês, e as respostas nos diferentes idiomas foram correlacionadas entre todos eles. Na Suíça, a maioria das pessoas fala francês, alemão ou italiano. Todos esses grupos dão respostas parecidas para a pergunta quanto à felicidade. Além disso, os suíços, em todos os três grupos, são mais felizes do que as pessoas que falam o mesmo idioma nos países vizinhos – França, Alemanha ou Itália.[92]

Teremos de dedicar algum tempo para contrapor Kant. Isso porque nos parece, realmente, que o filósofo se equivoca ao afastar a possibilidade de uma teoria da felicidade. Passaremos a compreender os fundamentos científicos da felicidade que a alçam como categoria universalmente testável, cujos elementos comuns podem ser alcançados por meio da investigação científica.

Pesquisas têm testado tanto a felicidade na sua acepção individual, ou seja, "a felicidade que eu quero para mim" como a felicidade coletiva, que diz respeito a como uma dada comunidade pode ser a mais feliz possível e padecer da menor intensidade de dor e sofrimento. Essas pesquisas vão desde a utilização de eletrodos sobre o couro cabeludo das pessoas, até comparações de dados entre milhares de pessoas de países diversos. Até o momento, pelas informações colhidas em variadas fontes informativas, a felicidade tem levado a melhor e mostrado que pode fornecer elementos universais e objetivos capazes de alçá-la a um patamar privilegiado no conhecimento científico.

No final do século XIX, médicos notaram algo nas pessoas com lesão cerebral. Segundo estudos, as boas sensações são experimentadas pela atividade no lado esquerdo do cérebro, atrás da testa. Logo, as pessoas se sentem deprimidas se essa parte do cérebro, atrás da testa, para de funcionar. Por outro lado, como "as más sensações estão ligadas à atividade cerebral atrás do lado direito da testa, quando essa parte do cérebro está inativa, as pessoas podem se sentir alegres". Ainda segundo Richard Layard, "esses avanços científicos mudaram nosso modo de pensar sobre

---

[92] LAYARD, Richard. Felicidade: lições de uma nova ciência. Tradução: Maria Clara de Biase W. Fernandes. Rio de Janeiro: BestSeller, 2008, p. 52. Também em VEENHOVEN, R. Freedom and happiness: A comparative study in 44 nations in the early 1990s, 2000, em Diener e Suh, 2000.

a felicidade", uma vez que passamos a saber "que o que as pessoas dizem sobre como se sentem corresponde intimamente aos seus níveis reais de atividade em partes diferentes do cérebro, que podem ser mensurados de modos científicos padronizados".[93]

Richard Davidson, da *University of Wisconsin*, tem desenvolvido estudos acerca da possibilidade de, por elementos objetivos, se comparar os índices de felicidade entre pessoas diferentes. Por meio de eletrodos colocados sobre o couro cabeludo, Davidson consegue ler a atividade elétrica dos cérebros das pessoas e, assim, medir "a atividade em partes diferentes do cérebro". Essa atividade é chamada de *EEG* e passa a ser "relacionada com os sentimentos que as pessoas relatam". O resultado é interessante: quando a pessoa experimenta um sentimento positivo (vê um trecho de um filme engraçado), "há mais atividade elétrica na parte frontal esquerda do cérebro". Já quando ela experimenta sentimentos negativos (assiste a uma passagem assustadora na TV), "há mais atividade na parte frontal direita".[94]

Há outras experiências dentro da neurociência. Em uma delas, pessoas são colocadas dentro de aparelhos de imagem por ressonância magnética (*IRM*) ou tomografia por emissão de pósitron (PET, de *positron emission tomography*). Inicialmente, lhe são mostradas imagens de um bebê feliz. Em seguida, aparece um bebê doente. Segundo Layard, "a PET registra as mudanças correspondentes ao uso de glicose no cérebro como manchas claras nas fotografias", demonstrando que "a figura bonita ativa o lado esquerdo do cérebro", enquanto "a desagradável ativa o lado direito". Por meio desses estudos podemos nos valer de medidas físicas para comparar a felicidade das pessoas mostrando que elas diferem no padrão de seus EEGs. Aquelas pessoas "cujo lado esquerdo é especialmente ativo relatam lembranças e sentimentos mais positivos do que as que usam mais o lado direito". Essas pessoas "sorriem mais e seus amigos as consideram mais felizes". Por outro lado, "as pessoas cujo lado direito é especialmente ativo relatam lembranças e pensamentos mais negativos, sorriem menos e seus amigos as consideram menos felizes".[95]

---

[93] LAYARD, Richard. Felicidade: lições de uma nova ciência. Tradução: Maria Clara de Biase W. Fernandes. Rio de Janeiro: BestSeller, 2008, p. 28.

[94] LAYARD, Richard. Felicidade: lições de uma nova ciência. Tradução: Maria Clara de Biase W. Fernandes. Rio de Janeiro: BestSeller, 2008, p. 34.

[95] LAYARD, Richard. Felicidade: lições de uma nova ciência. Tradução: Maria Clara de Biase W. Fernandes. Rio de Janeiro: BestSeller, 2008, p. 35.

Logo, a ciência nos diz algo: é possível medir a felicidade comparando as atividades entre os lados esquerdo e direito do cérebro. Portanto, Kant parece ter se enganado ao negar a possibilidade de uma teoria da felicidade. Voltemos às suas ideias.

Segundo o Filósofo, como recompensa da virtude, alcançar-se-ia a felicidade e esta não seria, em si mesma, boa, uma vez que ela pressuporia uma "conduta em conformidade com a lei moral". Mesmo assim, a virtude e a felicidade, juntas, constituem "a posse do bem supremo para uma pessoa, e a felicidade na exata proporção da moralidade (como o valor de uma pessoa e ela ser digna de ser feliz) constitui o bem supremo de um mundo possível".[96]

Por fim, Kant não concebe a possibilidade de o conceito de felicidade ser dotado de grande coerência, até mesmo pelo fato de as avaliações racionais necessárias para a sua estruturação se misturarem com características morais da pessoa.[97] Na *Fundamentação da Metafísica dos Costumes*, Kant afirma que "a razão adequadamente moral para abraçarmos nossas obrigações não deve incluir nenhuma consideração da felicidade", pois as "razões morais originam-se inteiramente do próprio imperativo categórico (respeito pela lei moral)". Segundo o Filósofo, o princípio da felicidade própria não compreenderia nenhum outro fundamento determinante da vontade, além dos que convêm à faculdade de apetição inferior e, portanto:

> Ou não existe nenhuma faculdade de apetição [superior], ou a razão pura tem que ser por si só prática, isto é, tem que poder determinar a vontade pela simples forma da regra prática, sem pressuposição de nenhum sentimento, por conseguinte sem representações do agradável ou desagradável enquanto matéria da faculdade de apetição, que sempre é uma condição empírica dos princípios.[98]

---

[96] KANT, Immanuel (1956) Critique of practical reason. Tradução: Lewis White Beck. Indianapolis, Bobbs-Merril, V, p. V, 110.

[97] *Apud* WHITE, Nicholas. Breve história da felicidade (A brief history of happiness). Tradução: Luis Carlos Borges. São Paulo: Edições Loyola. 2009, p. 156.

[98] KANT, Immanuel. Crítica da razão prática. Tradução baseada na edição original de 1788, com introdução e notas: Valerio Rohden. São Paulo: Editora WMF Martins Fontes, 2011, p. 42. Kant era um sujeito duro. Acreditava que o sexo antes do casamento – e qualquer ato sexual para outros fins que não a procriação – era imoral. Também era radicalmente contra a masturbação. Nisso, se distanciava de Nietzsche. SHAFFER, Andrew. Os grandes filósofos que fracassaram no amor. Tradução: Marcelo Barbão. São Paulo: Leya, 2012, p. 79.

A FILOSOFIA E A FELICIDADE

Interessante a consideração feita por Richard Posner quanto ao kantismo e à teoria da felicidade. Posner diz que, "seja como sistema ético pessoal, seja como paradigma para a tomada de decisões no âmbito social, o utilitarismo tem sérias deficiências. Mas o kantismo, comumente apresentado como segunda opção, também tem seus próprios defeitos graves, sendo um deles a semelhança com o utilitarismo".[99]

Kant é pessimista quanto à felicidade. Contudo, trata-se de um filósofo de tamanha envergadura que nenhuma de suas posições pode ser subestimada. Obra clássica sobre a visão kantiana de felicidade foi a elaborada por Victoria Wike: *Kant on Happiness in Ethics*. Esta obra centra a sua atenção no tema da felicidade. Vale citar, Paul Guyer (2000): *Kant on Freedom, Law and Happiness*. Também Mônica Gutierres, com *A Felicidade na Ética de Kant*, para quem uma coisa é a felicidade na ética de Kant, do ponto de vista de uma reflexão sobre os alicerces fundamentais que devem sustentar um sistema moral; "outra é a função da felicidade na ética de Kant, do ponto de vista de uma reflexão sobre os principais fins da existência humana". Gutierres esclarece:

> a felicidade constitui um problema na filosofia de Kant porque se, por um lado, ela não pode ser reconhecida como um fundamento legítimo das nossas acções, quer dizer, como um motivo de acção capaz de garantir ao mesmo tempo o valor moral da própria acção, por outro lado, ela tem de ser reconhecida como um fim a que o homem está inevitavelmente condenado: Sendo racional, mas também finito, o homem é dotado de desejos, de apetites e de inclinações que quer, naturalmente, ver satisfeitos e cuja satisfação lhe proporciona felicidade, pelo que admitir a possibilidade de o ser humano renunciar à sua própria felicidade significaria ingenuamente admitir a possibilidade de o homem renunciar a uma parte de si mesmo, da sua própria natureza. O carácter problemático da felicidade reside, deste modo, no facto de ela, enquanto fundamento de determinação da vontade, ao garantir a moralidade do agir humano, constituindo, ainda assim e simultaneamente, uma finalidade pra que tende naturalmente o próprio agir e que, por essa razão, não pode ser descurada.[100]

---

[99] POSNER, Richard. A economia da justiça. Tradução: Evandro Ferreira e Silva. Revisão da tradução: Aníbal Mari. São Paulo: Editora WMF Martins Fontes, 2010, p. 72.
[100] GUTIERRES, Mônica. A Felicidade na Ética de Kant. Lisboa: Centro de Filosofia da Universidade de Lisboa, 2006, p. 12.

O prazer, para Kant, é a faculdade de desejar (ou o desejo, no sentido mais geral deste termo). Esta, por sua vez, é o poder que um sujeito tem de se determinar a ser, pelas suas representações, causa da realidade dos objetos dessas representações. O prazer prático é o prazer que se tem na existência do objeto da representação e o prazer contemplativo é o prazer que se tem na representação de um objeto, mas indiferente à existência desse objeto.[101]

Segundo Mônica Gutierres, "a felicidade é precisamente, segundo Kant, a satisfação de todos os nossos apetites e inclinações". Quando o apetite é habitual, estável, e não uma mera agitação temporária, é uma "inclinação" (*Neigung*).[102]

A felicidade é um conceito da imaginação, em Kant, enquanto tal, ela diz respeito a um ideal de completude que em si mesmo é indeterminável, pois não é possível a um ser racional e finito estabelecer um modo absolutamente claro e rigoroso aquilo que realmente quer ou aquilo que realmente o faz feliz. Isso seria tarefa para um ser onisciente.[103]

Para Kant, ainda que a felicidade não seja o fim último da existência humana, ela constitui, indubitavelmente, um fim real para todas as pessoas. Isso é o que importa.

## 1.12. Friedrich Nietzsche: a felicidade no conflito

O pessimismo de Friedrich Nietzsche quanto à felicidade tem fases latentes: "Uma época feliz é completamente impossível, porque as pessoas querem desejá-la, mas não tê-la, e todo indivíduo, em seus dias felizes, chega quase a implorar por inquietude e miséria" – diz Nietzsche, registrando em seguida: "O destino dos homens se acha disposto para momentos felizes – cada vida humana tem deles –, mas não para tempos felizes". A conclusão a que chega é sombria: "Há uma conclusão errada em imaginar, conforme aquele antigo hábito, que após períodos inteiros de carência e fadiga se

---

[101] GUTIERRES, Mônica. A Felicidade na Ética de Kant. Lisboa: Centro de Filosofia da Universidade de Lisboa, 2006, p. 27.

[102] GUTIERRES, Mônica. A Felicidade na Ética de Kant. Lisboa: Centro de Filosofia da Universidade de Lisboa, 2006, p. 32.

[103] GUTIERRES, Mônica. A Felicidade na Ética de Kant. Lisboa: Centro de Filosofia da Universidade de Lisboa, 2006, p. 46.

pode partilhar também aquele estado de felicidade, com intensidade e duração correspondentes".[104]

Friedrich Nietzsche não coloca a felicidade como o objetivo primordial, mas defende certa grandeza, um "tipo de felicidade diferente daquela que a maioria das pessoas busca". O rompimento de Nietzsche com a ideia de harmonia de Platão foi total. Enquanto Platão defendia o equilíbrio entre as forças internas que moviam o ser humano, Nietzsche acreditava que os conflitos interiores serviriam de combustível para o progresso do ser e, consequentemente, poderia contribuir para o alcance da felicidade.[105]

Para Nietzsche "os embates de desejos podem ser desejáveis". Para isso, seria suficiente que eles servissem de força propulsora de algum tipo de alegria seguida por uma realização grandiosa. Desse modo, não se teria o ostracismo, o sedentarismo e a inércia. O ser humano seria guiado pelos seus conflitos internos. É que o conflito, quando utilizado como elemento estimulador de energia e incentivos, faz surgir "aqueles mágicos, incompreensíveis e insondáveis homens – aqueles enigmáticos, predestinados à vitória e à sedução".[106]

A felicidade em Nietzsche é o resultado dos conflitos internos, que servem de combustível para as construções de novos horizontes dignos das grandes personalidades. A visão crítica acerca de a felicidade constituir o adequado objetivo da filosofia pode ser percebida quando o Filósofo afirma que "a filosofia se divorciou da ciência ao indagar com qual conhecimento da vida e do mundo o homem vive mais feliz: Isso aconteceu nas escolas

---

[104] NIETZSCHE, Friedrich Wilhelm. Humano, demasiado humano: um livro para espíritos livres. Tradução, notas e posfácio: Paulo Cesar de Souza. São Paulo: Companhia das Letras, 2005, p. 227.
[105] O fim da vida de Nietzsche não foi dos mais felizes. Ele ficou louco depois de uma infecção sifilítica. Em 3 de janeiro de 1889, teve um surto psicótico em Turim. Ao ver um cavalo sendo chicoteado, abraçou o animal e caiu a seus pés, babando e balbuciando palavras sem sentido. Viveu louco os onze anos seguintes. O seu grande amigo e parceiro intelectual, Richard Wagner, sugeriu que os problemas de saúde dele eram causados pela masturbação excessiva. Nietzsche rompeu com ele e escreveu o ensaio "Nietzsche contra Wagner". É compreensível que Nietzsche tenha visto, no conflito interno, o rumo da felicidade. Cf. SHAFFER, Andrew. Os grandes filósofos que fracassaram no amor. Tradução: Marcelo Barbão. São Paulo: Leya, 2012, p. 138.
[106] NIETZSCHE, Friedrich (1966): Beyond Good and Evil. In: Basic writings of Nietzsche. Tradução: Ed. Walter Kaufmann. New York, Random House, § 200.

socráticas: tomando o ponto de vista da felicidade, pôs-se uma ligadura nas veias da investigação científica – o que se faz até hoje".[107]

Prazeres associados a vícios e a prazeres decorrentes de paixões também constituem objeto de estudo de Nietzsche. Para ele, "quem conheceu o vício sempre ligado ao prazer, como a pessoa que teve uma juventude ávida de prazeres, imagina que a virtude deve estar ligada ao desprazer. Mas quem foi muito atormentado por paixões e vícios anseia encontrar na virtude o sossego e a felicidade da alma". A conclusão é que é "possível que dois virtuosos não se entendam absolutamente".[108]

Buscar a felicidade não é, para Nietzsche, algo impossível ou sequer ilegítimo. Ele afirma: "Eles querem ser os forjadores da própria felicidade ou infelicidade; e, se este sentimento de autodeterminação, o orgulho pelas cinco ou seis noções que a sua mente abriga é manifesto, realmente lhes torna a vida agradável a ponto de suportarem com gosto as fatais consequências de sua estreiteza: então não há muito a objetar".

Nesse ponto, Nietzsche faz um giro radical ao impor limites à entrada da política nessa atmosfera, ou seja, ao afirmar que tudo o que sustentara acima só faz sentido se a política não se apoderar absolutamente dessa vontade do ser humano de buscar à sua própria felicidade. Segundo o Filósofo, esse reconhecimento só se mostra possível "desde que a estreiteza não vá ao cúmulo de exigir que tudo deve se tornar política nesse sentido, que todos devem viver e agir conforme esse critério". Isso porque, "é preciso permitir a alguns, mais do que nunca, que se abstenham da política e se coloquem um pouco à parte: a isso também os impele o prazer da autodeterminação, e também algum orgulho que talvez derive do fato de calar, quando falam muitos ou mesmo apenas muitos".

Em seguida, Nietzsche conclama uma necessidade que pode colocar tudo a perder no que diz respeito ao direito à busca da felicidade. Ele defende um espaço para

> perdoar esses poucos, se eles não levarem muito a sério a felicidade dos muitos, sejam povos ou camadas da população, e vez por outra incorrerem numa

---

[107] NIETZSCHE, Friedrich Wilhelm. Humano, demasiado humano: um livro para espíritos livres. Tradução, notas e posfácio: Paulo Cesar de Souza. São Paulo: Companhia das Letras, 2005, p. 19.
[108] NIETZSCHE, Friedrich Wilhelm. Humano, demasiado humano: um livro para espíritos livres. Tradução, notas e posfácio: Paulo Cesar de Souza. São Paulo: Companhia das Letras, 2005, p. 61.

atitude irônica; pois sua seriedade reside em outro canto, sua felicidade é um outro conceito, seu objetivo não pode ser abarcado por uma maioria canhestra que dispõe de apenas cinco dedos.[109]

O Filósofo compreende que a ideia de tempos felizes perdurou "na fantasia humana como 'o que está além dos montes', como uma herança dos antepassados". Isso porque, segundo Nietzsche, a noção de uma era feliz "talvez provenha, desde tempos imemoriais, daquele estado em que o homem, após violentos esforços na caça e na guerra, entrega-se ao repouso, distende os membros e ouve o rumor das asas do sono".

Noutra passagem, Nietzsche deixa claro que sua concepção de felicidade está aliada ao que se supõe ser demasiadamente dificultoso: "Bem junto a dor do mundo, e com frequência no solo vulcânico dela, o ser humano fez seu pequeno jardim de felicidade". Em seguida, afirma:

> se consideramos a vida com o olhar daquele que da existência deseja tão só conhecimento, ou daquele que se abandona e se resigna, ou daquele que se alegra pela dificuldade vencida, – em toda parte encontramos alguma felicidade que brota ao lado da desgraça – e tanto mais felicidade quanto mais vulcânico é o solo; apenas seria ridículo dizer que com essa felicidade o próprio sofrimento estaria justificado.[110]

A filosofia nietzscheniana tem reservas quanto à aspiração do homem em buscar a sua própria felicidade, apesar de não rejeitar a legitimidade desse sentimento. As palavras que o Filósofo utiliza em sua narrativa quase sempre remetem à fantasia, à ingenuidade ou mesmo à utopia. Não que ele rejeite a felicidade. Não é isso. Mas, para Nietzsche, a felicidade há de ser encontrada no conflito, na batalha, no confronto, nos grandes desafios que provam a grandeza das personalidades vencedoras.

---

[109] NIETZSCHE, Friedrich Wilhelm. Humano, demasiado humano: um livro para espíritos livres. Tradução, notas e posfácio: Paulo Cesar de Souza. São Paulo: Companhia das Letras, 2005, p. 244-245.
[110] NIETZSCHE, Friedrich Wilhelm. Humano, demasiado humano: um livro para espíritos livres. Tradução, notas e posfácio: Paulo Cesar de Souza. São Paulo: Companhia das Letras, 2005, p. 253.

## 1.13. Arthur Schopenhauer: dor e tédio como inimigos da felicidade

Para Arthur Schopenhauer,[111] a sabedoria da vida seria um sinônimo de eudemonismo. Ele afasta a visão estoica de felicidade. O seu eudemonismo ensina como se pode viver da maneira mais feliz possível, sem grandes renúncias e esforços para superar a si mesmo.

O eudemonismo se subdividiria em duas partes: 1) máximas para o nosso comportamento em relação a nós mesmos; 2) máximas para o nosso comportamento em relação aos outros. Em seguida, dá quatro passos para se alcançar a felicidade. Em primeiro lugar: serenidade de espírito, temperamento feliz, que determina a capacidade de sofrer e de sentir alegria. Em segundo: a saúde do corpo, condição quase imprescindível. Em terceiro lugar: a paz de espírito. Por fim, em quarto, bens exteriores em medida muito pequena. Schopenhauer lembra que Epicuro subdivide os bens em: 1) naturais e necessários; 2) naturais, mas não necessários; 3) nem naturais, nem necessários.[112]

Schopenhauer discorreu sobre a felicidade por meio de máximas. Elas são fundamentais para que consigamos identificar os elementos centrais do seu pensamento. A *Máxima 1* é a seguinte:

---

[111] Bertrand Russel diz o seguinte sobre Schopenhauer: "Ele habitualmente jantava bem, num bom restaurante: tinha muitos casos amorosos triviais, que eram sensuais mas não apaixonados: era excessivamente irascível e geralmente avarento". Schopenhauer admirava Kant e, como ele, "vestia-se de maneira ultrapassada, comia em horários estritamente regulares e fazia uma caminhada diária, no seu caso, em companhia de sua adorada poodle Atma". Fazia "visitas ocasionais ao teatro e a leitura de jornais na biblioteca pública". Era o "modelo de um erudito recluso". Mesmo assim, teve vários relacionamentos e um filho ilegítimo "a quem ignorou e que morreu jovem por negligência". Uma polêmica em sua vida é o chamado "caso Marquet", episódio com traços de romance policial. Ao voltar para casa certo dia, Schopenhauer encontrou três mulheres conversando do lado de fora de sua porta. Uma delas, a costureira Caroline Luise Marquet. Ele, que não gostava de barulho, ordenou que fossem embora, mas elas se recusaram. Schopenhauer foi até o quarto e voltou com um bastão. Agarrando a costureira pela cintura, tentou forçá-la a se afastar dos seus aposentos. Ela gritou. Ele a empurrou e a mulher caiu. Ela moveu uma ação por danos, alegando que a havia chutado e espancado. Em maio de 1825, a Corte concedeu a ela uma pensão mensal. Quando a senhora morreu, 20 anos depois, Schopenhauer anotou em seu livro contábil: *obit anus, abit onus* (morre a velha, vai-se a carga). Cf. COHEN, Martin. Casos filosóficos. Tradução: Francisco Innocêncio. Ilustrações de Raúl Gonzáles. Rio de Janeiro: Civilização

[112] SCHOPENHAUER, Arthur. A arte de ser feliz: exposta em 50 máximas. Organização e ensaio de Franco Volpi. Tradução: Marion Fleischer, Eduardo Bandão, Karina Jannini. São Paulo: Martins Fontes, 2001, pp. 08-09.

Todos nós nascemos na Arcádia, todos viemos ao mundo cheios de pretensões de felicidade e prazer, e conservamos a insensata esperança de fazê-las valer, até o momento em que o destino nos aferra bruscamente e nos mostra que nada é nosso, mas tudo é dele, uma vez que ele detém um direito incontestável não apenas sobre nossas posses e nossos ganhos, mas também sobre nossos braços e nossas pernas, nossos olhos e nossos ouvidos, e até mesmo sobre nosso nariz no centro do rosto. A experiência vem em seguida e nos ensina que a felicidade e o prazer não passam de uma quimera, mostrada à distância por uma ilusão, enquanto o sofrimento e a dor são reais e manifestam-se diretamente por si só, sem a necessidade da ilusão e da espera.[113]

O trecho acima deixa claro o pessimismo do Filósofo. A *Quarta Máxima* se volta para a intensidade dos desejos e a necessidade de satisfazê-los. Ela diz: Um homem não se sente totalmente privado dos bens aos quais nunca sonhou aspirar, mas fica muito satisfeito mesmo sem eles, enquanto outro que possua cem vezes mais do que o primeiro sente-se infeliz quando lhe falta uma única coisa que tenha desejado.[114]

A máxima acima retrata o dilema humano da comparação. Ela mostra que somos muitos mais afetados pelas comparações que fazemos com a vida alheia do que realmente por estarmos incomodados com o que temos ou alcançamos na vida. Essa obra mostrará mais adiante uma interessante pesquisa mostrando que, nas democracias capitalistas, há uma tendência muito grande em nos compararmos uns aos outros com base no dinheiro, o que gera enorme infelicidade.

A *Máxima 17* de Schopenhauer diz que quem quer medir a felicidade de uma vida com base nas alegrias e nos prazeres assume um critério completamente errado, pois as alegrias são negativas; imaginar que elas possam fazer alguém feliz é uma ilusão criada e cultivada pela inveja, "uma vez que as alegrias não são sentidas em termos positivos, como ocorre com as dores; são estas, portanto, com sua ausência, que constituem o critério de medida da felicidade".

---

[113] SCHOPENHAUER, Arthur. A arte de ser feliz: exposta em 50 máximas. Organização e ensaio de Franco Volpi. Tradução: Marion Fleischer, Eduardo Brandão, Karina Jannini. São Paulo: Martins Fontes, 2001, p. 10.

[114] SCHOPENHAUER, Arthur. A arte de ser feliz: exposta em 50 máximas. Organização e ensaio de Franco Volpi. Tradução: Marion Fleischer, Eduardo Bandão, Karina Jannini. São Paulo: Martins Fontes, 2001, p. 26.

Nada obstante Schopenhauer tenha se dedicado a estudar as bases universais da felicidade, ele é conhecido como um grande pessimista: "uma das maiores quimeras que observamos na infância e das quais nos libertamos apenas mais tarde é aquela segundo a qual o valor empírico da vida reside nos seus prazeres, ou que existam alegrias e propriedades que façam alguém positivamente feliz" – disse.

O Filósofo destaca que se chega "a buscar sua realização, até a chegada tardia do desengano, até encontrarmos nessa caça à felicidade e ao prazer, que não existem de fato, o que realmente existe: a dor, o sofrimento, a doença, a preocupação e milhares de outras adversidades". Se, em vez disso, "reconhecêssemos precocemente que os bens positivos são uma quimera, enquanto as dores positivas são muito reais, pensaríamos apenas em evitá-los, segundo Aristóteles".[115]

É interessante a abordagem que faz quanto à elaboração de mitos em torno da ideia de felicidade, muitas vezes associando-os a figuras distantes, tornando a sua busca algo sofrível e irreal. Schopenhauer valoriza a fuga da dor, entendendo que caso se consiga isso, seria o suficiente para viver a vida. O Filósofo fala da infelicidade em dois momentos da vida. Na primeira metade, a infelicidade vem da busca da felicidade em vida: "o resultado são esperanças e insatisfações continuamente frustradas. Visualizamos imagens enganosas de uma felicidade sonhada e indeterminada, entre figuras escolhidas por capricho, e procuramos em vão seu arquétipo". Na segunda metade, a preocupação "com a infelicidade toma o lugar da aspiração sempre insatisfeita à felicidade; no entanto, encontrar um remédio para tal problema é objetivamente possível". Então buscamos apenas tranquilidade e a maior ausência de dor possível, "o que pode ocasionar um estado consideravelmente mais satisfatório do que o primeiro, visto que ele deseja algo atingível, e que prevalece sobre as privações da segunda metade da vida".[116]

Por fim, a *Máxima 36* trata da necessidade de não buscar a felicidade incessantemente, sob pena de se deixar guiar por uma profunda ansiedade

---

[115] SCHOPENHAUER, Arthur. A arte de ser feliz: exposta em 50 máximas. Organização e ensaio de Franco Volpi. Tradução: Marion Fleischer, Eduardo Bandão, Karina Jannini. São Paulo: Martins Fontes, 2001, pp. 48-50.

[116] SCHOPENHAUER, Arthur. A arte de ser feliz: exposta em 50 máximas. Organização e ensaio de Franco Volpi. Tradução: Marion Fleischer, Eduardo Brandão, Karina Jannini. São Paulo: Martins Fontes, 2001, pp. 64-66.

que levaria, inevitavelmente, à tristeza. O Filósofo afirma que os grandes inimigos da felicidade humana são dois: a dor e o tédio. Sábia, a natureza dotou a personalidade de um meio de defesa contra cada um deles: contra a dor que muitas vezes mais psíquica do que física, deu-lhe a serenidade; contra o tédio, o engenho.

### 1.14. Madame du Châtelet: Tormentas no amor

Ao longo do século XVIII, tivemos cerca de cinquenta tratados dedicados à felicidade. Um deles foi escrito por uma mulher: Madame du Châtelet, com o seu *Discurso sobre a Felicidade*.[117] Para ela, "só vale a pena viver quando se têm sensações e sentimentos agradáveis; e, quanto mais vívidos forem os sentimentos agradáveis, mais felizes somos". A virtude estava presente na concepção de felicidade:

> Quem quer que almeje a felicidade jamais deve dele se desviar; a observação estrita do decoro, contudo, é uma virtude, e já mencionei que, para ser feliz, deve-se ser virtuoso. É necessário ser virtuoso, porque não se pode ser devasso e feliz. Compreendo por virtude tudo o que concorre para a felicidade da sociedade e, por conseguinte, para a nossa, pois somos membros da sociedade.[118]

Não havia qualquer negação, por parte da Filósofa, à busca pela satisfação dos desejos: "só se é feliz pelos desejos satisfeitos; é preciso portanto só se permitir desejar as coisas que se pode obter sem demasiados cuidados e

---

[117] Aos trinta anos, Madame du Châtelet abandonou Paris, marido, filhos e amantes para ir viver com Voltaire em seu castelo de Cirey, próximo da fronteira da Lorena. Incrivelmente ativa, ela trabalhava, atuava e cantava óperas. Com Voltaire, seu comportamento era doentio. Ela cuidava dele, vestia-o e alimentava-o. Para impedir que notícias desagradáveis lhe chegassem, abria correspondências, censurava escritos e escondia as que julgava perigosas. Possessiva, levou-o de Cirey a Paris, depois para Bruxelas. Entre eles, desde o início dos anos 1740, já não havia paixão, e o peso de uma ligação excessivamente exclusiva foi grande demais. Com um humor terrível, Voltaire tratava-a da forma mais dura possível. Ela chorava o dia inteiro. O conjunto de características desse relacionamento serviu de inspiração para a veia filosófica de Madame du Châtelet. Seus escritos sobre a felicidade, nada obstante sejam marcados por uma intensa melancolia, são também o retrato de uma mulher que era vista como revolucionária.

[118] Du Châtelet, Gabrielle Le Tonnelier de Breteuil, Marquêsa. Discurso sobre a felicidade. Prefácio: Elisabeth Badinter. Tradução: Marina Appenzeller. São Paulo: Martins Fontes, 2002, pp. 39-40.

trabalho, e é um ponto sobre o qual temos muito poder para nossa felicidade" – anota. Ainda registra o seguinte:

> Amar o que se possui, saber usufruir isso, saborear as vantagens de nossa condição, não contemplar demais os que nos parecem mais felizes, empenhar-se em aperfeiçoá-la, e aproveitá-la da melhor maneira possível, eis o que se deve chamar de felicidade; e acredito oferecer uma boa definição dizendo que o mais feliz dos homens é aquele que menos deseja a mudança de sua condição.

Pesquisas recentes mostram que Châtelet estava certa ao recomendar não dedicar muita atenção aos méritos alheios, sob pena de não conseguir, assim, ser feliz. De acordo com Madame du Châtelet, "para gozar essa felicidade, é preciso curar-se ou prevenir-se de uma enfermidade de uma outra espécie que a ela se opõe por inteiro e que é demasiado comum: a inquietude. Essa disposição de espírito opõe-se a qualquer deleite, e, consequentemente, a qualquer espécie de felicidade".

Por fim, recomendava:

> Empenhemo-nos portanto em ter boa saúde, em não ter preconceitos, em ter paixões, em fazê-las servir à nossa felicidade, em substituir nossas paixões por gostos, em conservar preciosamente nossas ilusões, em ser virtuosos, em jamais nos arrepender, em afastar de nós ideias tristes, e em jamais permitir que nosso coração conserve uma faísca de amor por alguém cujo gosto esteja diminuindo e que deixe de nos amar. É preciso abandonar o amor um dia, por menos que se envelheça, e esse dia deve ser aquele em que ele deixa de nos fazer feliz.[119]

Esse último trecho deixa claro a dor que ela carregou consigo pelo luto gerado com o amor não correspondido de Voltaire.[120]

---

[119] DU CHÂTELET, Gabrielle Le Tonnelier De Breteuil, Marquêsa. Discurso sobre a felicidade. Prefácio de Elisabeth Badinter. Tradução: Marina Appenzeller. São Paulo: Martins Fontes, 2002, pp. 39-40.

[120] Apesar da vida amorosa errante, Madame du Châtelet discorreu com lucidez sobre a felicidade, deixando claro que enxergava-a segundo os princípios aplicados em sua própria vida. Ela enfrentou todos os preconceitos de sua época sem jamais abrir mão de sua originalidade, independência e ambição. Chegou a se deparar com a inveja e o sarcasmo de contemporâneas, como a senhora du Deffand, que escreveu que Châtelet havia se feito "geômetra para parecer

## 1.15. A filosofia iluminista na Alemanha e na Escócia

Trabalharemos a influência do Iluminismo em vários países do mundo, bem como suas conexões com a origem do constitucionalismo contemporâneo. Falaremos dos Estados Unidos da América, da França, do Brasil e do Reino Unido. Não poderíamos esquecer a Alemanha, que sofreu grande influência do Iluminismo, nem da Escócia.

Christian Thomasius publicou, em 1687, em Leipzig, *Discurso sobre qual a forma de imitar os franceses na vida e na transformação conjunta?* Ele exorta a renovação da cultura alemã e o uso da língua alemã como linguagem científica. Também traz questionamentos "à nobreza e coloca no centro de sua filosofia o ser humano, aquele que desenvolve a vida cotidiana, especialmente o cidadão".

Thomasius, entre os anos de 1688-1690, publicou o jornal iluminista *Conversas Mensais*. Em 1691, apresentou *Introdução ao Ensino da Razão*, também dotado de viés iluminista. Assim como Friedrich Von Spee e o holandês Balthasar Bekker, enfrentou "a acusação de bruxaria com tal firmeza, que esse tipo de processo foi banido da Prússia".[121]

Em 1720 foi a vez de a Alemanha conhecer as obras iluministas de Christian Wolff. A trajetória de Wolff se deu por caminhos tortuosos. Em 1723, foi expulso de Halle. Defendeu a teoria sobre uma moralidade autônoma em *Ética Alemã*, em 1720, e, um ano depois, no *Discurso sobre a Filosofia Prática Chinesa*, viu nos chineses, povo não cristão, certo grau de moralidade. Um decreto real determinou que Wolff abandonasse a Prússia no prazo de 48 horas, "sob pena de ser enforcado".

O legado de Wolff é impressionante. São mais de 50 mil páginas impressas e publicadas. Foi traduzido para o francês, inglês, italiano, holandês, russo e latim. Também foi o primeiro alemão professor de filosofia que desenvolveu corrente própria, "a ponto de haver um wolffiano em praticamente todas as

---

acima das outras mulheres...e estuda geometria para conseguir entender seu livro". Voltaire, que a viu perdendo fortunas no jogo, a considerava como totalmente enganada quanto à inocência de sua paixão. A certa altura, ele teve que declarar publicamente que não seria o responsável por pagar as dívidas dela. Aos 42 anos, Madame se viu apaixonada por um jovem oficial da corte da Lorena, Saint-Lambert, dez anos mais novo. Ela perdeu completamente a cabeça por ele. CHÂTELET, Gabrielle. Le Tonnelier De Breteuil, Marquêsa. Discurso sobre a felicidade. Prefácio de Elisabeth Badinter. Tradução: Marina Appenzeller. São Paulo: Martins Fontes, 2002.

[121] Filósofos do Século XVIII: Uma introdução. Lothar Kreimendahl. (Org.). Tradução: Dankwart Bernsmüller. Coleção História da Filosofia. São Leopoldo: Editora Unisinos, 2007, pp. 18-19.

universidades protestantes alemãs". São centenas de artigos publicados a seu favor ou contra. Sua expulsão de Halle, em 1723, "o transformou num Galileu protestante e num mártir do Iluminismo". Sua recondução para lá, dezessete anos mais tarde, "transformou-o num símbolo do triunfo desse movimento".[122]

Leibiniz criticou sua tese de doutoramento sobre ética, em 1703, fazendo com que Wolff inicialmente se convencesse de que a definição de prazer ali empregada – sensação agradável – não faz sentido. Ele acrescenta a noção de que "cada sensação de prazer deve, consciente ou inconscientemente, fundar-se sobre a percepção de uma perfeição (*sensus perfectionis*)". Mais à frente, substitui a fórmula de Leibiniz por uma definição de cunho "fortemente visual-cognitiva, que se baseia em Descartes: prazer é a visão ou a percepção visualizada de qualquer perfeição, seja ela real ou apenas suposta". Segundo a máxima, "toda percepção humana de prazer exclui um momento de reconhecimento, podendo, portanto, acertar ou errar a perfeição procurada". Para Wolff, "o ser humano nunca é puramente um ser sensório em seu sentir e ansiar por algo, mas sempre um ser racional, capaz de tomar decisões sobre suas características naturais com julgamento e ponderação". Ele prossegue:

> Prazer e desgosto baseiam-se na capacidade de avaliar corretamente a qualidade do objeto que os ocasiona. A satisfação que se origina do próprio julgamento conta como uma das mais profundas fontes de realização humana. Disso advém a vantagem na oportunidade de atingir a felicidade que o detentor de experiência possui sobre o inexperiente, independente de qual possibilidade se trata.[123]

Wolff propõe um conceito universal de felicidade (*beatitudo*). Em 1703, ao apresentar o seu primeiro estudo sobre a ética, "ele assume a definição de Descartes, pela qual o viver feliz nada mais é do que alegrar-se com uma mente perfeitamente satisfeita e tranquila". Por se tratar de um conceito estático, Leibniz não tarda em criticá-lo, afirmando que "um ser finito e

---

[122] *Apud.* KREIMENDAHL, Lothar (Org.). Filósofos do século XVIII: uma introdução. Tradução: Dankwart Bernsmüller. Coleção História da Filosofia. São Leopoldo: Unisinos, 2007, pp. 18-19.
[123] *Apud.* KREIMENDAHL, Lothar (Org.). Filósofos do século XVIII: uma introdução. Tradução: Dankwart Bernsmüller. Coleção História da Filosofia. São Leopoldo: Unisinos, 2007, p. 66.

limitado como o humano não poderia atingir a plenitude de seus desejos multilaterais. Não está previsto no plano da Criação que se permaneça feliz e sem desejos aqui na Terra". Leibniz prossegue com sua crítica afirmando que "o sabor da modéstia serena e autossuficiente pode ser entendida como sinal de acomodação ou até de tolice". Introduzindo a concepção de dinâmica e busca pelo aperfeiçoamento, "Leibniz enxerga a verdadeira felicidade na desenfreada busca por bens maiores".

Wolff, atacado, resolve encarar a proposta teórica de Leibniz, segundo a qual haveria um "relacionamento interno entre desdobramentos dos talentos próprios e a obtenção da felicidade real". Segundo Wolff, "o bem maior ou a bem-aventurança do ser humano consiste em uma evolução irreversível rumo a uma perfeição cada dia maior". A plenitude permanente da existência "não está num ocioso laissez-faire ou na busca de um consumo passivo, mas, sim, no empenho das próprias forças e num sobrepujar-se a si mesmo".[124]

Ele adverte que "o ser humano também precisa suportar desilusões e pode fracassar assim que tenta concretizar seus sonhos de felicidade". Felicidade seria algo mais do que "um estado passageiro de ânimo elevado ou uma euforia diáfana, somente podendo ser atingida por meio de um consistente planejamento de vida, orientado na realidade". Esse "empenho em desconstruir enganos ocorrerá com conflitos, mas abrirá perspectivas para uma vivência e convivência futura mais feliz".[125] Falaremos de Wolff em vários momentos nesse trabalho. Há mais mentes que ilustraram o desenvolvimento da filosofia iluminista centrada na busca da felicidade.

Uma família de pastores presbiterianos do norte da Irlanda, de origem escocesa, deu ao mundo Francis Hutcheson (1694/1746), o pai do Iluminismo escocês. Seus estudos e pesquisas filosóficas ocorreram na Universidade de Glasgow, "onde estudou de 1711 a 1717 e onde adquiriu o mestrado e o doutorado em teologia, e onde também atuou como professor de filosofia da moral, de 1727 até sua morte".

Não é exagero afirmar que, no século XVIII, "Hutcheson foi o primeiro pensador de seu país que extrapolou as fronteiras de sua pátria e de cujas

---

[124] *Apud.* KREIMENDAHL, Lothar (Org.). Filósofos do século XVIII: uma introdução. Tradução: Dankwart Bernsmüller. Coleção História da Filosofia. São Leopoldo: Unisinos, 2007, pp. 84-85.
[125] *Apud.* KREIMENDAHL, Lothar (Org.). Filósofos do século XVIII: uma introdução. Tradução: Dankwart Bernsmüller. Coleção História da Filosofia. São Leopoldo: Unisinos, 2007, pp. 86-87.

obras, já em vida, havia traduções para o alemão e o francês e, logo a seguir, reimpressões nas colônias americanas".

No mesmo século, vieram da escócia mentes como a de Adam Smith, David Hume, Thomas Reid e Adam Ferguson. Adam Smith, a propósito, foi aluno de Hutcheson, tendo estudado em Glasgow entre 1737 e 1740. Em 1752, Smith volta à universidade para substituí-lo. Quando virou reitor da Universidade de Glasgow, em 1787, referiu-se ao seu mestre como o *never to be forgotten* Hutcheson.[126]

Segundo Hutcheson, o senso moral percebe os objetos morais e os distingue, mas não fornece nenhum motivo para a ação. Para ele:

> A ação moral – independente de advir de uma regra como a do *greatest happiness for the greatest number* ou de um motivo espontâneo – é movida pelo amor, que é a própria causa efficiens dessa ação moral, e somente então tal ação é aprovada ou desaprovada – no próprio agente ou por meio do observador de um agente observado – pela percepção mediante o senso moral.[127]

Hutcheson apresentou o princípio da felicidade maior. A este respeito, John Rawls diz: "Ao que tudo indica, Hutcheson foi o primeiro a formular claramente o princípio de utilidade. Diz ele em *Inquiry* seção 3 parágrafo 8 que 'melhor é o ato que produz a maior felicidade para o maior número de pessoas; e pior é aquele que, de igual maneira, ocasiona infelicidade'".[128]

Em *Inquiry*, Hutcheson discorre sobre o conceito de bem-querer e suscita o tema da "qualidade e das condições que levam à aprovação ou desaprovação". Para ele, "com o auxílio da razão, estabelecemos uma comparação e julgamos as intenções morais, o interesse próprio e as possibilidades do

---

[126] Por intermédio de Molesworth (um dos líderes mais radicais dos Whigs e professor, político e confidente de Shaftesbury), Hutcheson conheceu o grupo dos *real whigs* ou *commonwealthmen*. Seus grandes líderes pensadores, autores e orientadores eram Harrington e Shaftesbury. Hutcheson morreu em 1746, em Dublin, durante sua última viagem à Irlanda. Era o seu 52º aniversário. Foi enterrado no cemitério de Santa Maria.

[127] *Apud.* KREIMENDAHL, Lothar (Org.). Filósofos do século XVIII: uma introdução. Tradução: Dankwart Bernsmüller. Coleção História da Filosofia. São Leopoldo: Unisinos, 2007, pp. 119-120.

[128] RAWLS, John. Uma teoria da justiça. Nova tradução baseada na edição americana revista pelo autor, de Jussara Simões. Revisão técnica e da tradução: Álvaro de Vida. 3ª ed. São Paulo: Martins Fontes, 2008, p. 27.

agente, bem como a abrangência das consequências boas e ruins do fazer e do deixar de fazer". Esta comparação se dá por meio de uma fórmula matemática. Hutcheson defende que "a intenção da vontade está voltada para o *greatest happiness for the greatest number*". Fica estampado que ele se guia pela linha central do princípio da felicidade maior imortalizado por Jeremy Bentham e sobre o qual discorreremos adiante.

O escocês Adam Smith[129] também adotou perspectivas iluministas e fundou seu raciocínio em premissas utilitaristas. Para ele, a educação de meninos em grandes escolas distantes, de rapazes em faculdades distantes, de jovens damas em internatos ou conventos distantes, "parece ter prejudicado, na sua profunda essência, a moral doméstica das camadas sociais mais altas, e consequentemente a felicidade doméstica, tanto na França, como na Inglaterra".[130]

O necessário compromisso com a virtude também aparece. Para Smith, "uma vez que a afeição fundada no amor da virtude é certamente a mais virtuosa das perfeições, é, portanto, também a mais feliz, bem como a mais permanente e mais segura". É que a natureza, "que formou os homens para aquela bondade recíproca tão necessária para a sua felicidade, torna todo homem objeto peculiar de bondade para pessoas para quem ele mesmo já foi bondoso".[131]

Falando do líder da nação (Adam Smith usa a expressão "líder do partido bem-sucedido"), ele afirma que se este tem autoridade para induzir seus amigos a agir com a temperança e moderação apropriadas (ele reconhece que frequentemente não a tem), e que "pode, às vezes, prestar a seu país um serviço muito mais essencial e importante do que as maiores vitórias

---

[129] Richard Posner enaltece as propostas de Adam Smith: "A enumeração dos sentimentos morais feita por David Hume e Adam Smith, por exemplo, ilustra o tipo de filosofia moral que não critico neste livro". POSNER, Richard. A problemática da teoria moral e jurídica. Tradução: Marcelo Brandão Cipolla. São Paulo: Editora WMF Martins Fontes, 2012, p. 08.

[130] SMITH, Adam. Teoria dos sentimentos morais, ou, Ensaio para uma análise dos princípios pelos quais os homens naturalmente julgam a conduta e o caráter, primeiro de seus próximos, depois de si mesmos, acrescida de uma dissertação sobre a origem das línguas. Tradução: Lya Luft. Revisão: Eunice Ostrensky. São Paulo: Martins Fontes, 1999, p. 278.

[131] SMITH, Adam. Teoria dos sentimentos morais, ou, Ensaio para uma análise dos princípios pelos quais os homens naturalmente julgam a conduta e o caráter, primeiro de seus próximos, depois de si mesmos, acrescida de uma dissertação sobre a origem das línguas. Tradução: Lya Luft. Revisão: Eunice Ostrensky. São Paulo: Martins Fontes, 1999, p. 282.

e mais vastas conquistas". O líder pode ainda restabelecer e melhorar a constituição, e, por causa do seu próprio caráter muito duvidoso e ambíguo, pode assumir "o maior e mais nobre de todos os caracteres, o de reformador e legislador de um grande Estado; e, pela sabedoria de suas instituições, assegurar a tranquilidade interna e a felicidade de seus concidadãos por muitas gerações sucessivas".[132] Essa passagem é importante pelo fato de abrir espaço para a construção da felicidade como consequência de decisões públicas sábias e dedicadas ao bem-comum.

Smith afirma que "o prazer e a dor são os grandes objetos de desejo e aversão; mas estes não se distinguem racionalmente, mas por sentidos e sentimentos imediatos". Ele diz que coube a Hutcheson distinguir em que medida todas as distinções morais procedem da razão, e em que medida se fundamentam em sentidos e sentimentos imediatos. Adam Smith diz que, para Hutcheson, o princípio da aprovação não estava fundado sobre o amor de si e não podia proceder de uma operação racional. Excluídos o amor de si e a razão, "achou não haver outra faculdade do espírito já conhecida que pudesse de algum modo satisfazer esse propósito".

Por fim, vale rememorar as afirmações de Adam Smith quanto a Hutcheson, quando diz que este denominou senso moral esse novo poder de percepção, análogo aos sentidos externos: assim como os corpos que nos cercam, que ao serem afetados "mostram possuir diferentes qualidades de som, gosto, odor e cor, também os vários afetos do espírito humano, ao tocarem essa faculdade especial, aparentam possuir diferentes qualidades de amável e odioso, virtuoso e vicioso, certo e errado". Tais sensações seriam de duas espécies: (i) sensações diretas ou antecedentes e (ii) reflexas ou consequentes. As diretas seriam as faculdades das coisas que o espírito derivaria a percepção das espécies de coisas que não pressuporiam a percepção antecedente de nenhuma outra: sons e cores. As reflexas ou consequentes seriam as faculdades das quais o espírito derivaria a percepção das espécies de coisas que pressuporiam a percepção antecedente de alguma coisa: harmonia e beleza. O senso moral seria dessa espécie.[133]

---

[132] SMITH, Adam. Teoria dos sentimentos morais, ou, Ensaio para uma análise dos princípios pelos quais os homens naturalmente julgam a conduta e o caráter, primeiro de seus próximos, depois de si mesmos, acrescida de uma dissertação sobre a origem das línguas. Tradução: Lya Luft. Revisão: Eunice Ostrensky. São Paulo: Martins Fontes, 1999, p. 291.

[133] SMITH, Adam. Teoria dos sentimentos morais, ou, Ensaio para uma análise dos princípios pelos quais os homens naturalmente julgam a conduta e o caráter, primeiro de seus próximos,

Aqui temos, portanto, algumas notas a respeito das ideias iluministas que ganharam consistência no mundo a partir da Alemanha e da Escócia, todas tratando sobre a felicidade.

### 1.16. A felicidade em Sigmund Freud

Sigmund Freud entende que a vida é muito difícil, pois traz demasiadas dores, decepções, tarefas insolúveis. Assim, há três recursos: "poderosas diversões, que nos permitem fazer pouco da nossa miséria, gratificações substitutivas, que a diminuem, e substâncias inebriantes, que nos tornam insensíveis a ela". Ele questiona: "O que revela a própria conduta dos homens acerca da finalidade e intenção de sua vida, o que pedem eles da vida e desejam nela alcançar? É difícil não acertar a resposta: eles buscam a felicidade, querem se tornar e permanecer felizes". Essa busca tem dois lados, uma meta positiva e uma negativa; quer a ausência de dor e desprazer e, por outro lado, a vivência de fortes prazeres.[134]

Para Freud, "a intenção de que o homem seja 'feliz' não se acha no plano da 'Criação'", pois "aquilo a que chamamos 'felicidade', no sentido mais estrito, vem da satisfação repentina de necessidade altamente represadas, e por sua natureza é possível apenas como fenômeno episódico". Ele continua: "Quando uma situação desejada pelo princípio do prazer tem prosseguimento, isto resulta apenas em um morno bem-estar; somos feitos de modo a poder fruir intensamente só o contraste, muito pouco o estado". A conclusão é que "nossas possibilidades de felicidade são restringidas por nossa constituição. É bem menos difícil experimentar a infelicidade".[135]

Freud chama a atenção para os delírios de massa, tão comuns no nosso tempo. Ele diz ser "de particular importância o caso em que grande número de pessoas empreende conjuntamente a tentativa de assegurar a felicidade e proteger-se do sofrimento através de uma delirante modificação da realidade". Freud caracteriza como tal delírio de massa também as

---

depois de si mesmos, acrescida de uma dissertação sobre a origem das línguas. Tradução: Lya Luft. Revisão: Eunice Ostrensky. São Paulo: Martins Fontes, 1999, pp. 398-401.

[134] FREUD, Sigmund. O mal-estar na civilização. Tradução: Paulo César de Souza. São Paulo: Penguin Classics, Companhia das Letras, 2011, p. 19.

[135] FREUD, Sigmund. O mal-estar na civilização. Tradução: Paulo César de Souza. São Paulo: Penguin Classics, Companhia das Letras, 2011, p. 20.

religiões da humanidade: "Naturalmente, quem partilha o delírio jamais o percebe"[136] – afirma.

Para Freud, "o programa de ser feliz, que nos é imposto pelo princípio do prazer, é irrealizável, mas não nos é permitido – ou melhor, não somos capazes de – abandonar os esforços para de alguma maneira tornar menos distante a sua realização". Ele esclarece que, "no sentido moderado em que é admitida como possível, a felicidade constitui um problema da economia libidinal do individuo. Não há, aqui, um conselho válido para todos; cada um tem que descobrir a sua maneira particular de ser feliz".[137]

Freud destaca que os avanços tecnológicos, notadamente a dominação da natureza pelo homem, não resultaram em felicidade: "esta submissão das forças naturais, concretização de um anseio milenar, não elevou o grau de satisfação prazerosa que esperam da vida, não os fez se sentirem mais felizes". Sua conclusão é de que "o poder sobre a natureza não é a condição única da felicidade humana, assim como não é o único objetivo dos esforços culturais, e não que os progressos da técnica não tenham valor nenhum para a economia de nossa felicidade".[138]

Freud chega a afirmar que "a felicidade é algo inteiramente subjetivo" e que "existem muitos caminhos que podem levar à felicidade, tal como é acessível ao ser humano, mas nenhum que a ela conduza seguramente".[139]

A visão freudiana de felicidade, muito mais do que apresentar resultados de estudos da psicanálise, mostra uma filosofia poderosa e envolvente que se mantém cada vez mais atual, sendo digna da nossa consideração.

---

[136] FREUD, Sigmund. O mal-estar na civilização. Tradução: Paulo César de Souza. São Paulo: Penguin Classics, Companhia das Letras, 2011, p. 26.

[137] FREUD, Sigmund. O mal-estar na civilização. Tradução: Paulo César de Souza. São Paulo: Penguin Classics, Companhia das Letras, 2011, p. 28.

[138] FREUD, Sigmund. O mal-estar na civilização. Tradução: Paulo César de Souza. São Paulo: Penguin Classics, Companhia das Letras, 2011, pp. 32-33.

[139] FREUD, Sigmund. O mal-estar na civilização. Tradução: Paulo César de Souza. São Paulo: Penguin Classics, Companhia das Letras, 2011, p. 29.

# 2.
# O utilitarismo na sua primeira versão: Jeremy Bentham

**2.1. A personalidade**
O utilitarismo teve três pioneiros: William Paley (1785), Jeremy Bentham (1789) e William Godwin (1793). Todos compartilhavam os valores do Iluminismo.

Paley era ministro da Igreja da Inglaterra e via no utilitarismo uma forma de se determinar a vontade divina.

Godwin, por sua vez, tinha uma visão extrema do utilitarismo: uma moralidade completamente imparcial. Um dos exemplos trazidos por ele era designado "O arcebispo e a camareira" e continha o seguinte problema: "Você está preso em um prédio em chamas com outras duas pessoas. Uma delas é um arcebispo, o qual é um grande benfeitor da humanidade, e a outra é uma camareira. Você só tem tempo para salvar uma pessoa. O que você deve fazer?" Para Godwin, você deveria salvar o arcebispo, pois a vida dele tem mais valor para a felicidade humana do que a da camareira. A conclusão é a mesma se a camareira for a sua mãe ou você mesmo.[140]

Como veremos mais à frente, o conceito constitucional contemporâneo de dignidade da pessoa humana, nos moldes nos quais se apresenta atualmente no cenário global, põe freios a raciocícios utilitaristas equivocados

---

[140] MULGAN, Tim. Utilitarismo. Tradução: Fábio Creder. Petrópolis: Vozes, 2012, p. 15.

como este, pois, no caso "o arcebispo e a camareira", a dignidade da pessoa humana diria: não, não é certo dar preferência ao arcebispo por ele ser arcebispo, já que as duas vidas têm igual valor e merecem igual consideração e respeito. Não deveria haver preferências, portanto, entre vidas humanas, pois todas elas têm valor intrínseco e correspondem a um fim em si mesmo. É exatamente por isso que a dignidade da pessoa humana consegue reposicionar o utilitarismo como uma filosofia absolutamente contemporânea, cujos excessos podem ser perfeitamente podados diante de casos concretos.

Há também, nas origens do utilitarismo, Jeremy Bentham. No século XVIII, os debates filosóficos, políticos e jurídicos foram enriquecidos pelas inovações teóricas trazidas por Bentham, alguém que quis ser visto como um "homem tímido e bondoso que nunca se casou, doou seu dinheiro para boas causas e foi um dos primeiros intelectuais a praticar corrida, ou trote, como a chamava".[141]

Ele morreu em 1832, aos 84 anos. Atendendo a uma exigência testamentária, seu corpo está embalsamado e exposto perto do saguão de entrada sob o pórtico da University College London, idoso, com roupas do século XVIII e sentado em uma caixa de vidro. O embalsamamento de sua cabeça não deu certo e a que está lá é de cera. Sua cabeça verdadeira é mantida em um porão. Outra exigência atendida foi a de que seus amigos e admiradores se reunissem uma vez por ano para homenagear "o fundador do maior sistema de felicidade moral e legal de todos os tempos". Embalsamado, ele é levado para reuniões do conselho diretor da faculdade, cujas atas o registram como "presente, porém não votante".[142]

Era filho e neto de advogados. Escreveu muito, publicando apenas *Introdução* e *Fragmento*. Quando morreu, deixou 70 mil folhas manuscritas de papel almaço, com trabalhos teóricos e projetos detalhados para estados, prisões e outros.

Visitou a Polônia e a Alemanha. Foi à Rússia com o propósito de oferecer instruções à Imperatriz Catarina, "a Grande". Lá, escondeu-se em uma casa de campo de uma propriedade isolada, para escrever. Era um

---

[141] LAYARD, P. R. G. Felicidade: lições de uma nova ciência. Tradução: Maria Clara de Biase W. Fernandes. Rio de Janeiro: Best Seller, 2008, pp. 18-19.

[142] SANDEL, Justiça. O que é fazer a coisa certa. Tradução: Heloisa Matias e Maria Alice Máximo. Rio de Janeiro: Civilização Brasileira: 2011, p. 72.

eremita. Tinha paixão por música, tendo sido um tecladista bem-sucedido. Contudo, desprezava a poesia, por enxergá-la como uma forma deliberada de obscurecimento da comunicação.[143]

Bentham passou anos tentando financiamento do governo britânico para um de seus projetos mais famosos: o panóptico, que era um tipo de prisão. Sem sucesso, contudo. Logo mais falaremos sobre o panóptico. Ele perdeu boa parte de sua herança. Acabou sendo-lhe concedido £ 23.000 por um ato do Parlamento. Ele ficou com o dinheiro.[144]

Bentham advogava regularmente até se chocar com a falta de lógica nas leis e punições. Para ele, todas as leis deveriam ter por meta gerar a maior felicidade possível, pois uma boa sociedade seria aquela na qual seus cidadãos fossem felizes.

## 2.2. Mendicância, animais, esporte, tortura, voto, e outras ideias

Não é fácil estudar Jeremy Bentham. Ao longo de sua vida ele escreveu muito, mas somente uma pequena parcela de tudo o que escreveu foi publicada. Não se trata de um teórico, mas de "um reformador de leis" que se especializou em idealizar "codificações", termo que criou. Jamais se dedicou a conhecer alguma instituição social ou jurídica. Também não pretendeu compreender o racional funcionamento das instituições que buscava reformar. Simplesmente idealizava-as fundadas no princípio da felicidade maior. Depois, pensava em como implementá-las.[145]

Ele tanto se comportou como liberal, como sugeriu leis paternalistas. Uma das suas propostas mais polêmicas tratava da mendicância. Propôs torná-la ilegal, colocando os mendigos na prisão. Eles poderiam sair mediante um contrato de servidão, que valeria até que reembolsassem a prisão pelas despesas com seu sustento. Só então os mendigos conquistariam a liberdade. Segundo Bentham, a servidão só poderia ter dois efeitos sobre as pessoas a quem se pede esmolas: despertaria a "dor da simpatia", ou se a elas faltasse esse sentimento, a "dor do desgosto". A soma dessas

---

[143] Ver Jeremy Bentham, The Philosophy of Economic Science. In: Jeremy Bentham's Economic Writings 81, 115-6 ( W. Stark [org] 1952); Abba P. Lerner, The Economics of Control: Principles of Welfare Economics 35-6 (1944).

[144] MULGAN, Tim. Utilitarismo. Tradução: Fábio Creder. Petrópolis: Vozes, 2012, p. 27.

[145] POSNER, Richard. A economia da justiça. Tradução: Evandro Ferreira e Silva. Revisão da tradução: Aníbal Mari. São Paulo: Editora WMF Martins Fontes, 2010, pp. 48 e 49.

dores seria maior que a diferença, para o bem-estar do mendigo, entre mendigar e trabalhar.

Para Jeremy Bentham, leis que proibiam empréstimos a juros eram paternalistas. Ele, que adorava gatos, foi autor de leis contra os maus-tratos de animais. Também partiu dele leis para a reeducação forçada de criminosos e leis que exigiam dos transeuntes que ajudassem pessoas em dificuldade. Pretendeu proibir a pesca por esporte. Defendeu direitos iguais para as mulheres, incluindo o direito ao voto e ao divórcio. Era favorável ao fim da escravidão e à abolição da punição física, entre elas o tratamento brutal dado às crianças em nome da construção do caráter. Ele propôs um plano para lidar com a pobreza, no qual pessoas pobres receberiam abrigo, alimentos e roupas num sistema de asilos situados em torno de um posto de observação central. Em seguida, seriam obrigados a fazer trabalho produtivo.[146]

Seus críticos são ferozes. Richard Posner é um deles.[147] Ele afirma que Bentham desenvolveu técnicas de lavagem cerebral. Que defendia que as pessoas deveriam ter seus nomes tatuados no corpo para facilitar a execução das leis penais. Por fim, que defendeu a imposição de testemunho em prejuízo próprio, tortura, denúncia anônima, menosprezo aos direitos, abolição do júri e do sigilo profissional do advogado.

Posner reputa totalitárias muitas das ideias de Bentham. Ele enxerga o utilitarismo como "uma teoria tanto da moral individual como da justiça social". O homem íntegro é aquele que se esforça por elevar a soma total de felicidade (a sua mais a dos outros), e a sociedade justa é aquela que busca elevar essa soma total a seu valor máximo: "o maximizante, na visão da maioria dos utilitaristas, não é um estado psicológico específico,

---

[146] BOK, Sissela. Explorando a felicidade: de Aristóteles à neurociência. Tradução: Patrícia Azevedo. Rio de Janeiro: Tinta Negra, 2012, p. 145.

[147] Richard Posner tem o corpo esguio, cabeça calva, óculos grandes e com uma armação pesada à frente dos olhos. Seus olhos são azuis (ou verdes?). Ele é magro, casado com Charlene e apaixonado por sua gata, Dina. Pelo menos quanto ao amor aos gatos, Posner se alinha a Jeremy Bentham. Ele afirma que gatos não nascem em árvores. Diz que "o gato é um animal social. Se ele vir outro gato (que não seja seu próprio filhote) sofrendo, reage com indiferença. Não faz isso por ser malvado, mas porque, quanto menor o número de gatos melhor para os gatos restantes – fica mais fácil caçar". POSNER, Richard. A problemática da teoria moral e jurídica. Tradução: Marcelo Brandão Cipolla. São Paulo: Editora WMF Martins Fontes, 2012, pp. 52-53.

como o êxtase ou a euforia, mas, sim, o mais amplo conceito possível de satisfação"[148] – registra Posner, a respeito de Bentham e seu pensamento.

## 2.3. O princípio da felicidade maior

A essência do pensamento de Bentham reside na premissa de que qualquer decisão, pública ou privada, deveria ser avaliada por seu impacto na felicidade de todos aqueles a que diz respeito, cada pessoa contando igualmente. É o princípio da felicidade maior: a ação certa é a que produz a maior felicidade geral.

De acordo com Bentham, a natureza colocou a humanidade sob o governo de dois amos soberanos, a dor e o prazer. Cabe a eles somente indicar o que devemos fazer. Por um lado, o padrão do certo e do errado, por outro, a cadeia de causas e efeitos estão presos ao seu trono.[149]

Bentham se antecipava a dizer que o utilitarismo não era "uma teoria nova e pouco segura, ou inútil", mas um "dado com o qual concorda plena e perfeitamente a experiência do gênero humano, onde quer que os homens possuam uma visão clara acerca dos seus próprios interesses".[150] Ele conceitua assim o princípio da utilidade:

> Aquele princípio que aprova ou desaprova qualquer ação, segundo a tendência que tem a aumentar ou a diminuir a felicidade da pessoa cujo interesse está em jogo, ou, (...) segundo a tendência a promover ou a comprometer a referida felicidade. (...) Isto vale não somente para qualquer ação de um indivíduo em particular, mas também de qualquer ato ou medida de governo.[151]

Segundo Bentham, o princípio que estabelece a maior felicidade de todos aqueles cujo interesse está em jogo seria a " justa e adequada finalidade da ação humana, e até a única finalidade justa, adequada e universalmente

---

[148] POSNER, Richard. A economia da justiça. Tradução: Evandro Ferreira e Silva. Revisão da tradução: Aníbal Mari. São Paulo: Editora WMF Martins Fontes, 2010, pp. 49-50.

[149] Introduction to the principles of morals and legislation, impresso em 1780 e publicado em 1789.

[150] BENTHAM, Jeremy. Introduction to the principles of morals and legislation, 1789, Ed. J. H. Burns, H. L. A. Hart. London, Athlone Press, p. 24.

[151] BENTHAM, Jeremy. Introduction to the principles of morals and legislation, 1789 Ed. J. H. Burns, H. L. A. Hart. London, Athlone Press.

desejável". Essa ação humana, segundo ele, deveria ser compreendida "em qualquer situação ou estado de vida, sobretudo na condição de um funcionário ou grupo de funcionários, que exercem os poderes do governo".[152] Pelo princípio da utilidade poderíamos nos valer de um mal, desde que fosse para impedir um mal ainda maior. Ele chega a dizer que não é necessário consultar Platão ou Aristóteles: "Dor e Prazer são o que todos sentem como tais – o mendigo e o príncipe, o iletrado e o filósofo"[153] – afirmou.

Os utilitaristas realizaram estudos voltados para aferir a capacidade que o hedonismo quantitativo tinha de enfrentar questões éticas por meio da medição da quantidade de prazer a ser gerada com a implementação de uma ou outra política.

Richard Posner questiona a consistência da proposta de Jeremy Bentham quanto ao princípio da felicidade maior. Uma das provocações mais desconcertantes é a indagação sobre qual o universo abrangido pelo cálculo utilitarista de Bentham, ou seja, a quem interessaria a felicidade para o cômputo geral das preferências. Posner afirma que, caso contemple os animais, "para a ética utilitarista, um motorista que, para se desviar de dois carneiros, matasse deliberadamente uma criança, não poderia ser considerado um homem mau, pois sua ação teria aumentado a quantidade de felicidade no mundo".

O argumento de Posner, claro, é retórico. Bentham jamais defendeu a morte de criancinhas nem a toleraria. O mesmo se diga a respeito dos animais. Jeremy Bentham, como sabemos, foi o criador de leis de defesa dos animais, além de ser apaixonado por gatos. Difícil imaginar que ele lideraria a morte de carneiros ou que estruturaria uma teoria que a justificasse. No que diz respeito ao amor pelos animais e, especialmente aos gatos, Bentham e Posner estão juntos.

Posner também fala dos estrangeiros: "A política dos Estados Unidos deveria ser a de elevar ao máximo a felicidade dos norte-americanos, atribuindo peso nulo à dos estrangeiros? Ou seria necessária uma perspectiva mais ecumênica?" – pergunta Posner.

Por fim, lembra dos fetos: "O que dizer então daqueles que ainda não nasceram?" Isso porque:

---

[152] BENTHAM, Jeremy. Introduction to the principles of morals and legislation, 1789, Ed. J. H. Burns, H. L. A. Hart. London, Athlone Press, p. 10.
[153] BENTHAM, Jeremy. Theory of legislation (Kegan, Paul, 1932), v. I, 90, 15.

A inclusão destes na população cuja felicidade há de ser maximizada pode gerar, relativamente a temas como aborto, adoção, homossexualismo, poupança etc., políticas diferentes das que se adequariam a uma contagem censitária de felicidade na qual só se incluíssem os indivíduos viventes.[154]

As provocações de Posner não são originais. Aristóteles já as fazia. Para Aristóteles, "dispomos de boas razões para não nos referirmos a um boi ou a um cavalo, ou a qualquer outro animal como sendo feliz porque nenhum deles é capaz de participar de atividades nobres". Aristóteles afirma ainda que as crianças não estão aptas a serem felizes, "pois não têm idade suficiente para serem capazes de atos nobres. Quando nos referimos às crianças como sendo felizes, trata-se de um cumprimento pelas expectativas que alimentamos em relação a elas para o futuro".[155] Posner ilustrou suas objeções ao utilitarismo de Bentham com algo pitoresco. Sem originalidade, contudo. Todas essas armadilhas retóricas já haviam sido respondidas por Aristóteles.

Outra acusação feita por estudiosos é a de que Bentham não conferia a devida atenção aos estudos realizados por filósofos clássicos, a exemplo de Platão e Aristóteles, estudos esses seminais para a estruturação da sua teoria da felicidade. Stuart Mill entendia como um erro ter procedido assim. Para ele, "Bentham falhou quanto a buscar as luzes de outras mentes". Outra crítica de Mill se volta para a falta de testes por meios de experiências às suas teorias, o que resultava na formulação de trabalhos de difícil comprovação empírica, enfraquecendo a relevância de suas contribuições teóricas.[156]

A essência da ideia de Jeremy Bentham foi apresentada por outros pensadores, a exemplo de John Locke, para quem "assim como o gosto agradável não depende das coisas em si, mas do variável agrado deste ou daquele paladar, também a maior felicidade consiste em ter as coisas, diferentes para cada um, que produzem maior prazer, excluindo aquelas

---

[154] POSNER, Richard. A economia da justiça. Tradução: Evandro Ferreira e Silva. Revisão da tradução: Aníbal Mari. São Paulo: Editora WMF Martins Fontes, 2010, p. 65.
[155] ARISTÓTELES (384-322 a.C). Ética a Nicômano. Traduções, textos adicionais e notas: Edson Bini. Bauru: Edipro, 2009, p. 56.
[156] On liberty. In: Elizabeth Rapaport (Org.). Indianápolis: Hackett, 1978. The subjection of womem. In: On liberty and other essays, introd. John Gray (Org.). (Nova York: Oxford University Press, 1991).

que causam distúrbio ou dor". Logo, "não é estranho nem insensato que homens sem esperança de uma outra vida, que só desfrutam desta, busquem a própria felicidade preferindo o que é prazeroso e evitando o que é perturbador, nem me admira a imensa variedade de diferentes preferências".[157]

Para Locke, não só "bem e mal são apenas, propriamente falando, prazer e dor", como "as coisas que se seguem ao prazer ou à dor também são consideradas boas ou más".[158] Ele afirma que "desejamos, a todo custo, livrarmo-nos do mal presente, que nossa aptidão considera inigualável a tudo o que é ausente: nós constatamos, na presença da dor, que sequer somos capazes de um mínimo de felicidade". Diz ainda que "a intenção de todo nosso empenho e pensamento é livrar-nos do mal presente, não nos importando com que venha depois, enquanto condição primeira e necessária de nossa felicidade".[159]

Locke diz, por fim, que "sem dúvida todos os homens desejam felicidade: mas, como já observamos, uma vez livres da dor são dados a acomodarem-se a um prazer que está à mão ou ao qual se afeiçoaram por costume".[160]

Portanto, John Locke serve perfeitamente para ilustrar que a essência da proposta da Jeremy Bentham esteve presente na mente de muitos outros pensadores.

## 2.4. Inspirações

Não chega a ser surpreendente Jeremy Bentham desenvolver um pensamento que diga que é nosso dever nos esforçarmos para o bem-estar subjetivo das pessoas. Richard Cumberland já havia dito que "a maior benevolência de todo agente racional para com todo o resto constitui o estado mais feliz de cada um e de todos, na medida em que depende do

---

[157] LOCKE, John. Ensaio sobre o entendimento humano. Tradução, apresentação e notas: Pedro Paulo Garrido Pimenta. São Paulo: Martins Fontes, selo Martins, 2012, p. 277.

[158] LOCKE, John. Ensaio sobre o entendimento humano. Tradução, apresentação e notas: Pedro Paulo Garrido Pimenta. São Paulo: Martins Fontes, selo Martins, 2012, p. 282.

[159] LOCKE, John. Ensaio sobre o entendimento humano. Tradução, apresentação e notas: Pedro Paulo Garrido Pimenta. São Paulo: Martins Fontes, selo Martins, 2012, p. 285.

[160] LOCKE, John. Ensaio sobre o entendimento humano. Tradução, apresentação e notas: Pedro Paulo Garrido Pimenta. São Paulo: Martins Fontes, selo Martins, 2012, p. 288.

seu próprio poder e é necessariamente requerida para a sua felicidade; portanto, o bem comum será a lei suprema".[161]

Richard Posner, por sua vez, encontra em Priestley e Beccaria raciocínios semelhantes ao de Bentham.[162] Quanto a Priestley, a menção desperta curiosidade. Em 1791, Pristley defendeu a doutrina da igualdade, liberdade, fraternidade e preconizou a queda da tirania e dos clérigos. Elogiou a decisão da Assembleia Nacional de Paris de abolir a monarquia, a nobreza, a Igreja, as corporações e instituições tradicionais. Os franceses lhe concederam cidadania francesa. Em 14 de julho de 1791, uma multidão que cantava louvores "à Igreja e ao rei" atacou e queimou o lugar de reunião onde Pristley fazia suas palestras em Birmingham, depois saqueou e queimou sua casa em Fairhill. Ele se mudou de Birmingham para Londres, depois para os Estados Unidos, onde morreu em 1804.[163]

Priestley era um grande amigo de Thomas Jefferson, autor da Declaração da Independência dos Estados Unidos e responsável pela introdução, no documento, da expressão "busca da felicidade". Mais à frente nos dedicaremos a conhecer todo o tirocínio que circundou a elaboração da Declaração. Priestley caiu nas mãos da turba conservadora do partido Tory, "por simpatizar excessivamente com a Revolução".[164] Não seria exagerado supor que, de fato, Bentham possa ter colhido na fonte de Priestley seus ensinamentos quanto à teoria da felicidade.

No que diz respeito ao Marquês de Beccaria, Cesare Bonesana, ele trouxe luz aos debates quanto a um novo Direito Penal, afastado da crueldade, quando, em 1764, publicou a obra *Dos Delitos e das Penas*. Segundo Beccaria, "é necessário selecionar quais penas e quais os modos de aplicá-las, de tal modo que, conservadas as proporções, causem impressão mais eficaz e

---

[161] CUMBERLAND, Richard. 1631-1718. De legibus naturae. English. A treatise of the laws of nature; traduzido, com introdução e anexo de John Maxwell (1727); editado e com prefácio de Jon Parkin, I.4.
[162] POSNER, Richard. A economia da justiça. Tradução: Evandro Ferreira e Silva. Revisão da tradução: Aníbal Mari. São Paulo: Editora WMF Martins Fontes, 2010, p. 40.
[163] O livro de Tiradentes: transmissão atlântica de ideias políticas no século XVIII. MAXWELL, Kenneth (Coord.). Bruno Carvalho, John Huffman e Gabriel de Avilez Rocha (Orgs.). Tradução: Maria Lúcia Machado e Luciano Vieira Machado. São Paulo: Penguin Classics Companhia das Letras, 2013, p. 55.
[164] HOBSBAWN, Eric J. A era das revoluções, 1789-1848. Tradução: Maria Tereza Teixeira e Marcos Penchel. São Paulo: Paz e Terra, p. 441.

mais duradoura no espírito dos homens, e a menos tormentosa no corpo do réu".[165]

A obra de Beccaria impressionou a Europa ao propor maneiras de medir e comparar formas de punição, calculando níveis de segurança, intensidade e duração para cada uma e argumentando em prol do abandono da tortura e da pena capital.[166] Beccaria se valeu da expressão "a maior felicidade do maior número" ao propor que este deveria ser o critério para avaliar as leis e políticas sociais. Bentham afirmou que esta expressão o convertera quando a encontrou pela primeira vez aos vinte anos de idade, numa obra de Joseph Pristley: "Foi por aquele panfleto e esta frase escrita que meus princípios sobre o assunto da moralidade pública e privada foram determinados"[167] – disse.

Um ano antes, o economista italiano Pietro Verri havia abordado perguntas sobre a felicidade em termos de cálculo, em seu livro *Meditazione sulla felicitá*. Portanto, são muitas as potenciais fontes de inspiração de Bentham.

## 2.5. As críticas
### 2.5.1. O prazer

A primeira premissa questionável à proposta de Jeremy Bentham consiste em igualar felicidade e prazer (a humanidade era governada pela dor e pelo prazer). Esse hedonismo quantitativo pode encontrar referências filosóficas no Protágoras de Platão, para quem "a quantidade de prazer pode ser medida com precisão".[168]

Bentham tratou de modo diverso a felicidade coletiva e a felicidade individual. A diferenciação tornou possível a construção de uma teoria voltada para a resolução dos problemas da coletividade. Não seria presunçoso afirmar que tal distinção facilitou a atual utilização da teoria da felicidade como elemento norteador de decisões públicas.

---

[165] BECCARIA, Cesare. Dos delitos e das penas. São Paulo: RT, 1999, p. 52.
[166] BOK, Sissela. Explorando a felicidade: de Aristóteles à neurociência. Tradução: Patrícia Azevedo. Rio de Janeiro: Tinta Negra, 2012. Também BECCARIA, Cesare. On crimes and punishments (Hackett, 1986).
[167] *Apud* Mary Warnock. Introduction. In: Mary Warnock (Org.). John Stuart Mill: Utilitarianism, on liberty, essay on Bentham, together with selected writings of Jeremy Bentham and John Austin. World Publishing, 1965, 7.
[168] WHITE, Nicholas. Breve história da felicidade (A brief history of happiness). Tradução: Luis Carlos Borges. São Paulo: Edições Loyola. 2009, p. 75.

## 2.5.2. Comparações interpessoais

Jeremy Bentham encontra resistência quanto às comparações interpessoais de utilidade (prazer). A primeira indagação que surge é: como seria possível comparar reciprocamente os prazeres e desprazeres das diferentes pessoas? Para Richard Posner, "não se pode medir e agrupar felicidade de milhões de pessoas diferentes com a finalidade de comparar a utilidade de políticas alternativas".[169]

Na mesma linha, Ronald Dworkin afirma ser duvidoso que exista um estado psicológico simples de prazer comum a todos os que se beneficiam de uma política, ou de dor, comum a todos os que com ela têm a perder. Ele diz ser "impossível identificar, medir e somar os diferentes prazeres e sofrimentos experimentados por grandes contingentes de pessoas".[170]

Novas críticas à proposta vêm de Alf Ross. Para ele, Bentham se equivoca em sua teoria, pelo fato de se tratar de um "postulado metafísico baseado na intuição". Outro erro consistiria no fato de "nossas necessidades e desejos diferirem qualitativamente e serem mutuamente incomensuráveis". Para ilustrar, Ross afirma: Se todas minhas necessidades não podem ser satisfeitas e me encontro diante de uma escolha, por exemplo, entre ouvir uma sinfonia e saborear uma boa comida, essa escolha não pode ser descrita como uma alternativa racional entre duas quantidades comensuráveis de prazer.[171]

Apesar das acusações quanto a supostos problemas das comparações interpessoais, Bentham não via qualquer motivo para preocupação. Seria suficiente adicionar uma nova dimensão da quantidade, tendo, como ação adequada, a produção de prazer para o maior número de pessoas.

Amartya Sen, por sua vez, afirma que esse equívoco metodológico de Bentham, no uso das comparações interpessoais de utilidades, foi admitido até mesmo pelos pais do utilitarismo, como W.S. Jevons, para quem "toda mente é inescrutável para todas as outras mentes, sendo impossível um denominador comum de sentimento".

Sen diz que, atualmente, considera-se "a utilidade nada mais do que a representação da preferência de uma pessoa". Logo, "dizer que uma pessoa

---

[169] POSNER, Richard. A economia da justiça. Tradução: Evandro Ferreira e Silva. Revisão da tradução: Aníbal Mari. São Paulo: Editora WMF Martins Fontes, 2010, p. 40.
[170] ROSS, Alf. Direito e justiça. Tradução: Edson Bini. Revisão técnica: Alysson Leandro Mascaro. Bauru: SP: Edipro, 2003, p. 359.
[171] ROSS, Alf. Direito e justiça. Tradução: Edson Bini. Revisão técnica: Alysson Leandro Mascaro. Bauru: SP: Edipro, 2003, p. 339.

tem mais utilidade em um estado x do que em um estado y não difere essencialmente de dizer que ela preferiria estar no estado x a estar no estado y".

O premiado economista segue com críticas. Segundo ele, "se pessoas diferentes têm preferências diferentes, obviamente não existe um modo de obter comparações interpessoais com base nessas preferências diversas". Na sequência, indaga: "Mas e se elas compartilhassem a mesma preferência e fizessem as mesmas escolhas em circunstâncias semelhantes?" Como resposta, nos diz que a hipótese produziria as mesmas preferências e comportamento de escolha para todos, mas isso também ocorreria no caso de muitas outras suposições. Para ilustrar, Amartya Sen diz o seguinte: Se uma pessoa obtém a metade (ou um terço, um centésimo, um milionésimo) da utilidade que outra pessoa obtém de cada pacote de mercadorias, ambas terão o mesmo comportamento de escolha e uma função de demanda idêntica, mas não o mesmo nível de utilidade de qualquer pacote de mercadorias.[172] Ele nos dá outros dois exemplos:

(i) mesmo se uma pessoa que está deprimida, incapacitada ou doente, por acaso tiver uma função de demanda para pacotes de mercadorias igual à de outra pessoa não portadora dessas desvantagens, seria um absurdo insistir em que ela está obtendo a mesma utilidade (ou bem-estar ou qualidade de vida) de um dado pacote de mercadorias que a outra pessoa poderia obter dele.
(ii) um indivíduo pobre com uma doença parasítica do estômago pode preferir dois quilos de arroz a um quilo, exatamente como outro indivíduo igualmente pobre, mas não doente – poderia preferir, mas seria difícil demonstrar que ambos obteriam o mesmo benefício de, digamos, um quilo de arroz.

Ao longo desta obra trabalharemos as premissas teóricas trazidas por Amartya Sen a respeito do utilitarismo. O ponto aqui se refere somente às críticas quanto às comparações interpessoais de Jeremy Bentham.

---

[172] SEN, Amartya. Desenvolvimento como liberdade. Tradução: Laura Teixeira Motta. Revisão técnica: Ricardo Doninelli Mendes. São Paulo: Companhia das Letras, 2010, pp. 95-96.

## 2.5.3. O problema da adaptação

Não é de admirar que, sob a pressão das possibilidades de sofrimento, os indivíduos costumem moderar suas pretensões à felicidade – assim como também o princípio do prazer se converteu no mais modesto princípio da realidade, sob a influência do mundo externo –, se alguém se dá por feliz ao escapar à desgraça e sobreviver ao tormento, se em geral a tarefa de evitar o sofrer impele para segundo plano a de conquistar o prazer.

A passagem acima é de Sigmund Freud, destacando que a imensidão de possibilidades de sofrimento, diante das escassas chances de felicidade, empurra o ser humano para um equilíbrio medíocre que enaltece a ausência de desgraças em sua vida como sendo, isso, sinônimo de felicidade.

Alguém que não come há dias pode se dizer incrivelmente feliz quando passa a comer duas vezes por dia. A adaptação corrompe a ideia de Jeremy Bentham.

Carol Graham realizou importantes pesquisas acerca do impacto da adaptação na felicidade. Ela concluiu que há várias formas de entender a adaptação como sendo benéfica ou nociva para a realização pessoal. Segundo a Pesquisadora:

> Quanto menos custos sofrer o bem-estar, mais as pessoas serão tolerantes ou adaptáveis a tais eventos e, portanto, terão menos tendência para agir. Ao mesmo tempo, a nível individual, é muito difícil afastarmo-nos de uma elevada norma de criminalidade/corrupção – e potencialmente muito onerosa.

Para ela, embora a adaptação possa ser benéfica para o bem-estar individual, também poderá "ser negativo num sentido coletivo, pois leva a que as sociedades resvalem para equilíbrios perigosos e assim permaneçam – como é o caso do prolongamento de regimes muito corruptos e/ou violentos". Graham encerra seu raciocínio ilustrando situações vivenciadas pelos cidadãos em países variados. Ela diz: Essa dinâmica adaptativa ajuda a explicar o motivo pelo qual regimes como o de Mobutu, no Zaire, ou o de Fujimori, no Peru, conseguiram manter-se no poder muito para além do tempo que previa a maioria dos mais experientes conservadores.[173]

---

[173] GRAHAM, Carol. O que nos faz felizes por esse mundo fora. Tradução: Michelle Hapetian. Revisão: Alice Soares. Alfragide: Texto Editores, 2011, pp. 260-261.

Percebe-se que as análises de Graham acerca da adaptação, sustentadas por consistentes trabalhos de investigação, apontam para a manutenção de um estado de apatia na sociedade quando ela se vê sem instrumentos de defesa diante do estado de coisas a ela apresentado. Nada obstante tenhamos na história exemplos de revoluções, realmente devemos convir que elas não ocorrem diariamente.

Ronald Dworkin é outro pensador que aborda a questão da adaptação. Ele o faz da seguinte forma:

> Vamos supor que digamos a um grupo fervorosamente pró-vida que deveríamos ser experimentais e tentar pôr em prática uma política pública extremamente permissiva durante um certo tempo, para ver se a tensão social gerada pelo problema acabaria por diluir-se. Se a tensão realmente desaparecer e as pessoas aparentemente deixarem de se preocupar com a questão, poderíamos dizer que isso era a prova de que a solução permissiva já havia funcionado para nós. O grupo pró-vida replicaria, horrorizado, que essa perspectiva não demonstraria se a política permissiva teria funcionado; ao contrário, demonstraria a existência de um desastre ainda mais hediondo, pois teria tornado a comunidade totalmente insensível.[174]

Ainda quanto ao fenômeno da adaptação, Derek Bok afirma que mesmo que pudesse ser demonstrado "que quase todas as famílias de baixa renda se adaptam à sua condição de vida e alcançam um surpreendente grau de felicidade, não significa, necessariamente, que os formuladores de políticas públicas não têm motivo para ajudá-las". Isso porque, "se for possível comprovar que a condição econômica é injusta, (por exemplo, porque eles tinham sido enganados por seu empregador), isso poderia recomendar um esforço para que sejam feitos ajustes ao destino dessas famílias".[175]

A adaptação, portanto, não encerra a discussão quanto à justiça de determinadas decisões. O fato de uma comunidade estar acostumada à opressão não quer dizer que oprimi-las seja a coisa certa a fazer. E não é

---

[174] DWORKIN, Ronald. A justiça de toga. Tradução: Jefferson Luiz Camargo. Revisão da tradução: Fernando Santos. Revisão técnica: Alonso Reis Freire. São Paulo: Editora WMF Martins Fontes, 2010, p. 93.

[175] *Apud* BOK, Derek. The politics of happiness: what government can learn from the new research on wellbeing. Princeton: Princeton University Press, 2010, p. 56.

só a adaptação que traz indagações à teoria da felicidade. Há também os fatores biológicos.

Os psicólogos David Lykken e Auke Tellegen defendem que até 80% da variação na felicidade é fixada geneticamente e não pode ser alterada de forma significativa pela intervenção humana. Afirmam ainda que, enquanto os eventos particulares, como ganhar na loteria ou perder um ente querido, podem trazer prazer ou dor inicial, a maioria dos indivíduos vai se adaptar e voltar a um estado fixo, determinado geneticamente, de bem-estar. Os autores basearam esta conclusão em estudos de gêmeos idênticos, que mostraram níveis muito semelhantes de felicidade, apesar de terem sido criados em famílias diferentes. Os autores concluem que: "tentar ser feliz é tão inútil como tentar ser mais alto".[176]

Pesquisadores apontam que 50% da felicidade da pessoa decorre da carga hereditária e os outros 50% vêm dos eventos, circunstâncias e escolhas. Alguns fatores genéticos que afetam o bem-estar são tratáveis, a exemplo da depressão clínica, que traz infelicidade aguda, mas muitas vezes é controlável por medicamentos, psicoterapia ou uma combinação dos dois.[177]

A adaptação foi desconsiderada por Jeremy Bentham, abrindo espaço para ataques da doutrina contemporânea, a exemplo de Amartya Sen, para quem "concentrar-se apenas em características mentais (como prazer, felicidade ou desejo) pode ser particularmente restritivo quando são feitas comparações interpessoais de bem-estar e privação". Isso porque, nossos desejos e habilidades para sentir prazer "ajustam-se às circunstâncias, sobretudo para tornar a vida suportável em situações adversas. O cálculo de utilidade pode ser demasiado injusto com aqueles que são persistentemente destituídos".

Daí em diante, Sen traz inúmeros grupos que sobrevivem em situações de opressão e que, para suportar essa situação, necessitam se adaptarem a elas. São eles:

pobres-diabos usuais em sociedades estratificadas;
as minorias perpetuamente oprimidas em comunidades intolerantes;

---

[176] *Apud* BOK, Derek. The politics of happiness: what government can learn from the new research on wellbeing. Princeton: Princeton University Press, 2010, p. 52.
[177] *Apud* BOK, Derek. The politics of happiness: what government can learn from the new research on wellbeing. Princeton: Princeton University Press, 2010, p. 53.

os meeiros em propriedades agrícolas – tradicionalmente em situação de trabalho precária, vivendo em um mundo de incerteza;
os empregados exauridos por seu trabalho diário em sweatshops [estabelecimentos que remuneram pessimamente e exigem demasiadas horas de trabalho];
as donas de casa submissas ao extremo em conformar-se com sua privação pela pura necessidade de sobrevivência e podem, em consequência, não ter coragem de exigir alguma mudança radical, chegando mesmo a ajustar seus desejos e expectativas àquilo que sem nenhuma ambição consideram exequível.

Após reafirmar que "essa medida mental está sujeita a distorções acarretadas pelo ajustamento psicológico à privação persistente"[178], Sen indaga: "É possível livrar o utilitarismo dessa limitação?"[179] Sim. Basta dizer que, para Stuart Mill, não há que se falar em felicidade se não há, nesse cálculo, acesso à liberdade. É essa obsessão por Jeremy Bentham que enfraquece o poder persuasivo dos críticos do utilitarismo, como Amartya Sen, pois o que se nota é uma estratégica ação voltada a desmerecer não o utilitarismo, mas, sim, a Jeremy Bentham. Acontece que o utilitarismo ganhou um giro teórico profundamente dedicado ao que atualmente definimos como direitos humanos, a partir dos estudos de John Stuart Mill e isso não pode ser negligenciado.

Os ataques ao problema da adaptação passam ao largo de muitas ideias utilitaristas lançadas não só por Stuart Mill, como também pelo próprio Bentham. Há, no utilitarismo, máximas prima facie, princípios apriorísticos. A liberdade é o primeiro deles. Os utilitaristas compreendem que a liberdade é condição primeira para a felicidade, razão pela qual seria difícil avançar nessa discussão caso suprimíssemos dela o acesso à liberdade. Quando Sen fala de "pobres diabos", está implícita a ausência de inúmeras liberdades, razão pela qual não há qualquer limitação a apontar ao utilitarismo nesse

---

[178] O conceito de privação do qual se vale Amartya Sen pode ser encontrado em Aristóteles. O Estagirita, depois da ideia vulgar de que a felicidade consiste no prazer, na riqueza ou nas honras, passa a uma segunda consideração: as privações. Privação não é carência, que é simplesmente não ter algo. Privação é não ter algo que pertence a alguém ou de que este necessita. Ver MARÍAS, Julián. La felicidad humana. Madri: Alianza Editorial, 2006, p. 71.
[179] SEN, Amartya. Desenvolvimento como liberdade. Tradução: Laura Teixeira Motta. Revisão técnica: Ricardo Doninelli Mendes. São Paulo: Companhia das Letras, 2010, p. 95.

ponto. O utilitarismo não cria nem tolera "pobres diabos" exatamente por combater verdadeiramente a ausência de liberdades fundamentais na sociedade.

Mas Bentham não é somente um saco de pancadas, é bom que se diga. Há quem o defenda, afastando a ideia de que o princípio da felicidade maior estimularia uma adaptação à pobreza e à opressão. Richard Layard é um deles. O Economista diz que "a adaptação é ainda maior no topo e explica por que os ricos ganham tão pouco com sua riqueza". Para ele, "os ganhos para os ricos podem ser diretamente comparados com os maiores ganhos que os pobres teriam se o dinheiro fosse mais igualmente distribuído". Nesse ponto, reforça o seu argumento na defesa da redistribuição destacando que o princípio da felicidade maior "é inerentemente a favor dos pobres".

Segundo Layard, "a maior felicidade, assim como o critério adequado para as decisões éticas privadas, é uma diretriz certa para a política pública". A sociedade feliz de Layard, "tem de ser construída sobre duas bases: a primeira é o maior nível de solidariedade e a segunda são os princípios morais mais sólidos de imparcialidade". Para promovermos a maior felicidade, precisamos saber quais são as condições que influem na felicidade das pessoas e o quanto. Isso seria possível por meio da utilização de bases empíricas.[180]

Carol Graham chegou a uma desconcertante conclusão após analisar pesquisas nos Estados Unidos e na Europa: a desigualdade produz efeitos modestos ou não significativos sobre a felicidade. Esses resultados "poderão refletir o fato de que a desigualdade pode ser tanto um sinal de futura oportunidade e mobilidade como de injustiça" – afirma ela.

Contudo, a mais recente pesquisa na América Latina mostra "que a desigualdade é negativa para o bem-estar dos pobres e positiva para os ricos". Segundo a Pesquisadora, numa região em que a desigualdade seja muito mais elevada e onde as instituições públicas e os mercados laborais sejam notoriamente ineficazes, a desigualdade assinala persistente desvantagem em vez de oportunidades e mobilidade.[181]

---

[180] LAYARD, P. R. G. Felicidade: lições de uma nova ciência. Tradução: Maria Clara de Biase W. Fernandes. Rio de Janeiro: Best Seller, 2008, p. 141.
[181] GRAHAM, Carol. O que nos faz felizes por esse mundo fora. Tradução: Michelle Hapetian. Revisão de Alice Soares. Alfragide: Texto Editores, 2011, p. 39.

Conclui-se que há divergências sobre a forma a encarar o papel da adaptação às condições adversas e o seu impacto na teoria da felicidade.

### 2.5.4. Alf Ross

Alf Ross também se dedicou a Jeremy Bentham. Para ele, a consciência moral de Bentham é a de que não se trataria da revelação de verdades eternas, mas de "um catálogo de opiniões tradicionais e preconceitos difíceis de ser abolidos porque foram inculcados nas mentes das pessoas desde sua mais tenra infância".

Ele afirma que o Filósofo, em vez de elevar, de forma dogmática, os sentimentos morais aos níveis de validade absoluta, defende uma teoria que deve atingir o princípio racional que se encontra por trás do sentimento moral e dirigi-lo. Este princípio atua inconsciente e instintivamente. Só quando "é trazido à plena consciência, proporciona um fundamento racional e crítico e corrige o sentimento moral se houver risco de que este se torne retrógrado ou pervertido".[182]

Ross prossegue com suas críticas: "a pressuposição utilitarista é uma enorme distorção racionalista da vida mental". Ela "reduz o fundamento irracional de nossas ações à valoração única de que o prazer é preferido à dor e transforma tudo o mais num cômputo racional de quantidades de prazer e de dor". Como arremate do seu raciocínio, diz que "a incomensurabilidade das necessidades não permite uma maximização quantitativa". Logo, "o princípio utilitarista é inaplicável em situações de conduta nas quais haja competição de muitas necessidades (interesses, considerações) qualitativamente diferentes".[183]

Chega a impressionar a intensidade das críticas que grandes pensadores contemporâneos fazem a Bentham. Mais curioso é entender a razão de eles investirem tanto nisso, já que, segundo os próprios, as ideias de Bentham são toscas. Bentham é insistentemente atacado, na mesma proporção em que é lembrado. Certamente há algo de envolvente em seus raciocínios que desperta tanta atenção assim.

---

[182] Ross, Alf. Direito e justiça. Tradução: Edson Bini. Revisão técnica: Alysson Leandro Mascaro. Bauru, SP: Edipro, 2003, p. 336.
[183] Ross, Alf. Direito e justiça. Tradução: Edson Bini. Revisão técnica: Alysson Leandro Mascaro. Bauru, SP: Edipro, 2003, p. 340.

## 2.5.5. Michael Sandel

Não se nega a persuasão que Michael Sandel tem diante do estudo da filosofia política. Contudo, suas críticas ao utilitarismo ignoram alguns pontos expostos pelos próprios utilitaristas, como Stuart Mill. O que parece é que Sandel encontra grande rejeição nas ideias de Jeremy Bentham. Mas o utilitarismo não se resume a Bentham. Ele o supera como movimento político, jurídico, filosófico e social que ganhou múltiplas perspectivas com o passar do tempo. Mesmo Richard Posner, um crítico de Bentham, reconhece isso. Ele destaca que "o benthamismo é o utilitarismo na sua versão mais intransigente", deixando claro que o movimento utilitarista foi ganhando novas conformações à medida que foi se desenvolvendo por meio de novos pensadores. Posner ressalta que "a fonte principal e inesgotável de políticas grotescas a partir de premissas do utilitarismo é Jeremy Bentham".[184]

O utilitarismo foi remodelado ainda mais no início do século XX. Passou-se a compreender que "as preferências de uma pessoa podiam ser reveladas à investigação empírica, como veio a ser amplamente sustentado, pelas escolhas que ela efetivamente fazia".[185]

A ideia da felicidade como elemento norteador de uma decisão pública, a exemplo de uma decisão judicial, não caminha afastada dos direitos fundamentais. Nada impede que, diante de colisões aparentes de direitos fundamentais, a felicidade coletiva seja o *telos* disponível ao julgador no momento de buscar a resposta correta àquele conflito da vida levado a julgamento.

Sandel enxerga egoísmo ao se considerar apenas a soma das satisfações quando se elabora uma política pública ou se toma uma decisão, uma vez que pode ser muito cruel com o indivíduo isolado. Mas essa ideia corresponde a uma leitura apressada das primeiras manifestações de Jeremy Bentham acerca do princípio da felicidade maior. O próprio Benthan adiciona outros elementos à sua proposta teórica. Stuart Mill, então, sequer a abraça. Logo, não é correto afirmar que a soma das satisfações ao se elaborar uma política pública resume o movimento utilitarista.

---

[184] POSNER, Richard. A economia da justiça. Tradução: Evandro Ferreira e Silva. Revisão da tradução: Aníbal Mari. São Paulo: Editora WMF Martins Fontes, 2010, pp. 58 e 68.

[185] WHITE, Nicholas. Breve história da felicidade (A brief history of happiness). Tradução: Luis Carlos.

Sandel esclarece que os utilitaristas não são necessariamente favoráveis à tortura, mas a rejeitariam por razões de ordem prática. Para eles, "ela raramente funciona porque as informações extraídas sob coação nem sempre são confiáveis. Inflige-se a dor, mas a comunidade não fica mais segura com isso: não há acréscimo à utilidade coletiva". Diz que eles receiam que, se o país adotar a tortura, os soldados "possam enfrentar um tratamento mais cruel se forem feitos prisioneiros. Essa consequência poderia resultar, no cômputo geral, em redução da utilidade". Essa consideração merece reparos.

Mill, ao falar dos prazeres sádicos, mostra que o utilitarismo não é indiferente aos direitos fundamentais. Não parece acertado afirmar que, no caso ilustrado por Sandel, o raciocínio utilitarista toleraria a tortura. Não sem razão, Sandel enxerga Mill como "o filósofo mais humano" do utilitarismo. Ele, de fato, o é. Para Mill, "o argumento mais adequado é o senso de dignidade que todos os seres humanos possuem de uma forma ou de outra".[186]

Quanto a Jeremy Bentham, apesar de se referir a ele como "o mais consistente" dos utilitaristas, Sandel diz que ele "desprezava profundamente a ideia dos direitos naturais, considerando-os um absurdo".[187] Não é bem assim. Bentham registrou que "o princípio da maior felicidade exige que o legislador deve proibir todos os atos que tendam a produzir um espírito de desumanidade". Ele era o que hoje se convencionou chamar de positivista, enxergando na "codificação" – termo criado por ele – a base normativa necessária à validade do Direito. Por esse prisma, de fato, ele era indiferente aos direitos naturais, mas isso não quer dizer que o seria aos chamados direitos fundamentais que temos atualmente, um rol cada vez mais extenso.

Ao discorrermos sobre a jurisdição constitucional, veremos que Hans Kelsen também afasta essa possibilidade relativa aos direitos naturais, todavia, isso não o faz um sujeito descomprometido com os direitos fundamentais e, ao contrário, o coloca como grande defensor dos direitos das minorias.

---

[186] MILL, John Stuart. Utilitarianism. Edited by Roger Crisp. Oxford: Oxford University Press, 2004, p. 57.

[187] SANDEL, Justiça. O que é fazer a coisa certa. Tradução: Heloisa Matias e Maria Alice Máximo. Rio de Janeiro: Civilização Brasileira, 2011, p. 57.

Parece claro que a obra *Justiça*, de Michael Sandel, tenta ridicularizar Jeremy Bentham. Basta ler o trecho que trata do *Panopticon*, um presídio com uma torre central de inspeção que permitia ao supervisor observar os detentos sem que eles o vissem. É bem verdade que a personalidade exótica de Bentham torna fácil a ridicularização de suas propostas. Todavia, o *Panopticon* foi uma ideia visando a tornar a lei penal mais eficiente e humana.

Ao tratar do presídio, Sandel diz que ele deveria ser dirigido por um empresário que gerenciaria a prisão em troca dos lucros gerados pelo trabalho dos prisioneiros, que trabalhariam 16 horas por dia. Nesse ponto, ironiza Bentham, ao registrar que o presídio deveria ser gerido, de preferência, por ele mesmo (Bentham).[188]

Outro ponto irônico de Sandel ao se referir a Bentham trata do embalsamento do corpo do utilitarista. Referindo-se à cabeça de Bentham, Sandel diz que "estudantes roubaram-na e cobraram como resgate que a universidade doasse dinheiro a uma obra de caridade". Na sequência, arremata: "Mesmo depois de morto, Jeremy Bentham promove o bem maior para o maior número de pessoas".[189] Fica clara a resistência de Michael Sandel a Bentham.

Uma das últimas armas usadas por Sandel contra o utilitarismo de Bentham consiste em retratar o conto de Ursula K. Le Guin (*The Ones Who Walked Away from Omelas*). Ele descreve uma cidade chamada Omelas – lugar de felicidade e celebração cívica, sem reis ou escravos, sem propaganda ou bolsa de valores, sem bomba atômica. Todavia, em um porão sob um dos belos prédios públicos de Omelas, ou talvez na adega de uma das suas espaçosas residências particulares, existe um quarto com uma porta trancada e sem janelas. E nesse quarto há uma criança. A criança é oligofrênica, está mal nutrida e abandonada. Ela passa os dias em extremo sofrimento.

Depois de narrar o cenário acima, Sandel indaga: Vale a pena?

O utilitarismo, em nenhuma de suas versões, nem com Bentham, concordaria com o abandono de uma criança oligofrênica no porão de uma casa como condição para manutenção da felicidade coletiva. Algumas

---

[188] SANDEL, Justiça. O que é fazer a coisa certa. Tradução: Heloisa Matias e Maria Alice Máximo. Rio de Janeiro: Civilização Brasileira, 2011, p. 49.
[189] SANDEL, Justiça. O que é fazer a coisa certa. Tradução: Heloisa Matias e Maria Alice Máximo. Rio de Janeiro: Civilização Brasileira, 2011, p. 72.

explicações vindas de Posner ajudam a responder Sandel. Posner esclarece que "boa parte da teorização moral moderna tem o objetivo de demonstrar que o utilitarismo é insatisfatório como teoria moral". Segundo ele: O principal método de ataque consiste não em pôr em xeque os cursos de ação efetivamente preconizados pelos utilitaristas, mas em provar, mediante argumentos, que o utilitarismo implica outros cursos e ação inaceitáveis que a maioria dos utilitaristas nem sequer chegou a conceber.

Os exemplos são: tributar as pessoas de tendência ascética em benefício dos hedonistas; permitir o estupro se o prazer que o estuprador sente com o caráter coercivo do ato superar a dor da vítima; permitir a punição de inocentes e a tortura de suspeitos; subsidiar a procriação humana, aumentando, assim, o quantum total de felicidade dos seres humanos; e atribuir aos animais sencientes o mesmo status moral dos humanos (o que, por sua vez, talvez exija a promoção da procriação animal em detrimento da humana). Posner esclarece que esse método de refutação "é chamado *reductio ad absurdum* (redução ao absurdo), e é uma forma de argumento lógico". Segundo ele, um

> Não é capaz de refutar efetivamente o utilitarismo, pois pode ser que o utilitarista esteja disposto a acatar todos os resultados produzidos pela lógica de sua teoria. Entretanto, se ele não estiver disposto a isso, se rejeitar os cursos de ação que sua teoria logicamente acarreta (e que ele não tinha percebido), é possível que aquela elaboração lógica altere suas crenças morais. A possibilidade mais realista, porém, é a de que ela leve os utilitaristas quer a negar que aqueles cursos de ação hipotéticos realmente maximizem a utilidade, quer a procurar novos fundamentos pragmáticos para os cursos de ação por eles favorecidos.[190]

Posner faz questão de situar o utilitarismo e suas bases teóricas no contexto da sociedade contemporânea. Ele afirma que ninguém pode crer que "utilitarista é quem acredita que, se a execução de um inocente permite que duas ou mais vidas se salvem, devemos executá-lo". Esclarece que assim que se coloca a questão de saber a quem a sociedade confiaria a

---

[190] POSNER, Richard. A problemática da teoria moral e jurídica. Tradução: Marcelo Brandão Cipolla. São Paulo: Editora WMF Martins Fontes, 2012, p. 23.

responsabilidade de escolher os inocentes a serem executados, "torna-se evidente que a ocasional execução de um inocente em nome do bem maior não aumentaria de fato o total de felicidade". Posner encerra seu raciocínio destacando que "os direitos e as normas, a limitação da discricionariedade das autoridades são elementos de uma ciência política utilitarista inteligente".[191]

Sandel se equivoca ao lançar exemplos chocantes ao público explicando o utilitarismo desse modo.

### 2.5.6. Amartya Sen

A crítica de Amartya Sen ao utilitarismo é tão repleta de detalhes que teremos de nos dedicar com afinco a trazer todos os pontos.

Divergindo dos utilitaristas, o Economista constrói seu pensamento alicerçado na ideia de que o bem-estar não é a coisa mais adequada na qual concentrar a política social, pois o correto seria "medir, comparar e avaliar a justiça". Deve haver uma distribuição justa e equitativa das capacidades para conseguir funcionamentos valiosos.[192]

Sen lembra história retratada no século VIII a.C sobre a riqueza como instrumento de felicidade. No texto em sânscrito (*Brihadaranyaka Upanishad*), Maitreyee e seu marido, Yajnavalkya, debatem em que medida a riqueza os ajudaria a obter o que eles desejavam.

Maitreyee almejava a imortalidade. Ela conseguiria isso com a riqueza? Yajnavalkya responde que não, no que Maitreyee finaliza: "De que me serve isso, se não me torna imortal?"[193]. A conversa introduz um aspecto que, segundo Sen, "diz respeito à relação entre rendas e realizações, entre mercadorias e capacidades, entre nossa riqueza econômica e nossa possibilidade de viver do modo como gostaríamos". Esse "viver como gostaríamos" apresenta a ideia de desejo como equivalente moderno da "felicidade". As linhas mais atuais dos utilitaristas introduziriam, segundo Sen, a ideia de

---

[191] POSNER, Richard. A problemática da teoria moral e jurídica. Tradução: Marcelo Brandão Cipolla. São Paulo: Editora WMF Martins Fontes, 2012, p. 195.
[192] WHITE, Nicholas. (A brief history of happiness). Breve história da felicidade. Tradução: Luis Carlos Borges. São Paulo: Edições Loyola, 2009, p. 182.
[193] SEN, Amartya. Desenvolvimento como liberdade. Tradução: Laura Teixeira Motta. Revisão técnica: Ricardo Doninelli Mendes. São Paulo: Companhia das Letras, 2010, p. 27.

felicidade como satisfação dos desejos, sejam eles quais forem. Ser feliz é satisfazer um plano de desejos.

A partir do momento em que se trabalha a relação entre riqueza econômica e a possibilidade de viver do modo como gostaríamos, Sen analisa a relação entre riqueza econômica e felicidade. Ele nos fala que uma sociedade injusta nessa perspectiva seria aquela na qual as pessoas são significativamente menos felizes, consideradas conjuntamente, do que precisariam ser. O que é relevante passa a ser "a intensidade do desejo que está sendo realizado, não a intensidade da felicidade que é gerada".[194]

Sen traz a Parábola de Annapurna, utilizada para resolver um conflito hipotético à luz das teorias da felicidade disponíveis, especialmente a utilitarista. Annapurna quer que alguém arrume o jardim de sua casa. Três trabalhadores – Dinu, Bishanno e Rogini – desejam fazê-lo. Ela tem de escolher um deles. De qualquer um desses indivíduos "ela obteria praticamente o mesmo trabalho feito por praticamente o mesmo pagamento, mas, sendo uma pessoa ponderada, ela gostaria de saber para qual dos três seria mais acertado dar o serviço" – esclarece Sen. O cenário é:

i) Dinu é o mais pobre dos três;
ii) Bishanno empobreceu há pouco tempo e se encontra psicologicamente mais deprimido. Ele é o mais infeliz dos três e ganharia mais em felicidade do que os outros;
iii) Rogini está debilitada em razão de uma doença crônica – suportada estoicamente – e poderia usar o dinheiro para livrar-se dessa terrível moléstia.

Rogini é a menos pobre e não é a mais infeliz, mesmo assim Annapurna acha que "talvez fosse correto dar o trabalho a Rogini, pois faria a maior diferença para a qualidade de vida e para a liberdade de não estar doente".[195]

Para Amartya Sen há (i) em favor de Dinu: o argumento da renda igualitária focado na ideia de renda e pobreza; (ii) em favor de Bishanno: o

---

[194] SEN, Amartya. Desenvolvimento como liberdade. Tradução: Laura Teixeira Motta. Revisão técnica: Ricardo Doninelli Mendes. São Paulo: Companhia das Letras, 2010, p. 85.
[195] SEN, Amartya. Desenvolvimento como liberdade. Tradução: Laura Teixeira Motta. Revisão técnica: Ricardo Doninelli Mendes. São Paulo: Companhia das Letras, 2010, pp. 78-79.

argumento utilitarista clássico focado na medida do prazer e da felicidade; (iii) em favor de Rogini: o argumento da qualidade de vida voltada para os tipos de vida que os três podem levar. Todas as três opções contemplariam a felicidade, mas por prismas distintos.

Sen afirma que o utilitarismo contemporâneo converte o ideal de "prazer, satisfação ou felicidade" em outro, que seria "um desejo ou algum tipo de representação do comportamento de escolha de uma pessoa". Essa alteração "não elimina, por si mesma, a indiferença às liberdades substantivas, direitos e liberdades formais que caracteriza o utilitarismo em geral".[196] Aqui ele se alinha ao equívoco de Michael Sandel. Sen fala isso sem se recordar que a maior contribuição que Mill trouxe foi exatamente a sua exortação intensa e corajosa de defesa das liberdades individuais.

O alimento do utilitarismo (chamado por Sen de "base informacional") seria "o somatório das utilidades dos estados de coisas", logo, "a utilidade de uma pessoa é representada por alguma medida de seu prazer ou felicidade". Essa é mais uma cena da mesma novela, qual seja, a crítica que se faz ao conceito elaborado por Bentham das "comparações interpessoais". Segundo Amartya Sen, uma fragilidade do utilitarismo seria "não conduzir imediatamente a nenhum modo de fazer comparações interpessoais, uma vez que se concentra na escolha de cada indivíduo considerada separadamente". Dessa forma, seria impossível "o ranking pela soma, o qual requer a comparabilidade interpessoal".[197] O Economista prossegue na sua análise dividindo em três componentes os requisitos da avaliação utilitarista:

> Consequencialismo: todas as escolhas devem ser julgadas por suas consequências, rejeitando-se a tendência de algumas teorias normativas a considerar acertados determinados princípios independentemente de seus resultados.
>
> Welfarismo: restringe os juízos sobre os estados de coisas às utilidades nos respectivos estados (sem atentar diretamente para coisas como a fruição ou a violação de direitos ou deveres).

---

[196] SEN, Amartya. Desenvolvimento como liberdade. Tradução: Laura Teixeira Motta. Revisão técnica: Ricardo Doninelli Mendes. São Paulo: Companhia das Letras, 2010, pp. 81-82.
[197] SEN, Amartya. Desenvolvimento como liberdade. Tradução: Laura Teixeira Motta. Revisão técnica: Ricardo Doninelli Mendes. São Paulo: Companhia das Letras, 2010, p. 86.

Ranking pela soma [sum-ranking]: exige-se que as utilidades de diferentes pessoas sejam simplesmente somadas conjuntamente para se obter seu mérito agregado, sem atentar para a distribuição desse total pelos indivíduos (a soma das utilidades deve ser maximizada sem levar em consideração o grau de desigualdade na distribuição das utilidades).[198]

Para exemplificar o uso do utilitarismo na sua abordagem consequencialista, ele se vale do exemplo do direito de propriedade. Segundo o Economista, "alguns os consideraram constitutivos da independência individual e passaram a reivindicar que nenhuma restrição seja imposta à herança e ao uso da propriedade, rejeitando até mesmo a ideia de tributar a propriedade ou a renda" enquanto outros "sentiriam repulsa pela ideia das desigualdades de propriedade – alguns com tanto e outros com tão pouco – e se superam a exigir a abolição da propriedade privada". Para Sen, "a abordagem consequencialista sugere que não devemos ser influenciados apenas por essas características, sendo preciso examinar as consequências de ter ou não direitos de propriedade". Pela perspectiva consequencialista, a posição central a prevalecer deveria ser aquela segundo a qual a propriedade privada se revelou, em termos de resultados, um propulsor poderoso da expansão econômica e da prosperidade geral. Para Sen, ainda pelo foco dos resultados:

> Há muitas evidências que sugerem que o uso irrefreado da propriedade privada – sem restrições e tributos – pode contribuir para a pobreza arraigada e dificultar a existência de sustento social para os que ficam para trás por razões fora de seu controle (incluindo incapacitação, idade, doença e reveses econômicos e sociais). Também pode ser ineficaz para assegurar a preservação ambiental e o desenvolvimento de infraestrutura social.[199]

Amartya Sen emprega a visão dos resultados para o direito à propriedade e obtém como resposta visões díspares a respeito do aludido direito. Por essa razão, sugere que "as disposições concernentes à propriedade talvez

---

[198] SEN, Amartya. Desenvolvimento como liberdade. Tradução: Laura Teixeira Motta. Revisão técnica: Ricardo Doninelli Mendes. São Paulo: Companhia das Letras, 2010, p. 85.
[199] SEN, Amartya. Desenvolvimento como liberdade. Tradução: Laura Teixeira Motta. Revisão técnica: Ricardo Doninelli Mendes. São Paulo: Companhia das Letras, 2010, p. 87.

tenham de ser julgadas, ao menos parcialmente, por suas consequências prováveis", conclusão que se aproximaria do "espírito utilitarista, embora o utilitarismo pleno viesse a insistir em um modo muito específico de julgar as consequências e sua relevância". Mesmo sendo possível configurar posições díspares por meio da utilização da perspectiva utilitarista tradicional, Sen não deixa de reconhecer que "o argumento geral para considerar integralmente os resultados no julgamento de políticas e instituições é um requisito importante e plausível que foi muito beneficiado com a defesa da ética utilitarista".

Apontando limitações no utilitarismo, Amartya Sen endereça à base informacional da perspectiva a fonte das suas desvantagens. Para ele, o conjunto de fragilidades poderia ser assim apresentado:

> Indiferença distributiva: desconsideração pela desigualdades na distribuição da felicidade, pois "importa apenas a soma total, independentemente do quanto sua distribuição seja desigual". Podemos estar interessados na felicidade geral e, contudo, desejar prestar atenção não apenas nas magnitudes "agregadas", mas também nos graus de desigualdade na felicidade.
>
> Descaso com os direitos, liberdades e outras considerações desvinculadas da utilidade: falta de relevo às reivindicações de direitos e liberdades (eles são valorizados apenas indiretamente e somente no grau em que influenciam as utilidades). "É sensato levar em consideração a felicidade, mas não necessariamente desejamos escravos felizes ou vassalos delirantes".
>
> Adaptação e condicionamento mental: nem mesmo a visão que a abordagem utilitarista tem do bem-estar individual é muito sólida, pois ele pode facilmente ser influenciado por condicionamento mental e atitudes adaptativas.[200]

A medida mental do prazer ou do desejo seria maleável demais para constituir-se em um guia confiável para a privação e a desvantagem. O conselho que dá é "favorecer a criação de condições nas quais as pessoas tenham oportunidades reais de julgar o tipo de vida que gostariam de levar".[201]

---

[200] SEN, Amartya. Desenvolvimento como liberdade. Tradução: Laura Teixeira Motta. Revisão técnica: Ricardo Doninelli Mendes. São Paulo: Companhia das Letras, 2010, p. 89.

[201] SEN, Amartya. Desenvolvimento como liberdade. Tradução: Laura Teixeira Motta. Revisão técnica: Ricardo Doninelli Mendes. São Paulo: Companhia das Letras, 2010, p. 90.

Não há dúvidas de que Sen se afastou da filosofia clássica sobre a felicidade, dirigindo sua doutrina para questões relativas à distribuição de bens e às maneiras de ampliá-la na coletividade. Também se equivoca ao desconsiderar que no constitucionalismo contemporâneo o princípio da dignidade da pessoa humana tem sido lembrado frequentemente e, na teoria da felicidade, ele aparece como escudo protetor de eventuais excessos que o utilitarismo poderia cometer contra os direitos fundamentais dos indivíduos isolados.

### 2.5.7. John Rawls

John Rawls diz haver muitas formas de utilitarismo e reconhece que a evolução da teoria teve continuidade em anos recentes. Seu objetivo é elaborar uma teoria da justiça que represente uma alternativa ao pensamento utilitarista em geral e, portanto, a todas as suas versões. Ele descreve a doutrina clássica estrita do utilitarismo, colhida em Sidgwick, cuja ideia principal é que a sociedade está ordenada de forma correta e, portanto, justa, quando suas principais instituições estão organizadas de modo a alcançar o maior saldo líquido de satisfação, calculado com base na satisfação de todos os indivíduos que a ela pertencem.[202]

---

[202] RAWLS, John. Uma teoria da justiça. Nova tradução baseada na edição americana revista pelo autor, de Jussara Simões. Revisão técnica e da tradução: Álvaro de Vida. 3ª ed. São Paulo: Martins Fontes, 2008, p. 27. Rawls usa a obra de Henry Sidwick, The methods of ethics, 7ª ed. (Londres, 1907), como síntese do desenvolvimento da teoria moral utilitarista. Ele diz que o livro III de seus *Principles of political economy* (Londres, 1883) aplica essa doutrina a questões de justiça social e econômica, e é precursor de A. C. Pigou, The economics of welfare (Londres, Macmillian, 1920). A obra de Sidgwick, Outlines of the history of ethics, 5ª ed. (Londres, 1902), contém uma breve história da tradição utilitarista. Diz: "Podemos segui-la na suposição, um tanto arbitrária, de que ela começa com An inquiry concerning virtue and merit (1711), de Shaftesbury, e An inquiry concerning moral good and evil (1725), de Hutcheson. Ao que tudo indica, Hutcheson foi o primeiro a formular claramente o princípio de utilidade. Diz ele em Inquiry, seção 3, parágrafo 8, que "melhor é o ato que produz a maior felicidade para o maior número de pessoas; e pior é aquele que, de igual maneira, ocasiona infelicidade". Também afirma que outros trabalhos importantes do século XVIII são as obras de Hume, A treatise of human nature (1739) e An enquiry concerning the principles of morals (1751), a obra de Adam Smith, A theory of the moral sentiments (1759) [trad. A teoria dos sentimentos morais, São Paulo: Martins Fontes, 1999], e a de Benham, The principles of morals and legislation (1789). A essas obras, devemos acrescentar os textos de J. S. Mill representados por Utilitarianism (1863) e de F. Y. Edgeworth, Mathematical psychics (Londres, 1888). Por fim, Rawls diz que nos últimos anos a discussão do utilitarismo tomou outro rumo ao concentrar-se no que podemos

Para Rawls, há, de fato, um modo de ver a sociedade que facilita a hipótese de que a concepção mais racional de justiça é a utilitarista. Assim, como o bem-estar de uma pessoa se constrói com uma série de satisfações obtidas em momentos diversos no decorrer da vida, da mesma maneira deve-se construir o bem-estar da sociedade com base na satisfação dos sistemas de desejos dos muitos indivíduos que a ela pertencem. Já que o princípio para o indivíduo é elevar ao máximo o próprio bem-estar, o princípio para a sociedade é promover ao máximo o bem-estar do grupo, realizar no mais alto grau o sistema abrangente de desejos ao qual se chega a partir dos desejos de seus membros.

Rawls diz que, por meio dessas ponderações, chega-se ao princípio da utilidade de maneira natural: a sociedade está bem ordenada quando suas instituições elevam ao máximo o saldo líquido de satisfações. Ele prossegue afirmando que, se dizemos que o prazer é o único bem, então é provável que se possa reconhecer e classificar os prazeres pelo valor por meio de critérios e não pressupor nenhum modelo do que é justo, ou do que em geral julgaríamos como tal.[203]

Rawls compreende que, para a teoria utilitarista da justiça, não importa, exceto indiretamente, o modo de como essa soma de satisfações se distribui entre os indivíduos nem como cada pessoa distribui suas satisfações ao longo do tempo. Não haveria, pelo menos em princípio, por que os ganhos maiores de alguns não pudessem compensar as perdas menores de outros; ou por que a violação da liberdade de poucos não pudesse ser justificada pelo bem maior compartilhado por muitos. Rawls comete, aqui, o equívoco comum de entender o utilitarismo desconectado da dignidade da pessoa humana.

Para Rawls, o utilitarismo não leva a sério a distinção entre as pessoas, excluindo o raciocínio que equilibra os ganhos e as perdas de várias pessoas como se fossem uma só. Só que, segundo ele, em uma sociedade justa,

---

chamar de problema da coordenação e das questões correlatas de publicidade. Essa mudança provém dos textos de R. F. Harrod, "Utilitarianism Revised", Mind, v. 45 (1936); J. D. Mabbott, "Punishment", mind, v. 48 (1939); Jonathan Harrison, "Utilitarianism, universalization, and our duty to be just", Proceedings of the Aristotelian society, v. 53 (1952-1953); e J. O. Urmson, "The interpretation of the philosophy of J. S. Mill", Philosophical Quarterly, v. 3 (1953).].

[203] RAWLS, John. Uma teoria da justiça. Nova tradução baseada na edição americana revista pelo autor, de Jussara Simões. Revisão técnica e da tradução: Álvaro de Vida. 3ª ed. São Paulo: Martins Fontes, 2008, p. 30.

as liberdades fundamentais são inquestionáveis e os direitos garantidos pela justiça não estão sujeitos a negociação política nem ao cálculo dos interesses sociais.[204] Esse último ponto do raciocínio de Rawls, definitivamente, não se confirma na prática, vez que nega a natureza mesma dos direitos fundamentais que é a sua fluidez de eficácia, vez que costumam ser implementáveis "no máximo possível", sempre podendo dar espaço a outros direitos também concretizáveis "no máximo possível".

Diariamente os indivíduos abrem mão de parcelas de suas liberdades em favor de bens reputados relevantes, como o interesse coletivo, por exemplo. Quando Rawls afirma que "as liberdades fundamentais são inquestionáveis e os direitos garantidos pela justiça não estão sujeitos à negociação política nem ao cálculo dos interesses sociais", ele apresenta um viés absoluto dos direitos fundamentais incompatível com a vida coletiva e com o constitucionalismo contemporâneo. Não há espaços tão amplos para direitos fundamentais absolutos, a começar pelo direito à vida, que é alvo de intervenções de toda ordem (estado de guerra, legítima defesa, fetos anecéfalos, gravidez em caso de estupro etc.). Ele propõe, com sua teoria da justiça, um contraponto ao utilitarismo, mas o que faz, em verdade, é esmiuçar o utilitarismo com ideias já contidas nessa própria escola.

Ele afirma que no cálculo do maior saldo de satisfação não importa, exceto indiretamente, quais são os objetos de desejo, já que devemos organizar as instituições de modo a obter a soma mais alta de satisfações, sem questionarmos sua origem nem sua qualidade, mas apenas o modo como realizá-las influiria na totalidade de bem-estar.

O bem-estar social dependeria, portanto, direta e exclusivamente, dos níveis de satisfação ou insatisfação dos indivíduos. Logo, Rawls diz que se os seres humanos têm certo prazer em discriminar uns aos outros, na sujeição de outrem a um grau inferior de liberdade como meio de aumentar seu autorrespeito, então a satisfação desses desejos deve ser avaliada segundo sua intensidade, ou qualquer outro parâmetro, juntamente com outros desejos. Se a sociedade decidir negar-lhes a satisfação ou suprimi-los, será porque esses desejos tendem a ser socialmente destrutivos e se pode obter um bem-estar de outras maneiras.

---

[204] RAWLS, John. Uma teoria da justiça. Nova tradução baseada na edição americana revista pelo autor, de Jussara Simões. Revisão técnica e da tradução: Álvaro de Vida. 3ª ed. São Paulo: Martins Fontes, 2008, pp. 31-34.

Essa é a leitura que Rawls faz. Em seguida, ele afirma que na justiça como equidade, por outro lado, "as pessoas aceitam de antemão um princípio de liberdade igual, e sem conhecer os seus próprios objetivos específicos". Implicitamente concordam, portanto, "em adaptar suas concepções de seu próprio bem àquilo que os princípios de justiça exigem, ou pelo menos em não reivindicar nada que os transgrida".

Rawls esclarece que o indivíduo que descobre gostar de ver outros em situações de liberdade menor compreende que não tem direito algum a essa satisfação.[205] Mas isso Stuart Mill já dizia. Mill afirmava que a satisfação decorrente da opressão constitui um prazer sádico que não compõe a teoria utilitarista. Todo o legado deixado por Mill quanto à diferenciação dos prazeres – que tem inspiração aristotélica –, possibilita chegar à mesma conclusão a que Rawls chega. Pode parecer presunçoso afirmar isso, mas para indicar esse parte de sua teoria, não precisaríamos de Rawls. Mill já nos fornece elementos suficientes quando fala dos prazeres nobres e dos prazeres sádicos.

Para Rawls, sua justiça como equidade pensa a sociedade bem ordenada como um sistema de cooperação para vantagens recíprocas regulado por princípios que seriam escolhidos em uma situação inicial equitativa. No utilitarismo, por sua vez, como a administração eficiente dos recursos sociais a fim de elevar ao máximo a satisfação do sistema de desejos construído pelo observador imparcial a partir dos inúmeros sistemas de desejos aceitos como dado.[206]

Segundo John Rawls, o utilitarismo costuma ser visto como uma teoria geral, aplicando-se da mesma maneira a todas as formas sociais, assim como às ações dos indivíduos. Falando do utilitarismo da regra, afirma que ele reconhece que certas distinções entre os objetos podem levantar problemas particulares:

> A distinção entre regra e ato, além de ser muito geral, é uma distinção categorial ou metafísica, e não uma distinção no seio da classe das formas

---

[205] RAWLS, John. Uma teoria da justiça. Nova tradução baseada na edição americana revista pelo autor, de Jussara Simões. Revisão técnica e da tradução: Álvaro de Vida. 3ª ed. São Paulo: Martins Fontes, 2008, p. 37.

[206] RAWLS, John. Uma teoria da justiça. Nova tradução baseada na edição americana revista pelo autor, de Jussara Simões. Revisão técnica e da tradução: Álvaro de Vida. 3ª ed. São Paulo: Martins Fontes, 2008, p. 41.

sociais. Ela visa à questão da aplicação do princípio da utilidade por meio das diferenças de categorias; e a maneira como o utilitarismo da regra trata essa questão permanece afastada da perspectiva do contrato.[207]

Rawls sabe que a teoria utilitarista "reconhece as particularidades dos diferentes tipos de casos", mas, para ele, "essas particularidades são tratadas como resultantes de diferentes tipos de efeitos e de relações causais que se devem levar em conta". Ela poderá assim admitir que a estrutura básica é um complexo importante de instituições, dadas a natureza profunda e a extensão de seus efeitos sociais e psicológicos. Ela poderia igualmente admitir a utilidade de distinguir essa estrutura das associações particulares no seu interior, assim como no sistema mais vasto do meio internacional.

Ele ressalta que essas distinções podem ser úteis numa aplicação sistemática do princípio da utilidade. Entretanto, em caso algum há mudança do princípio primeiro, muito embora diversos preceitos e normas secundárias, derivadas da utilidade, possam ser justificados, dadas as características próprias dos diferentes problemas.

A conclusão de Rawls é que, para o utilitarismo, nem o número dos indivíduos em questão, nem as formas institucionais que organizam suas decisões e suas atividades afetam o alcance universal do princípio da utilidade: o número e a estrutura só são pertinentes de forma indireta, "por seu efeito sobre a maneira como a maior soma total de satisfação (calculada por adição por todas as pessoas em questão) é mais seguramente atingida". Rawls diz que o utilitarismo rejeita a ideia de que princípios primeiros especiais sejam necessários para a estrutura básica.[208]

Podemos afirmar que John Rawls troca o utilitarismo pelo liberalismo, construindo uma doutrina que não tem interesse direto na felicidade ou na satisfação de desejos, alimentando-se da busca por liberdades formais e direitos variados.

Martha C. Nussbaum lembra que o trabalho de Rawls é voltado para a construção de um grupo de direitos que se torna objeto de "um consenso

---

[207] RAWLS, John. Justiça e democracia. Tradução: Irene A. Paternot. São Paulo: Martins Fontes, 2000, p. 06.
[208] RAWLS, John. Justiça e democracia. Tradução: Irene A. Paternot. São Paulo: Martins Fontes, 2000, pp. 07-09.

sobreposto entre pessoas que têm diferentes visões abrangentes, religiosas e seculares quanto ao significado e propósito da vida humana". Ela ilustra a possibilidade de concretização desse ideal de Rawls da seguinte forma: "os amish acreditam que é errado votar, mas podem alegremente endossar o direito de voto como um direito fundamental de todos os cidadãos em uma sociedade pluralista". Nussbaum diz ainda que:

> Uma pessoa cuja escolha pessoal é viver um estilo de vida extremamente insalubre e nunca ir ao médico pode, feliz, endossar um programa de cuidados decentes de saúde nacional: ninguém está forçando-a a usá-la, e ela percebe que seus concidadãos, a quem ela respeita, não compartilham suas preferências de estilo de vida.[209]

John Rawls realiza uma análise sobre os bens primários fornecendo um quadro mais amplo dos recursos de que as pessoas necessitam independentemente de quais sejam seus respectivos objetivos. Para ele, bens primários são meios de uso geral que ajudam as pessoas a promoverem seus próprios fins, como direitos, liberdade e oportunidades, renda e riqueza e as bases sociais do respeito próprio. Os objetivos de cada um correspondem às suas buscas segundo o que entendem ser o bem, variáveis de pessoa para pessoa. Uma ilustração que faz é a seguinte: se uma pessoa tem uma cesta de bens primários igual à de outra (ou até mesmo maior) e ainda assim acaba sendo menos feliz do que essa outra (por exemplo, porque tem gostos caros), então não necessariamente haveria injustiças no espaço das utilidades. Isso porque, para Rawls, a pessoa tem de assumir as responsabilidades por suas preferências.[210]

Rawls defende que, após identificarmos as pessoas mais "mal situadas", devemos adotar medidas que aumentem a sua condição de bem-estar. O primeiro requisito para isso seria a "prioridade da liberdade formal". A liberdade formal teria precedência política sobre a promoção de objetivos sociais. Ela assumiria a forma de restrições colaterais, que não podem ser violadas. Por esse raciocínio, os procedimentos responsáveis pela garantia de direitos, aceitos independentemente das consequências, não estão no

---

[209] Apud WHITE, Nicholas. A brief history of happiness. No Brasil, tradução de Luis Carlos Borges. São Paulo: Edições Loyola, 2009, p. 105.
[210] SEN, Amartya. Desenvolvimento como liberdade. Tradução: Laura Teixeira Motta. Revisão técnica: Ricardo Doninelli Mendes. São Paulo: Companhia das Letras, 2010, p. 102.

mesmo plano que as coisas que podemos julgar desejáveis. Os direitos que recebem precedência consistem essencialmente em várias liberdades formais pessoais, como alguns direitos políticos e civis básicos. A precedência desses direitos deve ser total e não podem ser, de modo algum, comprometidos pela força das necessidades econômicas.[211]

Rawls defende que a liberdade e a igualdade das pessoas morais devem ter uma forma pública e o conteúdo dos dois princípios responde a essa expectativa. Isso não se dá no utilitarismo (pelo menos no clássico) que considera como fundamental a capacidade de experimentar prazer e sofrimento ou de fazer que certas experiências institucionais "sejam especialmente exigidas, apesar de certas formas sociais serem evidentemente superiores a outras na medida em que são meios mais eficazes para se atingir uma soma total de satisfação ou de valor mais elevados".[212]

O raciocínio apresentado acima não é novo. Ele está indicado no utilitarismo de Stuart Mill, dependendo, para essa constatação, somente de uma leitura atenta e de mais sistematização. Mill dedicou toda sua obra a exaltar o relevo da liberdade, associando-a, claro, à condição de felicidade, conferindo-lhe um status apriorístico sem o qual a felicidade não se realizaria. Quando Rawls aponta a liberdade como princípio primeiro de sua teoria da justiça, ele não afasta seu pensamento do utilitarismo. Pelo contrário. Ele atira sua proposta num rio corrente cujas águas nascem e deságuam nas ideias de Stuart Mill. É mais um que, negando o utilitarismo, termina por reafirmá-lo.

## 2.6. A importância das ideias

Mesmo com todas as críticas feitas à teoria de Jeremy Bentham, é inegável a força de suas ideias e a influência que sua proposta teórica continua a gerar. Não sem razão, dificilmente se encontra um livro sobre filosofia política sem que Bentham apareça como alvo principal a ser destrinchado. Não se pode desconsiderar os méritos dele ao sistematizar uma teoria da felicidade, propiciando a construção de um estudo empírico crescente não só da ação humana vista individualmente, mas da ação coletiva.

---

[211] SEN, Amartya. Desenvolvimento como liberdade. Tradução: Laura Teixeira Motta. Revisão técnica: Ricardo Doninelli Mendes. São Paulo: Companhia das Letras, 2010, p. 91.
[212] RAWLS, John. Justiça e democracia. Tradução: Irene A. Paternot. São Paulo: Martins Fontes, 2000, p. 32.

Richard Posner, um crítico de Bentham, reconhece suas inúmeras contribuições, como a luta pela liberdade religiosa, pelo divórcio, por um sistema penal humanizado, pela reforma processual e pela extinção de restrições desnecessárias à liberdade econômica. Há ainda contribuições à teoria da utilidade, à teoria da prova e à análise econômica do direito e de outras atividades não mercadológicas.

Ronald Dworkin recorda que há, na obra de Jeremy Bentham, uma parte conceitual e uma parte normativa: "A parte conceitual, o positivismo jurídico, foi aperfeiçoada por filósofos e juristas como John Austin e H. L. Hart. A parte normativa, o utilitarismo, foi aprimorada pela Análise Econômica do Direito, tendo como maior expositor na atualidade o juiz norte-americano Richard Posner".[213]

Richard Layard é outro estudioso da doutrina de Bentham. Para ele, "uma sociedade feliz tem de ser construída sobre duas bases: (i) o maior nível de solidariedade; e (ii) os princípios morais mais sólidos de imparcialidade. Não há nada de errado com a ideia de que as pessoas querem ser felizes e de que a vida é, de muitos modos, uma busca pelas atividades que dão mais prazer" – diz. Para ele, "em um mundo devidamente educado, essas atividades incluem a busca da felicidade alheia".

Layard tem tentado fazer ressurgir ideias utilitaristas, bem como tem se esforçado para promover uma releitura de Jeremy Bentham. Segundo ele, o princípio benthamista envolve dois pontos distintos: um sobre justiça (todos são iguais) e outro sobre felicidade (é o bem supremo). Ele afirma que "a ideia de Bentham estava certa e deveríamos adotá-la sem medo e aplicá-la à nossa vida".[214]

Mesmo os críticos mais fervorosos de certos aspectos do utilitarismo, como Amartya Sen, reconhecem os méritos do movimento:

vale levar em consideração os resultados das disposições sociais ao julgá-las bem como se atentar para o bem-estar das pessoas envolvidas ao julgar as disposições sociais e seus resultados" – registra. Nesse ponto, afirma que "o interesse no

---

[213] DWORKIN, Ronald. A justiça de toga. Tradução: Jefferson Luiz Camargo. Revisão da tradução: Fernando Santos. Revisão técnica: Alonso Reis Freire. São Paulo: Editora WMF Martins Fontes, 2010, nota de rodapé das páginas 350 e 351.

[214] LAYARD, P. R. G. Felicidade: lições de uma nova ciência. Tradução: Maria Clara de Biase W. Fernandes. Rio de Janeiro: Best Seller, 2008, p. 138.

bem-estar das pessoas tem atrativos óbvios, mesmo se discordando do modo de julgá-lo por uma medida mental centrada na utilidade.[215]

Emmanuelle Jouannet diz que Bentham luta contra os interesses pessoais e somente a satisfação de desejos egoístas. Para ela, Bentham queria "construir um sistema de direito visando à justiça assim como à maximização do bem-estar coletivo".[216] Jeremy Bentham, sem dúvida, tem o seu valor.

---

[215] SEN, Amartya. Desenvolvimento como liberdade. Tradução: Laura Teixeira Motta. Revisão técnica: Ricardo Doninelli Mendes. São Paulo: Companhia das Letras, 2010, p. 87.

[216] JOUANNET, Emmanuelle. Le droit international libéral-providence: une histoire du droit international, Bruylant, 2011 (Collection de droit international). O trecho transcrito consta no capítulo V, intitulado "La finalité providentialiste du droit des gens moderne: Bonheur des peuples et perfectionnement des Étas".

# 3.
# O utilitarismo revisitado: John Stuart Mill

## 3.1. A personalidade: genialidade

O escocês James Mill, pai de John Stuart Mill (1773-1836), foi um "afilhado" de Jeremy Bentham, tendo vivido com sua família no chalé do jardim da sua casa, em Queen's Square, Londres. Ele era psicólogo, economista e historiador. James Mill criou em sua mente um protótipo do filho ideal, que seria muito culto, realmente um prodígio.

Aos quatro anos de idade, Stuart Mill lia textos gregos. Aos oito, livros em latim. Aos onze, escreveu uma história das leis romanas. Quando adolescente, tinha todo o conhecimento sobre filosofia. Mill leu Aristóteles, reputando suas ideias "as melhores observações dos antigos sobre a natureza humana e sobre a vida". O seu pai o obrigava a resumir o assunto em quadros sinóticos. Mill também leu, aos treze anos, os Poemas de Campbell, que lhe deram sensações que ele nunca havia experimentado antes. Enquanto Bentham achava que a poesia subvertia a linguagem, Stuart Mill se deliciava com os poemas de Shakespeare. Estudou Platão e os seus famosos *Diálogos*, especialmente *Górgias*, *Protágoras* e *A República*. Para ele, o método socrático é insuperável "para corrigir os erros que decorrem de uma mente abandonada a si mesma".

A educação severa à qual foi submetido trouxe-lhe algumas limitações comportamentais. Ele levou muito mais tempo do que as demais crianças para aprender a se vestir e a fazer um nó. Somente aos 16 anos de idade conseguiu pronunciar a letra 'r'. Era inábil quanto a tarefas manuais e questões práticas.[217] Mill era um gênio.

## 3.2. A depressão

A sua genialidade – testada arduamente pelo pai – teve um revés quando Stuart Mill alcançou vinte anos de idade, no outono de 1826.

O jovem tombou diante de uma intensa depressão que lhe maltratou por dois anos. Ele enfrentou acessos de desespero, colapsos nervosos, esgotamento físico e se mostrava inquieto e ao mesmo tempo indiferente. Nesse período, se questionou se, caso tivesse os objetivos de vida alcançados, com todos os sonhos de desenvolvimento realizados, ele, então, teria "motivo para uma grande felicidade". Entendeu que não e deixou registrado um fragmento da sua dor: "Meu coração afundou em mim: os fundamentos sobre os quais tinha erguido a minha vida caíram todos por terra". Mill avança na sua autoavaliação afirmando: "Toda a minha felicidade estivera vinculada à busca contínua desse fim. Esse fim tinha cessado de me seduzir; como poderia voltar a existir qualquer interesse pelos meios de atingí-lo? Parecia que eu não tinha mais nada pelo que viver".[218] Ele prossegue narrando o drama pelo qual passou: Eu havia me acostumado a me congratular pela certeza da vida feliz que eu levava, colocando a minha felicidade em algo durável e distante, em que sempre pode haver alguma medida de progresso, embora este nunca possa ser inteiramente esgotado em realizações banais.

Na sequência, arremata: Esse esquema funcionou muito bem durante vários anos, ao longo dos quais as melhorias gerais que se desenrolavam no mundo e a ideia de mim mesmo como alguém envolvido com outros no emprego de promovê-las pareciam suficientes para preencher uma existência interessante e animada.

A melancolia tomou Mill. Ele dizia: "Uma noite de sono, soberano remédio para os pequenos desgostos da vida, não produziu efeito nesse caso". Quanto à distância afetiva existente entre ele e seu pai, admitiu que "se amasse alguém o suficiente para chegar a confidenciar-lhe suas aflições, talvez não haveria chegado à situação em que estava". Mill relatou como se sentia fazendo uma comparação a um barco sem vela:

---

[217] MILL, John Stuart. Autobiography, 1873, p. 51.
[218] MILL, John Stuart. Autobiography, 1873, p. 81.

Estava, pois, – como eu dizia a mim mesmo – encalhado no começo de minha viagem: equipado com um bom barco e um bom leme, mas sem vela, sem um verdadeiro desejo de alcançar os fins para os quais eu havia sido cuidadosamente preparado para alcançar. Não me comprazia nem na virtude, nem no bem geral, nem tampouco em nenhuma outra coisa [...].[219]

O cientista social retratou o seu despertar: "Mas chegou um momento em que despertei disso, como se de um sonho". O levante de Mill contra sua doença veio por meio de uma espécie de autorretrato. Ele lia *Memórias de Marmotel* quando se comoveu profundamente com a passagem que relatava a morte do pai de um jovem. Esse jovem, então, passaria a constituir tudo para a família. Ao ler e pensar a respeito dessa passagem, Mill desabou em lágrimas. Daí em diante o seu fardo se tornou mais leve.[220]

Ao se recuperar, Mill acreditou que a depressão decorria da severa criação que lhe foi imposta pelo pai. Ele passou a questionar as bases filosóficas da teoria de Bentham. Concluiu que há formas maiores e menores de felicidade, caso contrário "teríamos de acreditar que um tolo satisfeito estava em melhor situação do que um Sócrates insatisfeito". Mill também afirmou que "pode ser melhor ser um John Knox do que um Alcibíades, mas é melhor ser um Péricles do que qualquer dos dois; e se houvesse um Péricles, nos dias de hoje, nada de bom que tenha pertencido a John Knox lhe faltaria".[221] John Stuart Mill faleceu em 1873.[222]

---

[219] MILL, John Stuart. Autobiography, 1873, p. 128.
[220] MILL, John Stuart. Autobiography, 1873, p. 129.
[221] MILL, John Stuart. Sobre a liberdade. Lisboa: Edições 70, 2010, p. 115.
[222] Importante o papel que a esposa de Stuart Mill, Harriet Taylor (1807-1858), teve em sua vida pessoal e profissional. Em 1826, Harriet era casada com John Taylor e tinha dois filhos. Nasceu entre ela e Mill uma amizade íntima a partir de 1830, gerando escândalo na sociedade. Vinte anos depois, Harriet ficou viúva. Em seguida, se casou com Stuart Mill e, juntos, passaram a ter uma excelente produção filosófica. Eis a dedicatória de Mill a Harriet na obra A sujeição das mulheres: "Dedico este livro à bem-amada e dolorosa memória daquela que foi a inspiradora, e em parte a autora, de tudo o que há de melhor nos meus escritos – a amiga e esposa cujo elevado sentido de verdade e retidão foi o meu mais forte incentivo, e cuja aprovação foi a minha principal recompensa. Como tudo o que tenho escrito desde há muitos anos, este livro pertence tanto a mim como a ela. Mas a obra, tal como está, teve, num grau muito insuficiente, a vantagem inestimável da sua revisão, tendo sido algumas das porções mais importantes reservadas para um mais cuidadoso reexame, agora destinadas a nunca receber. Fosse eu capaz de explicar ao mundo metade dos grandiosos pensamentos e nobres sentimentos que jazem

### 3.3. A releitura da teoria de Jeremy Bentham

John Stuart Mill, referindo-se ao utilitarismo, diz que "esta teoria se tornou, agora, a base da minha filosofia de vida". Ele prossegue com uma análise acerca do princípio da utilidade de Bentham, afirmando que ele se "encaixava exatamente no lugar, como a pedra angular capaz de unir os componentes soltos e fragmentados dos meus conhecimentos e crenças". Isso porque, o princípio benthamista:

> Introduzia unidade na minha concepção de coisas. Agora eu tinha opiniões: um credo, uma doutrina, uma filosofia; em um dos melhores sentidos do termo, uma religião; inculcá-lo e difundí-lo poderia muito bem se tornar o principal objetivo expresso de uma vida.[223]

Na verdade, essa menção é voltada para suas impressões iniciais, antes de tombar diante da depressão. Ele retrata de que forma enxergava as ideias benthamistas, deixando claro que a influência que elas tiveram sobre ele assumiam um viés messiânico.

Stuart Mill começou a apontar divergências ainda sutis quanto ao pensamento benthamista: "Nunca, na verdade, abandonei a convicção de que a felicidade é o teste de todas as regras de conduta e a finalidade da vida. Mas, agora, acho que essa finalidade só poderia ser alcançada se não fosse transformada num objetivo direto". Em suas novas reflexões, afirma:

> São felizes (penso eu) somente aqueles que dedicam suas ideias a algo diverso de sua felicidade pessoal: a felicidade dos outros, o progresso da humanidade, até mesmo alguma forma de arte ou empreendimento, com que a pessoa se envolve não como meio para algum outro fim, mas como um objetivo ideal em si mesmo.[224]

---

no seu sepulcro, e seria o veículo para o mundo de um maior benefício do que provavelmente alguma vez resultará de qualquer coisa que eu possa escrever sem o estímulo e a ajuda da sua quase inigualada sabedoria". Harriet se notabilizou por um intenso ativismo quanto ao direito das mulheres e foi sua parceira na tarefa de revisitar a doutrina de Bentham. Mill reconhece que os elementos éticos de sua filosofia foram o resultado das discussões que mantinha com a esposa sobre a natureza da igualdade, da liberdade e do individualismo. COHEN, Martin. Casos filosóficos. Tradução: Francisco Innocêncio. Ilustrações de Raúl Gonzáles. Rio de Janeiro: Civilização Brasileira, 2012, p. 387.

[223] MILL, John Stuart. Autobiography, 1873, p. 75.
[224] MILL, John Stuart. Autobiography, 1873, p. 83.

Mill registrou, em várias oportunidades, que a humanidade, desde sempre, se dedicou a estudar e tentar compreender o que torna as pessoas felizes. Segundo ele:

> Desde a aurora da filosofia, a questão referente ao summun bonun ou, o que é a mesma coisa, referente à fundação da moralidade foi considerada o principal problema no pensamento especulativo, ocupou os intelectos mais dotados e os dividiu em seitas e escolas. (...) E, após mais de dois mil anos, as mesmas discussões continuam..., e nem os pensadores nem a humanidade em geral parecem mais perto de ser unânimes quanto ao tema do que quando o jovem Sócrates ouviu o velho Protágoras.[225]

Muitas premissas filosóficas de Stuart Mill podem ser encontradas na obra de Aristóteles. Mill chega a falar num "sensato utilitarismo de Aristóteles".[226] Mais adiante, mostraremos sintonias entre os dois.

Stuart Mill, contrapondo aberta e frontalmente Bentham, disse que nem dores nem prazeres são homogêneos, pois existem diferenças em espécie "que se mostram evidentes para qualquer juiz competente". O que Mill faz é testar a consistência das "comparações interpessoais de utilidade (prazer)" de Bentham. Caso se reconheça que há diferenças qualitativas entre prazeres superiores e inferiores, como seria possível decidir entre eles? Stuart Mill, suprindo uma lacuna que entende haver na teoria de Bentham, aponta como resposta à indagação acima a escolha de um juiz competente que tenha experimentado as duas alternativas (prazeres superiores e prazeres inferiores).[227]

O ensaio de Mill, intitulado *Bentham*, foi publicado na *London Westminster Review*, em 1838. Ele escreveu o seguinte: Embora após as devidas explicações concordemos inteiramente com Bentham em seu princípio, não concordamos com ele quando diz que todo modo correto de pensar sobre os detalhes da moral depende de suas asserções expressas. Para Mill, "a utilidade ou a felicidade são complexas demais e fins excessivamente indefinidos para serem buscados, exceto por intermédio de vários objetivos secundários".[228] A releitura da doutrina de Bentham é evidente.

---

[225] MILL, John Stuart. Utilitarianism, cap. 1.
[226] MILL, John Stuart. Sobre a liberdade. Lisboa: Edições 70, 2010, p. 62.
[227] MILL, John Stuart. Utilitarianism, p. 84.
[228] London and Westminster Review, Aug. 1838, revised in 1859. In: Dissertations and Discussion, v. 1, p. 85.

Podemos comparar Stuart Mill a Immanuel Kant. Enquanto este entende o princípio da (intencionalidade) ética como aquele em que a ação moral pressupõe a autorrealização do indivíduo agente como ser racional, Mill entende o princípio da (responsabilidade) ética condicionando o vínculo da ação moral do individuo à utilidade social dessa mesma ação. Kant condiciona a moral à liberdade, vinculando a moralidade à racionalidade, restrita ao ser humano. Mill introduz uma ética utilitarista que difere os diversos tipos de prazer, a fim de evitar o mal-entendido de que a ação moral seja idêntica à concretização de qualquer forma de prazer, inclusive aquelas que também são possíveis para os animais.[229]

Falamos que Mill dirige sua obra na direção aristotélica, em alguns pontos. Podemos ilustrar: ele enxergava os prazeres assim como Aristóteles, sendo a própria atividade ou as experiências decorrentes da atividade. Num dado momento de sua vida, aponta quais seriam os principais prazeres: "música, virtude e a saúde".[230]

### 3.4. Os direitos fundamentais

A dinâmica humanista que Stuart Mill conferiu ao utilitarismo não foi o único aperfeiçoamento operado. Para ele, mesmo se a intensidade e a duração dos prazeres altruístas e sádicos fossem iguais, os primeiros difeririam dos segundos na qualidade e, portanto, também no valor. É singela a distinção, mas poderosa, pois guia o utilitarismo para outro rumo, possibilitando que se torne uma escola imortal.

Para Mill, seria absurdo "que enquanto, ao estimar todas as outras coisas, a qualidade seja considerada, assim como a quantidade, deva-se supor que a estimativa dos prazeres depende da quantidade apenas". É que ele tinha seus receios para com o hedonismo. Basta lembrar da sua clássica colocação: "É melhor ser um humano insatisfeito do que um porco satisfeito; é melhor ser Sócrates insatisfeito do que um tolo satisfeito. E, se o tolo ou o porco tiverem uma opinião diferente, é porque eles só conhecem o próprio lado da questão".[231]

---

[229] Filósofos do século XIX. Uma introdução. Tradução: Dankwart Bernsmüller. Coleção História da Filosofia 7. São Leopoldo: Editora Unisinos, 2006, p. 211.
[230] MILL, John Stuart. Autobiography, 1873, p. 85.
[231] MILL, John Stuart. Utilitarianism, cap. 2.

Mill promove um resgate ao ideal aristotélico de felicidade ligada ao caráter ético da ação ou do prazer dela gerado, resgate este necessário ao utilitarismo e que não foi inserido explicitamente por Bentham, certamente pelo fato de ele não considerar em suas teorias os ensinamentos de estudiosos clássicos, como o próprio Aristóteles. Essa perspicácia abriu espaço para que esse importante movimento filosófico, político e jurídico – o utilitarismo – entrasse no centro das mais recentes discussões constitucionais, mostrando, com isso, o seu vigor intelectual. A partir do momento que o utilitarismo se aproxima da ética, ele abre espaço para dialogar com a teoria dos direitos fundamentais, cuja base de sustentação vem, quase totalmente, de premissas éticas universais.

Para Mill, a liberdade "não significava apenas o direito à liberdade de obrigações (políticas), mas representava antes uma condição indispensável à autorrealização individual e, por consequência, da felicidade humana".[232] Ele refuta a ideia de que o povo não tem qualquer necessidade de limitar o seu poder sobre si mesmo, pois, para ele, "poderia aparecer evidente quando o governo popular era uma coisa sobre a qual apenas se sonhava, ou que se via que tinha existido num período remoto". Afirma que esse raciocínio também não foi abalado por "aberrações temporárias" como a Revolução Francesa, tendo, as piores, sido obras de uns quantos usurpadores – "aberrações que, em todo o caso, não estiveram associadas ao funcionamento permanente de instituições populares, mas sim a uma insurreição súbita e convulsiva contra o despotismo monárquico e aristocrático".[233]

Stuart Mill entende que "ser restringido em coisas que não afetam o bem dos outros, simplesmente porque essas coisas são desagradáveis, nada desenvolve de valioso, exceto uma força de caráter que se possa desenvolver através da resistência ao constrangimento". Para ele, tudo o que esmague a individualidade é despotismo. Há, todavia, algumas exceções.

Quando pessoas, pela embriaguez, fazem mal aos outros, embebedar-se é um crime contra os outros. Também se, por ociosidade ou por qualquer outra causa evitável, uma pessoa não cumpre os seus deveres legais para com outros, "como por exemplo o dever de sustentar os seus filhos, não é qualquer tirania forçá-lo a cumprir essa obrigação – através de trabalho

---

[232] Filósofos do século XIX. Uma introdução. Tradução: Dankwart Bernsmüller. Coleção História da Filosofia 7. São Leopoldo: Editora Unisinos. 2006, p. 202.
[233] MILL, John Stuart. Sobre a liberdade. Lisboa: Edições 70, 2010, p. 31.

compulsivo, se não estiverem disponíveis quaisquer outros meios"[234], registra Mill.

Mill foi um corajoso defensor dos direitos das mulheres. Ele apontava graves malefícios impostos a elas, tais como a perda da mais estimulante e exaltante forma de prazer pessoal e o cansaço, a desilusão e uma profunda insatisfação com a vida. Afirma que os receios dos homens quanto às mulheres apenas os levam a pôr piores males no lugar daqueles por que futilmente se preocupam. Além disso, todo o constrangimento à liberdade de ação que não vise a unicamente responsabilizá-lo de qualquer prejuízo dela decorrente, deixa a nossa espécie incalculavelmente empobrecida em tudo o que representa o valor da vida para um indivíduo. Ele lamenta o fato de a história demonstrar que o respeito pela vida, pelos bens e por toda a felicidade terrena de uma qualquer categoria de pessoas era diretamente proporcional ao poder que elas tinham.[235]

A igualdade de Mill é exposta quando ele afirma que estar-se-ia entrando numa era em que a justiça seria de novo a virtude primordial, alicerçada, como antes, numa associação igualitária, "mas também empática, entre os indivíduos, que já não terá por raiz o instituto de autoproteção entre iguais, mas uma simpatia cultivada entre eles – e que não excluirá ninguém, sendo, em idêntica medida, extensiva a todos".[236]

Ele enxerga outras fontes de felicidade, além do sentimento de dignidade pessoal que a livre direção e disposição das faculdades próprias de cada um. Também vê como infelicidade ver-se restringido no seu exercício. Ele afirma que "não existe nada, a seguir à doença, à indigência e à culpa, que seja tão fatal para um aprazível desfrutar da vida como a privação de um objeto digno onde aplicar as faculdades ativas".

Essa é mais uma ponte de aproximação entre o utilitarismo e o constitucionalismo contemporâneo. A partir do momento em que se afirma que sem a liberdade não é possível construir qualquer teoria da felicidade, Stuart Mill assume que seu utilitarismo não caminha pela ideia de que os fins justificam os meios. Pelo contrário. Ele estabelece um conteúdo apriorístico do utilitarismo, qual seja, o respeito às liberdades. Se aliarmos esse pressuposto à diferenciação quanto às qualidades dos prazeres, a proposta

---

[234] MILL, John Stuart. Sobre a liberdade. Lisboa: Edições 70, 2010, p. 165.
[235] MILL, John. A sujeição das mulheres. Coimbra: 2006, Almedina, pp. 44-45
[236] MILL, John. A sujeição das mulheres. Coimbra: 2006, Almedina, p. 115.

teórica de Mill assume grande sistematicidade afastando a felicidade de qualquer vazio conceitual.

Além disso, há também o papel que a igualdade exerce para os projetos individuais de felicidade e isto foi enfatizado por Mill. Por mais que tenhamos dificuldade em conceituar felicidade, podemos iniciar esse desafio atribuindo-lhes características e valores intrínsecos, como a liberdade e igualdade.

### 3.5. A qualidade dos prazeres

Talvez a maior colaboração de Stuart Mill tenha sido a construção conceitual dos chamados prazeres sádicos. Pensando a teoria da felicidade como política pública, esse conceito é importante, uma vez que impede possíveis decisões de serem tomadas considerando uma suposta felicidade por parte de grupos, mas consistente na mera emanação de prazeres sádicos que em nada enriquecem a ideia de felicidade coletiva.

Mill destaca que os homens têm um grande prazer em subordinarem mulheres, porque isso os ajuda a se sentirem superiores. O mesmo com a alegria por ter um servo dócil. Contudo, ao aferir os ganhos para a sociedade que a igualdade sexual traria, sequer considera – e nem o poderia – a dor que certamente será causada aos homens por esta revogação de privilégios. Tal prazer não serviria ao bem-estar social.

Nesse sentido, o Prêmio Nobel, John Harsanyi, exclui do campo da formulação de políticas de bem-estar aquelas voltadas para os "prazeres sádicos ou mal-intencionados". Harsanyi afirma que os "prazeres ruins serão aqueles que insistem em subordinar os outros ou que, de outras maneiras, não respeitam a dignidade humana e a igualdade".[237]

O que o Nobel introduz é uma espécie de escudo contra possíveis excessos dos cálculos utilitários e esse escudo estaria no respeito à dignidade humana e à igualdade. Logo, o desenvolvimento do utilitarismo dependeria do seu compromisso com as bases dos direitos fundamentais, compromisso esse celebrado com a humanização operada por Stuart Mill. É uma inteligente aliança entre a felicidade e a dignidade.

Ainda assim temos estudiosos que desconsideram essa diferenciação feita pelos utilitaristas. Eles elaboram situações que chegam a ser caricatas. Alan Donagan é um desses:

---

[237] HARSANYI, John. Papers in game theory, 1982, p. 96.

(...) pode ser que, ao assassinar, fria e sorrateiramente, seu agourento, velho e infeliz avô, um indivíduo gerasse mais benefícios e menos prejuízos do que se não o fizesse: libertaria o parente de sua miserável existência, daria aos filhos dele a alegria da herança, libertando-os do sofrimento causado por sua maldade; e ainda poderia gozar antecipadamente a recompensa prometida àqueles que praticam o bem no anonimato.[238]

Donagan arrasta o debate para um pântano de absurdos ao elaborar esse tipo de argumento. É uma espécie de cacoete intelectual que se repete insistentemente. E ele não está sozinho.

Michael Sandel recorda que "quando os romanos atiravam cristãos aos leões no Coliseu, ele proporcionava prazeres perversos, em vez de prazeres nobres".[239] São raciocínios muito simplificadores.

É recorrente a diferenciação dos tipos de felicidades, desejos, ou preferências, em boas ou ruins, nobres ou sádicas, simples ou refinadas. Essa divisão dos tipos de prazeres, desejos ou preferências é mais um alvo das críticas de Richard Posner, que a chama de "velha tática utilitarista de dividir as preferências entre 'superiores' e 'inferiores' segundo critérios inevitavelmente variáveis e subjetivos, o que não leva a lugar algum".[240]

Nada obstante tenhamos registrado a crítica de Posner, temos essa interessante classificação operada pelo utilitarismo como uma porta de entrada aos direitos fundamentais, evitando descuidos com a proteção das minorias quando a felicidade das maiorias for a meta. Qualquer tipo de satisfação que decorrer da opressão a grupos minoritários ou mesmo da supressão de direitos, deve ser evitada.

Explodir o World Trade Center pode trazer prazer aos terroristas? Sim. Mas isso não significa que a satisfação de prazeres sádicos amplie a sensação de felicidade geral da população, seja a norte-americana, seja a dos países dos terroristas. O gozo de um prazer sádico, no longo prazo, empurra a sociedade para um caminho ruim, tornando pior sua existência. Basta pensar

---

[238] DONAGAN, Alan. Is there a credible form of utilitarianism? In: Contemporary utilitarianism 187, 188 (Michael D. Bayles [Org.], 1968), p. 69.
[239] SANDEL, Justiça. O que é fazer a coisa certa. Tradução: Heloisa Matias e Maria Alice Máximo. Rio de Janeiro: Civilização Brasileira, 2011, p. 66.
[240] POSNER, Richard. A economia da justiça. Tradução: Evandro Ferreira e Silva. Revisão da tradução: Aníbal Mari. São Paulo: Editora WMF Martins Fontes, 2010, p. 64.

na insegurança. Ademais, do ponto de vista aristotélico, não há qualquer virtude em explodir um prédio no qual centenas de pessoas estavam. Portanto, ao associarmos o exercício da jurisdição constitucional – protetora dos direitos fundamentais –, à teoria da felicidade, podemos afastar, de imediato, a satisfação de prazeres sádicos como elemento constitutivo da felicidade coletiva. Esse pressuposto confere coerência ao argumento de que a felicidade coletiva pode ser um fator alvo da consideração do intérprete da Constituição, no momento em que ele se dispõe a resolver um caso concreto.

Se pesquisarmos com mais dedicação referências filosóficas acerca do que foi exposto por Stuart Mill quanto às qualidades dos prazeres, encontraremos raciocínios semelhantes. Madame du Châtelet afirmava que "é preciso ter paixões para ser feliz", contudo, alertava para o fato de que "existem algumas às quais é preciso proibir a entrada em nossa alma". Um dos exemplos é a ambição.[241]

Michael Sandel trabalha com casos fictícios e aplica o utilitarismo mostrando como ele pode ser inadequado. Num dos casos, imagina um terrorista que sabe onde está uma bomba prestes a explodir e matar milhares de inocentes. Os benefícios de torturar o terrorista para descobrir onde a bomba estaria e desativá-la seriam divididos com toda a sociedade e a única pessoa a sair perdendo seria o terrorista torturado. Para Sandel "nos termos do utilitarismo, moralmente justificável infligir dor intensa a uma pessoa se isso evitar morte e sofrimento em grande escala".[242]

Estamos diante de análises apressadas. Mesmo Aristóteles alertava para esse tipo de raciocínio, que cria um ambiente de envolvência capaz de concordar com ideias. O Estagirita, desenvolvendo argumentos utilitaristas, apresentava as falhas desse tipo de raciocínio empregado por Sandel, da seguinte forma: "Toda a carga de uma embarcação é lançada ao mar durante tempestade para salvar os homens a bordo. Neste caso, o ato de se desfazer da carga é involuntário em si, mas voluntário de um certo resultado – salvar a tripulação". Para Aristóteles, "não é nada fácil estabelecer regras para decidir qual dessas alternativas seria a melhor, porque

---

[241] DU CHÂTELET, Gabrielle Emilie Tonnerlier de Breteuil, Marquêsa. Discurso sobre a felicidade. Tradução: Marina Appenzeller. São Paulo: Martins Fontes, 2002, p. 20.
[242] SANDEL, Justiça. O que é fazer a coisa certa. Tradução: Heloisa Matias e Maria Alice Máximo. Rio de Janeiro: Civilização Brasileira, 2011, p. 52.

os casos particulares diferem amplamente entre si".[243] É o que ocorre com os exemplos de Sandel. Casos particulares diferem muito entre si e, além disso, se revestem de situações improváveis sob múltiplos aspectos.

Stuart Mill traz a porta de entrada para a conciliação do utilitarismo com a moderna doutrina dos direitos fundamentais. Ele afirmou que a felicidade masculina em oprimir as mulheres negando-lhes direitos macula o princípio da igualdade e, por tal razão, eles devem ser impedidos de tal prática. Não poderíamos pensar num projeto coletivo voltado para o bem-estar se um grupo se sente feliz ferindo acordos básicos como o respeito à igualdade.

O arremate de Mill contra a proposta de Bentham é dado com a seguinte declaração: "Ele não consegue, legitimamente, ser forçado a fazer ou revelar algo porque será melhor para ele, porque o tornará mais feliz, porque na opinião dos outros seria sensato ou até mesmo correto agir assim". Mill afirma que o "benefício mais direto de todos os que estavam associados com a liberação das mulheres seria o ganho indizível, na liberdade privada, da metade liberada da espécie". Para ele, "aquele que aprecia corretamente o valor da independência pessoal como ingrediente da felicidade, deve considerar o valor que ele mesmo atribui a ela como um ingrediente da sua felicidade pessoal".[244]

Stuart Mill foi brilhante em suas considerações filosóficas acerca da felicidade e da sociedade. Seus ensinamentos, além de atuais, propiciam um reencontro entre a escola utilitarista e o constitucionalismo contemporâneo, fazendo com que tenhamos um instrumental rico e envolvente para trabalharmos.

### 3.6. A opinião de Richard Layard

Richard Layard, analisando os pressupostos utilitaristas, ressalta que é mais importante reduzir o sofrimento do que gerar felicidade extrema. Também afirma que "a opressão é uma das maiores fontes de infelicidade. Consequentemente, o princípio da felicidade maior condenaria firmemente a opressão de qualquer grupo ou indivíduo".[245]

---

[243] Ética a Nicômano III 1, 110ª, 35-110b 5, p. 50.
[244] MILL, John Stuart. Coimbra: Almedina, 2006, p. 91.
[245] LAYARD, P. R. G. Felicidade: lições de uma nova ciência. Tradução: Maria Clara de Biase W. Fernandes. Rio de Janeiro: Best Seller, 2008, p. 149.

Vejam que Layard, um estudioso consistente das ideias utilitaristas, realça o compromisso com o indivíduo. Como supor que no cálculo da felicidade entraria uma criança oligofrênica trancada num porão? (Falo do exemplo dado por Sandel).

Layard relembra que "Aristóteles acreditava que o objetivo da vida era a eudemonia, ou um tipo de felicidade associada à conduta virtuosa e reflexão filosófica". Ele recorda que no século XIX houve uma retomada da definição de tipos de felicidade, de prazeres maiores ou menores, patrocinada por John Stuart Mill, que acreditava que "a felicidade de experiências diferentes podia variar em quantidade e qualidade".

Ele se refere ao pensamento de Mill exposto no seu *Utilitarianism* (1861), publicado depois de *On Liberty*. Como vimos, Mill defendia que os utilitaristas sabiam diferenciar prazeres elevados, dos menos nobres. Para Layard, "a intuição de Mill estava certa, mas sua formulação errada", pois "as pessoas que encontram um sentido em suas vidas são mais felizes do que as que passam de um prazer para outro".

Nesse ponto, Layard se vale das evidências trazidas pelas pesquisas de Carol Ryff, da University of Wisconsin, que "compilou avaliações refinadas de coisas como objetivo de vida, autonomia, relacionamentos positivos, crescimento pessoal e autoaceitação e as usou para criar um índice de bem-estar psicológico". O estudo mostra que "numa amostra de adultos americanos esse índice está altamente correlacionado com o padrão das avaliações autorrelatadas de felicidade e satisfação com a vida".

Daí Layard acreditar que "Mill estava certo em sua intuição sobre as verdadeiras fontes da felicidade duradoura, mas errado em argumentar que alguns tipos de felicidade são intrinsecamente melhores do que outros". Para ele, "fazer isso é essencialmente paternalista", pois seria "óbvio que alguns prazeres, como os fornecidos pela cocaína, não podem em sua natureza ser duradouros; trabalham contra a felicidade da pessoa a longo prazo". Do mesmo modo que "alguns prazeres doentios, como os dos sádicos, devem ser evitados porque diminuem a felicidade das pessoas".[246]

Para Richard Layard, o princípio da felicidade maior é "fundamentalmente igualitário" (a felicidade de todos deve ter o mesmo valor)

---

[246] LAYARD, P. R. G. Felicidade: lições de uma nova ciência. Tradução: Maria Clara de Biase W. Fernandes. Rio de Janeiro: Best Seller, 2008, p. 39.

e "fundamentalmente humano" (o que importa é o que as pessoa sentem).[247]

Pela perspectiva coletiva, fica muito fácil visualizar o raciocínio de Stuart Mill e perceber que Layard não está tão distante dele quanto anuncia. Mill entende que há prazeres nobres que devem ser estimulados por fazerem bem à coletividade, e prazeres sádicos que apesar de trazerem satisfação a quem os têm, prejudica a coletividade e, no longo prazo, aos próprios indivíduos dedicados a gozarem desse tipo de prazer.

## 3.7. As críticas de Friedrich Nietzsche

Friedrich Nietzsche critica muitos pontos do pensamento utilitarista e, claro, da proposta de Stuart Mill. Indicaremos alguns nos quais ele se manifesta. Segundo o Filósofo:

> seja hedonismo, seja pessimismo, utilitarismo ou eudemonismo: todos esses modos de pensar que medem o valor das coisas conforme o prazer e a dor, isto é, conforme estados concomitantes e dados secundários, são ingenuidades e filosofias de fachada, que todo aquele que for cônscio de suas energias criadoras e de uma consciência de artista não deixará de olhar com derrisão e também compaixão.

Após o primeiro ataque, Nietzsche diz:

> Compaixão por vocês! Esta certamente não é a compaixão que imaginam: não é a compaixão pela miséria social, pela sociedade com seus doentes e desgraçados, pelos viciosos e arruinados de antemão que jazem por terra a nosso redor; e menos ainda compaixão por essas oprimidas, queixosas, rebeldes camadas escravas que aspiram à dominação – que chamam de 'liberdade.

A compaixão invocada por Nietzsche é algo mais longivivente e elevado: "nós vemos momentos em que observamos justamente a sua compaixão com indescritível temor, em que nos defendemos dessa compaixão – em que achamos a sua seriedade mais perigosa que qualquer leviandade"

---

[247] LAYARD, P. R. G. Felicidade: lições de uma nova ciência. Tradução: Maria Clara de Biase W. Fernandes. Rio de Janeiro: Best Seller, 2008, p. 148.

– ele diz, continuando: "Vocês querem, se possível – e não há mais louco 'possível' – abolir o sofrimento; e quanto a nós? – parece mesmo que nós o queremos ainda mais, mais e pior do que jamais foi!".

A conclusão do Filósofo é, mais uma vez, sombria: "Bem-estar, tal como vocês o entendem – isso não é um objetivo, isso nos parece um fim! Um estado que em breve torna o homem ridículo e desprezível – que faz desejar o seu ocaso!".[248]

Afirmando que até então "todas as filosofias morais foram enfadonhas e soporíferas", ele justifica o fato argumentando que "a situação é hoje a mesma de sempre: não vejo ninguém, na Europa, que tenha (ou transmita) a noção de que o refletir sobre a moral pode ser realizado de maneira perigosa, insidiosa, sedutora – e de que nele pode haver fatalidade!".

Nesse ponto, o ataque aos utilitaristas é frontal: "Vejam-se, por exemplo, os incansáveis e inevitáveis utilitaristas ingleses, como vão e vêm, rudes e veneráveis, nas pegadas de Bentham (uma imagem homérica o diz mais claramente), tal como ele seguia as pegadas do venerável Helvétius (não, não era um homem perigoso, esse Helvétius)". Nietzsche acusa não haver "nenhum novo pensamento, nenhuma versão e flexão mais sutil de um velho pensamento, nem sequer uma verdadeira história do que foi pensado antes: uma literatura impossível totalmente, quando não se sabe fermentá-la com alguma malícia".[249]

Segundo o Filósofo, "esses moralistas (que devem ser lidos com segundas intenções, caso devam ser lidos) insinuou-se aquele velho vício inglês chamado *cant* (linguagem artificial), que é uma tartufice moral, dessa vez oculta sob a forma de cientificidade". Ele persiste em sua crítica: "também não falta uma secreta luta com remorsos da consciência, de que é natural que sofra uma raça de ex-puritanos, por mais que se ocupe cientificamente da moral. (Um moralista não é o contrário de um puritano? Ou seja, um pensador que vê a moral como questionável, interrogável, em suma, como um problema? O moralizar não seria imoral?)".

---

[248] NIETZSCHE, Friedrich Wilhelm. Além do bem e do mal: prelúdio a uma filosofia do futuro. Tradução, notas e posfácio: Paulo Cesar de Souza. São Paulo: Companhia das Letras, 2005, p. 117-118.

[249] NIETZSCHE, Friedrich Wilhelm. Além do bem e do mal: prelúdio a uma filosofia do futuro. Tradução, notas e pósfacio: Paulo Cesar de Souza. São Paulo: Companhia das Letras, 2005, p. 120-121.

Nietzsche justifica sua compreensão pelo fato de que "todos eles querem que se dê razão à moralidade inglesa, na medida em que justamente com ela é servida melhor a humanidade, ou o 'benefício geral', 'a felicidade da maioria', não! A felicidade da Inglaterra". Para o Filósofo, os utilitaristas "querem provar a si mesmos, com todas as forças, que aspirar a felicidade inglesa, quer dizer, a *comfort* (conforto) e *fashion* (estilo) (e, objetivo supremo, um lugar no Parlamento), é tambem o caminho reto para a virtude, mais ainda, que toda a virtude até hoje havida no mundo consistiu precisamente em tal aspiração".[250] Para Nietzsche:

> Nenhum desses graves animais de rebanho, de consciência agitada (que propõem defender a causa do egoísmo como causa do bem-estar geral), quer saber e sentir que o "bem-estar geral" não é um ideal, uma meta, uma noção talvez apreensível, mas apenas um vomitório – que o que é justo para um não pode ser absolutamente justo para outro, que a exigência de uma moral para todos é nociva precisamente para os homens elevados, em suma, que existe uma hierarquia entre homem e homem e, em consequência, entre moral e moral.

O Filósofo chega a afirmar que os utilitaristas ingleses são uma espécie de gente modesta e fundamentalmente medíocre: "na medida em que são enfadonhos, não podemos estimar suficientemente a sua utilidade".[251]

A conclusão a que chega Friedrich Nietzsche é a de que "dificilmente alguém tomará por verdadeira uma doutrina apenas porque ela torna feliz ou virtuoso: excetuando talvez os doces 'idealistas' que se entusiasmam pelo bom, belo e verdadeiro, e fazem nadar em seu viveiro todas as espécies de idealidades toscas, coloridas e benévolas". Isso porque, para ele, "felicidade e virtude não são argumentos. Mas as pessoas, e entre elas espíritos sóbrios, esquecem de bom grado que tornar infeliz e tornar mau também não são contra-argumentos".[252]

---

[250] NIETZSCHE, Friedrich Wilhelm. Além do bem e do mal: prelúdio a uma filosofia do futuro. Tradução, notas e pósfacio: Paulo Cesar de Souza. São Paulo: Companhia das Letras, 2005, p. 120-121.

[251] NIETZSCHE, Friedrich Wilhelm. Além do bem e do mal: prelúdio a uma filosofia do futuro. Tradução, notas e pósfacio: Paulo Cesar de Souza. São Paulo: Companhia das Letras, 2005, p. 120-121.

[252] NIETZSCHE, Friedrich Wilhelm. Além do bem e do mal: prelúdio a uma filosofia do futuro. Tradução, notas e pósfacio: Paulo Cesar de Souza. São Paulo: Companhia das Letras, 2005, p. 41

As contribuições de Nietzsche, nesse particular, são mais alegóricas do que efetivas. A cólera com a qual ataca o utilitarismo corrompe boa parte de sua argumentação nessa matéria, tornando seu pensamento menos respeitoso do que o de muitos outros de seus colegas filósofos.

# 4.
# A felicidade testada:
# as pesquisas sobre o bem-estar subjetivo

## 4.1. O batismo: Richard Easterlin

Esse capítulo será conduzido pelo marco da pesquisadora Carol Graham, alguém que enxergou o estado da arte na utilização, pelos juristas, das pesquisas a respeito do bem-estar subjetivo das pessoas. Segundo Graham, "inúmeros estudos, demonstrando que os níveis de felicidade podem mudar significativamente devido a vários fatores, sugerem que a investigação pode reunir informação relevante sobre o bem-estar humano para ajudar os juristas".[253] É um mundo novo que se abre aos pesquisadores.

Se perguntarmos quantos trabalhos acadêmicos de economistas, há três décadas, utilizaram a palavra felicidade, a resposta será uma só: nenhum. Graham fala que, em 2007, o número de textos com a palavra "felicidade" no título nos jornais de economia, ultrapassava a espantosa marca de mil.[254]

A Pesquisadora lembra que Richard Easterlin foi o primeiro economista moderno a, em 1970, rever o conceito de felicidade. Ele explorou a relação entre os níveis médios de felicidade e os rendimentos *per capita*

---

[253] GRAHAM, Carol. O que nos faz felizes por esse mundo fora. Tradução: Michelle Hapetian. Revisão: Alice Soares. Alfragide: Texto Editores, 2011, pp. 37-38.
[254] GRAHAM, Carol. O que nos faz felizes por esse mundo fora. Tradução: Michelle Hapetian. Revisão: Alice Soares. Alfragide: Texto Editores, 2011, p. 22.

de um país em várias décadas. Sua conclusão aponta um paradoxo: os níveis médios de felicidade não acompanharam o crescimento material do país em termos de riqueza – e de saúde – ao longo do tempo. Carol Graham interpreta esse paradoxo como sendo a prova de que as pessoas "entraram na corrida do hedonismo: as aspirações aumentam a par do rendimento e, satisfeitas as necessidades básicas, o que mais interessa para o bem-estar são os níveis relativos de rendimento e não os níveis absolutos".[255]

Graham também nos lembra da importante teoria do ponto fixo, veiculada por psicólogos, segundo a qual cada pessoa tem um nível de felicidade para o qual retorna sempre, ao longo do tempo, mesmo após grandes eventos, como ganhar na loteria ou enfrentar um divórcio. Apesar dessa constatação, isso não quer dizer que, durante o período no qual as pessoas estiveram infelizes, elas não tenham sofrido bastante, o suficiente para que a dor seja objeto da atenção dos formuladores de políticas públicas e do Poder Judiciário. Durante esse período, os prejuízos podem ser imensos, razão pela qual o ordenamento jurídico poderia atuar para minimizar o impacto que essas privações exercem sobre o bem-estar subjetivo das pessoas.

### 4.2. Os números no Ocidente

Os reflexos da teoria da felicidade nas políticas públicas é algo incontroverso. Carol Graham menciona estudos sobre a tributação mostrando que o aumento dos impostos sobre comidas hipercalóricas aumenta a felicidade dos obesos, pois lhes dá a sensação de ajuda externa às pretensões de ter uma vida mais saudável. O mesmo acontece com os fumantes.[256]

Richard Esterlin, desde 1970, mostra que o fato de as nações ficarem mais ricas, não torna seus cidadãos igualmente mais felizes. Estudos têm provado que para a maioria dos ocidentais a vida não melhorou desde 1950. Outra evidência é testada examinando-se a mesma pessoa ao longo da sua vida. Comprova-se que ela não se tornou mais feliz, mesmo tendo se tornado mais rica. Na Europa Continental, há uma ligeira tendência

---

[255] GRAHAM, Carol. O que nos faz felizes por esse mundo fora. Tradução: Michelle Hapetian. Revisão: Alice Soares. Alfragide: Texto Editores, 2011, p. 48.
[256] GRAHAM, Carol. O que nos faz felizes por esse mundo fora. Tradução: Michelle Hapetian. Revisão: Alice Soares. Alfragide: Texto Editores, 2011, p. 260.

ascendente na felicidade, especialmente na Itália, havendo uma queda acentuada na Bélgica.[257]

O PhD em psicologia, Martin Seligman, estabeleceu uma equação para a felicidade: H = S + C + V em que H (*happiness*) é o seu nível constante de felicidade, S (*set range*) são seus limites estabelecidos, C (*circumstances*) são as circunstâncias da vida e V (*voluntary*) representa os fatores que obedecem ao seu controle voluntário.[258]

Segundo Seligman, analisando a pesquisa acima, o poder geral de compra do país e a satisfação média com a vida guardam correlação. Contudo, assim que o PIB atinge e excede 8 mil dólares por pessoa, a correlação desaparece e o aumento da riqueza não indica maior satisfação com a vida. Para ele, "os suíços ricos são mais felizes que os búlgaros pobres, mas a riqueza tem pouca importância quando se trata de um cidadão da Irlanda, Itália, Noruega ou dos Estados Unidos". No Brasil, China continental e Argentina encontra-se muito mais satisfação na vida do que seria de supor com base em sua riqueza. Para Seligman: Os valores culturais de Brasil e Argentina e os valores políticos da China podem servir de apoio à emoção positiva, e a difícil emergência do comunismo (acompanhada de mudanças sociais e da deteriorização da saúde) provavelmente reduz a felicidade no Leste Europeu.[259]

O argumento do Psicólogo dirige aos nossos valores culturais as razões do elevado índice de felicidade. Além disso, veremos os fatores relativos à adaptação e, principalmente, o fato de a felicidade aumentar bastante quando se sai da pobreza ou se ascende a novos status sociais, fenômeno

---

[257] LAYARD, P. R. G. Felicidade: lições de uma nova ciência. Tradução: Maria Clara de Biase W. Fernandes. Rio de Janeiro: Best Seller, 2008, p. 48.

[258] Devo destacar que Martin Seligman tem enfrentado, há muito tempo, críticas contundentes de pessoas respeitadas nos Estados Unidos. Em obra recente, Barbara Ehrenreich surra-o sem dó. Ela afirma que a proposta de Seligman de um pensamento positivo é um "delírio de massa" e que "expressar isso como uma equação (ou seja, equiparação, igualdade) é atrair o ridículo sobre si". Segundo Barbara, "Seligman queria uma equação porque equações conferem um verniz de ciência, e ele a queria rapidamente, então caiu na simples adição. Sem dúvida, as equações fazem um livro parecer mais pesado e cheio de rigor matemático, mas essa também faz com que Seligman fique parecendo o Mágico de Oz". Recomendo ler: EHRENREICH, Barbara. Sorria: como a promoção incansável do pensamento positivo enfraqueceu a América. Tradução: Maria Lúcia de Oliveira. Rio de Janeiro: Record, 2013, p. 180.

[259] SELIGMAN, Martin E. P. Felicidade autêntica: usando a nova psicologia positiva para a realização permanente. Tradução: Neuza Capelo. Rio de Janeiro: Objetiva, 2009, p. 91.

experimentado recentemente por milhões de brasileiros, como mostra a pesquisa do Ipea sobre a qual teceremos considerações.

Na filosofia, Schopenhauer afirmou que a "alegria e a melancolia humanas não são determinadas pelas circunstâncias externas, pela riqueza ou posição social, já que pelo menos encontramos rostos felizes igualmente entre os pobres e entre os ricos".[260] Esse raciocínio serve de lastro teórico ao que se viu em nações como China, Índia e Nigéria. Para Seligman, "o alto nível de satisfação das nações mais pobres – China, Índia e Nigéria, – nos diz que o dinheiro não necessariamente compra a felicidade", máxima que ganha reforço quando se vê na pesquisa que o aumento do poder de compra nos países ricos, como Estados Unidos, França e Japão, além do dobro, nos últimos cinquenta anos não foi suficiente para aumentar a satisfação com a vida.[261] Aristóteles dizia que, "quanto à vida [caracterizada] pela acumulação de dinheiro, trata-se de um tipo forçado de vida e fica claro que a riqueza não é o bem objeto de nossa busca, porque só é um bem na medida em que é útil".[262]

De posse de dados que demonstram uma estagnação – ou mesmo diminuição – do nível de felicidade de nações ricas e desenvolvidas, abre-se espaço para mais uma contribuição filosófica de Arthur Schopenhauer, para quem "a riqueza assemelha-se à água do mar; quanto mais dela se bebe, mais sede se tem".[263]

Essas conclusões mostram a necessidade de as nações dedicarem mais energia no estudo sobre o que impacta, positiva ou negativamente, o bem-estar das pessoas. De posse desses dados, também pode o Poder Legislativo passar a disciplinar condutas no sentido de ampliar as experiências que acarretam felicidade ou que minimizam as dores e o sofrimento. É, dessa interlocução democrática entre Poder Executivo – formulando políticas

---

[260] SCHOPENHAUER, Arthur. A arte de ser feliz: exposta em 50 máximas. Organização e ensaio de Franco Volpi. Tradução: Marion Fleischer, Eduardo Bandão, Karina Jannini. São Paulo: Martins Fontes, 2001. Breves Encontros, p. 32.

[261] SELIGMAN, Martin E. P. Felicidade autêntica: usando a nova psicologia positiva para a realização permanente. Tradução: Neuza Capelo. Rio de Janeiro: Objetiva, 2009, pp. 90-91.

[262] ARISTÓTELES (384-322 a.C). Ética a Nicômano. Traduções, textos adicionais e notas: Edson Bini. Bauru: Edipro, 2009, p. 43.

[263] SCHOPENHAUER, Arthur. A arte de ser feliz: exposta em 50 máximas. Organização e ensaio de Franco Volpi. Tradução: Marion Fleischer, Eduardo Bandão, Karina Jannini. São Paulo: Martins Fontes, 2001. Breves Encontros, p. 27.

públicas – e Poder Legislativo – normatizando condutas – que surge a possibilidade de o Poder Judiciário, diante dos casos concretos que lhe são levados a julgamento, passar a considerar, como consequência em suas decisões, o impacto delas no bem-estar subjetivo da comunidade.

### 4.3. Medidas da felicidade interna bruta

O sociólogo holandês, Ruut Veenhoven, nos traz a média de felicidade em oito países europeus, nos Estados Unidos e no Japão, demonstrando que, mesmo com a evolução de renda obtida em todas as nações pesquisadas, os índices de felicidade continuam os mesmos ou levemente mais baixos. Também mostra a dispersão dos índices de satisfação de vida na União Europeia.

Para Veenhoven, elementos colhidos em suas pesquisas sugerem que há boas razões para crer que uma justiça social irá melhorar o nível de felicidade de uma nação. Essa expectativa é corroborada por meio de correlações com o Estado de Direito, respeito pelos direitos civis e ausência de corrupção.[264]

A partir do momento em que o Sociólogo afirma que o Estado de Direito e o respeito pelos direitos civis são elementos decisivos na maximização da felicidade das sociedades, estabelece-se uma conexão direta entre a felicidade e o constitucionalismo. O estabelecimento dos Estados, fiados no respeito ao que se convencionou chamar de direitos fundamentais, corresponde a um decisivo fator de impacto na felicidade das sociedades contempladas pelo projeto de vida coletiva. Se nos convencermos da força que o Poder Judiciário exerce na concretização dessa aspiração, então não seria exagero concluir que ele, da mesma forma, é decisivo para a sensação de bem-estar subjetivo dos povos.

São ricos os dados trazidos na apresentação Medidas da Felicidade Interna Bruta, feita por Ruut Veenhoven, na OCDE, em abril de 2007, em Roma, na conferência "Mensurabilidade e Relevância Política da Felicidade". Partindo da premissa de que a felicidade seria o gozo da vida como um todo, ela pode ser medida utilizando perguntas diretas a serem aplicadas em pesquisas feitas em larga escala com a população em geral. As respostas

---

[264] Apresentação feita na OCDE na Conferência Medidas e Relevância Política da Felicidade, 02-03 de abril de 2007, intitulada Medidas da felicidade nacional bruta, de autoria do sociólogo holandês Ruut Veenhoven, da Erasmus University Rotterdam. Disponível em: <http://www.oecd.org/site/worldforum06/38704149.pdf>.

das pessoas pesquisadas geram quatro medidas de felicidade das nações: 1) A felicidade média; 2) Anos de vida feliz; 3) A desigualdade da Felicidade; e 4) A desigualdade ajustada da Felicidade.

Após realizar várias comparações entre os números apresentados por pesquisas que levam essas quatro medidas em consideração, Ruut Veenhoven conclui que a felicidade é um objetivo político realista e que "a felicidade de um grande número de pessoas é aparentemente possível na sociedade moderna, assim como o aumento do nível de felicidade existente".[265]

O que ele faz, com sua conclusão, é abrir uma ampla avenida para que os países pensem mais a respeito da felicidade dos cidadãos. A maioria dos ganhos em felicidade vem de políticas que se concentram em liberdade e justiça. Inegável, portanto, o relevo das Constituições, uma vez que são responsáveis por garantir as liberdades lançadas e mesmo o ideal de justiça decorrente do ordenamento jurídico vigente.

Crescimento econômico não acrescenta muito para a felicidade em nações ricas, assim como a redução de diferenças de renda ou uma maior segurança social. Isso não quer dizer que a felicidade seja indiferente a condições básicas de sobrevivência. Linda Keller adverte que "enquanto parecer impossível fixar uma definição precisa de felicidade, é razoável concluir que essa busca exige certamente condições econômicas básicas".[266] A sabedoria de Aristóteles dizia que sem o mínimo necessário à existência não é possível sequer viver, e muito menos viver bem.

Veenhoven incorpora o ideal utilitarista ao afirmar que a felicidade é uma preocupação crescente na agenda política e isso requer medidas adotadas pelas nações na criação de uma grande felicidade para um grande número de pessoas. Isso seria feito da mesma forma que se elabora medidas de sucesso na criação de riqueza, como o PIB.

O que o Sociólogo demonstra é o real interesse das mais variadas esferas da ciência no estudo consistente acerca da felicidade dos povos, provando

---

[265] Apresentação feita na OCDE na Conferência Medidas e Relevância Política da Felicidade, 02-03 de abril de 2007, intitulada Medidas da felicidade nacional bruta, de autoria do sociólogo holandês Ruut Veenhoven, da Erasmus University Rotterdam. Disponível em: <http://www.oecd.org/site/worldforum06/38704149.pdf >.

[266] KELLER, Linda M. The american rejection of economic rights as human rights & the declaration of independence: does the pursuit of happiness require basic economic rights? (2003) 19 N.YL. Sch. J. Hum. Rts. 557, 613.

que não estamos transitando em balões de ensaio, ou seja, que podemos construir uma teoria da felicidade aliada ao constitucionalismo contemporâneo.

### 4.4. O Comunicado Ipea nº 158/2012: o Brasil e a felicidade

Quando as pessoas se tornam mais ricas em comparação com outras pessoas, tornam-se mais felizes. Mas quando sociedades inteiras se tornam mais ricas, não se tornam mais felizes. Essa é a conclusão que nos traz Richard Layard, ao analisar pesquisas a respeito.

Tendo os países industriais do Ocidente como foco, comprova-se que os mais ricos não são mais felizes do que os mais pobres e que nos países com mais de 20 mil dólares per capita a renda adicional não está associada à felicidade extra. Por sua vez, quanto a países como a Índia, o México, as Filipinas, o Brasil e a Coreia do Sul, colhe-se evidências de que "sua felicidade média aumentou" motivado pelo fato de que "a renda extra é realmente valiosa quando tira as pessoas da pura pobreza física", comprovando-se uma das crenças dos economistas do século XIX: "a felicidade extra proporcionada pela renda extra é maior quando você é pobre e diminui constantemente à medida que você se torna mais rico".[267]

Por sua vez, Derek Bok afirma que o crescimento econômico aumenta o bem-estar substancialmente apenas em países relativamente pobres, onde a maioria das pessoas tinha muito pouco para atender às suas necessidades básicas.[268] A conclusão é: o efeito da renda na felicidade é maior nos países mais pobres, onde as pessoas estão mais perto da linha da pobreza. O pobre sente-se mais feliz com sua majoração de renda – ainda que singela –, do que o rico.

Nesse trabalho, só nos valemos de uma pesquisa genuinamente brasileira e há razões para isso. Estamos nos referindo à análise do Ipea divulgada em dezembro de 2012 por meio do "Comunicado do Ipea – 2012, dez., nº 158", intitulado 2012: Desenvolvimento Inclusivo Sustentável.[269]

---

[267] LAYARD, P. R. G. Felicidade: lições de uma nova ciência. Tradução: Maria Clara de Biase W. Fernandes. Rio de Janeiro: Best Seller, 2008, p. 51.
[268] BOK, Derek. The politics of happiness: what government can learn from the new research on wellbeing. Princeton: Princeton University Press, 2010, p. 13.
[269] O Ipea aplicou, em outubro, perguntas padronizadas de questionários internacionais em 3.800 domicílios e confirmou o alto grau de felicidade prevalecente no país. Em uma escala de 0 a 10, os brasileiros dão, em média, nota 7,1 para suas vidas. Esse nível colocaria o país em

O primeiro motivo foi a confiabilidade do Instituto. Em seguida, a atualidade do estudo. Outra razão foi a equivalência na utilização das palavras "felicidade" e "bem-estar", assim como defendemos haver no constitucionalismo brasileiro e na Constituição Federal de 1988, que trouxe um subsistema constitucional da felicidade baseado na proteção do bem-estar em vários campos da vida. Por fim, a bibliografia utilizada no trabalho. Além de se valerem dos ensinamentos de Carol Graham, cujas contribuições para essa esta obra são inestimáveis, também há fartas referências teóricas da melhor qualidade, a exemplo de Richard Easterlin, Bruno Frey, A. Stutzer, Diener Kahneman, Richard Layard, Joseph Stiglitz e Amartya Sen.[270]

Segundo o Ipea, a pergunta feita aos entrevistados foi quanto ao nível de bem-estar. O Comunicado esclarece:

> A principal ideia é que o conceito de felicidade subjetiva nos possibilitaria captar diretamente o bem-estar humano, em vez de mensurar renda ou outras coisas que não são exatamente o que as pessoas querem ao fim e ao cabo, mas que são, ao contrário, os meios através dos quais se pode conseguir – ou não – usufruir da felicidade.

O Comunicado mostra que a nota média de felicidade brasileira hoje é 7,1, o que nos colocaria em 16º lugar entre 147 países, segundo dados do Gallup World Poll de 2011, demonstrando avanço frente ao 22º lugar entre 132 países em 2006. Em 2010, a felicidade média dos brasileiros era de 6,8. Quanto ao impacto da renda na felicidade, a nota média de satisfação com a vida de quem recebe mais de 10 salários-mínimos é 8,4, contra 6,5 de quem

---

16º lugar entre 147 países pesquisados no Gallup World Poll, que apontava uma felicidade média de 6,8 no Brasil em 2010.

[270] EASTERLIN, Richard A. Does economic growth improve the human lot? Some empirical evidence. University of Pennsylvania, 1974. FREY, B. S.; STUTZER, A. The economics of happiness. Princeton and Oxford: Princeton University Press, 2002. GRAHAM, Carol. The pursuit of happiness: an economy of wellbeing. Brookings Institution Press, 2011. KAHNEMAN, D., DIENER, E.; SCHWARZ, N. (Eds.) Wellbeing: the foundations of hedonic psychology. New York, Russell Sage Foundation, 1999. KAHNEMAN, D., KRUEGER, A. B. Developments in the measurement of subjective wellbeing. Journal of Economic Perspective 20(1) Winter, 2006. LAYARD, R. Happiness: lessons from a new science, Nueva York, Penguin Press. 2005. STIGLITZ, J.; SEN, A. e FITOUSI, Report by the commission on the measurement of economic performance and social progress, 2009. September. 2009.

vive apenas com o mínimo e 3,7 dos sem renda. A região mais feliz do país é o Nordeste, com média de 7,38. Se fosse um país, estaria em 9º lugar no ranking global, entre a Finlândia e a Bélgica. As médias das demais regiões são 7,37 no Centro-Oeste, 7,2 no Sul, 7,13 no Norte e 6,68 no Sudeste.

Analisando os dados do Gallup World Poll de 2006, quanto ao impacto da renda a nível mundial sobre a satisfação com a vida, mostra que "Togo ocupa a lanterninha com 3,2 numa escala de 0 a 10 e a Dinamarca, o ápice com 8,02". O Comunicado Ipea esclarece que "o Brasil está numa posição mais para a nação europeia do que para a africana, atingindo naquele ano 6,64, acima da norma internacional de felicidade dado o seu PIB per capita". Quando se compara pessoas com os mesmos atributos de sexo, idade, estado civil, escolaridade e renda familiar, a felicidade cresce com a renda. Para o Ipea, "a renda familiar é um determinante da felicidade brasileira".[271]

A pesquisa sobre a felicidade no Nordeste mostra uma evolução importante, mas ela não pode ser superestimada e parece que há, sim, um exagero de aspirações na análise do Ipea.

É evidente a ampliação do poder aquisitivo das pessoas da Região Nordeste, mas esse conjunto de bens materiais não é suficiente para manter ascendente o nível de felicidade. O ser humano se adapta e as pretensões se ampliam. O equívoco da análise é remeter ao poder aquisitivo as únicas razões da felicidade e, consequentemente, as razões pelas quais se deve buscar a felicidade. Mesmo preenchidas materialmente as pessoas necessitam, para alcançarem seu pleno desenvolvimento, de outros elementos constitutivos da vida como nos disse Stuart Mill ao falar sobre a liberdade. Outro elemento é a democracia. Viver coletivamente num ambiente no

---

[271] Comunicado do Ipea, nº 158, dez. 2012: "2012: Desenvolvimento Inclusivo Sustentável". Os Comunicados do Ipea têm por objetivo antecipar estudos e pesquisas mais amplas conduzidas pelo Instituto de Pesquisa Econômica Aplicada, com uma comunicação sintética e objetiva e sem a pretensão de encerrar o debate sobre os temas que aborda, mas motivá-lo. Em geral, são sucedidos por notas técnicas, textos para discussão, livros e demais publicações. Os Comunicados são elaborados pela assessoria técnica da Presidência do Instituto e por técnicos de planejamento e pesquisa de todas as diretorias do Ipea. Desde 2007, mais de cem técnicos participaram da produção e divulgação de tais documentos, sob os mais variados temas. A partir do número 40, eles deixam de ser Comunicados da Presidência e passam a se chamar Comunicados do Ipea. A nova denominação sintetiza todo o processo produtivo desses estudos e sua institucionalização em todas as diretorias e áreas técnicas do Ipea.

qual se sabe que a sua opinião é considerada e vale tanto quanto a opinião de qualquer semelhante é outro fato que incrementa a felicidade.

Assim, parece superficial a constatação que o incremento no poder aquisitivo dos nordestinos ampliou a sensação de felicidade das pessoas dessa região do Brasil e que, assim, tudo vai bem. Essa ampliação das condições econômicas deve vir aliada à maior participação nas decisões públicas e maior liberdade, além do combate a inúmeras outras anomalias sociais. Caso não, estamos vendo um mero balão de ensaio. Podemos ilustrar com o que ocorreu com o mundo depois da Segunda Guerra Mundial.

Richard Layard nos diz que apesar de desde a Segunda Guerra Mundial a maior renda nacional ter propiciado certo aumento na felicidade, essa felicidade extra foi anulada pelo maior sofrimento causado por relacionamentos sociais menos harmoniosos. As "tendências à depressão, ao alcoolismo e ao crime são indicações de que a infelicidade aumentou rapidamente no período pós-guerra" – afirma.

Mesmo com os investimentos para a reconstrução dos países derrotados, tivemos depressão, alcoolismo e crime. Os países reconstruídos não podiam opinar nas decisões a serem tomadas quanto aos seus próprios destinos.

Richard Layard dá outro exemplo. Ele lembra que os escravos americanos queriam sua liberdade não porque lhes daria rendas mais altas, mas devido à humilhação de serem escravizados.[272] As escolhas dos seres humanos são a nossa melhor informação acerca do que torna as pessoas felizes. Como ninguém jamais escolhe voluntariamente a escravidão, devemos concluir que os escravos nunca são felizes. O princípio da utilidade, de Jeremy Bentham, quer dizer que "os interesses dos muito impotentes devem ter precedência sobre os interesses dos poucos poderosos". Também que "se um determinado benefício não puder ser provido a todos, então ele deve ser provido a tantas pessoas quantas seja possível".[273]

Nem mesmo pelo prisma econômico os resultados do Ipea acerca da felicidade do Nordeste brasileiro devem se manter. É que, apesar de a aquisição de bens ampliar a sensação de bem-estar, mais adiante a sociedade irá querer mais, como a elevação do próprio status. Rafael DiTella e Robert MacCulloch mostram que a sensação de bem-estar gerada com

---

[272] LAYARD, P. R. G. Felicidade: lições de uma nova ciência. Tradução: Maria Clara de Biase W. Fernandes. Rio de Janeiro: Best Seller, 2008. p. 53.
[273] Apud MULGAN, Tim. Utilitarismo. Tradução: Fábio Creder. Petrópolis: Vozes, 2012, p. 19.

um aumento salarial dura 1 ano, enquanto a gerada pela elevação de status permanece por 5 anos.[274]

Portanto, para que passemos a falar de crescimento e estabilização da felicidade na Região Nordeste do Brasil, o Governo deve se esforçar para, além da ampliação dos intitulamentos econômicos das pessoas, também incrementar o poder de decisão, ampliar o gozo das liberdades, reduzir as desigualdades e assegurar que a rede de segurança social funcionará. Atendidas essas condições, outros caracteres da teoria da felicidade estariam contemplados.

**4.5. O risco das comparações**

Comparações com referenciais distantes da nossa realidade tendem a nos trazer infelicidade. Esse é mais um resultado obtido após a realização de pesquisas por amostragem que demonstram a atualidade de um raciocínio filosófico. Sêneca já dizia: "Nunca serás feliz enquanto te atormentares porque outro é mais feliz".[275] Uma interessante pesquisa foi realizada em Harvard. Os elementos são os seguintes:

> Suponha que lhe pedissem para escolher viver em dois mundos imaginários, onde os preços fossem os mesmos: No primeiro mundo você ganha 50 mil dólares por ano, enquanto as outras pessoas ganham 25 mil (em média); No segundo você ganha 100 mil dólares por ano, enquanto as outras pessoas ganham 250 mil (em média). Qual você escolheria?[276]

A maioria dos estudantes de Harvard respondeu: o primeiro tipo de mundo.

Há muitos casos em que as pessoas melhoraram objetivamente de vida, mas se sentiram subjetivamente piores. Vale citar o exemplo da Alemanha Oriental. Lá, o padrão de vida das pessoas empregadas subiu após 1990, mas o nível de felicidade caiu, pois com a reunificação da Alemanha, os habitantes da Alemanha Oriental começaram a se comparar com os da

---

[274] GRAHAM, Carol. O que nos faz felizes por esse mundo fora. Tradução: Michelle Hapetian. Revisão: Alice Soares. Alfragide: Texto Editores, 2011.
[275] Sêneca, De ira, iii, 30, 3. Mais um clássico.
[276] LAYARD, P. R. G. Felicidade: lições de uma nova ciência. Tradução: Maria Clara de Biase W. Fernandes. Rio de Janeiro: Best Seller, 2008, p. 59.

Alemanha Ocidental, em vez de com os outros países do antigo bloco soviético.[277] Interessante lembrar, nesse aspecto, as lições de Madame du Châtelet, para quem "uma das coisas que mais contribuem para a felicidade é contentar-se com sua situação, e preocupar-se mais com torná-la feliz do que com mudá-la". Quanto ao grande segredo da felicidade, ela diz: "Moderar os desejos e amar as coisas que se possui".[278]

Nos Estados Unidos, a felicidade das mulheres diminuiu em relação à dos homens. Para Layard "talvez agora elas se comparem mais diretamente com os homens do que antes e por isso se concentrem mais nas diferenças ainda existentes".

Outro importante estudo sugere que "se as outras pessoas ganham 1% a mais que você, sua felicidade diminui um terço, tanto quanto aumentaria se você ganhasse 1% a mais". Se a renda de todos aumentasse igualmente, sua felicidade aumentaria, mas apenas dois terços do que aumentaria se apenas sua renda crescesse.[279]

Esse acirramento competitivo está muito ligado à renda – mormente com a consolidação do capitalismo –, e não se verifica em outros valores como, por exemplo, o lazer. Pesquisadores de Harvard apresentaram aos estudantes dois mundos alternativos:

- ✓ Você tem duas semanas de férias e os outros têm uma semana;
- ✓ Você tem quatro semanas de férias e os outros têm oito semanas.

Apenas 20% escolheram o primeiro mundo mostrando que "a maioria das pessoas não tem sentimentos de rivalidade em relação ao lazer".[280]

O que se prova nesse ponto é que as comparações, tão estimuladas em ambientes competitivos, podem trazer uma sensação de frustração e impossibilitar o pleno desenvolvimento da felicidade. A partir do momento em que escolhemos grandes referenciais a serem perseguidos, passamos a

---

[277] LAYARD, P. R. G. Felicidade: lições de uma nova ciência. Tradução: Maria Clara de Biase W. Fernandes. Rio de Janeiro: Best Seller, 2008, p. 63.

[278] DUCHÂTELET, Gabrielle Emilie Tonnerlier de Breteuil, Marquêsa. Discurso sobre a felicidade. Tradução: Marina Appenzeller. São Paulo: Martins Fontes, 2002, pp. 7 e 24.

[279] LAYARD, P. R. G. Felicidade: lições de uma nova ciência. Tradução: Maria Clara de Biase W. Fernandes. Rio de Janeiro: Best Seller, 2008, p. 65.

[280] LAYARD, P. R. G. Felicidade: lições de uma nova ciência. Tradução: Maria Clara de Biase W. Fernandes. Rio de Janeiro: Best Seller, 2008. p. 66.

correr o risco de frustração profunda quando não alcançamos esse objetivo. Por outro lado, mesmo que alcancemos, rapidamente iremos nos adaptar e, então, buscar um outro elemento como meta. Aqui surge, claro, a dúvida sobre se isso, apesar de angustiante, não trazia desenvolvimento ao ser humano e, também, à própria sociedade.

## 5.
# A Declaração de Independência dos Estados Unidos e a felicidade

**5.1. Ambiente**
"Nenhum documento isolado acha-se tão associado àquilo que significa ser um americano" – afirma David Armitage, referindo-se à Declaração de Independência dos Estados Unidos da América. Quanto aos direitos à vida, à liberdade e à busca da felicidade, ele diz que "poucas palavras podem resumir a crença americana de forma tão sucinta".[281]

Os Estados Unidos, envolvidos com as ideias do Iluminismo no século XVIII, se viram diante do desafio de deixar claro à Grã-Bretanha que estavam construindo um novo mundo sobre bases que assegurassem dignidade às pessoas e o direito à busca da felicidade. Na época da Revolução, desejava-se uma organização política da felicidade na qual cada um teria o mesmo direito de ser feliz, pensando e expressando-se livremente. Fica fácil associar tal aspiração aos ideais de Stuart Mill, que defendeu a liberdade como caminho para a felicidade.

Thomas Jefferson aparece como personagem central na introdução do direito à busca da felicidade na Declaração de Independência, fornecendo material investigativo cujos debates ultrapassam dois séculos. Qual o

---

[281] ARMITAGE, David. Declaração de independência: uma história global. Tradução: Angela Pessoa. São Paulo: Companhia das Letras, 2011, p. 16.

sentido da expressão empregada por Jefferson? Qual sua intenção? Qual a sua inspiração? Como o direito à busca a felicidade vem sendo compreendido no contexto dos direitos fundamentais protegidos pela jurisdição constitucional? São muitas as indagações. Não sem razão, Richard Layard diz que "esse nobre ideal impulsionou grande parte do progresso social ocorrido nos últimos duzentos anos, mas nunca foi fácil de aplicar, porque se sabia muito pouco sobre a natureza e as causas da felicidade"[282].

Esse capítulo se propõe a conhecer as razões que levaram Thomas Jefferson a inserir a expressão "busca da felicidade" como um direito inalienável na Declaração de Independência. Em seguida, investigar sua inspiração. Ao final, compreender a influência que a expressão trouxe a outros documentos espalhados pelo mundo.

## 5.2. A personalidade e liderança de Thomas Jefferson

É importante conhecermos um pouco da personalidade de Jefferson.[283] Sabe-se que apreciava vinhos. Sua última correspondência, em 24 de junho de 1826, "foi para um negociante em Baltimore, tratando de um carregamento de vinho francês que acabara de chegar de Marselha, cujas tarifas alfandegárias precisavam ser pagas". Jefferson, no leito de morte, estava preocupado com o estoque da sua adega.[284]

Nasceu episcopal, mas se afastou das convicções teológicas da Igreja, passando a ser simpático ao unitarismo. Sem compor oficialmente tal grupo,

---

[282] LAYARD, P. R. G. Felicidade: lições de uma nova ciência. Tradução: Maria Clara de Biase W. Fernandes. Rio de Janeiro: Best Seller, 2008, p. 19.

[283] Thomas Jefferson nasceu na Virgínia em 13 de abril de 1743, numa família de posses. Estudou na faculdade William and Mary, em Williamsburg. Envolveu-se na política da Virgínia, esteve presente no segundo Congresso Continental, em 1776, e elaborou a Declaração da Independência dos Estados Unidos. Foi diplomata na França (1784-1789) e, em seguida, secretário de Estado dos Estados Unidos até 1794. Era vice-presidente de John Adams em 1796 e, em seguida, presidente, de 1801 a 1809. Fundou a Universidade de Virgínia e projetou sua casa em Monticello. No seu epitáfio, escrito por ele, consta: "Aqui jaz Thomas Jefferson, autor da Declaração de Independência dos Estados Unidos e do estatuto de Virgínia para a liberdade religiosa e pai da Universidade de Virgínia". Faleceu em 4 de julho de 1826. Cambridge Editorial Partnership. Líderes e discursos que revolucionaram o mundo. Tradução: Mayara Fortin e Renato D'Almeida. São Paulo: Universo dos Livros, 2012, p. 43.

[284] J. Jefferson Looney, Thomas Jefferson's last letter, Virgínia magazine of history and biography, 112 (2004), pp. 178-84. Sobre o interesse de Jefferson em vinhos, James M. Gabler, Passions: the wines and travels of Thomas Jefferson (Baltimore, 1995).

estava alinhado com vários de seus preceitos, entre os quais a negação da Trindade e da divindade de Cristo, além da análise cética dos milagres e demais ingredientes sobrenaturais daquele credo. O unitarista Joseph Priestley – peça-chave do Iluminismo inglês –, chegou a dizer que, para Jefferson, ou a religião seria algo racional ou não serviria para nada. Ainda assim, Jefferson confidenciou que "as doutrinas de Jesus são simples e se destinam, todas elas, à felicidade do homem".[285]

A conexão de Jefferson com suas convicções pode ser ilustrada pelas doutrinas de John Locke, de quem era um admirador, para quem "não parece certo avaliar o incessante desejo de felicidade e o constrangimento que ele nos impõe ao agirmos em seu nome como uma restrição da liberdade, ou ao menos não como uma restrição da qual possamos nos queixar". Isso porque "quanto mais inteligente o ser, mais próximo está da infinita perfeição e felicidade de Deus Todo-poderoso, que também tem necessidade de ser feliz". Segundo Locke, "para que nós, míopes criaturas, não nos enganássemos, em nosso estado de ignorância, sobre qual é a verdadeira felicidade, foi-nos dado o poder de suspender qualquer desejo particular e impedir que determine a vontade e nos engaje numa ação".[286]

Thomas Jefferson não parece ter seguido Locke e refreado desejos. Ele teve vários filhos com sua escrava, Sally Hemigs, mas jamais os reconheceu. A paternidade só foi comprovada em 1998 por exames de genética nos descendentes da Sally, até hoje atacados pela família de Jefferson. Sabe-se que o ex-presidente dos Estados Unidos – foi o terceiro – era dono de escravos. Possuía 267 escravos na Virgínia e atuava no tráfico negreiro.[287]

A propriedade de escravos é um fato curioso como componente histórico, principalmente pelo fato de, no Brasil, todos os líderes da conspiração de Minas Gerais serem, também, proprietários de escravos. Em Minas, Joaquim Silvério dos Reis era dono de mais de duzentos escravos. Alvarenga Peixoto tinha 132; José Aires Gomes, 123; Francisco Oliveira Lopes, 69; Padre Correia de Toledo, 32; Cláudio Manuel da Costa, 31. Tiradentes tinha 5 escravos.[288]

---

[285] Jefferson para Benjamim Waterhouse, 26 de junho de 1822. In: Basic writings, p. 774.
[286] Op. cit., p. 273.
[287] HOWELL, Wilbur Samuel. The declaration of independence and eighteenth-century logic, William and Mary Quartely, 3ª ser., 18 (1961), pp. 463-84.
[288] O livro de Tiradentes: transmissão atlântica de ideias políticas no século XVIII. MAXWELL, Kenneth (Coord.). Bruno Carvalho, John Huffman e Gabriel de Avilez Rocha (Orgs.). Tradução:

Jefferson morava em Paris durante a Revolução Francesa. Atraído por ela, acreditou que o terror e as execuções na guilhotina eram aceitáveis em nome do avanço das novas ideias políticas. Para ele, a árvore da liberdade "precisa ser irrigada de tempo em tempo pelo sangue de patriotas e tiranos. É a sua forma natural de crescer".[289]

A razão de Thomas Jefferson ter redigido o texto da Declaração é conhecida: ele tinha uma "canetada magistral". Em 31 de outubro de 1819, escrevendo para William Short, se autointitulou um epicurista e afirmou: "Considero as genuínas (não as supostas) doutrinas de Epicuro, como dotadas de tudo o que há de racional na filosofia moral que Grécia e Roma nos legaram".[290]

A filosofia antipolítica de Epicuro é, em si, uma expressão política, pois ela requer um governo que possa tolerá-la. Era esse o tipo de governo que Jefferson sustentava. Ele também se guiava pelo pensamento aristotélico segundo o qual "uma boa vida é aquela vivida em governança pública e uma vida normal é aquela dedicada a promover o bem comum".[291] Para Jefferson, o exercício do governo seria um dever que ele não poderia recusar, nada obstante a sua felicidade residisse em "Monticello, a propriedade de campo do homem civilizado". Thomas Jefferson, citando Sêneca, afirmou que "a felicidade repousa numa base da virtude".

Nesse contexto, há absoluta sintonia entre Jefferson e a observação feita por Hannah Arendt, quando esta recorda que os homens das revoluções tinham tido contato com a 'felicidade pública', e o impacto dessa experiência sobre eles foi muito grande, a ponto "de preferirem praticamente em qualquer circunstância – se a alternativa infelizmente tivesse de ser colocada nesses termos – a liberdade pública em vez das liberdades civis, a felicidade pública em detrimento do bem-estar privado".[292]

---

Maria Lúcia Machado e Luciano Vieira Machado. São Paulo: Penguin Classics Companhia das Letras, 2013, p. 27.
[289] JOHNSON, Paul. A history of the american people. New York: HarperCollins Publishers, 1997, p. 144.
[290] Basic writings, p. 764.
[291] JONES, Howard Mumford. The pursuit of happiness. Ithaca, NY: Cornell Univ. Press, 1953, p. 12-14.
[292] ARENDT, Hannah. Sobre a revolução. Tradução: Denise Bottmann. São Paulo: Companhia das Letras, 2011, p. 180.

Profundamente marcada por um princípio de raiz no direito natural, Jefferson usou "busca da felicidade" ao invés de "propriedade", no texto da Declaração de Independência. Achava que na Declaração só deveria constar direitos naturais e o direito à propriedade não seria um deles.

## 5.3. A felicidade norte-americana no século XVIII: participação política

"A sociedade é produzida por nossas necessidades; o governo, por nossa maldade; a primeira promove a nossa felicidade positivamente, unindo nossas afeições; o último o faz negativamente, limitando nossos maus hábitos. Uma encoraja a inter-relação, o outro cria distinções. A primeira é uma patrona; o segundo, um punidor"[293] – registrou Thomas Paine, deixando claro o modo como via os governos.

Paine, personagem importante na Independência dos Estados Unidos, indagava "como uma linhagem de homens veio ao mundo em uma posição tão acima dos outros, distinta como uma nova espécie, e se significa, para a humanidade, um meio para a felicidade ou para a desgraça". Diante dessa desigualdade gritante, ele entendia que "a felicidade de muitos é viver distante da cena do sofrimento".

Para Thomas Paine, a Independência era o verdadeiro interesse do continente: "Tudo quanto difere disso é mero remendo, incapaz de proporcionar felicidade duradoura".[294] Está feita, com essa declaração, a associação entre felicidade e direitos políticos.

Essa constatação é importante para deixar claro que nos Estados Unidos que antecediam à Declaração de Independência, a felicidade contava com uma forte perspectiva pública, brilhantemente apontada por Hannah Arendt ao afirmar que "as noções revolucionárias de felicidade pública e liberdade política nunca desapareceram totalmente do cenário americano; tornaram-se parte da própria estrutura do corpo político da república".[295]

---

[293] PAINE, Thomas. Senso comum. Tradução: Ricardo Doninelli Mendes. Porto Alegre: L&M Pocket, 2009, p. 11.
[294] PAINE, Thomas. Senso comum. Tradução: Ricardo Doninelli Mendes. Porto Alegre: L&M Pocket, 2009, p. 35.
[295] ARENDT, Hannah. Sobre a revolução. Tradução: Denise Bottmann. São Paulo: Companhia das Letras, 2011, p. 184/185.

## DIREITO À FELICIDADE

Para ilustrar essa compreensão, vale recordar que, em 1764, Benjamin Franklin se correspondeu com um amigo, lançando indagações quanto à felicidade naquele período, nos Estados Unidos. Ele pergunta:

> Quanto você pretende viver? – quer dizer, aproveitar a vida. Quando se retirará em sua vila, dar-se-á repouso, deleite em ver as operações da natureza na criação dos vegetais, ajudá-la em seu trabalho, convidar seus engenhosos amigos para seu convívio, fazê-los felizes com sua conversa e desfrutar deles?[296]

Interessante conhecer a descrição feita por Franklin da vida que levou quando morava na França. Ele cita Epicuro e a felicidade:

> Em um povoado a pouco menos de um quilômetro de Paris, ele caminhava no jardim e jantava fora seis noites por semana (aos domingos ficava em casa e recebia visitantes americanos), ou então brincava com seu neto, Ben. O vovô Ben se orgulhava dessa tranquilidade, desse estilo de vida, como se ele fosse Epicuro ou Petrarca, indicando uma calma produtiva como o segredo para uma vida feliz.

Em 1797, quem escreve é George Washington. Ele diz:

> Estou, mais uma vez, sentado sob minha própria vinha e figueira, e espero passar os dias que me restam, que seguindo o curso natural das coisas, não devem ser muitos (encontrando-me com 66 anos), em calmo retiro, fazendo que as aspirações políticas deem lugar aos prazeres mais racionais de cultivar a terra.[297]

Um ano antes, em 17 de setembro de 1796, George Washington fazia o seu discurso de despedida da presidência dos Estados Unidos. Um dos trechos dizia: "Alguns sentimentos que são resultados de muita reflexão, de não inconsiderável observação, são para mim de suma importância para

---

[296] Franklin para o dr. Forthergill, 1764. In: The writtings of Benjamin Franklin. Ed. Albert H. Smyth. Nova York: Macmillan, 1905-1907, 4:221.
[297] Writings of George Washington. Ed. John C. Fitzpatrick. Washinbgton, DC: GPO, Bicentennial Editions, 1931, 35, 432.

a permanência de vossa felicidade como pessoas". Em seguida, indagou: "Será possível que a Providência não tenha vinculado a felicidade permanente de uma nação com suas virtudes?"[298]

Na mesma linha, Jefferson escreveu o seguinte a um amigo, em 1810:

> Retirei-me em Monticello, onde, no seio da minha família e cercado por meus livros, desfruto do descanso que sempre me foi distante. Minhas manhãs são dedicadas à correspondência. Do desjejum até o jantar, fico em minhas oficinas, em meu jardim, ou andando a cavalo por minhas terras; do jantar até o anoitecer, dedico-me ao lado social e me distraio com amigos e vizinhos; e do momento em que acendo as velas até a hora de dormir, eu leio. Minha saúde está perfeita; minha energia, consideravelmente renovada pela atividade do caminho que escolhi; talvez ela seja tão boa quanto a de todos que estejam chegando aos 67 anos de idade. Converso sobre arados e rastelos, sobre semear e colher com meus vizinhos, e sobre política também, se eles desejarem, com tão pouca reserva quanto a de outro cidadão qualquer, e sinto, afinal, a benção de ser livre para dizer e fazer o que quero, sem ter responsabilidade maiores que qualquer outro mortal. Uma parte de minha ocupação, e de maneira alguma menos prazerosa, é a de dirigir estudos de jovens quando solicitados. Eles se encontram na aldeia vizinha e fazem uso de minha biblioteca e de meus aconselhamentos, e fazem parte de minha sociedade. Ao dirigir o rumo de sua leitura, tendo antes a sua atenção fixada no objetivo maior de toda ciência, a liberdade e a felicidade do homem.[299]

A felicidade de então não consistia, contudo, exclusivamente no repouso tranquilo decorrente da vida boa, cercada das coisas às quais o homem atribui valor. Em seu discurso de posse como presidente dos Estados Unidos, em 4 de março de 1801, Thomas Jefferson falou de felicidade várias vezes. Na primeira oportunidade, disse: Quando contemplo esses objetos transcendentes e vejo a honra, a felicidade e a esperança deste nosso amado país comprometido com essa questão e os auspícios desta época, fico acanhado

---

[298] Cambridge Editorial Partnership. Líderes e discursos que revolucionaram o mundo. Tradução: Mayara Fortin e Renato D'Almeida. São Paulo: Universo dos Livros, 2012, pp. 37-38.
[299] MAIER, Pauline. American scripture: making the declaration of independence. Nova York: Vintage, 1997, p 134.

ao contemplar e modesto perante a magnitude do empreendimento.[300] Em seguida, o então Presidente afirma:

> Reconhecendo e adorando uma Providência dominante, que, por todas as dádivas, prova que se deleita na felicidade do homem aqui e em sua maior felicidade posteriormente – com todas essas bênçãos, o que mais é necessário para fazer-nos um povo feliz e próspero? Ainda outra coisa, concidadãos: um governo sábio e frugal, que deverá impedir os homens de se atacarem mutuamente, deverá deixá-los livres para regular suas próprias buscas de trabalho e desenvolvimento e não deverá tirar da boca do trabalhador o pão por ele ganhado. Essa é a soma de um bom governo, o necessário para fechar o círculo de nossa felicidade.[301]

Ao final, Thomas Jefferson agradece o voto popular e assume o compromisso de servir como "instrumento para a felicidade e a liberdade de todos".

A felicidade nos Estados Unidos do século XVIII não era uma aspiração concentrada na esfera privada. Nada obstante a expressão "busca da felicidade", imortalizada na Declaração de Independência, havia uma consciência de que a felicidade estava também atrelada à esfera pública, por meio da participação na vida política. Essa é a raiz do nosso primeiro viés do direito à felicidade, que é o direito à felicidade pública, consistente em participar de uma vida política de qualidade.

Continuando nossa investigação acerca das acepções iniciais de felicidade pelos norte-americanos, encontramos em Tocqueville a compreensão de que é "uma coisa estranha ver com que espécie de ardor febril os americanos perseguem o bem-estar e como se mostram atormentados sem cessar por um vago medo de não ter escolhido o caminho mais curto que pode levar a ele". Esse modo de buscar a felicidade é descrito da seguinte forma:

> Nos Estados Unidos, um homem constrói com cuidado uma morada para a velhice e vende-a enquanto assentam a cumeeira; planta um pomar e arrenda-o quando ia provar seus frutos; arroteia um campo e deixa a outra a tarefa

---

[300] Cambridge Editorial Partnership. Líderes e discursos que revolucionaram o mundo. Tradução: Mayara Fortin e Renato D'Almeida. São Paulo: Universo dos Livros, 2012, p. 45.
[301] Cambridge Editorial Partnership. Líderes e discursos que revolucionaram o mundo. Tradução: Mayara Fortin e Renato D'Almeida. São Paulo: Universo dos Livros, 2012, p. 47.

de colher as safras. Abraça uma profissão e a abandona. Fixa-se num lugar de onde parte pouco depois, para levar alhures seus desejos cambiantes. Se seus assuntos privados lhe dão algum momento livre, logo mergulha no turbilhão da política. E quando, ao fim de um ano repleto de trabalho, ainda lhes restam alguns instantes de lazer, passeia aqui e ali nos vastos limites dos Estados Unidos sua curiosidade inquieta. Fará também cem léguas em alguns dias para melhor se distrair de sua felicidade. A morte por fim sobrevém e o detém antes que ele tenha cansado dessa busca inútil de uma felicidade completa que sempre lhe foge. De início você fica pasmo contemplando essa agitação singular que fazem tantos homens parecerem felizes no seio mesmo de sua abundância. Mas esse espetáculo é tão velho quanto o mundo; o que é novo é ver todo um povo representá-lo.[302]

A aliança entre felicidade privada e pública nos Estados Unidos também é alvo da atenção de Hannah Arendt, para quem a substituição, por Thomas Jefferson, do termo "felicidade pública" por "busca da felicidade" é algo muito sugestivo, pois esta "provavelmente, era uma variante americana significativa da locução convencional nas proclamações reais, em que 'o bem-estar e a felicidade do nosso povo' significava, explicitamente, o bem-estar privado e a felicidade privada dos súditos do rei".

Hannah Arendt afirma que a Declaração de Independência nos faz ouvir a expressão "busca da felicidade" em seu duplo sentido: o bem-estar privado e o direito à felicidade pública, a busca do bem-estar e ser um participante nos assuntos públicos. Todavia, ela destaca que "a rapidez com que se esqueceu o segundo sentido e com que a expressão passou a ser usada e entendida sem seu adjetivo qualificativo original pode nos dar uma medida para avaliar, tanto na América quanto na França, a perda do significado original e o esquecimento do espírito que se manifestara na Revolução".[303]

A partir daí, Hannah Arendt desenvolve um raciocínio seminal quanto às acepções estadunidenses da felicidade no contexto da Declaração de Independência.

---

[302] TOCQUEVILLE, Alexis. A democracia na América: sentimentos e opiniões de uma profusão de sentimentos e opiniões que o estado social democrático fez nascer ente os americanos. Tradução: Eduardo Brandão. São Paulo: Martins Fontes, 2000, pp. 165-166.
[303] ARENDT, Hannah. Sobre a revolução. Tradução: Denise Bottmann. São Paulo: Companhia das Letras, 2011, p. 178.

O próprio Jefferson não tinha muita certeza a que tipo de felicidade se referia quando apresentou a busca dessa felicidade como um dos direitos inalienáveis do homem" – anota Hannah Arendt, afirmando em seguida que "esse perigo de confundir a felicidade pública e o bem-estar privado já estava presente desde aquela época, embora possamos supor que os delegados da Assembleia ainda nutriam a crença geral dos 'publicistas coloniais, de que 'existe uma ligação indissociável entre virtudes públicas e felicidade pública', e que a liberdade [é] a essência da felicidade.[304]

É muito importante destacar que Thomas Jefferson utilizava, em suas correspondências, a expressão "felicidade pública", não "busca da felicidade". Num documento apresentado à Convenção da Virgínia de 1774, que antecipava em muitos aspectos a Declaração de Independência – ele registrou: "nossos antepassados, quando saíram dos domínios britânicos na Europa, exerceram um direito que a natureza deu a todos os homens, [...] estabelecer novas sociedades, sob leis e regulamentações que lhes pareçam mais adequadas para promover a felicidade pública".[305]

Os habitantes do novo mundo que tiveram a coragem de romper com a Grã-Bretanha buscavam a liberdade que, desfrutada, tornar-se-ia "felicidade pública", consistindo, segundo Arendt, "no direito do cidadão de ter acesso à esfera pública, de ter uma parte no poder público – ser 'um participante na condução dos assuntos', na expressiva formulação de Jefferson". É, noutras palavras, o direito de ser visto em ação na esfera pública.

Thomas Jefferson é claro ao afirmar que "cuidar da vida e da felicidade humanas, e não de sua destruição, constitui o primeiro e único objetivo legítimo do bom governo".[306] Ele destaca uma vantagem dos tempos modernos: "ter descoberto o único processo pelo qual esses direitos podem ser assegurados, a saber: o governo pelo povo, agindo não em pessoa, mas por meio de representantes eleitos pelo próprio povo, isto é, por todo homem

---

[304] ARENDT, Hannah. Sobre a revolução. Tradução: Denise Bottmann. São Paulo: Companhia das Letras, 2011, p. 174.

[305] ARENDT, Hannah. Sobre a revolução. Tradução: Denise Bottmann. São Paulo: Companhia das Letras, 2011, p. 173.

[306] [Aos Cidadãos Republicanos do Condado de Washington, Maryland, Monticello, 31 de março de 1809.] JEFFERSON, Thomas. Escritos políticos [ The political writings of Thomas Jefferson]. Tradução: Leônidas Gontijo de Carvalho. Os Pensadores. São Paulo: Editor Victor Civita, 1973, p. 12.

maduro e são de espírito que contribua, quer com sua bolsa, quer com sua pessoa, para suporte do país".[307] Falava, como se vê, sobre cidadania.

A associação que Thomas Jefferson faz entre felicidade e a política exercida por meio de um processo inclusivo está em suas anotações. Sua crítica à monarquia mostra a vontade de erguer uma República no novo mundo: "É difícil conceber como um povo tão bom, com um rei tão bom, com governantes, em geral, com tão boas disposições, um clima tão ameno, um solo tão fértil, se torne tão ineficaz para produzir a felicidade humana por meio de uma única maldição – a da má forma de governo"[308] – disse.

Ele não critica somente a monarquia. A nobreza e o estado teocrático também são alvos: "Se alguém julga que reis, nobres ou sacerdotes são bons conservadores da felicidade pública, que os envie para cá. (...) Verá, com os próprios olhos, que essas classes de homens constituem uma ameaça à felicidade da massa do povo".[309]

Jefferson persiste em suas palavras críticas às organizações não democráticas presentes nas nações europeias:

> Acreditávamos que a complicada organização de reis, nobres e sacerdotes não era a mais sábia nem a melhor para concretizar a felicidade de homens associados, que a sabedoria e a virtude não eram hereditárias, que os ornamentos de tal maquinismo consumiriam, pelas despesas, os ganhos da indústria que cumpria protegerem e, pelas desigualdades que causaram, expuseram a liberdade a mais pedaços.[310]

Ele, com sabedoria, faz um grande arremate: "Estou convencido de que aquelas sociedades (como os índios) que vivem sem governo desfrutam, em

---

[307] [A Adamantios Coray, Monticello, 31 de outubro de 1823]. JEFFERSON, Thomas. Escritos políticos [The political writings of Thomas Jefferson]. Tradução: Leônidas Gontijo de Carvalho. Os Pensadores. São Paulo: Editor Victor Civita, 1973, p. 14.

[308] JEFFERSON, Thomas. Escritos políticos [The political writings of Thomas Jefferson]. Tradução: Leônidas Gontijo de Carvalho. Os Pensadores. São Paulo: Editor Victor Civita, 1973, p. 17.

[309] [A George Whyte, Paris, 13 de agosto de 1786]. JEFFERSON, Thomas. Escritos políticos [The political writings of Thomas Jefferson]. Tradução: Leônidas Gontijo de Carvalho. Os Pensadores. São Paulo: Editor Victor Civita, 1973, p. 18.

[310] [A William Johnson, Monticello, 12 de junho de 1823]. JEFFERSON, Thomas. Escritos políticos [The political writings of Thomas Jefferson]. Tradução: Leônidas Gontijo de Carvalho. Os Pensadores. São Paulo: Editor Victor Civita, 1973, p. 26.

sua massa geral, de um grau infinitamente maior que aqueles que vivem sob governos europeus".[311]

Thomas Jefferson compreende que em governos em que a vontade de cada um tem justa influência, "a massa de homens sob ele desfruta de um precioso grau de liberdade e felicidade".[312] Essa abertura que ele dá à liberdade e à participação popular jamais se mostraria tão atual como hoje. Jefferson, seguindo seus princípios mais arraigados, abria caminho para a base democrática sobre a qual boa parte das nações se estrutura atualmente. Ele se agradava em saber que os princípios republicanos predominavam em alguns Estados: "porque realmente acredito em que governos neles fundados são mais afeiçoados à felicidade do povo em geral, especialmente de um povo tão capaz de autogovernar-se, como é o nosso"[313] – registrou.

É claro que derrubamos um mito. Parece senso comum afirmar que nos Estados Unidos a expressão busca da felicidade simboliza uma aspiração liberal no sentido de que o Estado não deve atuar em esferas próprias aos particulares. Pelo que vimos, isso não é verdade. Quando Thomas Jefferson falava de felicidade ele pretendia ver consagrada uma nação na qual pessoas livres tivessem o direito de participar ativamente das decisões públicas, ou seja, que se envolvessem com o funcionamento do Estado. Exatamente o contrário de se supor que o que estava sendo defendido era um distanciamento entre Estado e população.

Hannah Arendt, nessa linha, afirma que isso "não se confunde com os direitos reconhecidos dos súditos de ter a proteção do governo na busca de sua felicidade privada, mesmo contra o poder público". Para a Filósofa, "o próprio fato de escolher a palavra 'felicidade' para designar uma parcela do poder público indicava incisivamente que, antes da revolução, existia no país uma 'felicidade pública', e que os homens sabiam que não poderiam

---

[311] [A Edward Carrington, Paris, 16 de janeiro de 1787]. JEFFERSON, Thomas. Escritos políticos [The political writings of Thomas Jefferson]. Tradução: Leônidas Gontijo de Carvalho. Os Pensadores. São Paulo: Editor Victor Civita, 1973, p. 19.

[312] [A James Madison. Paris, 30 de janeiro de 1787]. JEFFERSON, Thomas. Escritos políticos [The political writings of Thomas Jefferson]. Tradução: Leônidas Gontijo de Carvalho. Os Pensadores. São Paulo: Editor Victor Civita, 1973, p. 19-20.

[313] [A David Howell, Monticello, 15 de dezembro de 1810]. JEFFERSON, Thomas. Escritos políticos [The political writings of Thomas Jefferson]. Tradução: Leônidas Gontijo de Carvalho. Os Pensadores. São Paulo: Editor Victor Civita, 1973, p. 35.

ser totalmente 'felizes' se sua felicidade se situasse e fosse usufruída apenas na vida privada".[314]

Thomas Jefferson, com sua sabedoria, fundou as bases do que viemos a chamar, hoje, de direito à felicidade pública, ou seja, o direito que os cidadãos têm de serem vistos em ação no que diz respeito às decisões públicas que lhes afetam.

### 5.4. A influência de George Mason

Enquanto Thomas Jefferson se debruçava sobre a redação da Declaração de Independência, a Convenção Constitucional do Estado da Virgínia adotava, em 12 de junho de 1776, a Declaração dos Direitos da Virgínia, de George Mason, seu amigo. A expressão "busca da felicidade", da Declaração de Independência dos Estados Unidos, não é de autoria de Jefferson. Sua origem vem de Mason, um fervoroso seguidor desse ideal, que se recusava a sair da sua propriedade de campo. Ele pretendia que a expressão constasse da Constituição dos Estados Unidos, mas isso jamais aconteceu.

A Declaração de Direitos de Virgínia trouxe a busca da felicidade como um direito devidamente protegido. Na seção 1 registrou "perseguir e obter felicidade":

> Que todos os homens são por natureza igualmente livres e independentes e têm certos direitos inerentes, dos quais, quando entram em um estado da sociedade, eles não podem, por qualquer acordo privar ou despojar sua posteridade, ou seja, o gozo de vida e à liberdade, com os meios de adquirir e possuir propriedade e perseguir e obter felicidade e segurança.[315]

Além de promover uma aliança entre o direito natural de perseguir e obter a felicidade e a segurança, a vida e a liberdade, ele o fez quanto à propriedade. Anteriormente, em seu Direitos das Colônias Britânicas (1764), James Otis já afirmava que o propósito de um governo é "assegurar segurança, o gozo tranquilo e feliz da vida, da liberdade e da propriedade".

---

[314] ARENDT, Hannah. Sobre a revolução. Tradução: Denise Bottmann. São Paulo: Companhia das Letras, 2011, p. 173
[315] MASON *apud* JONES. Pursuit of happiness, p. 12. Sobre o conhecimento de Jefferson a respeito do texto de Mason sobre a Declaração dos Direitos da Virgínia e sua relação com a Declaração de Independência, veja: Pauline Maier, American scripture: making the Declaration of Independence. Nova York: Vintage, 1997, pp. 125-134.

Segundo resoluções de 14 de outubro de 1774, os colonos tinham "direito à liberdade de vida e propriedade". Dois meses depois, o Comitê de Correspondência, em Boston, consignou: "Temos direito à liberdade de vida e os meios de substância".

Quanto à Declaração de Direitos da Virgínia, o projeto inicial do texto, de autoria de Mason, continha quatorze artigos. Dois artigos foram inseridos posteriormente. Desde o rascunho já se falava da felicidade e esse comando não sofreu nenhuma emenda, tendo se mantido do início ao final das negociações políticas que culminaram com a aprovação da Declaração. Enquanto Mason usava a expressão "procurar obter a felicidade", Jefferson ficou com "direito à busca da felicidade".

É importante que tenhamos contato com a realidade política que permeava a América no período antecedente à aprovação da Declaração. A Virgínia, o ente mais poderoso da Confederação, assumia um papel de liderança no processo de resistência contra a Inglaterra que culminou com a própria Revolução. A Declaração de Direitos da Virgínia ampliou a visão dos direitos dos cidadãos, tendo sido imitada por outras colônias, se tornando a base do Projeto de Lei Federal dos Direitos e, ao final, introduzida na Declaração de Independência.

Para Garry Wills, a utilização, por Jefferson, do direito à busca da felicidade correlacionando-o com a vida e a liberdade não corresponde a uma ação vaga, idealista ou mal pensada. Tem-se "uma ação consistente, como todo o resto que ele escreveu em a Declaração de Independência e fora dela".[316]

O ideal do direito à busca da felicidade começou a surgir em conexão com o princípio do governo, dentro de uma perspectiva do direito natural. Essa expressão retrata a visão de Jefferson acerca da função do Estado na vida das pessoas, pois rejeita a ideia de que os direitos civis teriam índole meramente negativa, ou seja, conferidos aos cidadãos para que não sofram usurpações por parte do Estado ou de outros cidadãos.

Quando Jefferson insere o direito à busca da felicidade na Declaração de Independência, ele deixa gravada sua visão segundo a qual o aparelho do Estado deve se empenhar em auxiliar os cidadãos na tarefa de obtenção de seus desejos. Isso abre porta para o que atualmente se denomina 'mínimo existencial', pois conduz ao entendimento de que muitos serão

---

[316] WILLS, Garry. Inventing America: Jefferson's declaration of independence. Garden City: Doubleday, 1978.

impedidos de alcançar o máximo de felicidade, mas os menos afortunados podem obter mais do que o mínimo.

## 5.5. A inspiração de John Locke

Entre os grandes pensadores, John Locke foi o que mais influenciou os pais fundadores da Constituição americana, incluindo Jefferson e Mason. Locke também se valia da palavra busca (*pursuit*). Jefferson afirma:

> Sem pretender originalidade de princípios ou sentimentos, e sem tampouco copiar algum outro texto já escrito, a Declaração buscou expressar as ideias americanas, oferecendo à sua publicação o tom e o espírito adequados às necessidades daqueles tempos.
>
> Toda a sua autoridade está, portanto, na harmonização dos sentimentos de então, tais como se manifestassem em conversas, cartas, ensaios impressos e nos livros essenciais sobre direito público, como os de Aristóteles, Cícero, Locke, Sidney etc.[317]

Na obra *Segundo Tratado sobre o Governo*, Locke se vale da expressão: "vida, liberdade e propriedade", e de "vidas, liberdades e fortunas". Não há menções à busca da felicidade, que aparece no *Ensaio sobre o Entendimento Humano*. Para Locke, a liberdade consistia em estar livre do risco da violação dos direitos naturais. A felicidade corresponderia a um judicioso equilíbrio do prazer.

"Se a questão é saber o que move o desejo, eu respondo: felicidade, e somente ela" – registrou John Locke, explicando em seguida que "felicidade e aflição denominam dois extremos cujos limites máximos não conhecemos: são aquilo que os olhos não viram, os ouvidos não ouviram, e o coração do homem não percebeu". Locke destaca, contudo, que "temos impressões muito vivas de seus graus, criadas por muitos exemplos de deleite e alegria, de tormento e pesar". Daí ele simplificar falando de "prazer e dor", explicando da seguinte forma: "Há prazer e dor tanto na mente quando no corpo: cheio de alegrias em tua presença e delícias à tua direita, perpetuamente. Ou, pensando bem, são todos da mente, por mais que alguns venham do pensamento e outros de modificações de movimento".[318]

---

[317] Thomas Jefferson para Henry Lee, 8 de maio de 1825, em Philip S. Foner (Org.). The basic writings of Thomas Jefferson. Nova York: Halcyon House, 1950, p. 802.

[318] LOCKE, John. Ensaio sobre o entendimento humano. Tradução, apresentação e notas: Pedro Paulo Garrido Pimenta. São Paulo: Martins Fontes, selo Martins, 2012, p. 266.

Para Locke, "felicidade é, em plena extensão, o máximo de prazer que somos capazes de sentir, e aflição é o máximo de dor". Ele continua seu raciocínio afirmando que "o grau mais baixo daquilo que se chama felicidade é conforto, sem dor e com prazer, sem o qual ninguém pode estar contente". Deste modo, "sendo prazer e dor produzidos em nós por diferentes graus de operação de certos objetos – seja na mente, seja no corpo –, chama-se bem o que é apto a produzir prazer em nós, e mal o que é apto a produzir dor, e por nenhuma outra razão, que não a aptidão a produzir essas impressões das quais depende nossa felicidade ou nossa aflição". Isso porque, "embora a aptidão a produzir graus de prazer seja em si mesma boa, e a aptidão contrária seja em si mesma má, muitas vezes não as denominamos assim: se uma delas compete com outra maior de mesma sorte, preferimos uma a outra dependendo de seus graus".[319]

Segundo Locke, "assim como a mais alta perfeição da natureza intelectual é a cuidadosa e constante busca da verdadeira e sólida felicidade, também a necessária fundação de nossa liberdade é o cuidado que nos impede de tomarmos por real uma felicidade imaginária". Para ele:

> quanto mais fortes nossos laços com a inalterável busca da felicidade em geral – que, porquanto seja nosso maior bem, é perseguido por nosso desejo –, mais livres estaremos da necessária determinação de nossa vontade a uma ação particular e da observância de nosso desejo por um bem particular, que, se parecem preferíveis, é porque ainda não passaram pelo exame que mostra se tender a ser ou são inconsistentes com nossa verdadeira felicidade.[320]

Locke diz ser possível, então, explicar "por que os homens que desejam todos a felicidade, são contrariamente direcionados por suas vontades, preferindo alguns o bem, outros o mal". A explicação é que "suas várias e contrárias escolhas não indicam que nem todos buscam o bem, mas apenas que nem todos consideram boas as mesmas coisas. Essa variedade de propósito mostra como encontram a sua felicidade em coisas diferentes, para as quais escolhem caminhos diferentes". A conclusão é: "restringindo-se

---

[319] LOCKE, John. Ensaio sobre o entendimento humano. Tradução, apresentação e notas: Pedro Paulo Garrido Pimenta. São Paulo: Martins Fontes, selo Martins, 2012, p. 267.

[320] LOCKE, John. Ensaio sobre o entendimento humano. Tradução, apresentação e notas: Pedro Paulo Garrido Pimenta. São Paulo: Martins Fontes, selo Martins, 2012, p. 273/274.

a seu interesse nessa vida, se diferentes homens preferem estudo e conhecimento a falcoaria e caça, ou sobriedade e riqueza a luxo e desperdício, não é porque não almejem a sua própria felicidade, mas sim porque cada um a encontra em coisas diferentes".[321] Vejam que Locke não faz distinções entre os prazeres sádicos e os prazeres virtuosos. Para ele, é admissível que uma pessoa seja feliz caçando animais, numa atividade que, atualmente, poderia ser visa como sádica.

Adiante, seguindo em seu raciocínio, Locke afirma o seguinte:

> diante da perspectiva do estado de perfeita felicidade ou aflição que caberá a todos os homens após esta vida, e que depende do comportamento de cada um nela, os homens mudam inteiramente as medidas de bem e mal que governam sua escolha. E, como os prazeres e dores desta vida não têm nenhuma proporção com a infindável felicidade ou com os requintes de aflição que aguardam a alma imortal numa vida futura, é melhor para os homens preferirem aquelas ações que, estando em seu poder, assegurem a perfeita e duradoura felicidade futura, e não o prazer ou a dor transiente.[322]

Os estudiosos do legado de Thomas Jefferson acreditam que a expressão "busca da felicidade" teria origem em antigas correspondências mantidas com John Locke. Também teria raiz na lei natural da Inglaterra, no século XVIII, inserida na temática de Locke ao tratar sobre o princípio da felicidade. Daí a importância de compreendermos bem essa conexão.

## 5.6. A Declaração de Independência

A Declaração de Independência dos Estados Unidos foi fruto da coragem. Nada mostrava, àquela altura da história, que as pessoas que se lançaram na aventura da independência sairiam vitoriosas em suas aspirações. Não havia nenhuma certeza de que elas ganhariam aquela guerra. O mero ato de assinar a Declaração os transformara em traidores da Coroa, e traição era um crime punido com a execução. Simples assim.

---

[321] LOCKE, John. Ensaio sobre o entendimento humano. Tradução, apresentação e notas: Pedro Paulo Garrido Pimenta. São Paulo: Martins Fontes, selo Martins, 2012, p. 276.

[322] LOCKE, John. Ensaio sobre o entendimento humano. Tradução, apresentação e notas: Pedro Paulo Garrido Pimenta. São Paulo: Martins Fontes, selo Martins, 2012, p. 273/274.

A Declaração de Independência reafirmava que o povo está em seu direito de fundar um novo governo, organizando o poder da forma que mais lhe pareça provável, de assegurar sua segurança e felicidade. O Congresso, todavia, protestou contra o terceiro uso da palavra por Jefferson, excluindo "o caminho para a felicidade e a glória está aberto a nós também",[323] das últimas linhas.

Para Jefferson, o objetivo da Declaração não foi encontrar novos princípios, ou novos argumentos, até então nunca pensados. Também não foi apenas dizer coisas boas que nunca tivessem sido ditas antes. O que se pretendeu foi apresentar o bom senso do assunto, "justificando a nossa postura independente tal como nos sentíamos forçados a adotar", registrou Thomas Jefferson.

A história norte-americana registra que a propriedade, de início, estava intrinsecamente ligada à escravidão, razão pela qual, Jefferson, preferindo romper com essa situação, usou "busca da felicidade", valendo-se do direito natural discutido na Inglaterra do século XVIII. Ele queria assegurá-la a todos e, assim, introduziu postulado universal de dimensão semelhante à "liberdade, igualdade e fraternidade" dos franceses, tentou-se alcançar um padrão mínimo de liberdade a todos, onde quer que estivessem. Jefferson rompeu com a doutrina dos direitos de propriedade e forneceu uma visão universal que seria abraçada por todo o mundo até os dias atuais.

Pressões internacionais forçaram-no a publicar uma declaração no início do verão de 1776. A Declaraçao foi impressa pela primeira vez em 05 de julho de 1776, como um panfleto de uma única folha para distribuição e exposição.[324] Segundo David Armitage, no Congresso, 55 representan-

---

[323] LEWIS, Jan. 'Happiness'. In: Jack P. Green e J. R. Pole (Orgs.). The Blackwell Encyclopedia of the American Revolution (Cambridge, Inglaterra: Blackwell, 1994), p. 641. Sobre a discussão da felicidade nos Estados Unidos, veja também Ursula M. Von Eckardt. The pursuit of happiness in the democratic creed: an analysis of Political Ethics. Nova York: Frederick Praeger, 1959.

[324] O impressor dessa versão da Declaração era um irlandês nativo, John Dunlap, de 29 anos, que havia imigrado para a Filadélfia a partir de Tyrone, no condado de Strabane, em 1757 (nota 21 – Dunlap, John (1747-1812). In: John A. Garraty e Mark C. Carnes, Eds, ger., American National Biography, 24 vols. Nova York, 1999, VII, pp. 87-9. Ele imprimiu a maior parte das cópias em papel holandês, transportado pela Inglaterra – a origem de grande parte do papel das colônias desse período. A prensa tipográfica e os tipos que empregou provavelmente também haviam sido importados da Grã-Bretanha. Nota 22 – Frederick R. Goff, The John Dunlap Broadside: The first priting of the declaration of independence. Washington, 1976, pp. 9-10 (observe-se que doze das dezessetes cópias examinadas foram impressas em papel holandês), pp. 11 e 14;

tes – "nove dos quais nascidos na Inglaterra ou na Irlanda, e mais de uma dezena deles educada fora das colônias (na Inglaterra, na Escócia e na França)", assinaram o exemplar original da Declaração. Eles utilizaram "um tinteiro forjado por outro irlandês, Philip Syng Jr., feito de prata, extraída no México e no Peru".[325] Ele destaca que os direitos à vida, à liberdade e à busca da felicidade, "achavam-se estritamente subordinados às reivindicações concernentes aos direitos dos Estados, e assim foram entendidas por seus contemporâneos quando estes se debruçaram sobre as declarações de direitos individuais".[326]

Por fim, a crítica que Amitage traz é a seguinte: "violações de direitos básicos como vida, liberdade e busca da felicidade poderiam justificar a independência somente se fossem apresentadas como equivalentes a 'uma longa série de abusos e usurpações'". Só caso se verificasse essa situação "um povo estaria justificado ao buscar 'estabelecer novos guardiões para sua segurança futura'".[327]

Discorrendo sobre a iniciativa de Jefferson, Hannah Arendt compreende que a lição a tirar é a de que "a tirania impedia a felicidade pública, embora não necessariamente o bem-estar privado, ao passo que uma república concedia a todos os cidadãos o direito de se tornarem 'participantes na condução dos assuntos'; o direito de serem vistos em ação".[328] Para ela:

> a nova fórmula de Jefferson – tão curiosamente ambígua no início, lembrando tanto a segurança das proclamações monárquicas com sua ênfase sobre o bem-estar privado do povo (que implicava sua exclusão dos assuntos públicos) quanto a usual expressão pré-revolucionária da 'felicidade pública' – perdeu quase de imediato esse duplo sentido e passou a ser entendida como o direito

---

John Bidwell, 'Printers' Supplies and Capitalization. In: Hugh Amory e David D. Hall, Eds. A history of the book in America, I: The colonial book in the atlantic world. Cambridge, 2000, pp. 168-71, p. 16

[325] ARMITAGE, David. Declaração de independência: uma história global. Tradução: Angela Pessoa. São Paulo: Companhia das Letras, 2011, pp. 16-17.

[326] ARMITAGE, David. Declaração de independência: uma história global. Tradução: Angela Pessoa. São Paulo: Companhia das Letras, 2011, pp. 20-21.

[327] ARMITAGE, David. Declaração de independência: uma história global. Tradução: Angela Pessoa. São Paulo: Companhia das Letras, 2011, p. 29.

[328] ARENDT, Hannah. Sobre a revolução. Tradução: Denise Bottmann. São Paulo: Companhia das Letras, 2011, p. 176.

dos cidadãos de buscar seus interesses pessoais e, assim, de agir conforme as regras do interesse privado.[329]

A elaboração da expressão "busca da felicidade" na Declaração de Independência não foi algo acidental. Todos aqueles que, de alguma forma, tiveram influência na construção do termo, tinham um forte lastro filosófico, jurídico e político.

### 5.7. As críticas de Jeremy Bentham

Jeremy Bentham, em 1789, atacou a Declaração de Direitos da Virgínia, a Declaração de Massachussets e a Declaração de Independência, afirmando não poder "deixar de lamentar que uma causa tão racional repousasse sobre razões tão mais apropriadas a gerar objeções do que a removê-las?" A Declaração da Virgínia foi considerada por ele "uma mescla de confusão e absurdo, na qual a coisa a ser provada é, desde o princípio, tida como fato consumado".[330]

Para Bentham, "direitos defensáveis podiam derivar apenas de atos positivos de legisladores identificáveis". Essa compreensão do direito coloca Bentham abertamente ao lado dos positivistas. Isso não lhe acarreta nenhum demérito. Todavia, mostra sua dificuldade em compreender direitos naturais. Bentham diz ainda que "se o Congresso Continental fosse reconhecido como órgão executivo legítimo, então sua Declaração poderia ser reinterpretada como um ato positivo no âmbito do direito internacional". Mas isso só ocorreria "se a própria Declaração fosse reconhecida como ato positivo que outorgara o caráter internacional e soberano ao Congresso". Logo, a indagação era: "Como a independência poderia ser declarada, a não ser por um órgão já independente no sentido entendido pela lei das nações?".[331]

Bentham prossegue com suas críticas. Para ele, os direitos à vida, à liberdade e à busca da felicidade, "caso signifiquem alguma coisa, devem

---

[329] ARENDT, Hannah. Sobre a revolução. Tradução: Denise Bottmann. São Paulo: Companhia das Letras, 2011, p. 181-182.

[330] BENTHAM, Jeremy. An introduction to the principles of morals and legislation (1780/89), Ed. J. H. Burns e H. L. A. Hart, Intro, F. Rose. Oxford, 1996, p. 311; The works of Jeremy Bentham. Ed. John Bowring, 11 vols. Edimburgo, 1838-1843, x, p. 63).

[331] ARMITAGE, David. Declaração de independência: uma história global. Tradução: Angela Pessoa. São Paulo: Companhia das Letras, 2011, p. 71.

referir-se ao direito de gozar a vida, gozar a liberdade e de aspirar à felicidade". Em seguida, diz: "eles não percebem, ou não parecem perceber, que nada que possa ser chamado de governo foi, nem nunca poderia ser, em qualquer instância, exercido à custa de um ou outro desses direitos". Bentham entendia que "em todos os casos em que se exerça um governo, um ou outro desses direitos, supostamente inalienáveis, é na verdade, alienado".[332]

Para ele, se o direito de aspirar à felicidade era inalienável, como é que tantos outros de seus concidadãos, "pela mesma injustiça e violência, tornaram-se miseráveis, tendo sua fortuna arruinada, sendo banidos e afastados de familiares e amigos?" Bentham perguntava: "acreditariam eles que são dotados de alguma santidade excepcional, algum privilégio especial, mediante os quais tais coisas lhes são permitidas, mas não são permitidas ao restante do mundo?" O seu último questionamento era o seguinte: Entre os atos de coerção – atos por meio dos quais a vida e a liberdade são extintas e a busca da felicidade é reprimida –, são ilegítimos apenas aqueles sobre os quais sua delinquência se fez recair, e os quais são exercidos por governos regulares, há muito estabelecidos e adaptados?[333]

Bentham também cometeu seus enganos e a doutrina contemporânea sabe disso. Segundo Richard Posner, ele não apreendeu nem a lição positivista da "Revolução Americana – as possibilidades de institucionalização de um equilíbrio pluralista de poderes – nem a lição negativa da Revolução Francesa – os perigos do jacobinismo".[334]

Percebe-se que o pai do utilitarismo realmente não estava de acordo com a Declaração de Independência dos Estados Unidos. Todavia, também fica claro que a maioria das suas críticas foi derrubada pela história. Bentham, nesse ponto, se enganou completamente e suas críticas se perderam no tempo.

---

[332] BENTHAN, Jeremy. An introduction to the principles of morals and legislation (1780/89). Ed. J. H. Burns e H. L. A. Hart, Intro, F. Rose. Oxford, 1996, p. 311; The works of Jeremy Bentham. Ed. John Bowring, 11 vols. Edimburgo, 1838-1843, x, p. 63, p. 145.

[333] BENTHAN, Jeremy. An introduction to the principles of morals and legislation (1780/89). Ed. J. H. Burns e H. L. A. Hart, Intro, F. Rose. Oxford, 1996, p. 311; The works of Jeremy Bentham. Ed. John Bowring, 11 vols. Edimburgo, 1838-1843, x, p. 63, p. 146.

[334] POSNER, Richard. A problemática da teoria moral e jurídica. Tradução: Marcelo Brandão Cipolla. São Paulo: Editora WMF Martins Fontes, 2012, p. 57.

## 5.8. Os Federalistas

No intervalo entre a Declaração de Independência e a divulgação da Constituição dos Estados Unidos, muito se debateu acerca do modelo ideal de pacto celebrado entre as colônias, se o ideal seria uma confederação (como era) ou a adoção de uma federação. Essa discussão foi imortalizada pelos artigos de *O Federalista*, cujos argumentos lançados ao público muitas vezes diziam respeito à felicidade.

Em *O Federalista nº 1*, de Alexander Hamilton, ao introduzir os dilemas decorrentes da necessidade de escolha entre uma federação ou uma confederação, o autor afirma que o assunto dispensava comentários quanto à própria importância, "incluindo em suas consequências nada menos do que o bem-estar das partes que a compõem". Depois de, no mesmo texto, frisar se tratar de um assunto "de extrema importância para vosso bem-estar", fazendo alusão à necessidade de adoção, por parte da futura federação, de uma Constituição, registra ser este "o caminho mais seguro para vossa liberdade, dignidade e felicidade".[335]

*O Federalista nº 5*, de John Jay, recorda a Rainha Ana, em sua mensagem de 1º de julho de 1706, ao Parlamento escocês, quando fez observações a respeito da importância da União constituída pela Inglaterra e pela Escócia. Ele transcreveu o seguinte trecho da fala da Rainha:

> Recomendamos com a maior veemência que tenhais ponderação e unanimidade nesta grande e pesada tarefa, que a união chegue a uma acertada conclusão, por ser o único meio eficaz de assegurar nossa felicidade, e que decepcione os desígnios de nossos e vossos inimigos, que certamente, nesta oportunidade, empenham o máximo de seus esforços no sentido de impedir ou retardar esta união.[336]

James Madison, em *O Federalista nº 10*, afirmou que a "questão resultante é se repúblicas pequenas são mais propícias do que as grandes à eleição

---

[335] HAMILTON, Alexander; JAY, John; MADISON, James. O federalista. Tradução: Ricardo Rodrigues Gama. Campinas: Russell Editores, 2005, p. 35.
[336] HAMILTON, Alexander; JAY, John; MADISON, James. O federalista. Tradução: Ricardo Rodrigues Gama. Campinas: Russell Editores, 2005, p. 59.

de adequados guardiães do bem-estar público".[337] Em *O Federalista nº 14*, tratou da questão da felicidade da seguinte forma:

> Fechai os ouvidos às vozes falsas que vos dizem que os habitantes da América, unidos como estão por tanto laços de afeto, não podem mais viver juntos como membros da mesma família, não são mais capazes de continuar como guardiães de sua mútua felicidade e deixarão de ser os concidadãos de um grande, respeitável e florescente império.[338]

Madson continuou suas advertências. Ele disse: "A tentativa mais imprudente é a de subdividirmo-nos, sob o pretexto de preservar nossas liberdades e promover nosso bem-estar". Em seguida: "A este denodado espírito a posteridade ficará em débito pela posse, e o mundo pelos exemplos, de números das inovações apresentadas no cenário americano em favor dos direitos privados e da felicidade do homem".

O bem-estar é destacado por Alexander Hamilton em *O Federalista nº 15*, quando afirma: "procurei, meus caros concidadãos, apresentar-vos, sob uma luz clara e convincente, a importância da União para a vossa segurança política e bem-estar". Registra ainda haver "forças para destruir o engodo fatal que durante tanto tempo nos desviou dos caminhos da prosperidade e do bem-estar". Para encerrar, consigna:

> Esta simples proposição nos ensinará o quanto é frágil a esperança das pessoas investidas da autoridade de administrar os assuntos de determinados membros de uma confederação constantemente estarão prontas, com perfeito bom humor e desapaixonado respeito pelo bem-estar público, a executar as resoluções ou decretos da autoridade superior.[339]

Em *O Federalista nº 34*, Hamilton fala que permanecer na situação que estavam equivaleria a "retirar os recursos da comunidade das mãos do que

---

[337] HAMILTON, Alexander; JAY, John; MADISON, James. O federalista. Tradução: Ricardo Rodrigues Gama. Campinas: Russell Editores, 2005, p. 81.
[338] HAMILTON, Alexander; JAY, John; MADISON, James. O federalista. Tradução: Ricardo Rodrigues Gama. Campinas: Russell Editores, 2005, p. 104.
[339] HAMILTON, Alexander; JAY, John; MADISON, James. O federalista. Tradução: Ricardo Rodrigues Gama. Campinas: Russell Editores, 2005, p. 112.

deles necessitam para atender o bem-estar público e entregá-los a outras que talvez não tenham oportunidade ou destino para seu emprego".[340]

James Madison lembra, em *O Federalista nº 41*, que a Constituição proposta trazia o poder "de criar e arrecadar impostos, taxas, deveres e tributos, a fim de pagar as dívidas e prover a defesa comum e o bem-estar geral dos Estados Unidos", correspondendo a uma ilimitada concessão para o exercício de qualquer poder que seja alegado como necessário para a defesa comum ou para o bem-estar geral.[341]

*O Federalista nº 57* diz que "o objetivo de qualquer constituição política é – ou deve ser – antes de tudo escolher como dirigentes as pessoas mais capacitadas para discernir e mais eficientes para assegurar o bem-estar da sociedade".[342]

Já *O Federalista nº 63* fala que contra a força dos representantes diretos do povo, nada se poderá manter, nem mesmo a autoridade constitucional do Senado, mas tal demonstração de esclarecida conduta política e dedicação ao bem-estar limita àquele ramo do Legislativo as afeições e o apoio de todo o conjunto do próprio povo.[343]

Percebe-se, portanto, que o célebre debate entre os federalistas também teve como pano de fundo as concepções de felicidade existentes à época, mostrando a natural e constante associação entre felicidade e a origem do constitucionalismo moderno.

### 5.9. Bill of Rights

Quando James Madison propôs um conjunto de emendas na forma de Declaração de Direitos, a serem anexadas à Constituição dos Estados Unidos, ele associou felicidade com vida, liberdade, propriedade e segurança: O governo é instituído e deve ser exercido em benefício do povo, e consiste no gozo da vida e da liberdade, com o direito de adquirir e usar a propriedade e de, em geral, possuir e obter felicidade e segurança.[344]

---

[340] HAMILTON, Alexander; JAY, John; MADISON, James. O federalista. Tradução: Ricardo Rodrigues Gama. Campinas: Russell Editores, 2005, p. 215.

[341] HAMILTON, Alexander; JAY, John; MADISON, James. O federalista. Tradução: Ricardo Rodrigues Gama. Campinas: Russell Editores, 2005, p. 263.

[342] HAMILTON, Alexander; JAY, John; MADISON, James. O federalista. Tradução: Ricardo Rodrigues Gama. Campinas: Russell Editores, 2005, p. 353.

[343] HAMILTON, Alexander; JAY, John; MADISON, James. O federalista. Tradução: Ricardo Rodrigues Gama. Campinas: Russell Editores, 2005, p. 393.

[344] MADSON *apud* MAIER, p. 21.

Contudo, a Constituição dos Estados Unidos ficou com "propriedade" ao lado da vida e liberdade. A propriedade no século XVIII era um valor associado com a busca da felicidade, ocupando seu lugar ao lado da vida, liberdade e segurança, como direitos básicos merecedores de proteção do governo.

O Bill of Rigths marchou para novos ideais não contemplados até então, daí a busca da felicidade ter ficado de fora. Todas as referências à felicidade foram retiradas dos debates finais sobre a Declaração de Direitos da Constituição.

### 5.10. As Constituições Estaduais

Apesar de não haver qualquer menção expressa à felicidade na Constituição norte-americana, os Estados-membros passaram a introduzir, em suas Constituições, direitos à vida, liberdade e à busca da felicidade. Quase dois terços dos Estados norte-americanos (33) têm o direito à busca da felicidade inserido em suas Constituições.[345]

A primeira Constituição da Virgínia trazia uma proclamação de independência da Grã-Bretanha e uma Declaração de Direitos. Aprovada em 29 de junho de 1776, foi escrita por George Mason, James Madison e Thomas Jefferson, e sofreu poucas modificações até 1830:

> Todos os homens nasceram igualmente livres e independentes; e têm direitos certos, naturais, essenciais e inalienáveis, entre os quais se deve contar o direito de gozar da vida e da liberdade e de as defender; o de adquirir uma propriedade, de a possuir e de a proteger; enfim, o de buscar e de obter sua felicidade e sua segurança.

---

[345] Formulações similares vinculando felicidade, vida, liberdade e propriedade sobreviveram nos textos de numerosas Constituições estadunidenses, inclusive a da Virgínia (1776), Pensilvânia (1776), Vermont (1777), Massachussets (1780) e New Hampshire (1784). As Constituições da Geórgia (1777), Carolina do Norte (1776), Nova Jersey (1776) e Nova York (1777) evocam a felicidade sem qualquer referência à propriedade. ARMITAGE, David. Declaração de independência: uma história global. Tradução: Angela Pessoa. São Paulo: Companhia das Letras, 2011, pp. 331-332. The federal and state constitutions, colonial charters and others organic law of the states, territories, and colonies now or heretofore forming the United States of America. Ed. Francis Newton Thorpe, 7 vols. Washington, 1909, III, p. 1.686 (Maryland); v, p. 2.789 (Carolina do Norte); v, p. 3081 (Pensilvânia); II, p. 778

Há várias disposições na Constituição da Virgínia que tratam sobre a felicidade:

### III

O governo é ou deve ser instituído para a vantagem comum, para a proteção e a segurança do povo, da Nação ou da Comunidade. De todos os diversos métodos ou formas de governo, o melhor é o que pode proporcionar ao mais alto grau a felicidade e a segurança e o que está mais realmente garantido contra o perigo de uma má administração. Portanto, todas as vezes que um governo for insuficiente para cumprir esse objetivo, ou for contrário a ele, a maioria da Comunidade tem o direito indubitável, inalienável e inamissível de o reformar, de o mudar ou de o abolir, da maneira que julgar mais própria para proporcionar a vantagem pública.

### XVII

Um povo não pode conservar um governo livre e a felicidade da liberdade senão por uma adesão firme e constante às regras da justiça, da moderação, da temperança, da economia e da virtude, e por um recurso frequente a seus princípios fundamentais.

### XVIII

A religião ou o culto que é devido ao criador e a maneira de cumprí-lo devem ser unicamente dirigidos pela razão e pela convicção, e jamais pela força ou pela violência; daí se segue que todo homem deve gozar da mais inteira liberdade de consciência, e da liberdade mais inteira também na forma de culto que sua consciência lhe dita; e que não deve ser impedido nem punido pelo magistrado, a menos que, sob pretexto de religião, pertubasse a paz, a felicidade ou a segurança da sociedade. É um dever recíproco de todos os cidadãos praticar a tolerância cristã, o amor e a caridade uns em relação aos outros.

A Constituição de Nova York (1777) cita a Declaração de Independência em seu preâmbulo. Já a de Ohio, no artigo 1º, diz: Todos os homens são, por natureza, livres e independentes, e têm certos direitos inalienáveis, entre os quais os de desfrutar e defender a vida e a liberdade, adquirir, possuir, e proteger a propriedade, e buscar obter felicidade e segurança.

O *Recueil dês loix constitutives dês États-Unis de l'Amérique* (*Recueil*) é a coletânea de leis constitucionais "das colônias inglesas confederadas sob o nome de Estados Unidos da América Setentrional" publicada em Paris, em francês, em 1778, e dedicada a Benjamin Franklin, que chegara a Paris a 21 de dezembro de 1776 para representar o Congresso Continental e para conseguir o apoio da França à Independência. Ela continha os documentos constitucionais fundadores dos Estados Unidos da América: a Declaração de Independência, uma primeira redação dos Artigos de Confederação, um censo das colônias inglesas de 1775, uma lei de navegação, o grau de doutor honoris causa concedido ao general George Washington pela Universidade Harvard e as Constituições de seis dos treze Estados originais americanos: Pensilvânia, Nova Jersey, Delaware, Maryland, Virgínia e Carolina do Sul; traz ainda documentos relativos à Carolina do Sul e Boston.

Benjamin Franklin conhecia o marquês de Condorcet, filósofo e matemático francês que defendia o constitucionalismo e direitos iguais para mulheres e para povos de todas as raças. Condorcet viria a ser um dinâmico apoiador da causa americana na França, comentando os documentos constitucionais publicados no *Recueil*.[346]

Na chamada "Epístola ao Senhor Doutor Franklin", consta: "As leis que reuni pareceram-me um dos mais belos monumentos da sabedoria humana; parecem já fazer a felicidade dos povos que a elas se submeteram".

Há, dentre os documentos mais importantes, uma resolução do Congresso Continental, na verdade, uma resolução congressual de 10 de maio de 1776, que saiu na forma de uma circular supostamente editada por William Dunlap, da Filadélfia, em 1776, e em vários jornais americanos. Foi publicada também em Londres no *Remembrancer*, de John Almon. Segundo Kenneth Maxwell, "alguns membros do Congresso, inclusive John Adams, acreditam que a própria resolução constituía uma Declaração de Independência. Mas muitos membros ainda não estavam preparados para aderir, e foi preciso esperar até julho uma declaração mais explícita".[347]

---

[346] O livro de Tiradentes: transmissão atlântica de ideias políticas no século XVIII. MAXWELL, Kenneth (Coord.). Bruno Carvalho, John Huffman e Gabriel de Avilez Rocha (Orgs.). Tradução: Maria Lúcia Machado e Luciano Vieira Machado. São Paulo: Penguin Classics Companhia das Letras, 2013, pp. 16 e 17.

[347] O livro de Tiradentes: transmissão atlântica de ideias políticas no século XVIII. MAXWELL, Kenneth (Coord.). Bruno Carvalho, John Huffman e Gabriel de Avilez Rocha (Orgs.). Tradução: Maria Lúcia Machado e Luciano Vieira Machado. São Paulo: Penguin Classics Companhia das Letras, 2013, pp. 170-171.

Após iniciar com a expressão formal "As Colônias Unidas Americanas, reunidas em congresso em 15 de maio de 1776", a resolução registra: "Foi resolvido recomendar às respectivas Assembleias das Colônias Unidas, nas quais ainda não haja, até o presente, governo estabelecido para prover as necessidades do país, que adotem tal forma de governo que, na opinião dos representantes do povo, possa melhor contribuir para a felicidade e segurança de seus Comitentes em particular e da América em geral".

Quanto às Constituições estaduais, há o preâmbulo da Constituição da República da Pensilvânia:

> Os objetivos de instituição e da manutenção de todo governo devem ser assegurar a existência do corpo político do Estado, de o proteger e de dar aos indivíduos que o compõem a faculdade de gozar de seus direitos naturais e dos outros bens que o autor de toda existência derramou sobre os homens; e todas as vezes que esses grandes objetivos do governo não são realizados, o povo tem o direito de o mudar por um ato da vontade comum e de tomar as medidas que lhe pareçam necessárias para proporcionar sua segurança e sua felicidade.
>
> Plenamente convencidos de que é para nós um dever indispensável estabelecer os princípios fundamentais de governo mais próprios a proporcionar a felicidade geral do povo deste Estado e de sua posteridade, e a prover aos melhoramentos futuros, sem parcialidade e sem preconceito a favor ou contra nenhuma classe, seita ou denominação de homens particulares, qualquer que seja.

O Capítulo primeiro da Constituição da Pensilvânia traz a "Declaração expositiva dos direitos dos habitantes do Estado da Pensilvânia". O artigo I registra:

> I
> Todos os homens nasceram igualmente livres e independentes; e têm direitos certos, naturais, essenciais e inalienáveis, entre os quais se deve contar o direito de gozar da vida e da liberdade e de as defender; o de adquirir uma propriedade, de a possuir e de a proteger; enfim, o de buscar e de obter sua felicidade e sua segurança.

O artigo V, por sua vez:

V

O governo é ou deve ser instituído para a vantagem comum, para a proteção e a segurança do povo, da Nação ou da Comunidade, e não para o proveito do interesse particular de um único homem, de uma família ou de um conjunto de homens que não são mais que uma parte dessa Comunidade. A Comunidade tem o direito incontestável, inalienável e inamissível de reformar, mudar ou abolir o governo, da maneira que julgar mais conveniente e mais adequada a proporcionar a felicidade pública.

O artigo XV dispõe: Todos os homens têm um direito natural e essencial de abandonar o Estado no qual vivem, para estabelecer-se em um outro que quer recebê-los, ou de formar um Estado novo em regiões vacantes ou em regiões que comprem, todas as vezes em que crêem poder por isso obter a felicidade.

O mesmo se deu com a Constituição de Nova Jersey. Segundo o seu preâmbulo:

> E como, na situação deplorável em que estão atualmente estas colônias, expostas à fúria de um inimigo cruel e inexorável, é absolutamente necessário que haja uma forma de governo, não apenas para a manutenção da boa ordem, mas também para unir mais eficazmente o povo e pô-lo em condição de empregar as suas forças em sua própria indispensável defesa, o Honorável Congresso Continental, Conselho Supremo das Colônias Americanas, advertiu as colônias que ainda não haviam tomado providências de que era tempo de cada uma respectivamente escolher e adotar a forma de governo que lhe parecesse mais própria a fazer sua felicidade e sua segurança particular e a assegurar o bem-estar da América em geral.

Na Constituição do Estado de Delaware encontramos, no artigo III: "Todas as pessoas que professam a Religião Cristã gozarão para sempre e igualmente dos mesmos direitos e privilégios neste Estado, a menos que, sob pretexto de Religião, alguém perturbe a paz, a felicidade ou segurança da Sociedade".

O juramento trazido com a Constituição de Delaware é o seguinte:

> Eu – sustentarei e manterei com todo o meu poder a independência deste Estado, de acordo coma declaração que foi feita pelo honorável Congresso

Continental; e empregarei toda a capacidade que tenho em compor para os habitantes deste Estado o sistema de governo que me parecer mais próprio a proporcionar sua felicidade e a assegurar-lhes o gozo de todos os direitos e de todos os privilégios naturais, civis e religiosos.

O preâmbulo da Constituição de Maryland diz que:

Todas as pessoas revestidas do Poder Legislativo ou do Poder Executivo do governo são os mandatários do público e, como tais, responsáveis por sua condução; em consequência, todas as vezes que o objetivo do governo não é ou é mal cumprido, e a liberdade pública está o resistência contra o poder manifestamente em perigo e todos os outros meios de reparação são ineficazes, o povo tem o poder e o direito de reformar o antigo governo ou de estabelecer um novo; a doutrina de não resistência contra o poder arbitrário e a opressão é absurda, servil e destruidora do bem e da felicidade do gênero humano.

Há a Declaração do Grande Júri do Distrito de George Town, em adesão da cidade de George Town à nova forma de governo, na Carolina Meridional, por ocasião das sessões gerais de paz, reunidas em 6 de maio de 1776. Nela, consta:

I

Quando um povo, sempre submisso e dedicado ao sistema de governo formado para sua felicidade, e sob o qual viveu muito tempo, descobre que, pela baixeza e corrupção de seus administradores, as leis destinadas à manutenção de seus direitos sagrados e inalienáveis são pervertidas em instrumentos sacrílegos de opressão;

É com a mais viva alegria que vimos esta província, outrora feliz, consagrar-se, a despeito de todos os esforços criminosos que fazem seus inimigos britânicos para submetê-la e oprimí-la e enquanto está exposta a todos os horrores da guerra, a perseverar nesse sistema de paz para o qual está armada, formando a Constituição de governo mais equitativa e mais desejável que o espírito humano possa imaginar, para assim convencer o universo da justiça e suas intenções e de sua consideração pelos direitos da humanidade.

A atual Constituição de governo formada pelo último Congresso desta colônia promete a todos os habitantes os felizes efeitos que podem resultar da sociedade. Ela é igual e justa em seus princípios tanto quanto sábia e virtuosa em seus fins. Assim, toda a esperança de liberdade, de segurança e de felicidade futura está assegurada a nós mesmos e à nossa posteridade.

III

Quando refletimos na harmonia geral que reina atualmente nesta parte da colônia e na impressão tão pronta quanto universal que devem produzir os bons efeitos de nosso governo, gabamo-nos de ver esta colônia, objeto de tantas vexações e ultrajes, gozar bem depressa de um Estado de felicidade e de liberdade de que até o presente não tivera nenhuma ideia.

Percebe-se, assim, a influência que a Declaração de Independência teve sobre todas as constituições estaduais espalhadas pelos entes federados nos Estados Unidos.

## 5.11. O legado

Thomas Jefferson deixou um grande legado. Em 1857, Abraham Lincoln disse: "A afirmação de que 'todos os homens são criados iguais' não foi de nenhuma utilidade no sentido de levar a cabo nossa separação da Grã-Bretanha; e foi plantada na Declaração não para isso, mas para uso futuro".[348] Para Lincoln, Jefferson merecia todas as honras, pois mesmo sob pressão concreta de uma luta pela independência nacional por um único povo, "teve a calma, a visão e a capacidade de introduzir, em um documento meramente revolucionário, uma verdade abstrata, aplicável a todos os homens e a todas as épocas".[349]

A impressão que a Declaração de Independência causou a John Adams também foi a melhor possível. Para ele, tratava-se de "ato memorável,

---

[348] LINCOLN, Abraham. Speech at springfield, Illinoi (26 de junho de 1857). In: The collected works of Abraham Lincoln. Ed. Roy P. Basler, 9 vols. New Brunswick, NJ, 1953-1955, II, p. 406. p. 27.

[349] Nota 84, Abraham Lincoln, Speech at springfield, Illinoi (26 de junho de 1857), Lincoln a Henry L. Pierce e outros, 6 de abril de 1859. In: The collected works of Abraham Lincoln. Ed. Roy P. Basler, 9 vols. New Brunswick, 1953-1955, II, p. 407; III, p. 376; Merrill D. Peterson, This grand pertinacity: Abraham Lincol and the declaration of independence. Fort Wayne, 1991; Garry Wills, Lincoln at Gettysburg: the words that remade America. Nova York, 1992, pp. 99-132. pp. 84-85.

por meio do qual [os Estados Unidos] assumiram posição igual entre as nações".[350]

Em 1787, um crítico da realeza francesa, o abade Genty, registrou: "A independência dos anglo-americanos é o acontecimento mais propício a acelerar a revolução que deve trazer felicidade à terra". Para ele, "é no seio dessa república nascente que se acham os verdadeiros tesouros que enriquecerão o mundo".[351]

Na sua última década de vida, Jefferson viu crescer o interesse das pessoas pela Declaração, que passou a ser vista com um exemplo da "boa escrita americana". Em 4 de julho o país homenageia a sua Independência.[352]

A Declaração deixou de ser um símbolo e começou a inspirar o mundo, que passou a tê-la como referência quando da elaborção de declarações de independências de outros Estados.

A Declaração de Independência do povo haitiano, de 1º de janeiro de 1804, diz:

> (...)
> Nativos do Haiti, meu feliz destino me reserva ser um dia a sentinela que deve defender o ídolo ao qual agora fazemos sacrifícios. Envelheci lutando por vocês, por vezes praticamente só; e se tenho sido feliz o bastante para lhes restituir o dever sagrado que me foi confiado, recordem-se que cabe a vocês, no presente, protegê-lo. Ao lutar por sua liberdade, trabalhei por minha própria felicidade: antes que seja consolidada por leis que assegurem as liberdades individuais, seus chefes, que aqui reuni, e eu mesmo devemos-lhes esta última prova de nossa lealdade. (...)
>
> Generais e outros chefes, unam-se a mim pela felicidade de nosso país: é chegado o dia – o dia que perpetuará eternamente nossa glória e independência.
>
> (...)

---

[350] *Apud* ARMITAGE, David. Declaração de independência: uma história global. Tradução: Angela Pessoa. São Paulo: Companhia das Letras, 2011, p. 59.
[351] *Apud* ARMITAGE, David. Declaração de independência: uma história global. Tradução: Angela Pessoa. São Paulo: Companhia das Letras, 2011, p. 19.
[352] MAIER, Pauline. American scripture: making the declaration of independence. Nova York, 1997, pp. 154-208.

Se alguma vez se recusarem ou receberem com queixas as leis que o anjo protetor que guarda seus destinos me irá ditar para sua felicidade, vocês merecerão o destino de um povo ingrato.[353]

Por sua vez, a Declaração Venezuelana de Independência, de 5 de julho de 1811, traz os seguintes trechos exortando a felicidade:

(...)
Sempre surdos aos gritos de nossa justiça, os governos da Espanha empenharam-se em desacreditar em nossos reforços, declarando-nos criminosos e selando com a infâmia e recompensando com o cadafalso e o confisco todas as tentativas que, em diferentes períodos, alguns americanos fizeram pela felicidade de seu país, como aquela que ultimamente nos ditou a nossa própria segurança, para não nos vermos envolvidos na desordem que pressentíamos e sermos conduzidos à horrorosa sorte que vamos já afastar de nós para sempre.

Mas nós, que nos regozijamos por alicerçar nosso proceder em princípios melhores, e que não desejamos estabelecer nossa felicidade sobre a desgraça de nossos semelhantes, consideramos e declaramos nossos amigos, companheiros em nosso destino e partícipes de nossa felicidade, aqueles que, unidos a nós por laços de sangue, língua e religião, sofreram os mesmos males na ordem anterior, desde que reconheçam nossa independência absoluta, deles e de qualquer outro controle estrangeiro, ajudem-nos a sustentá-la com sua vida, sua fortuna e seus juízos, declarando-nos e reconhecendo-nos (assim a todas as demais nações) como inimigos da guerra, e amigos, irmãos e compatriotas da paz.

(...)
Também estamos cientes de que, uma vez podendo superá-los, a vergonhosa submissão a eles seria mais ignominiosa para nós e mais funesta para nossa posteridade do que nossa longa e dolorosa servidão, e que é nosso indispensável dever favorecer nossa preservação, segurança e felicidade, alternando essencialmente todas as formas de nossa constituição anterior.[354]

---

[353] ARMITAGE, David. Declaração de independência: uma história global. Tradução: Angela Pessoa. São Paulo: Companhia das Letras, 2011, pp. 162-163.

[354] ARMITAGE, David. Declaração de independência: uma história global. Tradução: Angela Pessoa. São Paulo: Companhia das Letras, 2011, pp. 167-169.

Há também a Declaração Unânime de Independência elaborada pelos Delegados do Povo do Texas, em 2 de março de 1836, que fala do direito à busca da felicidade nos exatos termos da Declaração de Independência. Vejamos trechos:

> Quando um governo cessou de proteger a vida, a liberdade e a propriedade do povo, do qual derivam seus legítimos poderes, e de promover a felicidade deste povo, motivo pelo qual foi instituído; e longe de ser uma garantia em favor de seus direitos inestimáveis e inalienáveis, torna-se um instrumento nas mãos de governantes perversos para a opressão desse povo.
> (...)
> Quando em consequência de tais atos de malevolência e sequestro por parte do governo, a anarquia prevalece, e a sociedade civil desmembra-se em seus elementos originais, em tal crise, a primeira lei da natureza, o direito de autopreservação, o direito inerente e inalienável do povo de apegar-se aos primeiros princípios e tomar suas questões políticas nas próprias mãos em casos extremos, impõe-se como um direito voltado para si mesmo e um dever sagrado para com a posteridade, de abolir tal governo, e criar outro em seu lugar, planejado para salvá-lo de perigos iminentes, e assegurar seu bem-estar e felicidade.[355]

A Declaração de Independência dos Representantes do Povo da Nação Liberiana, de 16 de julho de 1847, diz: Todo povo tem o direito de instituir um governo, e de escolher e adotar o sistema ou forma de governo que, em sua opinião, cumprirá mais efetivamente tais objetivos e assegurar a sua felicidade, que não interfere com o justo direito de outros.[356]

A Declaração, noutro ponto do seu texto, dispõe que a "Libéria é o lar feliz de milhares – e de milhares que antes eram vítimas amaldiçoadas da opressão".

Por fim, temos a Declaração de Independência da República Democrática do Vietnã, de 2 de setembro de 1945, segundo a qual todos os homens são criados iguais e são dotados "pelo Criador de certos direitos inalienáveis,

---

[355] ARMITAGE, David. Declaração de independência: uma história global. Tradução: Angela Pessoa. São Paulo: Companhia das Letras, 2011, pp. 173-174.
[356] ARMITAGE, David. Declaração de independência: uma história global. Tradução: Angela Pessoa. São Paulo: Companhia das Letras, 2011, p. 179.

entre os quais estão a vida, a liberdade e a busca da felicidade". A Declaração traz em seu texto que essa afirmação imortal "foi feita na Declaração de Independência dos Estados Unidos da América em 1776". Em sentido mais amplo, significa: "todos os povos na Terra são iguais desde o nascimento; todos os povos têm direito de viver, de ser felizes e livres".[357]

Como se percebe, a felicidade consta da temática constitucional desde a Declaração de Independência dos Estados Unidos (1776), até chegar à Organização das Nações Unidas (2011), que aprovou uma resolução indicando que os governos devem elaborar suas políticas visando à felicidade. Daí o Filósofo André Comte-Sponville afirmar que "nos dias atuais, a felicidade não é mais uma promessa nem uma ideia política. Tornou-se um direito e, até mesmo, um dever".[358]

Essa foi a trajetória experimentada nos Estados Unidos na construção do direito à felicidade. Como se viu, uma sucessão de episódios de naturezas variadas que se desenvolveu ao longo da luta norte-americana pela emancipação da Grã-Bretanha. Fica clara a soberba de Jeremy Bentham na sua manifestação a respeito da Declaração: "Como essa declaração pode impactar outros, é fato que desconheço".[359] A história provou o contrário.

---

[357] ARMITAGE, David. Declaração de independência: uma história global. Tradução: Angela Pessoa. São Paulo: Companhia das Letras, 2011, p. 189.
[358] COMTE-SPONVILLE, André; DELUMEAU, Jean; FARGE, Arlette (La plus belle histoire du bonheur). A mais bela história da felicidade: a recuperação da existência humana diante da desordem do mundo. Tradução: Edgard de Assis Carvalho, Mariza Perassi Bosco. Rio de Janeiro: Difel, 2010, p. 14.
[359] ARMITAGE, David. Declaração de independência: uma história global. Tradução: Angela Pessoa. São Paulo: Companhia das Letras, 2011, p. 154.

# 6.
# A Revolução Francesa e a felicidade

## 6.1. Ambiente

Em 1763, o abade de Mably, historiador, jurista e pensador francês, disse haver um desejo insaciável de felicidade, de forma que a única boa política para os homens é a arte de fazê-los felizes. Na França, o século das luzes foi o século dos prazeres. Antes que os jacobinos e girondinos, de 1789, proclamassem o ano I da felicidade política, as pessoas tentaram desfrutar da felicidade misturando "algumas alegrias carnais à efervescente curiosidade intelectual". A felicidade foi, no decorrer dos tempos, representada por várias formas. Além do período helenístico, a França do século XVIII conseguiu reunir elementos uniformes quanto à felicidade. Nesse período, predominou o hedonismo entre algumas classes sociais, voltando-se para qual "tipo de prazer poderia ser mantido mais estavelmente".[360] A Revolução Francesa, assim como a Independência dos Estados Unidos e, como veremos à frente, a Independência do Brasil, carregou como bandeira um compromisso com a felicidade das pessoas, fazendo com que esse ideal se espalhasse por vários países do mundo.

---

[360] COMTE-SPONVILLE, André; DELUMEAU, Jean; FARGE, Arlette (La plus belle histoire du bonheur). A mais bela história da felicidade: a recuperação da existência humana diante da desordem do mundo. Tradução: Edgard de Assis Carvalho, Mariza Perassi Bosco. Rio de Janeiro: Difel, 2010, p. 13.

É importante conhecer como se deu esse movimento e as razões pelas quais se creditou à felicidade tamanho relevo. Assim, poderemos compreender melhor o fenômeno da teoria da felicidade chegando ao Brasil e, consequentemente, às razões pelas quais hoje se debate, mais uma vez, esse assunto.

Segundo Marcelo Figueiredo, a Declaração de Virgínia de 1776 e a francesa de 1789 "são marcos importantes que serviram como propulsores da disseminação e incorporação, nas Constituições da Europa e da América, dos direitos individuais e de suas garantias". Ele afirma que "todo o momento revolucionário, carregado de emoções e ideais, tem características próprias". Para Figueiredo, "com idas e vindas, correntes por todos nós conhecidas, a Revolução Francesa se apresentou com um mosaico de grupos, ideias e tendências sobre o exercício do poder".[361]

Para Eric Hobsbawn, "se a economia do mundo do século XIX foi formada principalmente sob a influência da revolução industrial britânica, sua política e ideologia foram formadas fundamentalmente pela Revolução Francesa".[362]

Difícil enxergar outro movimento tão influente nas bases do constitucionalismo contemporâneo. As mentes da época ofertaram um recado difícil de esquecer: o mundo da justiça é o mundo constitucional e sua finalidade é a felicidade coletiva.

### 6.2. Sintonia com a revolução norte-americana

Nada obstante tenhamos diferenças entre a revolução norte-americana e a francesa, há muitos pontos em comum. Foi em decorrência do apoio que a França deu aos Estados Unidos para a sua independência da Grã-Bretanha que tivemos a bancarrota dos cofres franceses. A estrutura fiscal e administrativa da monarquia francesa estava combalida. As reformas de 1774-1776 fracassaram em grande parte pela oposição dos *parlements*. Por esta razão se diz que a Revolução Americana foi a causa direta da Revolução Francesa.[363]

---

[361] FIGUEIREDO, Marcelo. Teoria geral do estado. São Paulo: Atlas, 2009, p. 15.
[362] HOBSBAWN, Eric J. A era das revoluções, 1789-1848. Tradução: Maria Tereza Teixeira e Marcos Penchel. São Paulo: Paz e Terra, p. 97.
[363] HOBSBAWN, Eric J. A era das revoluções, 1789-1848. Tradução: Maria Tereza Teixeira e Marcos Penchel. São Paulo: Paz e Terra, p. 104.

Georges Lefebvre admite que os Constituintes conheciam a Constituição norte-americana, particularmente a proclamada pela Virgínia, em 10 de maio de 1776. Entre elas e a Declaração de 1789, há identidade de inspiração e conteúdo. Ele recorda que, "desde janeiro de 1789, La Fayette dedicava-se ao seu projeto juntamente de Jefferson; o texto por ele apresentado em 11 de julho à Assembleia Nacional bem como a carta a ela dirigida foram encontrados entre os documentos do embaixador dos Estados Unidos, que os anotou de próprio punho".[364]

Jeremy Bentham, pai da doutrina utilitarista, também via ligação entre as revoluções.[365] Contudo, recusava os direitos naturais como bens protegidos juridicamente. Referindo-se à Declaração de Direitos do Homem e do Cidadão, dizia que atribuir as leis à natureza e extrair direitos naturais de tais leis era um "disparate retórico, um disparate sobre pernas de pau".[366]

É importante deixar claro que o fato de Bentham ser um positivista não quer dizer que ele desconsiderava os direitos fundamentais constitucionalmente protegidos. O que ele negava é que a natureza era fundamento de validade das leis, todavia, não ignorava que, uma vez a Constituição contemplando direitos, eles precisariam ser concretizados. Quando abordarmos a questão da jurisdição constitucional, trataremos de Hans Kelsen e veremos que ele, positivista, foi um defensor dos direitos fundamentais, principalmente das minorias. Não há conexão entre o afastamento de Bentham quanto ao reconhecimentos dos direitos naturais e uma possível negativa de proteção aos direitos fundamentais.

A Revolução Francesa, apesar de contar com elementos distintos da norte-americana, encontrou, nela, uma inspiração. Se revolucionários franceses comentassem que estavam analisando documentos divulgados pelos

---

[364] LEFEBVRE, Georges. 1789. O surgimento da revolução francesa. Tradução: Cláudia Schiling. Rio de Janeiro: Paz e Terra, 1989, pp. 260 e 261.
[365] Jeremy Bentham a John Lind, setembro de 1776, American Declaration Hints B.", BLADD. MS 33551, fols. 359-r-60v. In: The correspondence of Jeremy Bentham, Ed. Ger. Timothy L. S. Sprigge, 12 vols. até o presente (Londres e Oxford, 1968), v. I, pp. 341-4; Douglas J. Long, Bentham on Liberty: Jeremy Bentham's idea of liberty in relation to this utilitarianism (Toronto, 1977), pp. 51-4; HART, H. L. A. The United States of America. In: Hart, essays on Bentham: jurisprudence and political theory (Oxford, 1982), pp. 63-65.
[366] Jeremy Bentham, nonsense upon stilts (1792). In: Bentham, rights, representation, and reform: nonsense upon stilts and other writtings on the french revolution. Ed. Philip Schofield, Catherine Pease-Watkin, and Cyprian Blamires. Oxford, 2002, p. 330.

americanos, a exemplo da Declaração de Independência, pairaria sobre eles suspeitas de insurreição. Temia-se "a destruição da ordem política e diplomática do mundo atlântico".[367]

Enquanto os americanos falavam em "felicidade pública", os franceses falavam em "liberdade pública". Segundo Hannah Arendt, o que era uma paixão e um "gosto" na França era uma experiência concreta na América. Para os americanos, a liberdade pública consistia em participar de assuntos públicos, o que não era um fardo: "ao contrário, proporcionava aos que se encarregavam dela um sentimento de felicidade que não encontrariam em nenhum outro lugar"[368] – registra Hannah.

Hannah Arendt recorda a distinção de Robespierre "entre liberdade civil e liberdade pública", para concluir que "guarda uma visível semelhança com o uso americano, vago e conceitualmente ambíguo, do termo 'felicidade'". Ela desenvolve seu raciocínio afirmando que "antes das duas revoluções, foi em termos de liberdades civis e liberdade pública, de bem-estar do povo e felicidade pública, que os *hommes de lettres* dos dois lados do Atlântico tentaram responder à velha pergunta: qual é o fim do governo?" Para a Revolução Americana, "a questão era se o novo governo devia constituir uma esfera própria para a 'felicidade pública' de seus cidadãos, ou se ele fora concebido apenas para servir e garantir a busca da felicidade privada com mais eficiência do que o antigo regime" – diz Hannah Arendt.

No contexto da Revolução Francesa, "a questão era se o fim do governo revolucionário consistia da instauração de um 'governo constitucional', que acabaria com o reinado da liberdade pública por meio da garantia de direitos e liberdades civis, ou se a revolução, em defesa da 'liberdade pública', deveria se declarar permanente" – esclarece, concluindo o seguinte: "A garantia das liberdades civis e da busca da felicidade privada tinha sido considerada por muito tempo como elemento essencial de todos os governos não tirânicos, em que os governantes governavam dentro dos limites da lei".[369]

---

[367] PALMER, R. R. Palmer. The age of the democratic revolution, 2 vols. Princeton, 1959-1964; ARMSTRONG, David. Revolution and world order: the revolutionary state in international society. Oxford, 1993, caps. 2 e 3; BUKOVANSK, Mlada. Legitimacy and power politics: the american and freench revolution in international political culture. Princeton, 2002, p. 60.

[368] ARENDT, Hannah. Sobre a revolução. Tradução: Denise Bottmann. São Paulo: Companhia das Letras, 2011, p. 163.

[369] ARENDT, Hannah. Sobre a revolução. Tradução: Denise Bottmann. São Paulo: Companhia das Letras, 2011, p. 179-180.

Liberdade pública, nos Estados Unidos, estava ligada à felicidade pública. Em 1772, Joseph Warren conceituou felicidade pública como "fruto do apego virtuoso e inabalável a uma Constituição livre". As revoluções norte-americana e francesa tiveram por inspiração ideias tanto de liberdade pública ou política como de felicidade pública ou política.[370]

### 6.3. A teologia do direito constitucional

A Revolução na França tinha alma constitucionalista: crença no Estado Constitucional e compromisso com a felicidade. O burguês de 1789 não era um democrata, mas um devoto do constitucionalismo, que correspondia a "um Estado secular com liberdades civis e garantias para a empresa privada e um governo de contribuintes e proprietários". Hobsbawn lembra também que "o Rei não era mais 'Luís, pela Graça de Deus, Rei da França e Navarra', mas 'Luís, pela Graça de Deus e do Direito Constitucional do Estado, Rei dos franceses'".[371] A Graça concedida a Luís que o fez ser Rei dos franceses não era devida só a Deus, ela também era oriunda do "glorioso" Direito Constitucional. Sai a monarquia teocrática, entra a monarquia constitucional.

É certeira a consideração de Hobsbawn ao tocar no ponto da associação entre Deus e o Direito Constitucional. A socióloga alemã Ingenborg Maus afirma que a ascensão da jurisdição constitucional confere uma compreensão, por parte da população, com traços de veneração religiosa. Seria a "Teologia da Constituição" ou a "Teologia da Lei Fundamental". Erich Kaufmann, sobre a realidade alemã, afirmou: "com a supressão da monarquia, perdeu-se um símbolo de unidade importante para o povo alemão e, como substitutivo, oferecem-se os direitos fundamentais da nova Constituição – e seus intérpretes, os juízes".[372]

Essa era a atmosfera sobre a qual o constitucionalismo navegava. Não tão diversa da dos dias atuais, como podemos ver.

---

[370] ARENDT, Hannah. Sobre a revolução. Tradução: Denise Bottmann. São Paulo: Companhia das Letras, 2011, p. 168.
[371] HOBSBAWN, Eric J. A era das revoluções, 1789-1848. Tradução: Maria Tereza Teixeira e Marcos Penchel. São Paulo: Paz e Terra, p. 107.
[372] MAUS, Ingeborg. O judiciário como superego da sociedade. Tradução: Geraldo de Carvalho e Gercélia Batista de Oliveira Mendes. Rio de Janeiro: Editora Lumen Juris, 2010.

### 6.4. O projeto constitucional de felicidade

A França vivenciou, como nenhum outro país, uma efervescência intelectual absolutamente voltada para a felicidade. Consta no preâmbulo da Declaração de Direitos do Homem e do Cidadão: "A ignorância, o esquecimento ou o desprezo pelos direitos do homem são as únicas causas da infelicidade e da corrupção dos governos".

Georges Lefebvre recorda que, na terça-feira, 4 de agosto de 1789, a Assembleia reuniu-se às oito horas. O Visconde de Noailles, cunhado de La Fayette, subiu à tribuna: "Com todas as diferenças que existiram entre os representantes da nação, os habitantes do campo puderam conhecer pessoas, autorizadas por eles, que tinham em mente sua felicidade, e pessoas poderosas que se opunham a ela"[373] – registrou.

Marat, no nº 7 do *L'Ami Du peuple*, advertiu: "O pobre povo não morrerá mais de fome [...] Mas essa felicidade se desvanecerá logo como um sonho se não fixarmos em nosso meio a residência da família real até que a Constituição esteja completamente consagrada".[374]

A nova Constituição francesa dava ao povo o sufrágio universal, o direito de insurreição, trabalho ou subsistência, e a declaração oficial de que a felicidade de todos era o objetivo do governo. "Foi a primeira Constituição genuinamente democrática proclamada por um Estado moderno"[375] – afirma Eric Hobsbawn. Segundo o Historiador, cada pessoa procurava aumentar ao máximo suas satisfações e "diminuir seus desprazeres, nisto igual a todos os outros, não reconhecendo limites ou direitos de interferência em suas pretensões". Cada homem era naturalmente possuído de "vida, liberdade e busca da felicidade, como dizia a Declaração de Independência dos Estados Unidos", nada obstante "pensadores liberais mais lógicos preferissem não colocar isso na linguagem dos 'direitos naturais'".[376]

---

[373] LEFEBVRE, Georges. 1789. O surgimento da revolução francesa. Tradução: Cláudia Schiling. Rio de Janeiro: Paz e Terra, 1989, pp. 204 e 205.

[374] MOTA, Carlos Guilherme. 1789-1799: a revolução francesa. São Paulo: Perspectiva, 2007. L'ami du peuple participa da alegria de seus caros concidadãos, mas não se entregará ao sono [...]. In: História da revolução francesa, de Albert Soboul, p. 135.

[375] HOBSBAWN, Eric J. A era das revoluções, 1789-1848. Tradução: Maria Tereza Teixeira e Marcos Penchel. São Paulo: Paz e Terra, p. 121.

[376] HOBSBAWN, Eric J. A era das revoluções, 1789-1848. Tradução: Maria Tereza Teixeira e Marcos Penchel. São Paulo: Paz e Terra, pp. 371 e 372.

A Constituição de 1791, ao tratar do sufrágio, usou a expressão "todos os cidadãos" (art. 6º), contudo, a Assembleia recusara o direito de voto aos cidadãos passivos, isto é, aqueles que não pagavam tributo público de pelo menos o valor de três jornadas de trabalho. Também os norte-americanos ainda não tinham instituído o sufrágio universal.

Paulo Bonavides esclarece que as restrições ao sufrágio, antes que a democracia abrangesse todas as classes, mostra que "a Revolução Francesa não derrogava a totalidade dos privilégios que obstruíam a participação ativa do povo na escolha de seus governantes". Para ele, "as ideias imediatamente vitoriosas, semeadas naquele catecismo político, foram, sobretudo, as de liberdade, e não as de democracia, a menos que se entenda esta num sentido de aplicação restrita".[377]

Robert Mauzi realizou estudos sobre a felicidade no século XVIII. Ele sugere que a definição mais geral de felicidade, que comunicaria *L'esprit du siècle*, seria: "A felicidade é o estado de uma alma que resolveu o antagonismo fundamental entre a tentação da vertigem e o sonho do repouso, entre o movimento e a imobilidade".[378]

Helvétius descreveu os seres humanos como calculadoras de prazer e dor, felicidade e infelicidade. Já o marquês de Chastellux propôs uma ciência da felicidade mensurável, oferecendo "índices de felicidade" para explicar o destino das sociedades. O bispo de Pouilli chegou a falar em um termômetro do espírito. Para o marquês d'Argens, a felicidade verdadeira exige três coisas: "Não ter qualquer acusação criminal contra si; saber como se fazer feliz no estado onde o céu nos colocou e onde somos obrigados a permanecer, e gozar de perfeita saúde".[379]

O pensamento voltado para a felicidade segue o seu curso. O teólogo abade Pluquet, em 1767, à frente da cadeira de filosofia moral no *Collège de France*, publicou livro saudando a "revolução do espírito humano" possível graças à união entre a filosofia, a literatura e os métodos das ciências exatas. Juntos, escreveu ele, os que trabalhavam nestas disciplinas estavam produzindo uma nova ética, que une "o espírito científico e o amor pela

---

[377] BONAVIDES, Paulo. Do estado liberal ao estado social. São Paulo: Malheiros Editores, 2009, p. 68.

[378] MAUZI, Robert. Maintenant sur ma route... (Paradigme, 1994), 19. Ver também Robert Mauzi, L'idèe du bonheur au XVIII siècle. Librairie Armand Colin, pp. 254-255, p. 206.

[379] BOYER, Jean Baptiste. Marquis d'Argens. Sur la vie hereuse (On the happy life). Apud MAUZI, Robert. L'idée du bonheur au XVIII siècle. Genève: Slatkine Reprints, 1979, p. 169.

beleza e permite que uma verdadeira ciência da felicidade seja acessível a toda a humanidade".[380]

Também merece destaque o pensamento de La Mettrie, um crítico do estoicismo, avesso ao sentimento de remorso e um entusiasta da arte de gozar a vida. Frederico II, da Prússia, o abrigou em sua corte de Potsdam.[381] La Mettrie escreveu *O Homem-Máquina*, de 1747, e *Anti-Sénèque*, ou *Discours sur Le Bonheur*, de 1748.

La Mettrie chegou em Paris em 1742, quando passou a frequentar "o círculo de pensadores libertinos, que consistia num agrupamento de livres-pensadores, já organizados desde o século XVII". Eles se apresentavam "como representantes de um movimento de pensamento emancipador, praticando a relativização dos valores, sustentando o agnosticismo, a suspensão do juízo e, inclusive, a recomendação de uma prática de vida pautada na sensibilidade, o que implicava considerações prestigiosas do prazer e da volúpia; além de professarem o materialismo filosófico e o ateísmo". Francisco Verardi Bocca ressalta que "em certos casos, praticavam toda ordem de excessos e depravações". Daí por que "não chegaram a constituir um corpus teórico, e nem mesmo adotado um comportamento homogêneo".[382]

O ópio fabrica a volúpia por demanda e esse estado é entusiasmo, felicidade, alegria, prazer: o ópio proporciona uma suave letargia, próxima do sono, uma felicidade imediata. Ele define o paraíso da máquina, o arrebatamento da alma. Um divino remédio que seria bem mais eficaz que todos os tratados de filosofia. Eis o pensamento de La Mettrie.[383]

Francisco Verardi Bocca afirma ainda que, na defesa da atividade filosófica ou do cultivo do espírito, "La Mettrie sustentou a superioridade do prazer do espírito em relação à vulgaridade dos demais prazeres". Para ele, "a volúpia dos sentidos, por mais digna de adoração e querida que seja [...] tem no seu gozo o seu próprio túmulo". Segundo Bocca, "diferentemente de Sade, ele não demonstrou a intenção de conceder ao prazer sensível a

---

[380] PLUQUET, Abbé. De la sociabilité (Chez Barrois, 1767).
[381] Julien Offray de La Mettrie (nascido em Saint Malo/França em 1709 – falecido em Potsdam/Alemanha em 1751). Em 1747 se exilou na Holanda. Lá escreveu sua obra Discours sur le bonheur, (1748).
[382] BOCCA, Francisco Verardi; ARAÚJO, Arthur (Orgs.) La mettrie – ou filosofia marginal do século XVIII. 1ª ed. Curitiba, PR: CRV, 2013, p. 27.
[383] ONFRAY, Michel. Os ultra das luzes. Tradução: Cláudia Berliner. São Paulo: Editora WMF Martins Fontes, 2012 (Série Contra-história da filosofia; v. 4), p. 106.

oportunidade de apenas sustentar-se como tal. Ainda declarou na mesma dedicatória que mal regrados os prazeres dos sentidos perdem toda a vivacidade e deixam de ser prazeres. Os (prazeres) do espírito assemelham-se a eles até certo ponto. É preciso (saber) suspendê-los para os aguçar". A reflexão e o conhecimento foram alçadas à condição de fonte de um prazer superior, "fonte de todas as felicidades, se não a felicidade mesma".[384]

Há também Pierre Louis Moreau de Maupertius ou, simplesmente, Maupertius, que, com o seu *Essai de philosophie morale* (Ensaio de filosofia moral), fundou o utilitarismo francês. Seu livro existe nove anos antes de *De L'Espirit* (1785), de Helvétius, e vinte e um antes do *Système de La Nature*, de D'Holbach (1770).

Maupertius apresentou o cálculo dos prazeres. Michel Offray afirma que, sobre esse tema, nada mais fácil para os historiadores da filosofia do que:

> Ir buscar uma passagem do abade Trublet extraída de seu Essai sur Divers Sujets de Littérature et de Morale [Ensaio sobre diversos temas de literatura e de moral] (1735), ou a tradução feita por Silhouette do Tratado Matemático sobre a Felicidade de Stillingfleet, ou ainda desenterrar as Características do Homem, de Shaftesbury (1711). Outro falará das "fichas" de Mme. Du Châtelet, do "cálculo natural" de Caraccioli – com a ressalva de que sua Langage de La Raison [Linguagem da razão] data de 1759 e seu Jouissance de Soi [Gozo de si], de 1763... Um último ressaltará que, no Verbete da Enciclopédia intitulado "Cirenaicos" e assinado por um certo Diderot, também encontramos a expressão "cálculo moral".[385]

Segundo Maupertius, com grandeza e duração, define-se a intensidade do prazer. Obtêm-se assim séries dialéticas: grandeza da intensidade e comprimento da duração. O conjunto quantifica o valor do momento feliz ou infeliz: "A avaliação dos momentos felizes ou infelizes é o produto da intensidade do prazer ou da dor vezes a duração".[386]

---

[384] BOCCA, Francisco Verardi; ARAÚJO, Arthur (Orgs.) La mettrie – ou filosofia marginal do século XVIII. 1ª ed. Curitiba, PR: CRV, 2013, p. 30.
[385] ONFRAY, Michel. Os ultra das luzes. Tradução: Cláudia Berliner. São Paulo: Editora WMF Martins Fontes, 2012 (Série Contra-história da filosofia; v. 4), p. 153.
[386] ONFRAY, Michel. Os ultra das luzes. Tradução: Cláudia Berliner. São Paulo: Editora WMF Martins Fontes, 2012 (Série Contra-história da filosofia; v. 4), p. 155.

A sensação permite ter uma ideia do grau de intensidade do gozo experimentado – ou do sofrimento. Com esses instrumentos, a felicidade e a infelicidade tornam-se fáceis de definir. O bem? "A soma dos momentos felizes". O mal? "A soma dos momentos infelizes". A felicidade? "A soma dos bens que restam, depois de retirar todos os males". A infelicidade? "A soma dos males que restam depois de tirar todos os bens".[387] Informado do que são prazer e dor, cada um deve querer sua felicidade e evitar a infelicidade. O bem e o mal não existem no absoluto, mas relativamente a uma situação: tal situação, tal escolha, tal comportamento, tal ato geram um bem, ou um mal, num tempo dado, mais ou menos longínquo, segundo uma intensidade variável, mais ou menos elevada, e por durações também elas variáveis, mais ou menos fortes. Segundo Michel Offray: "Já estamos, de fato, no universo consequencialista do utilitarismo".[388]

Frederico II convidou Maupertius para ir a Berlim transformar a academia de Berlim em rival da sua homóloga parisiense. Em 1740, Maupertius partiu.

Outro pensador a ser conhecido é Claude Adrien Helvétius, que nasceu no mês de janeiro de 1715, ano da morte de Luís XIV.

Sua família abandona o palatinado calvinista por causa dos problemas de religião e se instala na Holanda. Michel Onfray recorda que "o antepassado introduz a ipecacuanha – mais conhecida pelo nome de ipeca –, uma planta brasileira com faculdades expectorantes, eméticas ou vomitivas conforme a dose, na corte do rei da França. Por esse alto feito farmacêutico, o Rei Sol lhe dá em 1690 o título de nobreza e o cargo de inspetor-geral dos hospitais. O pai do filósofo é médico ordinário do rei e primeiro-médico da rainha".[389]

Seus primeiros feitos literários são dedicados à felicidade e ao prazer. Sob forma de alexandrinos, escreve *Le Bonheur* [A felicidade], poema alegórico, *Épître sur Les Arts* [Epístola sobre as artes] e *Épître sur Le Plaisir* [Epístola sobre o prazer]. A obra se situa sob o signo de Voltaire, seu amigo e correspondente.

Esses trabalhos reúnem todas as instituições de sua obra filosófica futura, qual seja, Do Espírito e *Del'Homme* [Do homem]:

---

[387] ONFRAY, Michel. Os ultra das luzes. Tradução: Cláudia Berliner. São Paulo: Editora WMF Martins Fontes, 2012 (Série Contra-história da filosofia; v. 4), p. 155-156.
[388] ONFRAY, Michel. Os ultra das luzes. Tradução: Cláudia Berliner. São Paulo: Editora WMF Martins Fontes, 2012 (Série Contra-história da filosofia; v. 4), p. 156.
[389] ONFRAY, Michel. Os ultra das luzes. Tradução: Cláudia Berliner. São Paulo: Editora WMF Martins Fontes, 2012 (Série Contra-história da filosofia; v. 4), p. 163.

A busca do prazer constitui o móbil de todas as nossas ações, de nossos comportamentos, de nossos pensamentos; age como mola propulsora de toda comunidade, de toda coletividade; o conhecimento desse princípio deve permitir elaborar uma legislação sábia e saudável, útil para realizar a felicidade dos indivíduos e da sociedade; somente a utilidade deve motivar o pensamento e a ação; o despotismo e a superstição são o que há de pior e devem ser evitados ou deles é preciso se desfazer.[390]

Em De L'Homme, Helvétius formula o imperativo utilitarista. O que se deve visar? "A maior vantagem pública, ou seja, o maior prazer e a maior felicidade da maioria dos cidadãos". A verdade? A utilidade pública à qual tudo se deve sacrificar, inclusive, detalhe importante, "o sentimento de humanidade" se necessário.[391] Sendo que a lei é feita tendo em vista o bem público e a felicidade da maioria.

Seu projeto político parece simples: tornar os homens iguais em felicidade. Helvétius acredita nas virtudes do trabalho, da indústria, da iniciativa, da propriedade privada, do comércio, do luxo e das trocas. Como querer uma igualdade das felicidades se antes não forem criadas as oportunidades para a felicidade?[392]

Há infinitas fontes de estudo na literatura francesa sobre a felicidade. O padre jesuíta e cientista, Pierre Teilhard de Chardin, viajou o mundo participando de escavações paleontológicas, deu palestras e escreveu sobre a ciência, sobre a evolução dos seres humanos e sobre o cosmos. Ele refletiu sobre a natureza da felicidade e também sobre a forma pela qual o temperamento e a experiência influenciaram sua percepção.

A Igreja proibiu-o de publicar seus escritos. Numa palestra, em 1943, Sobre a Felicidade[393], Teilhard citou a frase "De vita beata" (Sobre a vida feliz), perguntando o que de fato seria tal vida. Ele apontou três atitudes: a visão cansada e limitada, tal qual o pessimismo de Schopenhauer, mas

---

[390] ONFRAY, Michel. Os ultra das luzes. Tradução: Cláudia Berliner. São Paulo: Editora WMF Martins Fontes, 2012 (Série Contra-história da filosofia; v. 4), pp. 166-167.
[391] ONFRAY, Michel. Os ultra das luzes. Tradução: Cláudia Berliner. São Paulo: Editora WMF Martins Fontes, 2012 (Série Contra-história da filosofia; v. 4), p. 200.
[392] ONFRAY, Michel. Os ultra das luzes. Tradução: Cláudia Berliner. São Paulo: Editora WMF Martins Fontes, 2012 (Série Contra-história da filosofia; v. 4), p. 208.
[393] Réflexions sur le bonheur [Reflexões sobre a felicidade] feita pelo Padre Teilhard de Chardin em Pequim, em 28 de dezembro de 1943.

geralmente apenas busca a tranquilidade que vem ao diminuir as necessidades, sentimentos e desejos; a abordagem do hedonista, ou de quem busca o prazer, apreciando cada momento e cada coisa por si mesmos; e a concepção do entusiasta de viver como uma ascensão e descoberta, para quem "o homem feliz é quem, sem qualquer busca direta pela felicidade, inevitavelmente encontra a alegria como uma bonificação extra enquanto se avança rapidamente para obter a completude e finalidade de seu próprio eu".[394]

Teilhard afirma: "Como todos os seres animados, sem dúvida, o Homem deseja essencialmente ser feliz". Em seguida, indagando o que seria a felicidade, anota: "A esse respeito, as pesquisas, as experiências individuais e coletivas se sucedem, pateticamente, há séculos, sem conseguir alcançar a unanimidade. E, no final das contas, para muitos de nós, a conclusão prática de todos esses debates é que vão procurar mais". Ao final, desabafa: "Já que, infelizmente, não posso lhes dar a felicidade, que ao menos possa ajudá-los a encontrá-la!".[395]

Teilhard de Chardin fala de três felicidades: (i) Felicidade de tranquilidade; (ii) Felicidade de prazer; (iii) e Felicidade de crescimento. Ele as explica da seguinte forma:

> Felicidade de tranquilidade: o homem feliz será o que pensar, sentir e desejar menos. Felicidade de prazer: O objetivo da vida não é agir e criar mas desfrutar. Assim, ainda menos esforço ou apenas o esforço necessário para mudar de taça e licor. O homem feliz será o que souber saborear o mais completamente o instante que tem nas mãos. Felicidade de crescimento: O homem feliz é aquele que, sem buscar indiretamente a felicidade, encontra inevitavelmente a alegria, como um prêmio inesperado, no ato de alcançar a plenitude e ao final de si mesmo, no futuro. Felicidade de tranquilidade, felicidade de prazer, felicidade de desenvolvimento.[396]

---

[394] TEILHARD DE CHARDIN, Pierre. Sur le bonheur, on happiness. Harper & Row, 1973, p. 10.
[395] TEILHARD DE CHARDIN, Pierre. Em outras palavras. Textos escolhidos por Jean-Pierre Demoulin. Tradução: Márcia Valéria Martinez de Aguiar. São Paulo: WMF Martins Fontes, 2006, p. 157.
[396] TEILHARD DE CHARDIN, Pierre. Em outras palavras. Textos escolhidos por Jean-Pierre Demoulin. Tradução: Márcia Valéria Martinez de Aguiar. São Paulo: WMF Martins Fontes, 2006, p. 160 e 161.

Mesmo com a chegada do século XIX, a teoria da felicidade persistia. Charles Fourier disse que "felicidade consiste em ter muitas paixões e muitos meios de satisfazê-las". Ele afirma ainda: "nós temos poucas paixões e mal temos os meios suficientes para satisfazer um quarto delas. É por isso que nosso mundo é no momento um dos mais miseráveis do universo".[397]

A busca francesa por liberdade pressupunha a maximização da felicidade para o maior número de pessoas possível, bem como a diminuição das dores. O que se tem aqui é a proposta de Jeremy Bentham. No liberalismo clássico, os objetivos sociais correspondiam à soma aritmética dos objetivos individuais. A felicidade "era o suprimento objetivo de cada indivíduo; a maior felicidade do maior número de pessoas era claramente o objetivo da sociedade" – diz Eric Hobsbawn. Já Emmanuelle Jouannet afirma que o princípio da utilidade "é bem acolhido na Europa continental do século das Luzes porque ele corresponde perfeitamente à evolução dos costumes da época, dos ideais eudemonistas e das atividades mercantis e econômicas da época".[398]

Essa maturação ideológica, explica o porquê de a França haver divulgado inúmeros documentos alçando a felicidade como objetivo geral do Estado e da Constituição. Em várias temáticas a felicidade apareceu amparada pelo desejo do constitucionalismo.

A Declaração dos Direitos do Homem e do Cidadão, de 26 de agosto de 1789, dispunha que as reivindicações dos cidadãos deveriam se prestar a conservar a Constituição e a felicidade. Robert Owen diz se tratar de uma exortação ao projeto constitucional de felicidade coletiva como compromisso maior do constitucionalismo. Ele afirma que, pela Declaração, "o objetivo primordial e necessário de toda a existência deve ser a felicidade", todavia, "é inútil esperar-se pela felicidade isolada; todos devem compartilhar dela ou então a minoria nunca será capaz de gozá-la".[399]

---

[397] FOURIER, Charles. Théorie dês quatre mouvements et dês destinées générales. Theory of the four movements. Gareth Steadman Jones e Ian Patterson (Orgs.). Cambridge University Press, 1996, p. 95.

[398] Emmanuelle Jouannet é professora da Université Paris I (École de droit de la Sorbonne). Sua área de concentração é o direito internacional. Cf. JOUANNET, Emmanuelle. Le droit international libéral-providence: Une histoire du droit international, Bruylant, 2011 (Collection de droit international, nº 69). O trecho transcrito consta no capítulo V, intitulado "La finalité providentialiste

[399] OWEN, Robert. The book of the new moral world, parte IV, p. 54.

Menos de dois anos depois, a Declaração dos Direitos da Mulher e da Cidadã, de Olympe de Gouges, em setembro de 1791, trouxe, em seu preâmbulo, a determinação de que todas as reclamações das cidadãs deveriam servir para a manutenção "da Constituição, dos bons costumes, e para a felicidade de todos". Ao assegurar os direitos das mulheres, entrelaça Constituição, bons costumes e a felicidade. Para não gerar qualquer dúvida, fala em "felicidade de todos". A felicidade coletiva era o grande projeto constitucional daquela nação e se revestia de matizes universais.

Em 24 de julho de 1793, a Convenção Nacional aprovou a Constituição francesa, tendo como preâmbulo a Declaração dos Direitos do Homem e do Cidadão. O preâmbulo é contundente: "Para que o povo tenha sempre diante dos olhos as bases de sua liberdade e de sua felicidade". O artigo 1º é ainda mais direto: "O objetivo da sociedade é a felicidade comum". A felicidade era a razão de ser daquele movimento constitucional. Para Michel Volelle, "a nova declaração é revolucionária pela atenção que dá àquilo que chamaríamos hoje de direitos sociais no campo material e espiritual: o direito à felicidade comum".[400] A marcha francesa rumo à felicidade atrelada ao constitucionalismo prosseguiu.

Trechos dos relatórios do pensador Saint-Just – para quem a felicidade era uma ideia nova na Europa[401] –, sobre os decretos de 8 e 23 de ventoso do ano II, de 26 de fevereiro e 3 de março de 1794, proclamava que "os infelizes são as forças da terra; eles têm o direito de falar como donos aos governos que os negligenciam". Segundo Volelle, o trecho visava beneficiar os indigentes com o sequestro dos bens dos suspeitos. Ele contextualiza a situação afirmando que tabelas com o recenseamento dos indigentes foram pedidas às comunas, "mas a incerteza da formulação dos termos pelos quais eles seriam 'indenizados', ou a má vontade das autoridades tornaram a medida inaplicável".

Volelle diz que as intenções políticas dos decretos eram "o apogeu de um sonho de política social avançada". Veremos que o sonho dessa política social avançada retornou no século XXI, por meio do então Presidente Nicolas Sarkozy, que criou uma comissão visando a resgatar os ideais de

---

[400] VOLELLE, Michel. A revolução francesa: 1789-1799. Tradução: Mariana Echalar. São Paulo: Editora Unesp, 2012, p. 74.

[401] VOLELLE, Michel. A revolução francesa: 1789-1799. Tradução: Mariana Echalar. São Paulo: Editora Unesp, 2012, p. 113.

felicidade coletiva e tê-los como elementos norteadores de políticas públicas a serem implementadas pelo Governo. O que se percebe é o retorno dos ideais do constitucionalismo francês.

Quando se aboliu a escravatura, na Convenção Nacional, em 4 de fevereiro de 1794, Lacroix (*D'Eure-et Loir*) registrou: "Trabalhando na Constituição do povo francês, nós não dirigimos nosso olhar para os infelizes homens de cor".[402] A invocação à felicidade nas discussões sobre a abolição da escravidão também encontrou eco no Brasil, por meio dos escritos de José Bonifácio Andrada, que havia morado em Paris à época da Revolução. Ele, um abolicionista intransigente, cuidando da realidade brasileira, disse ser tempo "de acabarmos gradualmente até com os últimos vestígios da escravidão, para que venhamos a formar em poucas gerações uma nação homogênea, sem o que nunca seremos verdadeiramente livres, responsáveis e felizes".[403]

Por fim, o ano de 1796 na França deu espaço para a divulgação do Manifesto dos Iguais, escrito por Sylvain Maréchal, que dizia: "Durante quinze séculos viveste escravo e, por isso, infeliz. Há seis anos começaste a respirar à espera da independência, da felicidade e da igualdade". A proposta envolve a independência e a igualdade. Mantém a felicidade no centro das aspirações nacionais. O Manifesto registrava ainda: "teremos essa igualdade real a qualquer preço. Infelizes daqueles que encontrarmos entre elas e nós! Infeliz daquele que opuser resistência a um voto tão pronunciado!".[404]

Fica claro como o constitucionalismo francês se guiou firmemente impregnado pelas mais ousadas aspirações de felicidade.

### 6.5. O constitucionalismo da felicidade acabou?

Há, como se viu, um legado do movimento constitucionalista cujas raízes vêm da Revolução Francesa. Do início ao fim do movimento a preocupação com a felicidade foi sentida em todos os documentos mais importantes

---

[402] VOLELLE, Michel. A revolução francesa: 1789-1799. Tradução: Mariana Echalar. São Paulo: Editora Unesp, 2012, p. 160.

[403] CALDEIRA, Jorge. José Bonifácio de Andrada e Silva, pp. 33-35. MOTA, Carlos Guilherme. José Bonifácio – patriarca da Independência, p. 48. Também em GOMES, Laurentino. 1822: como um homem sábio, uma princesa triste e um escocês louco por dinheiro ajudaram D. Pedro a criar o Brasil, um país que tinha tudo para dar errado. Rio de Janeiro: Nova Fronteira, 2010, pp. 150-151.

[404] VOLELLE, Michel. A revolução francesa: 1789-1799. Tradução: Mariana Echalar. São Paulo: Editora Unesp, 2012.

ao longo da trajetória forjada sob as ideias iluministas. O projeto constitucional tinha um fim específico e esse fim era a felicidade. Não fazia sentido pensar no projeto constitucional afastado dessa bandeira. Esse é o berço do constitucionalismo moderno. A indagação que fica é: O que houve?

Encontramos a resposta em Emmanuelle Jouannet, para quem "a utilidade só começará a ser realmente desprezada na Europa continental a partir do século XIX, particularmente na França, sob a influência de várias ideias, que vão do romantismo às doutrinas sociais". Ela reconhece que, somente no começo do século XX, "florescerão teorias utilitaristas anglo-saxônicas nas quais a utilidade tomará um sentido distanciado de seu sentido original ético de felicidade para identificar-se com as preferências expressadas pelos agentes consumidores".[405]

O século XXI tem início com uma tentativa de resgatar o ideal da felicidade coletiva como propósito primeiro do constitucionalismo contemporâneo na França. Essa iniciativa se deu por duas frentes: Executivo e Judiciário.

À medida que o Poder Executivo se debruçava na compreensão dos indicadores refinados sobre a felicidade coletiva, a jurisdição francesa se abria para o novo horizonte desbravado por todo o mundo e ainda desconhecido para ela.

De uma forma sofisticada, por meio de comissões de notáveis munidos dos mais consistentes estudos acerca da felicidade coletiva como elemento norteador das políticas públicas, a França decidiu se levantar no que diz respeito ao reencontro dela com a bandeira maior do constitucionalismo. Essa aliança entre a teoria da felicidade e a jurisdição é evidente.

Desde 1667, na França, era proibido aos juízes interpretar normas sobre cujo entendimento tivessem dúvidas, devendo, em tal caso, dirigir-se ao monarca, o qual, como autor da lei, era seu guardião e único intérprete. A ideia do monarca ser o guardião da Constituição tinha pressuposto teórico na obra de Benjamin Constant, que desenvolveu a ideia do *pouvoir neutre, intermédiaire e réguleteur* na luta da burguesia francesa por uma Constituição

---

[405] JOUANNET, Emmanuelle. Le droit international libéral-providence: Une histoire du droit international, Bruylant, 2011. Collection de droit international, nº 69. O trecho transcrito consta no capítulo V, intitulado "La finalité providentialiste du droit des gens moderne: Bonheur des peuples et perfectionnement des États".

liberal.[406] Essa ideia foi usada no Brasil pela Constituição do Império, de 25 de março de 1824, que introduziu a figura do poder moderador. O mesmo se deu com a Constituição portuguesa, de 29 de abril de 1826 (artigo 71). Essa limitação, contudo, não existe mais. Um amplo espaço foi aberto para o reencontro entre o constitucionalismo francês e a felicidade.

A jurisdição constitucional experimenta sabores jamais sentidos na França. A Lei de Reforma Constitucional nº 724, de 23 de julho de 2008, que teve por escopo a modernização das instituições da V República, fez a França passar a contar com um sistema repressivo de controle da legislação. Ao lado do artigo 61 da Constituição francesa de 1958, foi adicionado o artigo 61-1, que autoriza o Conselho Constitucional, em face de uma disposição de lei que atente contra os direitos e liberdades que a Constituição garante, e quando provocado pelo Conselho de Estado ou pela Corte de Cassação, a declarar a inconstitucionalidade da norma.[407]

No mesmo ano em que a jurisdição constitucional francesa se moderniza, rompendo com o dogma da soberania do parlamento, o Poder Executivo inicia uma marcha em busca do resgate do ideal da felicidade coletiva como elemento norteador das políticas públicas, mas o faz se valendo de sofisticados mecanismos de pesquisas de amostragem e com a consistente ajuda de estudiosos premiados.

Em fevereiro de 2008, o então Presidente, Nicolas Sarkozy, anunciou uma iniciativa para medir o bem-estar em todo o país, como resultado de provas de que os franceses estão experimentando dificuldade crescente em suas vidas diárias.

A comissão foi presidida por dois Prêmios Nobel, Joseph Stiglitz (Universidade de Columbia e ex-diretor do Banco Mundial) e Amartya

---

[406] VOLELLE, Michel. A revolução francesa: 1789-1799. Tradução: Mariana Echalar. São Paulo: Editora Unesp, 2012, p. 194.

[407] O Conselho Constitucional francês é composto por nove integrantes. O Presidente da República indica três membros; o Presidente da Assembleia Nacional indica outros três; e o Presidente do Senado indica os três restantes. Os ex-presidentes da República francesa têm assento na Corte, na condição de "membros natos". O Presidente é apontado pelo Presidente da República. Não há limite de idade para integrar a Corte e o mandato é, para aqueles que não são membros natos, de nove anos, sendo vedada a renovação. Não se exige nenhuma qualidade universitária ou profissional para ingresso na Corte. Veda-se o exercício de atividade de Ministro de Estado, parlamentar, membro do Conselho Econômico e Social ou dirigente de partido político.

Sen (Universidade Harvard). Também a compôs Jean-Paul Fitoussi, diretor de pesquisa do OFCE e professor emérito do IEP, em Paris. Eles apresentaram um relatório de 291 páginas divididas em três capítulos: (i) Questões clássicas do PIB; (ii) Qualidade de Vida; e (iii) Sustentabilidade do Bem-estar. Segundo Stiglitz, "na história, haverá um antes e um depois deste relatório".[408]

Sarkozy tinha três objetivos: (i) mostrar que as estatísticas atuais refletem mal a realidade da vida cotidiana dos cidadãos; (ii) procurar novas saídas para enfrentar problemas ambientais; e (iii) criar instrumentos de medida mais eficientes para uso do poder público. A ideia da comissão é: integrar indicadores sociais como bem-estar e a qualidade de vida no cálculo da riqueza das nações.

Portanto, após a trajetória do constitucionalismo aparentemente ter esquecido de sua bandeira primeira, o que se presencia na França é um gradual resgate desse ideal, por meio da manutenção do constitucionalismo, mas fiado na crença de que a jurisdição constitucional deve contar com amplo espaço para o seu desenvolvimento. Aliada a isso, temos a postura do Poder Executivo, de se valer de pesquisas para aferir quais políticas públicas causam felicidade ou infelicidade às pessoas, com a intenção de consagrar o bem-estar de todos, postulado clássico que também consta inúmeras vezes na Constituição brasileira de 1988.

---

[408] Disponível em: <http://www.stiglitz-sen-fitoussi.fr/documents/rapport_anglais.pdf >. Acesso em: mar. 2013.

# 7.
# A independência do Brasil e a felicidade

**7.1. Como as revoluções norte-americana e francesa influenciaram a independência do Brasil**

A felicidade foi uma aspiração relevante no início da trajetória brasileira após a sua independência e, em seguida, na sua própria jornada constitucional. Presente nas manifestações da época, simbolizava um bem a ser protegido, tanto quanto o foi na Independência norte-americana e na Revolução Francesa. Temos marcos comuns nos processos políticos voltados para a exortação da felicidade como digna de amparo político e jurídico.

A Independência do Brasil se deu num contexto no qual os governos absolutistas atravessavam crises. Bandeiras burguesas começaram a ser defendidas, tais como: crítica às instituições políticas e religiosas; crença na existência de direitos naturais; defesa das formas representativas de governo; enaltecimento da soberania nacional; afirmação da supremacia das leis; e defesa dos princípios da liberdade e da igualdade.

Os principais protagonistas dos movimentos revolucionários brasileiros do período foram influenciados pelas Revoluções Francesa e Americana. Emília Viotti ilustra esse raciocínio ao afirmar que "o novo instrumental crítico elaborado na Europa na fase que culminou com a Revolução Francesa iria fornecer os argumentos teóricos de que necessitavam as populações coloniais para justificar sua rebeldia."[409]

---

[409] COSTA, Emília Viotti da. Da monarquia à república: momentos decisivos. 9ª ed. São Paulo: Editora Unesp, 2010, p. 28.

A força teórica do movimento brasileiro pela sua independência encontrava combustível nos magistrados, advogados, comerciantes e clérigos

que se inspiravam no exemplo da bem-sucedida luta das colônias inglesas da América do Norte para se tornarem independentes da Grã-Bretanha, nas Constituições dos Estados norte-americanos contidas no Recueil, nas obras de escritores como as do abade Raynal, inclusive sua Revolução da América, e no comentário do abade Mably sobre as Constituições publicadas no Recueil.[410]

Todos esses homens eram bem informados sobre os acontecimentos e possuíam boas bibliotecas. Livros e informações lhes chegavam mais rapidamente do que despachos oficiais enviados através da vagarosa burocracia de Lisboa. A coleção de livros do cônego Vieira continha *Histoire de l'Amérique*, de Robertson, a *Encyclopédie*, além das obras de Bielfeld, Voltaire e Condillac. Cláudio Manuel da Costa era conhecido como tradutor de *A riqueza das nações*. Além do *Recueil*, eles também possuíam comentários de autoria do abade Raynal e do abade Mably sobre as experiências constitucionalistas americanas, inclusive as *Observations sur Le Gouvernement dês États-Unis de l'Amérique*, de Mably.

Segundo Kenneth Maxwell, "homens e ideias começaram a trafegar em ambas as direções, através do Atlântico, entre a França e os Estados Unidos, e envolveram o marquês de Lafayette, Jacques-Pierre Brissot de Warville, Thomas Paine, Benjamin Franklin, John Adams e Jefferson, embora suas interpretações das práticas constitucionais nem sempre coincidissem e houvesse divergências entre eles".[411]

Mesmo censurados, os livros de Rousseau, Montesquieu, Raynal e Mably serviam de base teórica para as discussões dos colonos instruídos. Em Minas Gerais, os autos dos processos da Devassa mostram que as ideias revolucionárias eram definidas como "os abomináveis princípios

---

[410] O livro de Tiradentes: transmissão atlântica de ideias políticas no século XVIII. MAXWELL, Kenneth (Coord.). Bruno Carvalho, John Huffman e Gabriel de Avilez Rocha (Orgs.). Tradução: Maria Lúcia Machado e Luciano Vieira Machado. São Paulo: Penguin Classics Companhia das Letras, 2013, pp. 37-38.

[411] O livro de Tiradentes: transmissão atlântica de ideias políticas no século XVIII. MAXWELL, Kenneth (Coord.). Bruno Carvalho, John Huffman e Gabriel de Avilez Rocha (Orgs.). Tradução: Maria Lúcia Machado e Luciano Vieira Machado. São Paulo: Penguin Classics Companhia das Letras, 2013, pp. 28 e 29.

franceses".[412] Os conspiradores de Minas reconheciam a importância da Revolução Americana porque consideravam os impostos que Portugal lhes cobrava semelhante aos que os britânicos tentavam impor a suas colônias americanas.[413] Havia identidade de ressentimentos.

Tiradentes foi acusado de ter tentado traduzir uma edição francesa da coleção das Leis Constitutivas dos Estados Americanos. Para a Coroa, o Alferes era a vítima ideal, por ser "alguém com todos os ressentimentos de um típico 'revolucionário Francês'".[414] Vicente Vieira da Mota, guarda-livros de João Rodrigues de Macedo, testemunhou que Tiradentes "entrou nela a falar sem reserva que esta Capitania podia viver independente do governo de Portugal; que se tivesse outro governo e fosse uma República, assim como a América inglesa, seria o país mais feliz do mundo"[415] – registra Kenneth Maxwell.

Os inconfidentes também foram acusados de se referirem ao exemplo das colônias americanas que tinham conquistado a liberdade. Constava nos autos que muitos queriam seguir o partido francês. Em 1798, um dos envolvidos na conjura baiana foi acusado de ter concitado a que "todos se fizessem franceses" para viverem em "igualdade e abundância". Chegaram a desejar que os franceses conquistassem a cidade do Rio de Janeiro. Insurgentes inspirados pelas Constituições francesas de 1791, 1793 e 1795 promoveram, em 1817, uma insurreição em Pernambuco. Cruz Cabugá, um dos líderes, havia pendurado nas paredes de sua casa retratos dos principais líderes da Revolução Francesa e da Independência Americana.

Kenneth Maxwell recorda que, na França, Arthur Young encontrou-se com o abade Raynal em Marselha, em setembro de 1789: "Raynal disse a Young ser a situação da França naquele momento muito ruim e que estava

---

[412] COSTA, Emília Viotti da. Da monarquia à república: momentos decisivos. 9ª ed. São Paulo: Editora Unesp, 2010, p. 28.
[413] O livro de Tiradentes: transmissão atlântica de ideias políticas no século XVIII. MAXWELL, Kenneth (Coord.). Bruno Carvalho, John Huffman e Gabriel de Avilez Rocha (Orgs.). Tradução: Maria Lúcia Machado e Luciano Vieira Machado. São Paulo: Penguin Classics Companhia das Letras, 2013, p. 27.
[414] VILLA, Marco Antônio. A história das Constituições brasileiras. São Paulo: Leya, 2011, p. 140.
[415] O livro de Tiradentes: transmissão atlântica de ideias políticas no século XVIII. MAXWELL, Kenneth (Coord.). Bruno Carvalho, John Huffman e Gabriel de Avilez Rocha (Orgs.). Tradução: Maria Lúcia Machado e Luciano Vieira Machado. São Paulo: Penguin Classics Companhia das Letras, 2013, pp. 44 e 45.

convencido da necessidade de uma Câmara Alta no Legislativo e temia 'nada mais que um mero governo democrático', considerado por ele 'uma espécie de ridicularia pública para um reino como a França'". Para Raynal, a Revolução Americana arrastara consigo a França. Young disse-lhe, então, que "uma das experiências mais notáveis e inusitadas na ciência política era um povo perder um império – treze províncias – e com essa perda aumentar sua riqueza, felicidade e poder"[416] – anota Maxwell.

Durante a década de 1780, Raynal influenciou fortemente o pensamento de muitos brasileiros instruídos. Sua *Histoire philosophique et politique dês établissements et du commerce des Européens dans les deux Indes* constituía elemento essencial das maiores bibliotecas particulares do Brasil, e era citada por muitos dos que se inspiravam no exemplo dos Estados Unidos: "Raynal dava um extenso informe sobre o Brasil, desdenhava Portugal, condenava a influência política e econômica britânica e recomendava que todos os portos do Brasil fossem abertos ao comércio com todas as nações"[417] – registra Kenneth Maxwell. Domingos Vidal de Barbosa, graduado em medicina em Bordeaux, mineiro, proprietário de terras em Juiz de Fora, no caminho entre o Rio de Janeiro e Vila Rica, era um vibrante propagandista dos escritos do abade Raynal, de quem recitava trechos de cor.

A Independência do Brasil teve outro importante componente: o contato com as nações independentes por parte dos estudantes brasileiros que iam fazer cursos no exterior e retornavam dispostos a empunhar os ideais revolucionários. Com a efervescência do comércio de ouro, uma elite local se consolidou: "herdeiros de mineradores foram enviados para a Universidade de Coimbra, em Portugal. Vários deles tomaram contato com ideias liberais e republicanas, acompanhando o furor provocado pela Revolução Francesa e pela independência dos EUA", anota Maxwell.

Entre 1772 e 1785, 300 brasileiros tinham se matriculado na Universidade de Coimbra. Outros estavam em escolas francesas ou na faculdade de

---

[416] O livro de Tiradentes: transmissão atlântica de ideias políticas no século XVIII. MAXWELL, Kenneth (Coord.). Bruno Carvalho, John Huffman e Gabriel de Avilez Rocha (Orgs.). Tradução: Maria Lúcia Machado e Luciano Vieira Machado. São Paulo: Penguin Classics Companhia das Letras, 2013, p. 54.

[417] O livro de Tiradentes: transmissão atlântica de ideias políticas no século XVIII. MAXWELL, Kenneth (Coord.). Bruno Carvalho, John Huffman e Gabriel de Avilez Rocha (Orgs.). Tradução: Maria Lúcia Machado e Luciano Vieira Machado. São Paulo: Penguin Classics Companhia das Letras, 2013, p. 32.

medicina de Montpellier. José Bonifácio de Andrada e Silva era um deles. Emília Viotti afirma que "a abertura dos portos, em 1808, e a entrada de estrangeiros em número crescente a partir dessa data, intensificando os contatos entre Europa e Brasil, facilitaram ainda mais a divulgação de ideias revolucionárias". A Historiadora registra o seguinte:

> Em conversas em casas particulares e nas esquinas, nas academias literárias, e científicas ou nas sociedades secretas, analisavam, às vezes superficialmente, os efeitos da Revolução Francesa e comentavam suas leituras, diante de um público curioso que se incumbia de passar adiante, de forma vaga e imprecisa, o que ouvia.[418]

José Álvares Maciel, de 27 anos, filho de abastado fazendeiro e comerciante, capitão-mor de Vila Rica, depois de estudar na Universidade de Coimbra, viajou à Inglaterra, passando um ano e meio pesquisando técnicas manufatureiras. Ele tinha acesso a relatos da revolução americana e chegou a discutir a possibilidade da independência do Brasil com negociantes ingleses. Fora-lhe dito que o fato de a América portuguesa deixar de seguir o exemplo dos norte-americanos era visto com surpresa e que qualquer iniciativa contra o domínio português teria o apoio dos empresários britânicos.

Além da França, os Estados Unidos influenciavam as insurreições. Mesmo a formação jurídica do país era vista como referência para o Brasil Colônia. Dona Leopoldina, em carta endereçada a Schaeffer, escreveu: "(...) O governo será administrado de um modo análogo ao dos Estados Unidos da América do Norte".[419]

Havia relação entre o momento de busca pela independência no Brasil e o pensamento voltado para a busca da felicidade imortalizado por Thomas Jefferson. Em outubro de 1786, Thomas Jefferson, embaixador dos Estados Unidos na França, recebeu uma carta assinada por "Vendek", pseudônimo de José Joaquim Maia e Barbalho, natural do Rio de Janeiro, aluno de Matemática, desde 1783, da Universidade de Coimbra. Em 1786, ingressou

---

[418] COSTA, Emília Viotti da. Da monarquia à república: momentos decisivos. 9ª ed. São Paulo: Editora Unesp, 2010, pp. 30 e 31.
[419] RODRIGUES, José Honório. Independência: revolução e contrarrevolução. Rio de Janeiro: F. Alves, 1975, p. 200.

na faculdade de medicina de Montpellier. A carta foi enviada por meio do professor Joseph Vigarous, um proeminente maçom com ligações em Paris.[420]

Vendek disse a Jefferson que os brasileiros tinham resolvido seguir o exemplo dos norte-americanos. Para isto, precisavam da ajuda dos Estados Unidos. Em maio do ano seguinte, Jefferson acertou um encontro. Na oportunidade, o brasileiro afirmou:

> Os portugueses no Brasil são poucos numerosos, em sua maior parte casados ali e esquecidos de sua mãe-pátria..., e estão dispostos a se tornar independentes (...). Há vinte mil homens nas tropas regulares; originalmente eles eram portugueses, que já morreram e foram substituídos por nativos que constituem, presentemente, a maior parte das forças e ficarão ao lado do país em que nasceram. Os oficiais são em parte portugueses e em parte brasileiros (...) na verdade, em se tratando de evolução, há um só pensamento no país.[421]

Vendek prosseguiu nas tratativas que mantinha com Thomas Jefferson: "Cada dia se torna mais insuportável nosso estado, depois da vossa gloriosa independência, porque os bárbaros portugueses, receosos de que o exemplo seja abraçado, nada omitem que possa fazer-nos mais infelizes".[422] Jefferson respondeu que não tinha autoridade para assumir um compromisso oficial: só podia falar em seu próprio nome. Os Estados Unidos não estavam em condições de correr o risco de uma guerra. Queriam cultivar a amizade com Portugal, com quem mantinham lucrativo comércio. Porém, uma revolução vitoriosa no Brasil "não seria desinteressante para os Estados Unidos e a perspectiva de lucros poderia, talvez, atrair certo número de pessoas para sua causa e motivos mais elevados atrairiam oficiais".

Jefferson comunicou a John Jay sua conversa, ao chegar a Marselha. Ele afirmou que os brasileiros consideravam a Revolução norte-americana como um precedente para a sua e que pensavam que os Estados

---

[420] O livro de Tiradentes: transmissão atlântica de ideias políticas no século XVIII. MAXWELL, Kenneth (Coord.). Bruno Carvalho, John Huffman e Gabriel de Avilez Rocha (Orgs.). Tradução: Maria Lúcia Machado e Luciano Vieira Machado. São Paulo: Penguin Classics Companhia das Letras, 2013, p. 29.

[421] MAXWELL, Kenneth R. A devassa da devassa: a inconfidência mineira, Brasil – Portugal, 1750-1808. Tradução: João Maia. São Paulo: Editora Paz e Terra S/A, 2010, p. 134.

[422] HAMILTON, Alexander; JAY, John; MADISON, James. O federalista. Tradução: Ricardo Rodrigues Gama. Campinas: Russell Editores, 2005, p. 11.

Unidos poderiam dar-lhes um apoio honesto e, por vários motivos, simpatizavam com o país. Disse que, aparentemente, Rio de Janeiro, Minas Gerais e Bahia encabeçariam a revolta e contavam com a adesão das demais capitanias.[423]

Em 1794, Jefferson enviou um relatório sobre o Brasil para o Presidente George Washington. Em uma carta a John Jay, Secretário de Estado, descreveu a situação no Brasil, seus recursos naturais, e a impressão de que os brasileiros estavam dispostos a iniciar uma rebelião pela independência.

Kenneth Mawell recorda que o abade Correa da Serra, ex-secretário da Academia de Ciências de Lisboa, que vivia em Paris desde 1803, foi nomeado embaixador de Portugal e Brasil em Washington: "Ele chegou aos Estados Unidos em 1812, com cartas de apresentação para o Presidente James Madison e para o Ex-Presidente Thomas Jefferson, escritas por André Thouin, do Jardim des Plantes, em Paris, e também por Alexander Von Humboldt, Sir Joseph Banks, pelo marquês de Lafayette e Pierre du Pont". Maxwell lembra ainda que, na Filadélfia, Correio da Serra

> veio a ser muito estimado pelos membros da Sociedade Filosófica Americana, e logo se tornou amigo íntimo de Thomas Jefferson, passando a frequentar Monticello, a mansão montanhesa do Estado da Virgínia. Jefferson achou que Correa da Serra era 'um gentleman português de primeira qualidade em ciência, e o homem mais instruído, sem exceção, de todos os países.[424]

Nos últimos anos de sua vida, em Monticello, Jefferson disse desejar não ver mais imperadores ou reis no hemisfério americano e que o Brasil, assim como o México, deveria se aliar aos Estados Unidos nesse sentido.[425]

Como dissemos, o *Recueil dês Loix Constitutives dês États-Unis de l'Amérique* (*Recueil*) é a coletânea de leis constitucionais "das colônias inglesas confederadas sob o nome de Estados Unidos da América Setentrional", publicada

---

[423] MAXWELL, Kenneth R. A devassa da devassa: a inconfidência mineira, Brasil – Portugal, 1750-1808. Tradução: João Maia. São Paulo: Editora Paz e Terra S/A, 2010, pp. 134 e 135.
[424] O livro de Tiradentes: transmissão atlântica de ideias políticas no século XVIII. MAXWELL, Kenneth (Coord.). Bruno Carvalho, John Huffman e Gabriel de Avilez Rocha (Orgs.). Tradução: Maria Lúcia Machado e Luciano Vieira Machado. São Paulo: Penguin Classics Companhia das Letras, 2013, p. 160.
[425] Jefferson's letter on brazilian independence. Disponível em: <http://international.loc.gov/intldl/brhtml/br-1/br-1-4-8.html>. Acesso mar. 2013.

em Paris, em francês, em 1778, e dedicada a Benjamin Franklin, que chegara a Paris a 21 de dezembro de 1776 para representar o Congresso Continental e para conseguir o apoio da França em sua guerra de independência da Grã-Bretanha.

Dois exemplares foram levados a Minas Gerais em 1788 por ex-alunos brasileiros da Universidade de Coimbra, em Portugal: um por José Álvares Maciel e outro por José Pereira Ribeiro. Kenneth Maxwell recorda que José Álvares Maciel, "filho de um abastado comerciante mineiro, dono de terras e contratador, foi contemporâneo de Maia de Barbalho na Universidade de Coimbra". Depois de graduar-se em Coimbra, "viajou para a Inglaterra e passou um ano e meio naquele país. Estudou técnicas industriais. Em Birmingham, comprou um exemplar de Recueil".[426]

Maxwell lembra ainda que Matthew Boulton, membro da Royal Society, "acabara de montar sua nova fábrica no Soho, nas cercanias de Birmingham. Ele trabalhava em estreita colaboração com Josiah Wedwood, de Etruria, onde Wedgwood produzia porcelana, e colaborou com James Watt em sua invenção de máquinas a vapor e caldeiras". Benjamin Franklin manteve contato com Boulton quando esteve na Inglaterra, e os dois trocaram informações sobre novas máquinas. Matthew Boulton, Erasmus Darwin, James Watt, Josiah Wedgwood e James Priestley eram todos, à época, membros regulares da "Sociedade Lunar", da qual Franklin era membro correspondente.[427]

Fica claro que os brasileiros mantinham contato estreito com os líderes revolucionários da França e dos Estados Unidos da América, encontrando, neles, inspiração. Não tardou para que a luta por felicidade começasse a pipocar no Brasil. Em 11 de julho de 1789, o Visconde de Barbacena, correspondendo-se com Martinho de Melo e Castro (Vila Rica, AMI, II, 63), registrou:

---

[426] O livro de Tiradentes: transmissão atlântica de ideias políticas no século XVIII. MAXWELL, Kenneth (Coord.). Bruno Carvalho, John Huffman e Gabriel de Avilez Rocha (Orgs.). Tradução: Maria Lúcia Machado e Luciano Vieira Machado. São Paulo: Penguin Classics Companhia das Letras, 2013, pp. 32 e 33.

[427] O livro de Tiradentes: transmissão atlântica de ideias políticas no século XVIII. MAXWELL, Kenneth (Coord.). Bruno Carvalho, John Huffman e Gabriel de Avilez Rocha (Orgs.). Tradução: Maria Lúcia Machado e Luciano Vieira Machado. São Paulo: Penguin Classics Companhia das Letras, 2013, p. 33.

A Mão do Omnipotente que regula o justo e feliz Governo de S. Mag. acaba de defender este paiz, se não da sua ruína e perdição total, ao menos e hum gravíssimo estrago irreparável por muitos annos, e tem encaminhado as minhas diligências de tal forma, que tenho a glória de poder ao mesmo tempo dar parte a Va. Exa., do grande perigo com que ameaçou o Sacrilego attrevimento de alguns perversos Homens, e da completa vitória com que se acha rebatido, e descoberto péla maior parte o infame sistema da sua maldade.[428]

Sérgio Buarque de Holanda afirma que, ao pretender elaborar uma Constituição brasileira, o Imperador supunha ser tarefa simples, pois bastava "tomar a própria Lei Fundamental dos Estados Unidos da América, acrescentar-lhe palavras e formas monárquicas e pronto". Buarque de Holanda enxergou no momento que antecedia a Independência, "tentativas de filiar-se a atração pelas grandes mudanças, realizáveis ou não a curto prazo, aos ideais que se impuseram especialmente na França de 1789 ou nos Estados Unidos de 1776, como parte de um mesmo e prestigioso corpo de doutrina".[429] De fato, a Carta de 1824 incluiu artigo reproduzindo a Declaração dos Direitos do Homem, da França, de 1789.

Ao que consta, não houve uma mera importação de ideias: "Os conjurados recorreram a todos esses repertórios como um conjunto de ferramentas e recursos intelectuais que podiam ser mobilizados, selecionados e reelaborados conforme suas possibilidades de explicar e intervir na conjuntura em que estavam vivendo".[430]

A Independência dos Estados Unidos e a Revolução Francesa influenciaram a Independência do Brasil e, nesse contexto, as aspirações por liberdade, que ganharam uma natureza fundamental ao serem imortalizadas pela expressão "busca da felicidade", geraram frutos, fazendo com que os mais importantes documentos da luta pela independência brasileira

---

[428] MAXWELL, Kenneth R. A devassa da devassa: a inconfidência mineira, Brasil – Portugal, 1750-1808. Tradução: João Maia. São Paulo: Editora Paz e Terra S/A, 2010, p. 229.

[429] *Apud* MAXWELL, Kenneth R. A devassa da devassa: a inconfidência mineira, Brasil – Portugal, 1750-1808. Tradução: João Maia. São Paulo: Editora Paz e Terra S/A, 2010, p. 200.

[430] O livro de Tiradentes: transmissão atlântica de ideias políticas no século XVIII. MAXWELL, Kenneth (Coord.). Bruno Carvalho, John Huffman e Gabriel de Avilez Rocha (Orgs.). Tradução: Maria Lúcia Machado e Luciano Vieira Machado. São Paulo: Penguin Classics Companhia das Letras, 2013, p. 123.

trouxessem exortações à felicidade como razão de ser da independência e de um projeto constitucional que o Brasil estava prestes a abraçar.

## 7.2. A doutrina utilitarista divulgada no Brasil – colônia

Líderes brasileiros invocavam pensadores utilitaristas em defesa de seus argumentos. José da Silva Lisboa, futuro visconde de Cairu, em 1804, apresentou o seu *Princípios de Economia Política*, no qual defendia o absolutismo como modelo para a economia. Ao fazê-lo, justificava que estava divulgando o pensamento liberal do utilitarista Adam Smith.[431]

Segundo José Honório Rodrigues, os autores mais lidos e influentes que ajudaram a formar a corrente ideológica que preparou e fez a Independência brasileira foram: John Locke, Adam Smith e Jeremy Bentham. O Historiador afirma que, para Locke, toda vez que o ramo da atividade política ocorre fora da esfera governamental, ele tem uma função utilitária, não ética. Tanto Locke, como Bentham, eram citados na imprensa e na literatura panfletária política da época.

O *Reverbero Constitucional* publicou, em 26 de março de 1822: "Nós entendemos, como Bentham, que a Constituição é uma legislação dirigida principalmente a dirigir poderes e a prescrever deveres, ditada pela igualdade e pelo princípio da utilidade igual a toda a família Nacional". José Honório diz ainda, em alusão a Bentham, que "o utilitarismo que ele representou tinha uma grande significação social e sua frase – A maior felicidade do maior número é o fundamento da moral e da legislação – inspirou o espírito do reformismo social".[432]

Percebam como a doutrina utilitarista compôs as bases teóricas que ilustraram e fomentaram a independência do Brasil, num movimento que trouxe caracteres semelhantes aos vistos nas Revoluções americana a francesa. A ideia segundo a qual a felicidade deve ser a finalidade última da decisão pública não nos é estranha, podendo ser vista nesse momento tão importante da história nacional.

---

[431] História do Brasil Nação: 1808-2010. Direção: Lilia Moritz Schwarcz, v. 1. Crise colonial e independência. 1808-1830. Rio de Janeiro: Fundação Mapre – Objetiva, 2011. Parte 4. Jorge Caldeira. O processo econômico, pp. 161-203.

[432] RODRIGUES, José Honório. Independência: revolução e contrarrevolução. Rio de Janeiro: F. Alves, 1975, p. 03.

## 7.3. O projeto constitucional de felicidade

Sua Majestade, o Rei Dom João VI, acompanhado por toda a família real (à exceção de D. Pedro, sua esposa Leopoldina e suas crianças), além de mais quatro mil pessoas, viajou no dia 26 de abril de 1821, de volta a Portugal. Antes da partida, o Rei proclamou seu filho Pedro de Alcântara como Príncipe Herdeiro, Lugar-Tenente e Príncipe Regente do Brasil: "(...) estou convencido que se comportará como um bom príncipe em relação aos negócios do governo, promovendo a tranquilidade pública, incentivando o bem-estar e a felicidade comum"[433] – anotou.

A consulta aos registros históricos inerentes ao processo de independência do Brasil mostra que a felicidade foi elemento central de todos os debates, mostrando a influência que as ideias iluministas tiveram por aqui. Falar de felicidade, como bem jurídico constitucionalmente protegido, não é novidade. Noções da felicidade dos povos "são noções que fazem parte do vocabulário jurídico corrente dos juristas e dos diplomatas do século XVIII quando falam das regras de conduta que devem guiar os Estados"[434], diz Emmanuelle Jouannet.

No início de 1821, os baianos publicaram o manifesto abaixo, no qual a felicidade, na sua perspectiva pública, começa a ser cobrada. Vejamos:

> [Início de 1821]. BAIANOS, A QUEM SE NÃO A VÓS, que constituís a nobre Povoação da Capital primeira do Estado Brasílico, cumpre repetir no Brasil os esforços generosos dos nossos Pais de Portugal? Todas as mais Províncias deste Reino estão à mira de vossa conduta; vossas briosas Tropas não se recusarão a um serviço, que tanto ilustra os seus irmãos d'armas da Europa.
>
> Mesmo entre vós existem bravos do N.12, que prontos fraternizarão convosco. Não vos assuste a alcunha de rebelde; ela vos não pode competir, quando seguindo as pegadas dos Patriotas Portugueses, não reclameis senão os vossos foros, e franquezas, e uma Constituição, a que vos intitula, e dá direito o

---

[433] SCHAEFER, Georg Anton von. O Brasil como império independente: analisado sob os aspectos histórico, mercantilístico e político. Tradução, apresentação, notas e edição: Arthur Bl. Rambo. Santa Maria: Ed. da UFSM, 2007, pp. 108-109.

[434] JOUANNET, Emmanuelle. Le droit international libéral-providence: Une histoire du droit international, Bruylant, 2011. Collection de droit international, nº 69. O trecho transcrito consta no capítulo V, intitulado "La finalité providentialiste du droit des gens moderne: Bonheur des peuples et perfectionnement des États".

mesmo Soberano, elevando vosso país a Reino igual em tudo ao de Portugal, e se opõem, não a Sua Vontade, que não quer senão o bem de seus Vassalos, mas ao sistema devastador das sanguessugas, que o rodeiam, e enganam. Vosso mesmo General tem sobejo senso para se nos unir, e assaz patriotismo para fazer prosperar vossos projetos. Eis pois findo por uma vez um Governo desleixado, que apesar das vistas de um Bom Rei, tem trabalhado por degradar-vos de dia em dia, raie enfim o dia de uma Constituição Liberal, que segurando os vossos mais sagrados direitos, consolide a vossa felicidade, e a do Monarca.
[Início de 1821].
AHI – lata 195, maço 1, pasta 7.[435]

A frase final do manifesto persiste na associação comum à época entre a consagração de direitos por meio de uma Constituição liberal e, por conseguinte, a felicidade geral.

Em seguida, temos o Panfleto redigido antes da adesão da Bahia (10 de fevereiro de 1821) à Revolução Liberal do Porto. A intenção era criticar os ministros de D. João VI, porém se mantendo fiel ao soberano desde que este aceitasse a Constituição a ser elaborada, em Portugal, pelas Cortes Extraordinárias. No manifesto, mais uma vez há a invocação de direitos erguidos pelos pilares de uma Constituição como meio pelo qual seria possível assegurar a felicidade de um povo oprimido por governantes despóticos. A conexão evidente acerca da felicidade se estabelece como uma felicidade pública alcançada graças à participação política igualitária propiciada por uma Constituição liberal. Vejamos:

BRASILEIROS, E EUROPEUS, quem vos demora e quem vos sustém a dar o passo [de] que tantos necessitais; Não tendes tão fortes exemplos de vossos Irmãos de Portugal; não vedes o heroísmo com que os bravos Portugueses quebraram os grilhões com que se achavam oprimidos. Seguindo pois bravos homens, que por inspiração Divina patentearam aos Povos o abismo em que se achava precipitada a Nação, vos convidamos para seguir o seu exemplo, porque nos achamos nas mesmas circunstâncias, que eles. Eia pois tratemos já de sacudir o vergonhoso jugo, que nos oprime, livremo-nos desses vis aduladores

---

[435] Às armas, cidadãos! Panfletos manuscritos da independência do Brasil (1820-1823). Organização, transcrição, introdução e notas: José Murilo de Carvalho, Lúcia Bastos, Marcello Basile. São Paulo: Companhia das Letras: Belo Horizonte, Editora UFMG, 2012.

e samichugas [sanguessugas] do Estado, adorado que em torno do nosso bom soberano, abusando da sua vontade só buscam com os seus pérfidos conselhos adquirir honras, e riquezas, à custa do suor, e sangue dos vassalos, isso trará a destruição da Nação.

É tempo pois, às Armas cidadãos honrados, vamos unir os nossos votos os dos nossos Irmão Europeus, de maneira que debaixo da mesma constituição todos o Reino unido de Portugal, Brasil e Algarves, que da felicidade, de que é merecedor, sacudindo o jugo vergonhoso e o despotismo que o oprime. Viva a Religião, Viva El Rei, Viva a constituição e morram todos aqueles, que maliciosamente se opõem à sua aprovação. Etc. Etc.

[Início de 1821].

AHI – lata 195, maço 1, pasta 7.[436]

A partir daí ficou evidente que "os liberais brasileiros, os que não admitiriam de maneira alguma a volta de seu país ao estado anterior à chegada de D. João VI, confiavam nas Cortes e esperavam delas a regeneração política, a instauração do regime definitivo que traria liberdade, vida feliz, riqueza, abundância"[437] – anotou Otávio Tarquínio de Souza.

Em 24 de dezembro de 1821, a junta provisória da província lançou um manifesto endereçado a Dom Pedro, em razão da determinação de seu pai, Dom João VI, de que o príncipe regente retornasse a Portugal. Redigido por José Bonifácio, dizia: "(...) estão todos prontos a verter o último pingo de seu sangue, a sacrificar todos os seus haveres para não perderem um príncipe idolatrado, em quem têm posto todas as esperanças bem-fundadas da sua felicidade e da sua honra nacional".[438] As palavras, fortes e ligadas a um sacrifício sem limites, fazem lembrar a Revolução Francesa.

---

[436] Às armas, cidadãos! Panfletos manuscritos da independência do Brasil (1820-1823). Organização, transcrição, introdução e notas: José Murilo de Carvalho, Lúcia Bastos, Marcello Basile. São Paulo: Companhia das Letras: Belo Horizonte, Editora UFMG, 2012.

[437] SOUZA, Otavio Tarquinio de. 1889-1959. José Bonifácio. Belo Horizonte: Itatiaia; São Paulo: Editora da Universidade de São Paulo, 1988, p. 125.

[438] Junta Provisória do Governo de São Paulo, Carta a D. Pedro hipotecando fidelidade e protestanto contra seu regresso a Portugal, 24 de dezembro de 1821, Acervo do Museu Imperial de Petrópolis. GOMES, Laurentino. 1822: Como um homem sábio, uma princesa triste e um escocês louco por dinheiro ajudaram D. Pedro a criar o Brasil, um país que tinha tudo para dar errado. Rio de Janeiro: Nova Fronteira, 2010, p. 154.

DIREITO À FELICIDADE

Em 9 de janeiro de 1822, quando o Príncipe, aceitando a solicitação do Senado da Câmara do Rio de Janeiro, decidiu desobedecer às ordens de Lisboa e permanecer no Brasil, foi saudado com gritos de "Viva a Religião", "Viva a Constituição" e "Viva El Rei Constitucional". A frase que se ouviu dele foi: "Se é para o bem de todos e felicidade geral da nação..., diga ao povo que fico!" A expressão "Viva El Rei Constitucional" – que também foi ouvida na Revolução Francesa – mostra a transição de um regime imperial absolutista para uma monarquia constitucional.

As exortações à felicidade persistiram ao longo de todo o ano de 1822. Dia 20 de maio, o povo do Rio de Janeiro, por intermédio do Senado Municipal (Senado da Câmara), fez chegar às mãos do Príncipe Regente uma representação pugnando pela felicidade pública consagrada pela participação política efetiva nos destinos do país:

> (...) O que o Congresso pretende ser? Déspota soberano em condições de alterar com a nação, ou representante da soberania, empossado para, em base isolada, consolidar e aconselhar a felicidade de todos os setores da monarquia? (...) Na hipótese de a causa do Brasil ter sido vinculada espontaneamente àquela nação, isto se deu para promover o bem-estar comum, mas sem reduzir, sem diminuir e sem o sacrifício da própria felicidade do Brasil. (...) o mundo e o próprio Portugal irão concordar que não há obrigação em sacrificar a razão em favor do erro, a felicidade em favor do arbítrio, no momento em que o homem celebrou acordos absurdos, quando instalou um governo incapaz de cumprir as leis, que em vez de felicidade trazem a desgraça e quando admitem lideranças ignorantes e sem credibilidade. (...) Sem consultar os brasileiros, Portugal assinou novo acordo de alianças, anulando todos os compromissos inclusive aqueles que o vinculavam com o Brasil. Será que lhe assistia o direito de negar ao Brasil, como país, o direito de levantar objeções e eximir-se as suas decisões, já que o Brasil se sentiu traído e ludibriado na sua esperança de felicidade?[439]

Ao transmitir a representação acima, o presidente do Senado pronunciou um discurso contundende, no qual afirmou: "No livro dos eternos mandamentos está escrito, que será um dia feliz, aquele que no Brasil

---

[439] SCHAEFER, Georg Anton von. O Brasil como império independente: analisado sob os aspectos histórico, mercantilístico e político. Tradução, apresentação, notas e edição: Arthur Bl. Rambo. Santa Maria: Ed. da UFSM, 2007, pp. 133-136.

ocupar um lugar de honra entre as nações livres. (...) Obedecei, Senhor, a essa lei eterna e promovei a Vossa glória, o bem de Portugal e a felicidade do Brasil, cumprimento os Vossos deveres para com Deus".[440]

Em 21 de maio de 1822, noticiando ao pai a convocação das Cortes Brasileiras, o Príncipe afirmou: "Sem Cortes, o Brasil não pode ser feliz". Escreveu que um Príncipe deve trabalhar mais do que ninguém pela felicidade da Pátria; "porque os príncipes são os que mais gozam da felicidade da Nação e é por isso que eles devem esforçar-se por bem merecer a riqueza que consomem, e as homenagens que recebem dos outros cidadãos".[441]

O Conselho de Estado, logo na sua primeira reunião, em 2 de junho de 1822, declarou-se incompetente e exigiu a convocação de uma Assembleia Geral Constituinte: "Este país, Senhor, quer ser feliz... Senhor, este é o momento em que se decide a felicidade ou a ruína do Brasil... Leis europeias podem trazer a felicidade para europeus, de maneira alguma, porém, a americanos".[442] A representação foi assinada pelos procuradores-gerais da província do Rio de Janeiro, Joaquim Goncalves Ledo e Joaquim Mariano de Azevedo Coutinho, e pelo Governador geral do Estado Cisplastino Don Lucas Jose Obes.

Em 3 de junho, o Príncipe expediu um Decreto convocando uma Assembleia Geral Constituinte e Legislativa, composta de deputados das províncias. Ele registrou que tomara tal decisão por não "ver outro modo de assegurar a felicidade deste Reino". A Assembleia Constituinte foi aberta por José Bonifácio que, defendendo o Imperador, pediu uma Constituição que nos desse "aquela liberdade que fez a felicidade do Estado e não a liberdade que dura momentos e que é sempre causa e fim de terríveis desordens". Bonifácio arrematou: "Deixai-o sair do caos de instituições contraditórias que fazem de sua prudência hipocrisia, de sua felicidade, obra do acaso e do crime, e vereis que o homem é mais bom que mau". Na

---

[440] SCHAEFER, Georg Anton von. O Brasil como império independente: analisado sob os aspectos histórico, mercantilístico e político. Tradução, apresentação, notas e edição: Arthur Bl. Rambo. Santa Maria: Ed. da UFSM, 2007, p. 139.

[441] LIMA, Oliveira. O movimento da independência. 6ª ed. Rio de Janeiro: Topbooks, 1997, pp. 311 e 386.

[442] SCHAEFER, Georg Anton von. O Brasil como império independente: analisado sob os aspectos histórico, mercantilístico e político. Tradução, apresentação, notas e edição: Arthur Bl. Rambo. Santa Maria: Ed. da UFSM, 2007, p. 141.

mesma Assembleia Constituinte, o Visconde de Porto Seguro discursou e registrou o seguinte:

> O Brasil no meio de nações independentes e que lhe falam com o exemplo da felicidade, exemplo irresistível porque tem por si o brado da natureza, não pode conservar-se colonialmente sujeito a uma nação remota e pequena, sem forças para defendê-lo e ainda menos para conquistá-lo.[443]

Não podemos subestimar a influência que o pensamento de José Bonifácio tinha sobre o Imperador. Da mesma forma, o relevo que as confrarias secretas, como a maçonaria, possuíam. Bonifácio prestou juramento e tomou posse como grão-mestre do Grande Oriente do Brasil, em 19 de julho de 1822. Ao fazê-lo, registrou: "(...) Hoje eu falo ao meu Brasil, que o meu Príncipe e que a minha Nação necessitam, para futura felicidade, da reunião e centralização de todos os esforços dos honrados Portugueses que habitam esse fértil e grandioso País". No mesmo dia, D. Pedro, sob o pseudônimo *O inimigo dos marotos*, publicou artigo no jornal *O Espelho*, defendendo o Apostolado das críticas que o redator do Correio do Rio de Janeiro, João Soares Lisboa, havia dirigido àquela sociedade no número 75 de seu jornal. O Imperador escreveu:

> A sociedade é muito liberal e é firmada sobre a vontade geral do Brasil, e dos honrados Europeus que segue a nossa causa (não se entendem o – nossa – com o Sr.) e que desejam este Reino feliz e independente, e de não serem escravos de Lusos-espanhóis, quais os seus parentes Deputados, pés de chumbo.[444]

Quando D. Pedro I esteve na fundação do Apostolado da Nobre Ordem dos Cavaleiros de Santa Cruz, tendo sido eleito "arconte-rei", jurou promover com todas as forças e a custa da própria vida "a integridade, independência e felicidade do Brasil como reino constitucional".[445] A felicidade aparece

---

[443] LIMA, Oliveira. O movimento da independência. 6ª ed. Rio de Janeiro: Topbooks, 1997, p. 306.
[444] COSTA, Emília Viotti da. Da monarquia à república: momentos decisivos. 9ª ed. São Paulo: Editora Unesp, 2010, pp. 360 e 361.
[445] GOMES, Laurentino. 1822: Como um homem sábio, uma princesa triste e um escocês louco por donheiro ajudaram D. Pedro a criar o Brasil, um país que tinha tudo para dar errado. Rio de Janeiro: Nova Fronteira, 2010, p. 238. Também em SOUZA, Octavio Tarquínio de. Fatos e personagens em torno de um regime, p. 256.

ao lado da integridade e da independência, além de estar ínsita ao projeto constitucional que se desenhava.

A felicidade do Brasil como Império Constitucional mostrava uma tentativa de atravessar a era da monarquia absoluta para uma monarquia limitada por alguns princípios constitucionais fundantes, intenção esta, como veremos, frustrada pela Carta Imperial de 1824, que manteve o Imperador como alheio a qualquer forma de responsabilização, sendo reputado "inviolável".

D. Pedro I emitiu, no dia 1º de agosto, um manifesto aos povos do seu reino (redigido pelo maçom Gonçalves Ledo), e, no dia 6 de agosto, aos governos das nações amigas. O primeiro documento diz:

> Então as Províncias Meridionais do Brasil, coligando-se entre si e toando a atitude majestosa de um Povo que reconhece entre os seus direitos os da liberdade e da própria felicidade, lançaram os olhos sobre Mim, o Filho do Seu Rei, e seu Amigo (...). (...) está dado o grande passo da Vossa Independência e Felicidade há tanto tempo preconizadas pelos grandes Políticos da Europa. (...) Terão o valor de crer que ideias úteis e necessárias ao bem de nossa espécie não são destinadas somente para ornar páginas de livros, e que a perfectibilidade concedida ao homem pelo Ente Criador e Supremo deve não achar tropeço, e concorrer para a ordem social e felicidade das Nações. (...) Cidadãos de todas as Classes, Mocidade Brasileira, vós tereis um código de instrução Pública Nacional, que fará germinar e vegetar viçosamente os talentos deste clima abençoado, colocará a nossa Constituição debaixo da salvaguarda das gerações futuras, transmitindo a toda a Nação uma educação Liberal, que comunique aos seus Membros a instrução necessária para promoverem a felicidade do Grande Todo Brasileiro. (...) A Minha Felicidade (convencei-vos) existe na vossa felicidade.[446]

Schäeffer esclarece que "o Congresso tinha começado suas sessões e, no dia 29 de julho, decidiu, com ampla maioria de votos, que seus decretos gozariam de validade mesmo que o Imperador lhes negasse a sanção". O Imperador, entretanto, declarou que reconheceria somente aqueles

---

[446] SCHAEFER, Georg Anton von. O Brasil como império independente: analisado sob os aspectos histórico, mercantilístico e político. Tradução, apresentação, notas e edição: Arthur Bl. Rambo. Santa Maria: Ed. da UFSM, 2007, pp. 144-148.

decretos que ele julgava em condições de serem aprovados. Reafirmou, portanto, o poder de veto que lhe cabia. Tentou justificar-se através de uma proclamação, publicada no dia 9 de agosto:

> (...) no meu coração só havia lugar para a preocupação com a vossa felicidade... Ambos são indignos e motivados por um escandaloso proveito pessoal e sob a máscara do liberalismo ou do servilismo pretendem construir a própria felicidade sobre os escombros da pátria... Brasileiros, confiai no vosso Imperador e Defensor Perpétuo, que não almeja mais poder, mas, de outra parte, jamais admitirá que outros se apoderem daqueles poderes que lhe são devidos, porque deles depende a vossa felicidade (...)".[447]

Em setembro de 1822, as ações do Estado visavam a assegurar a felicidade "do Reino". A expressão remete aos integrantes do novo país e não exatamente ao Rei. Importante perceber que o Brasil fez sua aliança com a felicidade enquanto objetivo primeiro do Estado praticamente no mesmo período em que fizera os Estados Unidos, com a sua Declaração de Independência e a França, com a sua Declaração de Direitos do Homem e do Cidadão.

O Correio do Rio de Janeiro publicou, em 19 de outubro de 1822, o pensamento de Dom Pedro I: "O Brasil pretende e deve ser livre para ser feliz e se os povos manifestarem geral desejo de serem republicanos não acharão em mim oposição".[448]

A felicidade também serviu, no Brasil pré-independência, para justificar as práticas morais da época. Para Pedro Américo, pintor dos quadros A Batalha do Avaí e Independência ou Morte, além de deputado pela Paraíba:

> A missão da mulher é mais doméstica do que pública, mais moral do que política. Demais, a mulher, não direi ideal e perfeita, mas simplesmente normal e típica, não é a que vai ao foro nem à praça pública, nem às assembleias

---

[447] SCHAEFER, Georg Anton von. O Brasil como império independente: analisado sob os aspectos histórico, mercantilístico e político. Tradução, apresentação, notas e edição: Arthur Bl. Rambo. Santa Maria: Ed. da UFSM, 2007, p. 190.
[448] RODRIGUES, José Honório. Independência: revolução e contrarrevolução. Rio de Janeiro: F. Alves, 1975, p. 275.

políticas defender os interesses da coletividade; mas que a que fica no lar doméstico, exercendo as virtudes feminis, base da tranquilidade da família e, por consequência, da felicidade social.[449]

Como se vê, a felicidade, tanto quanto a liberdade e igualdade atualmente, servia de justificativa argumentativa para práticas morais ou costumes enraizados na sociedade. Pedro Américo afirmou que a manutenção da mulher em esferas da vida distantes da política seria responsável por manter a "felicidade social", visão condizente com a moral praticada à época, mas, atualmente, destituída de qualquer sentido. Essa mutação conceitual da expressão felicidade faz lembrar os ensinamentos de John Dewey, para quem:

> Mesmo quando as palavras continuam as mesmas, elas significam algo bem diferente de quando são pronunciadas por uma minoria a lutar contra medidas repressoras e quando expressas por um grupo que atingiu o poder e, assim, faz uso de ideias, que antes eram armas de emancipação, como instrumentos para manter o poder e a riqueza que obtiveram. As ideias que em determinado momento são um meio de produzir mudança social assumem outro aspecto quando usadas como forma de evitá-la.[450]

Se, por um lado, Dom Pedro I se valia da expressão para envolver os brasileiros e cativar seu apoio, Portugal agia da mesma forma, conferindo à felicidade uma importância digna de outras bandeiras universais aspiradas à época. Coutinho, falando em defesa de Portugal, disse:

> Há trinta anos uma seita começou a espalhar a semente das revoluções para separar as colônias de suas metrópoles. [...] Mas, quando já tudo parecia desesperado, e sem socorro humano, o Céu em um instante apareceu alegre e risonho; o vento do mar saltou para a terra, o mar sossegou sua fúria; as naus, soltando as velas, salvaram do perigo a Vossa Alteza, ao seu augusto país, a toda a família real, para a felicidade dos fiéis portugueses; a alma de Portugal voou para animar o corpo, que pérfidas mãos trabalhavam já por separar da cabeça.[451]

---

[449] VILLA, Marco Antônio. A história das Constituições brasileiras. São Paulo: Leya, 2011, p. 34.
[450] The future of liberalism, 11 Later Works 191 (1935).
[451] História do Brasil Nação: 1808-2010. Direção: Lilia Moritz Schwarcz. v. 1. Crise colonial e independência. 1808-1830. Alberto da Costa e Silva (Coord.). Rio de Janeiro: Fundação Mapre – Objetiva, 2011. Parte 4 – Jorge Caldeira – O processo econômico, p. 161-203 (Coutinho, 1966:62).

Ao outorgar a nossa primeira Constituição, o Imperador disse estar agindo para a "felicidade política" do povo brasileiro.[452] O Príncipe, em carta enviada ao seu pai antes da outorga da Constituição, escreveu:

> Creio que uma constituição faz a felicidade do povo, mas creio ainda mais que ela faz a fortuna do rei e do governo. Se o povo é infeliz onde não há constituição, o rei e o governo ainda são mais infelizes. Só velhacos acham seu proveito em governos sem constituição.[453]

Julián Marías recorda que Platão emprega muito mais as palavras *makários* (feliz), *makaria* e *marariotes* (felicidade), enquanto Aristóteles, apesar de também usar essas palavras, se vale com maior frequência das derivadas *daímon, eudaimon* (feliz), e *eudaimonia* (felicidade). Os gregos usaram muito *eudaimonia*, que consiste em ter um bom *(êu)daimon*, sorte, prosperidade. Este é o primeiro sentido da *eudaimonia*.[454]

Além de D. Pedro I, são muitas as manifestações de José Bonifácio que exortam à felicidade como causa primeira de qualquer governo ou governante. Bonifácio divergia de Thomas Jefferson quanto à escravidão. Para o Patriarca da Independência, não havia inferioridade decorrente da raça. A Constituinte deveria resolver a questão integrando os escravos como cidadãos plenos. Todos eram iguais e a escravidão gerava diferenças. O único modelo capaz de assegurar essa transição seria a monarquia. Em Representação sobre a Escravidão, documento enviado ao Parlamento, em 1823, ele consignou: "É tempo que comecemos a acabar com todos os vestígios da escravidão entre nós, para que venhamos a formar em poucas gerações uma nação verdadeiramente homogênea, sem o que nunca seremos verdadeiramente livres, respeitáveis e felizes".[455] Novamente a felicidade surge associada à busca por liberdade.

Em 1855, o Tratado do Rio de Janeiro, ao mencionar o reconhecimento da independência do Brasil, afirma que a meta do país é "remover todos os

---

[452] VILLA, Marco Antônio. A história das Constituições brasileiras. São Paulo: Leya, 2011, p. 17.
[453] LIMA, Oliveira. O movimento da independência. 6ª ed. Rio de Janeiro: Topbooks, 1997, p. 209.
[454] MARÍAS, Julián. La felicidad humana. Madri: Alianza Editorial, 2006, p. 69.
[455] História do Brasil Nação: 1808-2010. Direção: Lilia Moritz Schwarcz. v. 1. Crise colonial e independência. 1808-1830. Alberto da Costa e Silva (Coord.). Rio de Janeiro: Fundação Mapre – Objetiva, 2011. Parte 4 – Jorge Caldeira – O processo econômico, p. 161-203 (*Apud* CALDEIRA, 2002: 201-202).

obstáculos, que possam impedir a dita aliança, concórdia e felicidade de um e outro Estado", referindo-se ao relacionamento entre Brasil e o então reino de Portugal e Algarves.

O que se percebe é que o constitucionalismo brasileiro, em sua gênese, nasceu atrelado ao projeto de felicidade. Logo, não estamos a inovar. O que se busca é promover um resgate às bandeiras primeiras do constitucionalismo moderno cujas bases também foram fincadas no Brasil por meio do seu processo de independência.

# 8.
# A deturpação do direito à felicidade

## 8.1. O populismo

Simon Bolívar, o libertador, herói e ícone, antes de morrer, em 1830, em Santa Marta, na Colômbia, afirmou: "O sistema de governo mais perfeito é aquele que produz a maior quantidade de felicidade possível, maior quantidade de segurança social e maior quantidade de estabilidade política". Estamos falando, claro, da máxima utilitarista.

O discurso da felicidade da mesma forma foi utilizado por Fidel Castro. Ao conceder a célebre entrevista a Erik Durschmied, em 1977, por mais de uma vez o então guerrilheiro falou que tudo o que estava fazendo visava à felicidade do povo cubano. "É uma revolução para que, em Cuba, não tenhamos, no futuro, outras revoluções. Queremos instituir um sistema constitucional de longa duração, com um governo dedicado como condição essencial para o progresso e a felicidade de nosso país" – disse o jovem revolucionário Fidel Castro, fardado, de armas em punho, no topo da montanha em Sierra Maestra.

Em 2013, o presidente da Venezuela, Nicolás Maduro, afirmou: "Decidi criar o gabinete do vice-ministério – e chamei-o assim em honra ao nosso comandante [Hugo] Chávez e de [Simón] Bolívar – para a Suprema Felicidade Social do povo venezuelano".

A inflação anual venezuelana foi de 49,4% em setembro de 2013. Estava prevista a importação de 400 mil toneladas de comida. Outro item escasso era a liberdade. A dona de casa Liliana Alfonzo desabafou: "Ficaria feliz se eu fosse ao mercado e encontrasse leite, papel higiênico, sem voltar para casa com poucas coisas e a carteira vazia".[456] Receoso, o presidente Nicolás Maduro criou o vice-ministério para a Suprema Felicidade Social. A iniciativa lembra a frase do físico Wolfgang Pauli: "Não apenas não está certo, como nem ao menos está errado."

O uso populista da felicidade por líderes autoritários é conhecido. Frederico II da Prússia, déspota esclarecido, em 1781, disse buscar a forma de governo mais propícia a produzir e a tornar efetiva a felicidade dos homens, das sociedades e das nações. Ele acreditava num Estado burocrático e paternalista, cujo fim era promover a felicidade dos súditos. Maduro em nada se parece com Frederico II. Mas ambos elegeram um ideal nobre para deturpá-lo. O mesmo se deu no Butão também na África do Sul do *apartheid*.

Não é possível assegurar felicidade por decreto. Mesmo assim, líderes populistas de todo o mundo insistem nessa fórmula de manipulação das massas. Derek Bok alerta para o risco de se impor regras, quanto à felicidade de cima para baixo. Seria inadequado forçar os cidadãos a mudarem os seus comportamentos obrigando-os a participarem de uma igreja ou de um serviço comunitário com base em pesquisas indicando que essas atividades agregam ao bem-estar subjetivo da comunidade.

O vice-ministério venezuelano promete que irá assistir aos idosos, às crianças e aos portadores de necessidades especiais. São políticas importantes para a felicidade, porque ajudam as pessoas a tomarem decisões livres das privações imediatas. Segundo Aristóteles, sem o mínimo necessário à existência não é possível sequer viver, e muito menos viver bem. O erro de Maduro, portanto, não é entender a felicidade como uma aspiração a ser buscada, também, por meio de políticas sociais. O erro é supor que os venezuelanos serão felizes mesmo sem liberdade.

Em alusão à Venezuela, a Comissão Interamericana de Direitos Humanos destacou o uso excessivo e desproporcional da força, prisões arbitrárias, proibição de realizar manifestações públicas, amedrontamento de funcionários públicos com base em opiniões políticas e restrições à liberdade de expressão. Sem liberdade em abundância, povo algum será feliz.

---

[456] Disponível em: <http://oglobo.globo.com/mundo/venezuelanos-reagem-com-indignacao-ao-novo-orgao-criado-por-maduro-10547764>.

Mas a tentativa de criar felicidade por decreto é insistente. Em fevereiro de 2016, Mohammed bin Rashid al-Maktoum, primeiro-ministro dos Emirados Árabes, anunciou, pelo twitter, a criação, por decreto, do Ministério da Felicidade, na mais intensa reorganização governamental pela qual o país passou em 44 anos.

Abdulkhaliq Abdulla, cientista político local, disse ao The New York Times que "o Governo sente que tem provido serviços básicos até agora, como educação e saúde. Então, agora, nós devemos lutar por metas mais elevadas".[457] Com o alcance do bem-estar objetivo a sociedade passa a buscar mais, ou seja, a gerar demandas por bem-estar subjetivo.

Falar de felicidade enquanto meta de uma política ou mesmo de um ministério não é, por si só, um absurdo. Passa a sê-lo quando a proposta vem de governos autoritários e personalistas que desconsideram o papel que a liberdade exerce no bem-estar subjetivo dos povos. É o caso de Cuba, da Venezuela, dos Emirados Árabes e, como veremos adiante, do Reino do Butão e da África do Sul no período do *apartheid*.

### 8.2. O discurso corrompido

A ideia de um direito à felicidade ou de uma teoria da felicidade não pode abrir portas para exageros, muito menos para demagogias ou manipulações. É importante que saibamos situar bem a questão da felicidade como objetivo do constitucionalismo, sob pena de desvirtuarmos essa doutrina e criarmos um discurso legitimador perigoso. Não podemos dirigir os estudos sobre a teoria da felicidade de modo a enfraquecer suas premissas em razão da utilização incriteriosa de seus ensinamentos. John Rawls já refletia a respeito do assunto. Ele traz um histórico das interferências injustificadas de nações sobre países mais frágeis:

> (...) dadas as deficiências de regimes atuais alegadamente constitucionais e democráticos, não é surpresa que intervenham muitas vezes em países mais fracos, inclusive os que exibem alguns aspectos de democracia, ou mesmo que travem guerras por razões expansionistas. Quanto a primeira situação,

---

[457] Matéria publicada no *The New York Times* em 9.02.2016, assinada por Ben Hubbardfeb. "With New Minister, United Arab Emirates Want to Top the World in Happiness, Too". Disponível em: http://www.nytimes.com/2016/02/10/world/middleeast/emirates-want-to-top-the-world-in-happiness-too.html?_r=0. Acesso out/2016.

os Estados Unidos derrubara as democracias de Allende, no Chile, Arbenz, na Guatemala, Mossadegh, no Irã e, alguns acrescentariam os sandinistas, na Nicarágua. Quaisquer que sejam os méritos desses regimes operações ocultas foram levadas a cabo por um governo movido por interesses monopolistas e oligárquicos, sem o conhecimento nem a crítica do público. Esse subterfúgio tornou-se mais fácil pelo recurso conveniente à segurança nacional no contexto da rivalidade entre as superpotências, que permitia às tais pequenas democracias, por mais implausível que fosse, serem apresentadas como um perigo.[458]

Como se vê, a doutrina constitucional pode ser desviada de suas finalidades. Isso não deve ocorrer com a teoria da felicidade.

A doutrina libertária tem questionado a capacidade do governo de promover o bem-estar subjetivo da comunidade, mas não o faz alegando que a felicidade é um objetivo inadequado para os líderes políticos perseguirem. O que os libertários defendem é que a esfera privada é o caminho mais seguro para atingir esse objetivo. Os adeptos dessa corrente querem "afastar a possibilidade de fomentarmos um Nanny State, uma concepção de Estado que se esforce tanto para proteger os cidadãos das intempéries naturais da vida, que eles destruam sua autoconfiança e não consigam crescer fortes e independentes".[459]

A virtude está no meio. Não acreditamos que o Estado deve montar pautas de felicidade e impô-las aos cidadãos. Contudo, reconhecemos que as identificações das insatisfações coletivas, no que diz respeito ao bem-estar, podem servir de norte à formulação de políticas públicas e de elemento informacional aos julgadores no âmbito da jurisdição. É importante que saibamos que o Estado pode, sim, contribuir para a felicidade coletiva. Todavia, devemos reconhecer em quais termos deve fazê-lo. Para isso, vamos conhecer alguns episódios ocorridos no Reino do Butão como ilustração da deturpação do direito à felicidade.

---

[458] RAWLS, John. O direito dos povos. Tradução: Luís Carlos Borges. Revisão técnica: Sérgio Sérvulo da Cunha. São Paulo: Martins Fontes, 2001, pp. 66-69.
[459] BOK, Derek. The politics of happiness: what government can learn from the new research on wellbeing. Princeton: Princeton University Press, 2010, p. 47.

## 8.3. O Reino do Butão

O Reino do Butão fica na Ásia, na Cordilheira do Himalaia. Ao norte, está a China. Ao sul, a Índia. Sua capital é Thimpu, a 3.150 metros de altitude. Lá existe uma única estrada, estreita e sinuosa, que corta o país. Há muitos pontos turísticos, como Dochu La, um lugar para orações, que reúne 108 pequenos templos. A cada momento se está diante de conjuntos de stupas, lugares sagrados, no qual se reverencia Buda e se faz pedidos. Esses pedidos são feitos da seguinte maneira: os butaneses penduram nas árvores pequenas bandeiras com versos sagrados. Quando o vento sopra, a paz, a compaixão e a sabedoria se espalham por toda a região.

No início de sua história, o país budista era governado por um Lama, o chefe da religião. No início do século XX, religião e governo foram separados. Butão passou a ser um reino. O primeiro rei e os sucessores mantiveram o país dentro de um isolamento absoluto. Há cerca de 60 anos ele começou a ter contato com o mundo.

Em 1974, Sigme Singye Wangchuck, com 18 anos, assumiu o trono. Ele não queria repetir os erros de outros países, como a falta de harmonia familiar, o excesso de consumo e a falta de cuidado com a natureza. Em discurso, profetizou: "A Felicidade Interna Bruta é muito mais importante do que o Produto Interno Bruto".

Hoje, Wangchuck não é mais o rei, tendo passado a coroa a seu filho primogênito em 2005, de pouco mais de 30 anos.

O país completou uma transição bem-sucedida de uma monarquia absoluta hereditária para uma monarquia constitucional, com um parlamento bicameral eleito em 2008, marcando o passo final na transição para uma democracia parlamentar. Em 2008, ganhou também a sua Constituição. Hoje, tem população de aproximadamente 700 mil habitantes. O rei, Jigme Khesar Namgyel Wangchuck, é o chefe de Estado, e o Poder Executivo é exercido pelo gabinete, liderado pelo primeiro-ministro, Jigme Thinley.

A Suprema Corte é o mais alto tribunal de justiça e foi instalada dia 21 de fevereiro de 2010. Tem competência recursal, consultiva e extraterritorial. Quando um caso, não coberto ou parcialmente abrangido por qualquer legislação em vigor, for submetido a julgamento, ela terá competência originária sobre ele. Sua competência extraterritorial deve ser exercida à luz dos princípios de Direito Internacional. É composta pelo *Chief Justice* e por quatro juízes associados. O mandato do *Chief Justice* é de cinco anos ou até atingir a idade de sessenta e cinco anos, o que ocorrer primeiro.

Ele é nomeado entre os *Drangpons* da Suprema Corte ou entre juristas eminentes pelo *Druk Gyalpo*, em consulta com a Comissão Nacional de Justiça. Os juízes associados trabalham por dez anos ou até atingir a idade de 65 anos, o que ocorrer primeiro.

A Constituição do Butão tratou abertamente da felicidade. O preâmbulo firma o compromisso de "fortalecer a soberania do Butão, para assegurar as bênçãos da liberdade, para assegurar a justiça e a tranquilidade e para reforçar a unidade, felicidade e bem-estar das pessoas por todo o tempo". Segundo o art. 9º, 2, como princípios da política estatal, o Estado deve se esforçar para promover as condições que possibilitem alcançar a "Felicidade Nacional Bruta (*Gross National Happiness*)". O artigo 20, voltado ao Poder Executivo, afirma que o Governo deve proteger e fortalecer a soberania do Reino, proporcionar boa governança, e garantir a paz, a segurança, o bem-estar e a felicidade das pessoas. O último trecho do Hino Nacional do Butão, registra: "Que o sol de paz e felicidade brilhe sobre todas as pessoas".

### 8.3.1. Resultados alvissareiros

O Reino do Butão estabeleceu quatro pilares da Felicidade Nacional Bruta, que seriam: (i) boa-governança e democratização; (ii) desenvolvimento socioeconômico estável e equitativo; (iii) proteção ambiental; e (iv) preservação da cultura. Além de estabelecer esses princípio, o governo produziu 72 indicadores para medir o progresso do país considerando a felicidade. O governo central se organizou pretendendo garantir que todas as políticas públicas fossem pensadas e executadas visando a alcançar tais indicadores.

Após a adoção do critério da felicidade, o Reino do Butão passou a ter uma renda per capita bruta substancialmente superior à da Índia. A expectativa média de vida subiu de 43 anos, em 1982, para 66 anos, hoje. A mortalidade infantil caiu de 163 mortes por 100 mil nascimentos para 40. Novas escolas e clínicas surgiram em todo o país. Os índices de alfabetização aumentaram de 10%, em 1982, para 66% atualmente. Segundo recente pesquisa do Banco Mundial, a qualidade da governança ainda não se aproxima dos padrões ocidentais, mas tem melhorado constantemente e agora ocupa posição bem acima que a Índia e a China, e muito acima do Nepal.[460]

---

[460] BOK, Derek. The politics of happiness: what government can learn from the new research on well-being. Princeton: Princeton University Press, 2010, p. 3.

Apesar desse progresso, muitas críticas têm sido feitas por estudiosos que entendem que esse avanço se deu graças ao desrespeito a direitos. Vamos, no tópico seguinte, tratar dessas críticas. O nosso marco teórico será Fernand de Varennes, da Universidade de Hong Kong, que se dedicou a estudar o Reino do Butão e suas violações aos direitos usando, para isso, o discurso da felicidade. Mais à frente trabalharemos o relatório da ONU, de 2010, sobre o país.

### 8.3.2. Críticas

Fernand de Varennes tem visão crítica sobre a Constituição do Reino do Butão. Para ele, trata-se de "um documento profundamente perturbador", uma "lamentável aberração constitucional". Isso porque exclui "vasto segmento da população do Butão da possibilidade de desfrutar do mais básico dos direitos humanos, numa tentativa de assegurar o domínio de determinados grupos étnicos – e a exclusão de outros baseados unicamente em sua etnia".[461] Para o Professor, a Constituição não reconhece a diversidade do país, pretendendo garantir o seu "imperativo cultural" e monolíngue, sua visão monorreligiosa aplicada contra a vontade das minorias e em violação a direitos fundamentais.

O artigo 6º reconhece dois tipos de cidadãos: o natural e o por naturalização. A menos que uma pessoa seja capaz de mostrar que ambos os pais têm cidadania butanesa – e isso poderia afetar muitos nepaleses étnicos – eles não são considerados cidadãos naturais do país. Quase todos "os refugiados nepaleses fora do Butão (apenas 239 foram considerados cidadãos) precisam ser naturalizados".[462]

As exigências para a concessão da cidadania são os seguintes: (i) capacidade de falar e escrever Dzongkha; (ii) ter um bom conhecimento da cultura, costumes, tradições e história do Butão; (iii) nenhum registro de ter falado ou agido contra o Tsawa-Sum (conceito que abrange o Rei, o país e as pessoas do Butão). A Lei do Casamento, de 1980 (alterada em 1996), dispõe que:

---

[461] VARENNES, Fernando. Constitutionalising discrimination in Bhutan: The emasculation of human rights in the Land of the Dragon. Asia-Pacific Journal on Human Rights and the Law 2: 47-76, 2008. Printed in the Netherlands.

[462] VARENNES, Fernando. Constitutionalising discrimination in Bhutan: The emasculation of human rights in the Land of the Dragon. Asia-Pacific Journal on Human Rights and the Law 2: 47-76, 2008. Printed in the Netherlands.

Indivíduos casados com um não butanês não poderiam obter certas promoções no serviço público, não poderiam trabalhar no departamento de defesa ou do Ministério dos Negócios Estrangeiros, não tinham direito a uma gama de serviços, tais como 'distribuição de terra', 'empréstimos de dinheiro', 'sementes para cultivo', 'tratamento no estrangeiro', etc.

As escolas do Butão ensinam a língua inglesa e a Dzongkha. Nenhuma instituição oferece o nepalês. Isso impacta as crianças componentes das minorias nepalesas, impedidas de manterem sua cultura, sua religião ou falar em sua própria língua. Crianças geradas deste casamento misto não conquistaram automaticamente o direito à cidadania e não vão automaticamente às escolas. A decisão atingia a minoria de língua nepalesa. Para Fernand de Varennes, essa limitação de direitos provoca riscos imensos de miséria permanente para uma minoria, decorrente da negação do direito à terra para os não cidadãos, essencialmente os adeptos da língua Nepali, os hindus, os refugiados ou aqueles que não conseguem provar que são cidadãos "de sangue puro".[463]

Discorrendo acerca da chance de a teoria da felicidade ser maltratada pelo uso paternalista por parte do governo, Derek Bok chama a atenção para o risco de "impor regras quanto à felicidade por decreto". Para ele, em uma democracia, os líderes políticos são representantes dos cidadãos, eleitos para promover o bem-estar do povo, não para impor sua própria concepção de uma vida exemplar. Seria claramente inadequado forçar os cidadãos a mudar seu comportamento obrigando-os a participar de uma igreja ou de um serviço comunitário com base em uma pesquisa que mostrasse que essas atividades tendem a ser acompanhadas por um maior bem-estar.

No Reino do Butão, após terem notícia de prisões arbitrárias na região sul, seguidas de tortura e estupro, moradores começaram a fugir, temendo se tornarem vítimas de tais violações. A partir de meados de 1992, medidas administrativas começaram a ser tomadas no sentido de forçar essas pessoas a deixarem o país, inclusive por meio das assinaturas da chamada "forma de migração voluntária", seguidas de ameaças de multas ou prisão. Também

---

[463] Varennes, Fernando. Constitutionalising discrimination in Bhutan: The emasculation of human rights in the Land of the Dragon. Asia-Pacific Journal on Human Rights and the Law 2: 47-76, 2008. Printed in the Netherlands.

houve quem deixasse o Butão pelo fato de em suas comunidades aldeãs terem sofrido punições coletivas pelas autoridades locais, após um assassinato ou roubo na localidade, atribuídos aos "antinacionais".[464] Fernando afirma que, se por um lado o Butão é apresentado como inovador, com o seu desenvolvimento sendo guiado pela filosofia da Felicidade Nacional Bruta, que enfatiza um equilíbrio entre bem-estar material, espiritual, emocional e cultural de um indivíduo e a sociedade, "isto foi anulado por políticas governamentais, legislação e a própria Constituição, que negam qualquer consideração às necessidades de quem não é tradicionalmente budista, a maioria étnica butanesa".[465]

### 8.3.3. Felicidade por decreto?

No Reino do Butão, discussões sobre as minorias constituem um tabu. O *Human Rights Report*, da Organização das Nações Unidas (ONU), de 2010, é ilustrativo.

Segundo a Constituição, com a finalidade de concretizar um dos pilares da felicidade fixada pelo governo, a cultura do país deve ser preservada a qualquer custo. Nessa linha, uma lei determina que os cidadãos obedeçam ao Código de Vestimenta Nacional e, ao entrarem em prédios públicos, durante o dia, usem as roupas expostas no Código. Também há restrições à liberdade acadêmica ou a eventos culturais. A legislação proíbe que pessoas não butanesas casadas com butaneses promovam qualquer religião diferente do budismo. Uma lei aprovada em 1992 proíbe a crítica ao rei e ao sistema político. O relacionamento entre pessoas do mesmo sexo é crime. O Governo restringiu a posse de meios de comunicação e de licenciamento de jornalistas. Ele monitora a internet e bloqueia o que considera pornográfico. Há cerca de 30 mil usuários da Internet (0,4% da população) durante o ano.[466]

Todavia, a chegada da internet tem ameaçado a postura ortodoxa de preservação da cultura nacional. Jovens têm saído do campo em direção ao divertimento da cidade, contribuindo para a elevação do índice de

---

[464] Amnesty International, Bhutan: Forcible Exile. AI Index – ASA 14/04/94, August 1994.
[465] VARENNES, Fernando. Constitutionalising discrimination in Bhutan: The emasculation of human rights in the Land of the Dragon. Asia-Pacific Journal on Human Rights and the Law 2: 47-76, 2008. Printed in the Netherlands.
[466] Amnesty International, Bhutan: Forcible E-ile. AI Index – ASA 14.04.94, August 1994.

desemprego na capital, aumentando a quantidade de roubos e tornando crescente o problema do uso de drogas.[467]

Há, no Butão, o periódico mensal *Reporter Butão*, dedicado aos nepaleses refugiados. Shanti Ram Acharya, jornalista do periódico, foi condenado a sete anos e meio de prisão, em janeiro de 2009. Foi preso por atividades subversivas (fotografar um posto do exército).[468]

Em Nepali, área no sul do país que abriga nepaleses, escolas locais foram abandonadas pelo governo no início de 1990. As poucas crianças que ainda frequentavam as escolas públicas foram obrigadas a aprender na língua imposta pelo governo, a praticar a religião oficial, e a seguir as suas tradições.

Apesar de a Constituição prever o direito de se reunir pacificamente, os manifestantes devem primeiro obter a aprovação do governo antes de encenar manifestações públicas.

Só serão admitidos como partidos políticos, aqueles grupos "não prejudiciais à paz e à unidade do país". O Organizados pela Vida do Nepal, dedicado aos refugiados, teve suas atividades reputadas ilegais, terroristas, e antinacionais.

O Governo fez um censo em 1985 que resultou na cassação da cidadania de muitos nepaleses. Todos os que comprovassem a posse de terras a partir de 1958 receberiam a cidadania. O censo foi repetido em 1988-89 nos distritos do sul, e aqueles que perderam a cidadania em 1985, foram novamente entrevistados. O governo, então, rotulou como imigrantes ilegais aqueles que não poderiam cumprir os novos requisitos de cidadania, que eram mais rigorosos.

A partir de 1990, o governo expulsou um grande número de nepaleses, que passaram a residir em campos de refugiados no Nepal.

Cerca de 89 mil pessoas que falam nepalês estão como refugiados butaneses no Nepal, sem qualquer cidadania. Um programa de reassentamento de grande escala foi iniciado em 2007. Em setembro de 2009, mais de 78 mil refugiados manifestaram interesse em reassentamento, e mais de 20 mil haviam deixado os campos no Nepal para países outros. Em 2005,

---

[467] BOK, Derek. The politics of happiness: what government can learn from the new research on well-being. Princeton: Princeton University Press, 2010, p. 3.
[468] Disponível em: <http://www.bhutannewsservice.com/tag/shanti-ram-acharya/feed/>. Acesso em: mar. 2013.

o Censo Nacional excluiu 13% da população de língua nepalesa do direito de votar. Eles foram considerados "não nacionais".[469]

Não parece ser esse o caminho que almejamos, principalmente pelo fato de a nossa teoria da felicidade estar absolutamente atrelada ao constitucionalismo contemporâneo, aos direitos fundamentais e ao exercício da jurisdição. Temáticas como liberdade, igualdade e segurança não podem estar afastadas de qualquer noção de felicidade que se venha a esboçar.

## 8.4. O uso populista da felicidade pelo regime do *apartheid* na África do Sul

As graves consequências do *apartheid* ainda são insistentemente visíveis na comunidade sul-africana. Há dramáticos efeitos sobre a economia e traumas frutos do racismo que corroeu concepções básicas de direitos humanos. O *apartheid* pode ser visto como o resultado de um desenvolvimento econômico arrogante e racialmente discriminatório por parte da minoria branca, que resultou em desigualdade, indignidade, racismo e injustiça. A implementação de políticas econômicas segundo as quais os fins justificavam os meios, em desrespeito à dignidade da pessoa humana, criou a oportunidade para a construção de "bodes expiatórios" a justificarem maldades variadas praticadas contra parte da coletividade. O maior de todos os bodes expiatórios foi, não supreendentemente, a felicidade.

A fim de demonstrar como os líderes do *apartheid* poderiam manipular a justiça e a igualdade, para impor suas próprias vontades, este subcapítulo pretende ilustrar como a política e a manipulação legalista de aspirações virtuosas foram usadas para converter princípios morais constitucionalizados em bodes expiatórios; e como o regime do *apartheid* usou a felicidade como o bode expiatório para justificar a supremacia branca. Essa conduta também se deu em outros países africanos onde as suas Constituições repudiam a exploração econômica e, para isso, invocam o respeito ao direito à felicidade da comunidade.

Ao negar direitos, obstruindo canais democráticos e negligenciando o compromisso assumido com os direitos sócio-econômicos, o Estado e suas autoridades simplesmente corrompem o sentido de dignidade humana

---

[469] Amnesty International, Bhutan: Forcible E-ile. AI Index – ASA 14.04.94, August 1994.

e, convertido num regime autoritário, deixam de fazer algo em favor da felicidade coletiva, apesar de suas reivindicações hipócritas e demagogas anunciarem o contrário.

Alguns discursos políticos anunciam verdadeiras tragédias. Na África do Sul, a tragédia foi anunciada durante uma transmissão de rádio em 17 de março de 1961, quando o povo ouviu a seguinte declaração: "A política de desenvolvimento separado é projetada para a felicidade, a segurança e a estabilidade (...) para o povo Bantu bem como para os brancos".[470] Essa foi a primeira frase proclamada pelo primeiro-ministro da União da África do Sul, Hendrik Verwoerd, na introdução do seu discurso à nação. A "política de desenvolvimento separado" iria revelar-se um eufemismo escandaloso. Verwoerd continuou a promessa: "nós devemos destinar todas as nossas energias para a felicidade e a prosperidade". Verwoerd se tornaria *o arquiteto do apartheid*.

O Governador-Geral da África do Sul foi Chefe Supremo na província de Transvaal até 1956. A essa altura, os sul-africanos nativos eram considerados demasiadamente avançados para serem tratados como uma subclasse. Elizabeth Landis, especialista estadunidense em assuntos da África Austral, explica que o governo teve de alterar esta consideração, com a seguinte explicação: "se queremos trazer paz e felicidade para a população nativa (...) então não podemos fazer outra coisa senão aplicar este princípio, que tem funcionado tão eficazmente nas outras três províncias, para a população nativa do Cabo (...)"[471]. A partir daí, a felicidade coletiva se tornou um mero bode expiatório para justificar a implementação de uma política econômica racista, cruel, excludente e, como mostrou a história, macabra.

As consequências sem precedentes do *apartheid* se seguiram muito rapidamente. Otto Friedrich lembra:

---

[470] No original: "The policy of separate development is designed for happiness, security, and stability (...) for the Bantu as well as the whites." Verwoerd continued to promise that "we shall provide all our races with happiness and prosperity". Transcrevi a passagem da obra de Alan Paton "Ah But Your Land is Beautiful", na página 265 do capítulo Into the Golden Age, publicado pela Vintage Classics, 2002.

[471] Landis 1962: 34. "if we want to bring peace and happiness to the Native population (...) then we cannot do otherwise than to apply this principle, which has worked so effectively in the other three provinces, to the Native population of the Cape as well (...)".

Em 1965, o apartheid tornou-se tão obsessivamente estabelecido que um motorista de táxi branco se recusou a deixar uma menina branca cega e sua enfermeira de cor andar juntas em seu táxi; que crianças brancas e negras foram proibidas de aparecerem juntas em um concurso da Cruz Vermelha.[472]

Os terríveis acontecimentos não cessaram. Otto Friedrich lembra que autoridades recusaram-se a participar de todas as recepções onde os negros ou mestiços estivessem presentes, e que o poeta afrikaner branco Breyten Breytenbach teve negada sua permissão para trazer sua esposa vietnamita à África do Sul para conhecer seus pais; também, um operário negro poderia prender dois fios para um eletricista branco, mas desde que eles não trabalhassem juntos, um ao lado do outro.

Separar aqueles que vivem no mesmo país de acordo com a cor de suas peles é uma política econômica moralmente miserável, independentemente da felicidade que se prometa auferir com ela. Não há, como registraram os filósofos, felicidade na injustiça, na crueldade e na ignorância. A prisão de um homem inocente não deve ser tolerada, mesmo se o prisioneiro afirma ser feliz com a prisão. Práticas imorais, tais como a escravidão, não podem ser justificadas sob o argumento de que a maioria se sente bem com tal desgraça. Há outros valores aliados à felicidade que refutam certas decisões, independentemente dos seus efeitos sobre os sentimentos das pessoas afetadas.[473] É, na presente tese, a vedação aos prazeres sádicos que deve ser fundamentada no princípio da dignidade da pessoa humana, elemento central das democracias constitucionais contemporâneas e centro propulsor da aliança entre a metodologia utilitarista de decisão estatal e a preservação da natureza intrínseca que o valor do ser humano tem.

A este respeito, Steve Biko observou que o *apartheid* constituía uma forma de "sadismo". Embora este termo seja vulgarmente associado à conduta sexual, Biko interpretou-o em termos da relação entre o Estado

---

[472] No original: "By 1965, apartheid had become so obsessively established that a white taxi driver refused to let a blind white girl and her colored nurse ride together in his cab; that white and colored children were forbidden to appear together in a Red Cross pageant". Matéria United No More, de Otto Friedrich, publicada no Time em 24.06.2001. Disponível em: http://content.time.com/time/magazine/article/0,9171,146510,00.html. Acesso em out/2016.
[473] Bok 2010: 56.

e os seus cidadãos. Esta interpretação é muito bem-vinda, porque o *apartheid* não era uma forma de sadismo individualista, mas um conjunto institucionalizado de práticas sádicas impostas pela minoria que se apropriou dos meios de produção e do aparelho do Estado, seus órgãos e autoridades.[474]

Este é um exemplo dos riscos de ideologização da felicidade a fim de negar aos cidadãos e cidadãs os seus direitos. É uma maneira de gerar culpa e complexo de inferioridade. O governo sul-africano criou a impressão de que o continente estava sendo saqueado por interesses econômicos externos e que a culpa pertencia à comunidade negra. Esta impressão irracional – baseada na propaganda e na ideologia – evidencia o comportamento do Estado como deferente a prazeres sádicos.

Potter Barnett se refere à comunidade negra como segue:

> Eles ficam vivos graças à ajuda, empréstimos e várias formas de subvenção, mas eles contribuem pouco para a soma da felicidade humana e do bem-estar e menos ainda ao total de conhecimento humano e de bondade. Eles são o fardo do nosso tempo.[475]

Biko expõe os efeitos do *apartheid* explicando que "apesar de tudo o homem negro tornou-se um escudo, uma sombra do homem, completamente derrotado, um desenho de sua própria miséria, um escravo, um boi suportando o jugo da opressão com uma timidez envergonhada".[476] A explicação de Biko acerca do *apartheid* coloca o modelo como um meio para violar os sentimentos humanos fundamentais, como a realização, a

---

[474] Biko 2015: 78. "we can listen to the Barnett Potters concluding with apparent glee and with a sense of sadistic triumph that the fault with the black man is to be found in his genes (...)".

[475] "White's book about Blacks controversial" 17 May 1971 *Utica NY Daily Press* disponível em: http://www.fultonhistory.com/Process%20small/Newspapers/Utica%20NY%20Daily%20Press/Utica%20NY%20Daily%20Press%201971.pdf/Utica%20NY%20Daily%20Press%201971%20-%203501.pdf. (acesso mar/2016). No original: "They stay alive thanks to grants-in-aid, loans and various forms of subvention, but they contribute little, if anything, to the sum of human happiness and welfare and less to the total of human knowledge and goodness. They are the burden of our time."

[476] Biko 2015: 31. "all in all the black man has become a shell, a shadow of man, completely defeated, drawing in his own misery, a slave, an ox bearing the yoke of oppression with sheepish timidity".

auto-confiança, a auto-estima e o auto-respeito. Houve uma perda total de dignidade.

Não há direito a prazeres sádicos quando as pessoas são afetadas, direta ou indiretamente, por meio de práticas institucionalizadas de discriminação. Se a felicidade é interpretada corretamente, torna-se um valor que engloba um forte compromisso com a realização de outros valores, como a democracia, a liberdade, o bem-estar objetivo e subjetivo e a dignidade humana. A felicidade não deve, e não pode, ser usada como justificativa para o preconceito e a crueldade, como o regime do *apartheid* fez.

O *apartheid* pode ser interpretado como sendo baseado em uma forma de sadismo, um sentimento nocivo muito apreciado nos regimes nacionalistas que prevaleceram, por exemplo, durante a Segunda Guerra Mundial. Seus mecanismos de controle e sua ideologia são baseados na premissa de que é possível sentir prazer devido à imposição de dor aos outros. A este respeito, o preconceito persistente e intencional é uma forma perversa de dor. Prazeres sádicos podem ser derivados de um sentimento de superioridade, bem como a partir da exortação à vingança. Eles englobam um sentimento de êxtase sentido por infligir danos aos outros, e podem ser considerados como uma aberração moral. Não é relevante se esses prazeres são por brancos ou negros.

Cada projeto de poder absoluto carrega a possibilidade de ser baseado em ações que toleram o sofrimento dos outros. Megalomania traz a capacidade de ser insensível à dor alheia, desde que os objetivos finais sejam alcançados. O *apartheid* pode ser interpretado como um projeto megalomaníaco, porque seus defensores acreditavam que apenas uma parte da sociedade merecia a felicidade, e que os membros da sociedade poderiam ser usados a fim de promover a felicidade dos outros. O *apartheid* ignorou e desrespeitou o princípio da dignidade humana.

O uso de felicidade para negar os direitos humanos básicos pode ser explicado pelo caso *Plessy v Ferguson*, da Suprema Corte dos Estados Unidos.[477] Neste exemplo, James Walker afirmou que "o verdadeiro mal não reside na cor da pele, mas no quanto uma pessoa de cor suporta a pessoa branca. Se ele é um dependente, pode ser suportado: se ele não é, a sua presença é insuportável". Além disso, "em vez de ser destinado a promover o conforto geral

---

[477] *Plessy v Ferguson* 163 US 537 (1896) at 539.

e bem-estar moral, este ato é clara e manifestamente destinado a promover a felicidade de uma classe, afirmando a sua supremacia e a inferioridade da outra classe".[478] Isso não é felicidade; é a imposição de miséria fabricada por um sentimento de superioridade que inflige intencionalmente dor aos outros. É, pois, um prazer sádico que, por corromper o ideal primeiro de dignidade da pessoa humana, também corrompe qualquer estrutura destinada ao direito à felicidade.

Longe de revelarem qualquer faceta da felicidade, regimes baseados no racismo, como o *apartheid*, são uma forma pura de ideologia sustentada pelo compromisso com a exacerbação de prazeres sádicos, precisamente porque o seu sentimento de superioridade espelha a percepção do outro como sendo inferior, e portanto, menos merecedor de consideração e respeito. Apresenta-se como uma escola de pensamento que se torna ameaçada quando os projetos de felicidade dos outros são implementados com sucesso; e, como afirmado anteriormente, isso constitui uma forma de sadismo na medida em que visa a diminuir o outro socialmente, moralmente e intelectualmente.[479]

O escritor colonial britânico, Richard Burton, escreveu que os escravos retirados de suas terras ancestrais na África viveram uma vida de paraíso na Terra.[480] Este prazer perverso é uma forma genuína de felicidade? A sociedade deve apoiar um projeto coletivo de felicidade baseado no sofrimento e privação dos outros?

---

[478] Junior, Higginbotha & Ngcobo 1990: 809 n 198. James Walker disse o seguinte, no original: "the real evil lies not in the colour of the skin but in the relation the coloured person sustains to the white. If he is a dependent, it may be endured: if he is not, his presence is insufferable". (...) "instead of being intended to promote the general comfort and moral well-being, this act is plainly and evidently intended to promote the happiness of one class by asserting its supremacy and the inferiority of another class".

[479] Von Kraft-Ebing 1939: 105. A palavra "sadismo" remonta a 1834. O psiquiatra Krafft-Ebing usou o termo medicamente, em termos de psicopatologia em 1891, explicando que o sadismo é um componente do "desejo-assassinato e violação de cadáveres ... em que lesões da vítima da luxúria e visão de sangue da vítima são um deleite e prazer ". Ele também observou que "o notório Marquês de Sade, após os quais esta combinação de cobiça e crueldade foi chamado, era um monstro". Sadismo compreende qualquer prazer experimentado através da imposição de sofrimento. Os prazeres sádicos derivam da humilhação de outro partido, a sua dominação, submissão, ou mesmo imposição de dor.

[480] Kaplan 1996: *passim*.

Stuart Mill, inspirado por Aristóteles, diferencia as qualidades dos prazeres em termos de intensidade e qualidade. A diferenciação entre prazeres nobres ou perversos cria uma base pela qual se é possível invocar o princípio da dignidade da pessoa humana para evitar o excesso do utilitarismo ou uma utilização abusiva do discurso do direito à felicidade,[481] como aconteceu na África do Sul durante o *apartheid*.

O estudo da felicidade compreende o exame da implementação de políticas públicas que incidem sobre o bem-estar objetivo e subjetivo. A partir desta perspectiva, o *apartheid*, apesar de ser um sistema que funcionou como um poderoso instrumento de enriquecimento para alguns, não é considerado um bom modelo, precisamente porque abraça prazeres sádicos.

O argumento de Verwoerd foi ecoado pelo juiz Ruffin, da Suprema Corte dos Estados Unidos, no caso do *State v Mann*, para quem o escravo não merece qualquer felicidade ou conforto pessoal, enquanto os brancos merecem.

Esta dimensão do direito à felicidade pode ser interpretada como a fundação das causas e valores consagrados na atual Constituição sul-africana, projetada para lembrar às futuras gerações das armadilhas do senso de superioridade, preconceito e desrespeito pela dor dos outros como um meio de dominação.

Nelson Mandela, em seu primeiro discurso como homem livre na sessão conjunta no Congresso dos Estados Unidos, em junho de 1990, disse: "Para destruir o racismo no mundo, juntos, devemos eliminar o racismo do *apartheid* na África do Sul. Justiça e liberdade devem ser a nossa ferramenta, prosperidade e felicidade a nossa arma"

Numa entrevista posterior, Mandela chega a indagar: "Deve ser perguntado se cada Estado não iria começar a definir o interesse nacional incluindo a felicidade dos outros, e deixar de tratar da tirania, da instabilidade e da pobreza como sendo periférico para os nossos interesses e nosso futuro".

Em 1996, recebendo o Prêmio Nobel da Paz, Madiba arremata sua fé: "O valor desse presente há de ser dado a todos os que sofreram e deve ser medido pela felicidade e bem-estar de todas as pessoas do nosso país, que terão derrubadas as paredes desumanas que as dividem".

---

[481] Varennes 2008: 47-76.

Hendrik Verwoerd estava errado. A felicidade não pode florescer em uma terra sem a participação popular; no solo onde a liberdade era apenas uma ideia remota; em um lugar onde a desigualdade inconcebível prevaleceu; onde não houve nenhuma consideração para o bem-estar subjetivo; onde uma brutalidade institucionalizada corroeu a dignidade humana.

### 8.4.1. Os efeitos colaterais no continente africano

Devido a um intenso efeito colateral econômico decorrente de toda a história africana de exploração, pilhagem e injustiça, Constituições de inúmeros países do continente destacaram uma série de preocupações quanto à exploração econômica externa e inseriram disposições de promoção do desenvolvimento focadas em propósitos mais elevados como a liberdade, prosperidade e felicidade das pessoas, em resposta ao trauma coletivo gerado pelo passado.

Para ilustrar, o artigo 1º da Constituição da Libéria, de 1986, proclama que todos os governos livres são instituídos pela autoridade do povo, e em seu benefício, e o povo tem o direito de alterar e reformar os governos quando a sua segurança e "felicidade" assim o exigir.[482] A Constituição da Namíbia, de 1990, garante o direito "à busca da felicidade".

O direito à busca da felicidade significa o direito de ser uma pessoa livre, alguém cujo destino não está nas mãos daqueles que acreditam em um mundo onde os direitos dependem de cor da pele. É o direito de viver uma vida livre de opressão, livre do jugo imposto pelo estrangulamento dos projetos de felicidade, longe da dor e do sofrimento.

O preâmbulo da Constituição da Namíbia é colorido pela luta contra o colonialismo e o racismo. Ele é construído em torno da negação do direito à vida individual, à liberdade e à busca da felicidade pelo colonialismo, racismo e o *apartheid*. Em outras palavras, o colonialismo, o racismo e a política econômica do *apartheid* fizeram as estruturas humanas entrar em colapso, negando aspectos singulares de qualquer projeto de felicidade, como a participação popular e a liberdade.

A Namíbia não está sozinha em seus esforços para garantir o direito à felicidade para os seus cidadãos. O artigo 36 (1) da Constituição de Gana, de 1992, assegura que o Estado deve tomar todas as medidas necessárias

---

[482] Veja capítulo 1 (Estrutura do Estado) da Constituição.

para garantir que a economia nacional seja gerida de forma a maximizar a taxa de desenvolvimento econômico e para garantir o máximo bem-estar, liberdade e "felicidade" de cada cidadão.[483] Da mesma forma, o artigo 16(1)(b) da Constituição nigeriana, de 1999, assegura que o Estado deve controlar a economia nacional de modo a garantir o máximo bem-estar, liberdade e "felicidade" de cada cidadão com base na justiça social e igualdade de status e oportunidade.[484] Esta disposição também estava na Constituição nigeriana de 1979.

O preâmbulo da Constituição de Suazilândia, de 2005, prevê a paz, a ordem, o bom governo, e a "felicidade" e "bem-estar" de todas as pessoas. Em seguida, apresenta praticamente a mesma disposição das Constituições de Gana e Nigéria. O artigo 59(1), afirma que "o Estado deve tomar todas as medidas necessárias para garantir que a economia nacional seja gerida de forma a maximizar a taxa de desenvolvimento econômico e para garantir o máximo bem-estar, liberdade e a felicidade de cada pessoa, além de proporcionar meios adequados de subsistência e emprego adequados e assistência pública aos necessitados".

O *Freedom Charter* sul-africano, que se assemelha a uma Declaração de Independência, fornece a mesma preocupação. Em vez de usar a palavra "felicidade", como outras Constituições africanas fizeram, o documento se vale do bem-estar: "a indústria e o comércio devem ser controlados para ajudar ao bem-estar do povo".

Parece evidente que a história dos países africanos deixou como herança um sentimento arraigado de repulsa contra qualquer forma de exploração econômica, ou o que Steve Biko chama de "tendências capitalistas exploradoras"[485]. Constituições de países relevantes, incluindo um gigante econômico como a Nigéria, inseriram disposições constitucionais que expelem o poder esmagador do dinheiro e, simultaneamente, associam desenvolvimento econômico ao bem-estar, felicidade e liberdade. Estas disposições constitucionais representam uma reação ao trauma coletivo

---

[483] Veja o capítulo VI da Constituição (*The Directive Principles of State Policy*) que estabelece os objetivos econômicos do país.
[484] Veja o capítulo II da Constituição (Fundamental Objectives and Directive) que estabelece os princípios de políticas estatais.
[485] Biko 2015: 107.

que esses países sofreram devido à exploração econômica latente mantida ao longo da história africana. É uma maneira de dizer "nunca mais".

## 8.5. Calibrando o potencial uso autoritário do discurso político da felicidade

"Insisto em que nenhuma emoção, nem mesmo o amor, pode substituir o regime das instituições controladas pela razão" – diz Karl Popper, explicando, em seguida, que "de todos os ideais políticos, o de fazer o povo feliz é talvez o mais perigoso".[486]

O perigo a que se refere Popper decorre do fato de que um governo que vise à felicidade do povo "leva invariavelmente à tentativa de impor nossa escala de valores 'mais elevados' aos outros, a fim de fazer com que efetuem o que nos parece de maior importância para sua felicidade, a fim, por assim dizer, de salvar suas almas". Popper diz ainda o seguinte: "Todos nos sentimos certos de que ninguém deixaria de ser feliz na bela e perfeita comunidade de nossos sonhos". Todavia, a tentativa de trazer o céu para a terra produz o inferno: "Leva à intolerância. Leva às guerras religiosas à salvação das almas por meio de uma inquisição". Para ele, "é dever nosso ajudar os que necessitam de nosso auxílio, mas não pode ser nosso dever fazer os outros felizes, pois isto não depende de nós e porque, demasiadas vezes, apenas significaria intrometer-nos na privança daqueles para com os quais temos tão amigáveis intenções".[487]

Para Karl Popper, "a exigência política de métodos graduais (em contraposição aos utópicos) corresponde à decisão de que a luta contra o sofrimento deve ser considerada um dever, ao passo que o direito de cuidar da felicidade dos outros deve ser considerado um privilégio, limitado ao círculo dos seus íntimos amigos". Isso porque, "no caso destes, talvez tenhamos certo direito de impor nossa escala de valores, nossas preferências com relação à música por exemplo. (E podemos mesmo sentir que é nosso dever abrir-lhes um mundo de valores que, confiamos, possa contribuir em muito para a sua felicidade)". Contudo, para Popper, "esse nosso direito só existe se eles puderem libertar-se de nós, e por causa disso; porque a

---

[486] POPPER, Karl Raimund. A sociedade aberta e seus inimigos. Tomo 2. Tradução: Milton Amado. Belo Horizonte: Ed. Tatiaia. São Paulo: Ed. da Universidade de São Paulo, 1987, p. 244.

[487] POPPER, Karl Raimund. A sociedade aberta e seus inimigos. Tomo 2. Tradução: Milton Amado. Belo Horizonte: Ed. Tatiaia. São Paulo: Ed. da Universidade de São Paulo, 1987, p. 244-125.

amizade pode acabar". O alerta que faz é: "o uso de meios políticos para impor nossa escala de valores aos outros é questão muito diferente", pois "os valores 'mais elevados' deveriam ser considerados em ampla medida como 'fora da agenda' [política] e deixados ao domínio do laissez-faire".[488]

A visão de Popper é importante, pois, este capítulo trata da possibilidade de o direito à felicidade descambar para ações autoritárias quando empregadas por qualquer dos braços do Estado. Popper articula muito bem suas ideias ao denunciar as várias formas de autoritarismo filosófico. Suas conclusões são de fundamental importância para que possamos tentar aferir a partir de qual momento passa a ser perigoso arbitrar conflitos ou implementar políticas tendo em mente a felicidade coletiva. Estaria, o Estado, invadindo um campo da nossa vida que deveria permanecer indevassável? Deveríamos nós e somente nós estabelecermos o nosso próprio caminho para a felicidade sem que o Estado interfira nessa caminhada? Popper aparece para nos dar alguns insights a respeito desses questionamentos.

Chamamos a atenção para os efeitos colaterais que a deturpação do discurso da felicidade pode gerar. Não se defendeu, contudo, a sua impossibilidade. Como vimos, até mesmo o discurso constitucional passa por esses dilemas e necessita de exposição para a crítica pública.

Frederico II da Prússia, um déspota esclarecido, em 1781 disse que buscava "a forma de governo mais propícia a produzir e a tornar efetiva a felicidade dos homens, das sociedades, das nações". Emmanuelle Jouannet, referindo-se a ele, afirma que "todos esses soberanos falam de felicidade, de educação e de bem-estar de seus povos para melhor estabelecer seu poder e seu autoritarismo em detrimento das liberdades individuais". Ela lembra de Jacques Donzelot, para quem a polícia do século XIX na França era "uma ciência da felicidade à serviço do poder nacional". Jouannet encerra lembrando que "as relações que vinculam essa finalidade centrada sobre a felicidade do povo com uma técnica de governo que está longe de ser liberal".[489] A deturpação do discurso da felicidade encontra antecedentes remotos, como se vê.

---

[488] POPPER, Karl Raimund. A sociedade aberta e seus inimigos. Tomo 2. Tradução: Milton Amado. Belo Horizonte: Ed. Tatiaia. São Paulo: Ed. da Universidade de São Paulo, 1987, p. 245.
[489] JOUANNET, Emmanuelle. Le droit international libéral-providence: Une histoire du droit international, Bruylant, 2011 (Collection de droit international, nº 69). O trecho transcrito consta no capítulo V, intitulado "La finalité providentialiste du droit des gens moderne: Bonheur des peuples et perfectionnement des États".

Ainda sobre Frederico II da Prússia, o monarca implementou o paternalismo estatal da teoria de Christian Wolff, fundado no princípio eudemonístico de "tudo para o povo, nada, porém, pelo povo". Frederico se confessava o primeiro servidor de seu Estado, "um Estado burocrático e paternalista, cujo fim era promover a felicidade dos súditos". Paulo Bonavides ainda chama a atenção para o "Estado policial de Wolf e a formulação individualista do absolutismo", afirmando que Wolf, atendendo aos impulsos da época, criou a teoria do Estado promotor da felicidade e do bem-estar social. Tal teoria foi usada "pela filosofia do absolutismo iluminista que, valendo-se da salus publica como pretexto para reforço dos laços de autoridade e consolidação do poder, colocou o Estado acima do direito".

Bonavides afirma também que o Estado de Wolff se arvora no "direito de compreender melhor que o indivíduo mesmo o que se há de se entender por bem individual, e assume assim posição nitidamente protecionista de tutela aos direitos e interesses individuais". Residiria na felicidade (*felicitas*), que se compõe de três dados fundamentais, o fim desse Estado policial: suficiência de vida, tranquilidade e segurança. Bonavides adverte que "desde que se alcance esse alvo, a favor da pessoa humana, desce a liberdade a plano secundário. Pouco importa o seu sacrifício".[490]

Fica claro que o desrespeito a direitos fundamentais utilizando como justificativa discursiva a felicidade já ocorreu em outras nações, noutros tempos, razão pela qual devemos continuar persistentes na discussão sobre o uso adequado do direito à felicidade.

Nesse sentido, até mesmo a filosofia de Immanuel Kant no século XIX já alertava que a felicidade deveria permanecer como questão individual, sob pena de transformar o Estado em um Estado despótico e tirânico, que imporia seus próprios critérios e condições de felicidade e de bem moral. Seus ensinamentos podem servir para reflexões sobre os episódios descritos nesse capítulo.

Emmanuelle Jouannet recorda que as primeiras formas de paternalismo estatal, por mais esclarecidas que fossem, são, "para os liberais do final do século XVIII, apenas as manifestações de um despotismo ainda mais perigoso porque frequentemente mascarado por uma falsa benevolência". Todavia, "os debates cristalizam-se sobre a dualidade felicidade/liberdade.

---

[490] BONAVIDES, Paulo. Teoria do Estado. São Paulo: Malheiros, 2008, pp.133-134.

A maioria, no entanto, mantém a ideia de felicidade, de bem-estar ou de utilidade como finalidade do político".[491]

O utilitarismo, que aponta a necessidade de ampliação da felicidade do maior número de pessoas, é normalmente acusado de paternalismo. De fato, é crucial se armar contra as tentações do populismo, da demagogia e do paternalismo. Richard Posner, nesse sentido, afirma que "atinge-se o máximo de felicidade, ou utilidade, quando as pessoas (ou criaturas) são capazes de satisfazer suas preferências, quaisquer que sejam estas, na máxima medida possível". Para ele, "essa fórmula não exclui a possibilidade de 'A' conhecer as verdadeiras preferências de 'B' melhor que o próprio B, isto é, a possibilidade do paternalismo".[492]

É fácil supor que a adoção do direito à felicidade só poderia ocorrer se entendêssemos que os órgãos judiciais, principalmente as Supremas Cortes ou as Cortes Constitucionais, teriam condições de definir o que propiciaria mais felicidade para a sociedade. Isso soaria paternalista, porque estaríamos afirmando que um terceiro seria capaz de definir o que faria uma pessoa mais ou menos feliz. Nessa linha, Eric Hobsbaw explica que "uma ideologia que reduzia tudo, exceto o cálculo racional do 'interesse público', à 'insensatez com pernas de pau' (para usarmos a expressão de Bentham) entrava em conflito com alguns poderosos institutos do comportamento da classe média empenhada em melhorar". Ele mostra o já conhecido risco de soluções paternalistas no emprego das ideias de felicidade, uma vez que "o próprio interesse racional poderia justificar uma interferência consideravelmente maior na liberdade natural do indivíduo para fazer aquilo que ele desejasse e para guardar o que ganhasse".

Hobsbawn diz que uma doutrina que eliminava a moralidade "através de sua redução ao cálculo racional, bem poderia enfraquecer o sentido da disposição eterna das coisas entre os pobres ignorantes sobre quem a estabilidade social se assentava". Apesar de fazer esse alerta quanto ao utilitarismo e às propostas iniciais de Jeremy Bentham, ele afirma que o utilitarismo "nunca monopolizou a ideologia da classe média liberal" e diz

---

[491] JOUANNET, Emmanuelle. Le droit international libéral-providence: Une histoire du droit international, Bruylant, 2011 (Collection de droit international, nº 69). O trecho transcrito consta no capítulo V, intitulado "La finalité providentialiste du droit des gens moderne: Bonheur des peuples et perfectionnement des États".
[492] POSNER, Richard. A economia da justiça. Tradução: Evandro Ferreira e Silva. Revisão da tradução: Aníbal Mari. São Paulo: Editora WMF Martins Fontes, 2010, p. 63.

também que ele "não era forte o suficiente nem para inspirar uma revolução nem para evitá-la".[493]

Não há dúvida que todos os desvirtuamentos praticados pelos governos na utilização do discurso da felicidade como pano de fundo para medidas autoritárias e desrespeitosas aos direitos humanos consistem na inobservância das exatas ideias de Stuart Mill. Segundo o princípio do dano, de Mill, "o único fim para o qual as pessoas têm justificação, individual ou coletivamente, para interferir na liberdade de ação de outro, é a autoproteção", cuja função é prevenir dano a outros. Mill afirma que "uma pessoa não pode corretamente ser forçada a fazer ou a deixar de fazer algo porque será melhor para ela que o faça, porque a faça feliz, ou porque, na opinião de outros, fazê-lo seria sensato, ou até correto". Para ele, "a única parte da conduta de qualquer pessoa pela qual ela responde perante a sociedade, é a que diz respeito aos outros. Na parte da sua conduta que apenas diz respeito a si, a sua independência é, por direito, absoluta". Ao final, afirma que "as pessoas têm mais a ganhar em deixar que cada um viva como lhe parece bem a si, do que forçando cada um a viver como parece bem aos outros".[494]

De todo modo, por vivermos interagindo com o Estado, de alguma forma ele aparecerá na discussão acerca da felicidade, principalmente quando ela representar o *telos* de alguma política pública. Para Derek Bok, tentar afastar o governo da construção do direito à felicidade enquanto bandeira das políticas públicas "é um argumento respeitável, mas é uma discussão sobre a melhor forma de alcançar o bem-estar, e não sobre se o bem-estar em si é um objetivo apropriado para o governo". Para ele, o governo pode adotar medidas a fim de incentivar as pessoas a fazerem escolhas que tendem a aumentar o seu bem-estar, como o faz por imposição de impostos sobre cigarros e bebidas alcoólicas ou pela criação de incentivos fiscais para contribuir com atividades culturais. Ele pode educar por meio de um esforço para persuadir o público a fazer escolhas melhores, "como o faz, patrocinando aconselhamento pré-marital ou anúncios para deixar de fumar".[495]

---

[493] HOBSBAWN, Eric J. A era das revoluções, 1789-1848. Tradução: Maria Tereza Teixeira e Marcos Penchel. São Paulo: Paz e Terra, p. 373.
[494] MILL, John Stuart. Sobre a liberdade. Lisboa: Edições 70, 2010, p. 44.
[495] BOK, Derek. The politics of happiness: what government can learn from the new research on well-being. Princeton: Princeton University Press, 2010, p. 47.

A perspectiva de Bok abre espaço para os ensinamentos trazidos com o artigo de André Lara Rezende, intitulado "Bem-estar e húbris". De acordo com o Economista, "é possível reduzir o índice de desconforto da vida vivida, aumentar o bem-estar vivenciado, com medidas que reduzam os fatores que provocam estresse e tensão no dia a dia". Para isso, "transporte, saúde e mais tempo disponível para o convívio afetivo são os elementos críticos".[496]

André Lara Rezende chama a atenção para o fato de que, quanto ao bem-estar percebido, ao grau de satisfação com a vida, há muito menos espaço para a atuação das políticas públicas. Segundo ele, "quando se trata de influenciar fatores emocionais subjetivos, como o grau de ambição e os objetivos pessoais, a ingerência do Estado corre o risco de se tornar manipuladora e de atropelar as liberdades individuais". Os exemplos de políticas de bem-estar que avançam sobre as liberdades individuais, de acordo com André Lara Rezende, são: a proibição às drogas e ao fumo, a obrigatoriedade do uso do cinto de segurança nos automóveis e do capacete nas motocicletas". Nada obstante, ele desenvolve seu raciocínio afirmando que "infelizmente, a constatação de que não somos sempre racionais nas escolhas, como pressupõe a teoria econômica, reduz a base de sustentação conceitual para a não interferência do poder público nas decisões individuais". Sua sugestão é "contextualizar adequadamente as opções, sem restringir as escolhas individuais, como sugerem Cass Sunstein e Richard Thaler em 'Nudge: O Empurrão para a Escolha Certa'.[497]

Consultando a obra indicada acima, encontramos considerações a respeito do que os autores chamam de "paternalismo libertário". Segundo eles, "quando usamos o termo libertário para modificar a palavra paternalismo, queremos dizer simplesmente algo que preserve a liberdade. E, quando falamos de preservação da liberdade, estamos falando sério". Os paternalistas libertários querem que "as pessoas possam facilmente seguir seus caminhos; não querem sobrecarregar aqueles que desejam exercer sua liberdade".

Os autores explicam que "uma política é paternalista quando tenta influenciar as escolhas feitas por uma pessoa de modo a melhorar sua vida, segundo o seu próprio julgamento". Segundo a proposta do paternalismo

---

[496] RESENDE, André Lara. Os limites do possível: a economia da conjuntura. São Paulo: Portfólio-Penguin, 2013.
[497] Valor Econômico. Sexta-feira e fim de semana, 23, 24 e 25 mar. 2012.

libertário, "utilizando algumas descobertas comprovadas das ciências sociais, mostramos que, em muitos casos, os indivíduos fazem escolhas bastante ruins – escolhas que eles não teriam feito se tivessem prestado toda a atenção e se tivessem informações completas, capacidades cognitivas ilimitadas e autocontrole pleno". Seria "um tipo de paternalismo relativamente branco e não intrusivo porque as escolhas não são bloqueadas, obstruídas ou significativamente sobrecarregadas".[498]

O que se percebe é a intenção de limitar o poder do Estado quanto a possíveis interferências sobre os projetos racionais das pessoas de execução de um plano de satisfação de preferências ou desejos legítimos. A associação entre a aspiração por felicidade e a política não raramente descamba em populismos detestáveis, razão pela qual cabe ao Direito e à justiça promover uma leitura racional e dedicada à concepção contemporânea de direitos fundamentais – notadamente a dignidade da pessoa humana – para que seja possível frear os arroubos demagógicos daqueles que, cientes do poder retórico da felicidade, se valem de ardis para manipular as multidões.

Talvez seja essa uma das maiores contribuições do estudo sobre o direito à felicidade. É que, estando a felicidade entregue à política, ela também está entregue às paixões e às pulsões. Não há muitas justificativas racionais para o uso política da felicidade, razão pela qual deve, o Direito, se encarregar de firmar alguns contornos desse conceito para que não seja possível o uso abusivo desse valor tão importante.

Só uma dedicada investigação a respeito das tantas nuances da aspiração por felicidade é capaz de destinar ao Direito o instrumental necessário a compreender e densificar os contornos do direito à felicidade.

Mas não é pelo fato de a felicidade ser facilmente manipulável por ditadores, populistas e demagogos que a inclinação humana por ela pode ser refreada. O direito à felicidade assume como verdade o traço histórico segundo o qual as pessoas têm tentado escapar da dor e do sofrimento de modo a conseguirem conduzir suas vidas em busca da felicidade. Exatamente por esse movimento natural e perene que é tão importante haver dedicação intelectual sincera e profícua a respeito de todos os efeitos dessa realidade.

---

[498] THALER, Richard; SUNSTEIN, Cass. Nudge: o empurrão para a escolha certa: Aprimore suas decisões sobre saúde, riqueza e felicidade. Tradução: Marcello Lino. Rio de Janeiro: Elsevier, 2009, p. 6.

Retomando o raciocínio de Bok, "há argumentos fortes para fazer da felicidade um ponto focal para a política do governo". Segundo pesquisas de opinião, a felicidade geralmente está no topo das metas que as pessoas esperam alcançar. Também mostram que o caminho para alcançar a felicidade duradoura inclui "atos de engajamento cívico, de bondade, e outros comportamentos muito mais benéficos para a sociedade do que uma busca interminável de prazeres monetários e atividades triviais".[499]

Diante de tudo isso, seria possível a elaboração de políticas públicas cujos resultados devessem atender à concretização da felicidade geral? Para a filósofa norte-americana Martha C. Nussbaum, a política pública deve contemplar compromissos inseridos em sua própria natureza, tais como o combate aos riscos, à dor e às dificuldades. Também compromissos obrigatórios de luta por justiça social para alcançar uma vida boa para qualquer ser humano. Ela aponta um grupo central de direitos fundamentais sem os quais a sociedade não teria qualquer garantia para reivindicar o acesso a uma justiça básica. Esse ponto parece indicar uma aproximação com as ideias de John Rawls. Martha destaca que suas propostas dão espaço para que os cidadãos optem por delas gozarem ou não. Segundo a Filósofa:

> Uma pessoa que tem o direito de voto (e realmente pode sair e votar, sem impedimentos nem discriminações sutis) pode sempre optar por não votar; uma pessoa que tem acesso a cuidados de saúde adequados pode sempre escolher um estilo de vida pouco saudável. Uma pessoa que tem a liberdade de religião pode decidir não ter nada a ver com religião.[500]

Fica o registro do quanto o uso paternalista e abusivo da felicidade pelos governos pode desvirtuar todas as premissas sobre as quais se assenta essa teoria. Como falamos no início, mesmo o discurso constitucional tem sido utilizado indevidamente para invadir nações estrangeiras e justificar atos equivalentes ao terrorismo. Isso demonstra o quanto estamos à mercê das

---

[499] BOK, Derek. The politics of happiness: what government can learn from the new research on well-being. Princeton: Princeton University Press, 2010, p. 45.

[500] NUSSBAUM, Martha C. Who Is the happy warrior? Philosophy Poses Questions to Psychology. The Journal of Legal Studies, v. 37, nº. S2, Legal Implications of the New Research on Happiness. A Conference Sponsored by the John M. Olin Program in Law and Economics at the University of Chicago Law School (June 2008), pp. S81-S113. The University of Chicago Press. Disponível em: <http://www.jstor.org/stable/10.1086/587438>. Acesso em: 11 jan. 2011.

pessoas que se valem das mais importantes doutrinas para arquitetarem a construção de ações que atendam a seus próprios interesses, não o da felicidade coletiva.

A experiência quanto aos direitos humanos no Reino do Butão demonstra que a teoria da felicidade, se mal utilizada, também pode acarretar a erosão de direitos. Nada obstante o país tenha conseguido inúmeros avanços em indicadores sociais e econômicos importantes, isso se deu ao arrepio de direitos básicos, como o respeito pelas minorias. Desse jeito, não há que se falar em felicidade, pois, na linha do que vimos em Stuart Mill, ela está viciada pela opressão que impôs às pessoas e pela restrição que promoveu à liberdade. Situação ainda mais grave foi a que se deu na África do Sul do *apartheid*.

# 9.
# A dogmática do direito à felicidade: contexto

## 9.1. O positivismo

Francis Bacon, no *Novum Organum*, anunciou: São as mesmíssimas coisas, a verdade e utilidade. O utilitarismo comanda todo o pensamento britânico desde o século XVI. Richard Cumberland, em 1670, no *De Legibus Naturae*, defendeu a ideia da felicidade e que não se pode consegui-la senão mediante a promoção do bem comum de todo o sistema racional que é o que contribui ao bem de cada um de nós.[501]

Compreender a teoria da felicidade como rumo das democracias constitucionais contemporâneas é um ato de desapego ao que nos foi anunciado durante algum tempo como constituinte das origens e mesmo do estado da arte do Direito Constitucional. Nesse particular, Sérgio Paulo Rouanet afirma que, "do ponto de vista político, não vejo nada de pós-moderno no aparecimento de novos atores e novos movimentos". Isso porque, trata-se "da realização de uma tendência básica do liberalismo moderno, que com sua doutrina dos direitos humanos abriu um campo inesgotável para o surgimento de novos direitos, defendidos por novos protagonistas". Ele conclui com Mill, ao dizer: "Recordo apenas que o grande pioneiro do movimento feminista foi o liberal (seria ele um pós-moderno?) John Stuart Mill".[502]

---

[501] MARÍAS, Julián. La felicidad humana. Madri: Alianza Editorial, 2006.
[502] ROUANET, Paulo Sérgio. As razões do iluminismo. São Paulo: Companhia das Letras, 1987, p. 22.

A polêmica trazida pelos julgamentos das uniões homoafetivas, pelo Supremo Tribunal Federal, no Brasil, somada à menção ao direito à busca da felicidade, gerou o questionamento sobre se a Suprema Corte estaria caminhando para o ativismo judicial. Na Câmara dos Deputados, o coordenador da Frente Parlamentar Evangélica, João Campos, além de chamar a decisão de "ativismo judicial", disse que "se tem uma minoria da sociedade que deseja fazer um debate para mudar esse conceito inscrito na Constituição, quem pode fazer isso? Só o Congresso Nacional, alterando o texto por meio de uma emenda constitucional".[503] Enquanto isso, no Senado Federal, a Senadora Marta Suplicy discursava sobre o julgamento: "falaram de felicidade, falaram de cidadania, falaram de amor, falaram de respeito à vida". Há 16 anos ela havia apresentado o primeiro projeto sobre o assunto, que jamais foi levado à votação.

Os direitos fundamentais rompem, por razões substanciais, o quadro nacional, porque eles se querem poder satisfazer as exigências a lhes serem postas, devem abarcar os direitos das pessoas. Esses direitos têm, porém, "independentemente de sua positivação, validez universal".[504]

A associação dos utilitaristas aos positivistas é constante. Não há razão para supor que, se sobre o que se fala é felicidade, então positivismo não pode ser. Nesse sentido, Ronald Dworkin apresenta Bentham como "o primeiro filósofo a apresentar uma versão sistemática do positivismo jurídico". Ele afirma que "quando o positivismo foi proposto pela primeira vez, e quando era uma força concreta entre juristas e juízes e não apenas uma atitude acadêmica, a situação política era muito diferente".

Dworkin recorda Bentham, que escreveu em uma época em que os negócios eram mais simples e estáveis, e em que vigorava uma cultura moral mais homogênea: "é perfeitamente compreensível que ela esperasse, como de fato o fez, por codificações de leis que raramente deixariam brechas ou exigiriam interpretações controvertidas" – diz. Em tais circunstâncias, "os juízes que brandiam critérios morais para o direito representavam uma ameaça diferente à eficiência utilitarista, que podia ser evitada de maneira muito simples, negando-lhes tal poder".

---

[503] Manifestação dada à assessoria de imprensa da Câmara dos Deputados em 11.05.2011 e divulgada no site da Casa.
[504] ALEXY, Robert. Constitucionalismo discursivo. Tradução: Luís Afonso Heck. Porto Alegre: Livraria do Advogado Editora, 2008, p. 55.

Dworkin anota que mesmo nos primórdios do século XX, havia juristas progressistas que compartilhavam os pontos de vista de Bentham: o progresso podia ser alcançado "por meio de órgãos administrativos que atuassem de acordo com delegações político-parlamentares de grande abrangência, promulgando legislações detalhadas que pudessem ser aplicadas e executadas por técnicos".[505]

Para Dworkin, se supusermos que "os representantes tenham estabelecido uma concepção utilitarista de justiça geral completamente abrangente", eles "acreditarão ter um bom motivo para optar pela concepção positivista de direito", pois há uma forte afinidade entre uma concepção utilitarista de justiça e uma concepção positivista de legalidade: "não é por acaso que os dois fundadores do positivismo jurídico moderno, Bentham e Austin, eram utilitaristas por excelência" – afirma.

Como Bentham enfatizou, a legislação utilitarista bem fundada deve ser organizada e direcionada a partir de uma única fonte: "o melhor programa para se maximizar a utilidade é um programa integrado em que diferentes leis e diretrizes políticas podem ser adaptadas e coordenadas de modo a produzir impacto máximo em termos de utilidade". Dworkin afirma:

> O poder legislativo é a melhor instituição para se obter esse impacto máximo, porque ele pode examinar exaustivamente a arquitetura do direito e da política, e porque sua composição e seus processos de escolha tendem a produzir informações sobre a mistura de preferências na comunidade que são indispensáveis à exatidão dos cálculos das trocas e compensações necessárias à obtenção da máxima utilidade agregada.[506]

Não há sustentação na afirmação de que falar de felicidade, aliada ao Direito, corresponde a navegar num oceano moral, ou no direito natural. Também não faria sentido afirmar que pretendemos incitar ativismos judiciais (seja lá o que esse termo queira dizer). Direito Constitucional e

---

[505] DWORKIN, Ronald. A justiça de toga. Tradução: Jefferson Luiz Camargo. Revisão da tradução: Fernando Santos. Revisão técnica: Alonso Reis Freire. São Paulo: Editora WMF Martins Fontes, 2010, pp. 256-257.

[506] DWORKIN, Ronald. A justiça de toga. Tradução: Jefferson Luiz Camargo. Revisão da tradução: Fernando Santos. Revisão técnica: Alonso Reis Freire. São Paulo: Editora WMF Martins Fontes, 2010, p. 351.

moral não marcham dissociados nem para os positivistas mais clássicos. John Austin dizia que "o direito constitucional é mera moral positiva".[507]

Tércio Sampaio Ferraz Júnior recorda que "essa autonomia do direito natural em face da moral e sua superioridade diante do direito positivo marcou, propriamente, o início da filosofia do direito como disciplina jurídica autônoma". Isso se deu até as primeiras décadas do século XIX. "Depois, a disciplina sofre um declínio que acompanha o declínio da própria ideia de direito natural. No final daquele século, a disciplina reaparece, ganha força nas primeiras décadas do século XX" – rememora Tércio Sampaio Ferraz Júnior, fixando que "a reflexão sobre o direito natural toma novos rumos, e a noção readquire sua importância".[508] Ele discorre a respeito do fenômeno da seguinte forma:

> Na ciência dogmática do direito, porém, embora a ideia esteja até hoje sempre presente (por exemplo, na fundamentação do direito subjetivo na liberdade), a dicotomia, como instrumento operacional, isto é, como técnica para a descrição e classificação de situações jurídicas normativamente decidíveis, perdeu força. Sua importância mantém-se mais nas discussões sobre a política jurídica, na defesa dos direitos fundamentais do homem, como meio de argumentação contra a ingerência avassaladora do Estado na vida privada ou como freio às diferentes formas de totalitarismo.[509]

Neste trabalho, falamos da necessidade de se levar a sério o reconhecimento do direito à felicidade em suas múltiplas espécies, afastando quaisquer interpretações vulgares que possam a ele ser conferidas, sob pena de, na linha do que registrado por Tércio Sampaio Ferraz Júnior, assistirmos a sua trivialização e, consequentemente, seu esgarçamento. Quando nos dedicarmos a analisar os raciocínios empregados pelo Supremo Tribunal Federal na temática da felicidade teremos condições de identificar se a Corte tem marchado rumo a essa trivialização.

---

[507] AUSTIN, John. 1832. The province of jurisprudence determined. W. Rumble (ed.), Cambridge: Cambridge University Press, 1995, p. 276.
[508] FERRAZ, Tércio Sampaio Jr. Introdução ao estudo do direito: técnica, decisão, dominação. São Paulo: Atlas, 2010, p. 141.
[509] FERRAZ, Tércio Sampaio Jr. Introdução ao estudo do direito: técnica, decisão, dominação. São Paulo: Atlas, 2010, p. 140.

Há, de fato, casos em que uma leitura original do positivismo jurídico não não é de resolver satisfatoriamente casos complexos submetidos à jurisdição constitucional. Daí entrar elementos morais. Para Richard Posner:

> A moral é o conjunto dos deveres para com os outros (não necessariamente outras pessoas – os deveres podem dirigir-se aos animais ou, o que é importante, a Deus) que, em tese, põem freio às nossas reações meramente egoístas, emocionais ou sentimentais diante de questões sérias relacionadas à conduta humana. Diz respeito não ao que nos é devido, mas ao que nós devemos, exceto na medida em que a convicção de ser titular de um, direito (à felicidade, à autorrealização, a uma vida interessante, à oportunidade de exercer nossos talentos etc.) imponha aos outros o dever de nos ajudar a obter aquilo que nos cabe.[510]

Hans Kelsen, um positivista, dizia que "o anseio por justiça é o eterno anseio do homem por felicidade".[511] Para ele, a felicidade social poderia ser simbolizada pelo anseio por justiça e, esta, constitui conteúdo endereçado à ética e não à teoria do direito, uma vez que se trata de discussão quanto a valores morais e não quanto às normas jurídicas. Como se vê, Kelsen não enxerga nem o ideal por justiça, nem o anseio por felicidade, como componentes do Direito, mas da ética.

Dizer que Kelsen é um positivista, assim como afirmar que Bentham também se encaixaria nessa qualificação, não é um exercício vazio. Para Tércio Sampaio Ferraz Júnior, há um sentido filosófico e um sentido sociológico de positivação:

> No primeiro, positivação designa o ato de positivar, isto é, de estabelecer um direito por força de um ato de vontade. Segue daí a tese segundo a qual todo e qualquer direito é fruto de atos dessa natureza, ou seja, o direito é um conjunto de normas que valem por força de serem postas pela autoridade constituída e só por força de outra posição ordem ser revogadas. Ora, à medida que tais atos de vontade são atos decisórios, positivação passa a ser termo

---

[510] POSNER, Richard. A problemática da teoria moral e jurídica. Tradução: Marcelo Brandão Cipolla. São Paulo: Editora WMF Martins Fontes, 2012, p. 04.
[511] KELSEN, Hans. O que é justiça?: a justiça, o direito e a política no espelho da ciência. Tradução: Luís Carlos Borges. São Paulo: Martins Fontes, 2001, p. 2.

correlato de decisão. Em consequência, implicando toda decisão a existência de motivos decisórios, positivação passa a ser um fenômeno em que todas as valorações, regras e expectativas de comportamento na sociedade têm de ser forçadas através de processos decisórios antes de adquirir validade jurídica (cf. Luhmann, 1972: 141). Em outras palavras, direito positivo é não só aquele que é posto por decisão, mas, além disso, aquele cujas premissas da decisão que o põem também são postas por decisão. A tese de que só existe um direito, o positivo nos termos expostos, é o fundamento do chamado positivismo jurídico, corrente dominante, em vários matizes, no século XIX.[512]

Tércio Sampaio Ferraz Júnior recorda que a pendência entre positivistas e jusnaturalistas, "entre aqueles que negam e os que aceitam, ao lado do direito positivo (posto por autoridade) um direito natural (não posto, dado pela natureza e reconhecido pela razão humana) é antiga". Ele diz que "se tornou particularmente problemática desde o advento do fenômeno da positivação, no século XIX". Seu raciocínio derradeiro afirma que "são muitas as teorias filosóficas que buscam uma explicação para o direito natural, para a relação entre ele e o direito positivo, estabelecendo uma subordinação do segundo ao primeiro. Trata-se de um problema de filosofia do direito".[513]

Essas explicações são particularmente importantes considerando-se as menções sempre feitas a Jeremy Bentham e seus discípulos utilitaristas, no sentido de que, por lidarem com a felicidade, seriam, eles, avessos ao positivismo e, consequentemente, amantes do direito natural. Erro crasso. O utilitarismo, como já se disse e se repetiu nessa obra, depende da segurança e, por isso, compreende que instrumentos naturais ao positivismo sãos mais adequados para atingir os objetivos da escola utilitarista.

Para ilustrar, basta recordar os ensinamentos de Hans Kelsen. Ele fala de duas justiças: a relativa e a absoluta. Segundo seu pensamento, só temos acesso à justiça relativa, incapaz de propiciar a felicidade. Ela conduziria a uma satisfação muito parcial, pois a fonte da justiça e a sua realização "têm de ser relegadas ao Aquém para o Além", pois temos de nos contentar

---

[512] FERRAZ, Tércio Sampaio Jr. Introdução ao estudo do direito: técnica, decisão, dominação. São Paulo: Atlas, 2010, p. 50.
[513] FERRAZ, Tércio Sampaio Jr. Introdução ao estudo do direito: técnica, decisão, dominação. São Paulo: Atlas, 2010, p. 84.

"com uma justiça relativa, que pode ser vislumbrada em cada ordem jurídica positiva e na situação de paz e segurança por essa mais ou menos assegurada".

Ele destaca que a justiça pela qual o mundo clama, "a" justiça por excelência é "um ideal irracional". Ela emanaria de uma autoridade transcendente: Deus. Para Kelsen, "em vez da felicidade terrena, por amor da qual a justiça é tão apaixonadamente exigida, mas que qualquer justiça terrena relativa não pode garantir", surge "a bem-aventurança supraterrena que promete a justiça absoluta de Deus àqueles que Nele creem e que, consequentemente, acreditam nela". Ele arremata: "Tal é o engodo dessa eterna ilusão".[514]

Associar a busca por justiça à felicidade, ou compreender o anseio por justiça como sendo a busca por felicidade, não encontra matriz teórica em Hans Kelsen. O grande jurista não foi pioneiro nesse raciocínio. Aristóteles pensou isso primeiro. Para o Estagirita, "o termo justo é aplicado a qualquer coisa que produz e preserva a felicidade, ou as partes componentes da felicidade da comunidade política". Tudo leva a crer que Kelsen foi profundamente inspirado por Aristóteles quando afirmou que o problema da justiça "tem uma importância tão fundamental para a vida social dos homens", porque, no fundo, "emana da sua indestrutível aspiração à felicidade".[515]

Para Hans Kelsen, a Constituição é sempre o fundamento do Estado, a base da ordem jurídica que se quer apreender. Trata-se de um "princípio em que se exprime juridicamente o equilíbrio das forças políticas no momento considerado", sendo, ela, "a norma que rege a elaboração das leis, das normas gerais para cuja execução e atividade dos organismos estatais, dos tribunais e das atividades administrativas". A função política da Constituição é "estabelecer limites jurídicos ao exercício do poder", sendo que "uma Constituição em que falte a garantia da anulabilidade dos atos constitucionais não é plenamente obrigatória, no sentido técnico". Em seguida, ele conceitua jurisdição constitucional como "um sistema de medidas técnicas que tem por fim garantir o exercício regular das funções estatais". A jurisdição constitucional seria, sobretudo, controle da constitucionalidade das leis. Kelsen registra que "a instituição da jurisdição

---

[514] FERRAZ, Tércio Sampaio Jr. Introdução ao estudo do direito: técnica, decisão, dominação. São Paulo: Atlas, 2010, p. 84.

[515] KELSEN, Hans. O que é justiça?: a justiça, o direito e a política no espelho da ciência. Tradução: Luís Carlos Borges. São Paulo: Martins Fontes, 2001, p. 65.

constitucional não se acha de forma alguma em contradição com o princípio de separação dos poderes; ao contrário, é uma afirmação dele".[516]

Esse respeito que Kelsen tem pelos direitos das minorias e pela jurisdição constitucional corresponde, no direito, ao resgate dos mais belos ideais iluministas. Para corroborar este pensamento, basta que pensemos no próprio Iluminismo. Ele continua vivo, mesmo que seus prósseres não se autointitulem iluministas.

O Iluminismo era o prelúdio do mundo contemporâneo crente numa sociedade industrial de tipo liberal. Sérgio Paulo Rouanet afirma que "basta citar, por exemplo, a doutrina da tolerância, com Voltaire, ou das garantias contra o Estado, com Montesquieau (em sua leitura um tanto idealizada do sistema constitucional inglês), ou a ideia do progresso, com Condorcet, ou o papel da ciência no aperfeiçoamento material e moral dos homens, com Diderot, ou, em geral, a teoria dos direitos humanos, presente em maior ou menor grau dos principais autores".[517]

Um autor como Foucault, por exemplo, "prossegue o trabalho do Iluminismo, sem se reconhecer como iluminista. Pensadores como Albrecht Wellmer e Jürgen Habermas proclamam sua filiação às Luzes, mas não têm uma teoria sistemática do Iluminismo". Como sabemos, "Habermas sugere a existência de um Iluminismo espontâneo, em estado prático, incrustado nas estruturas da comunicação cotidiana".[518] As raízes do direito à felicidade, portanto, persistem entre nós, fluidas, entrelaçando institutos que ganham consistência nesse início de século. É o Iluminismo e sua força, vivos, moldando as bases do constitucionalismo contemporâneo em todo o mundo.

### 9.3. Estados constitucionais

Qual a razão de ser dos Estados constitucionais contemporâneos? Para que eles servem? Qual a finalidade maior do projeto constitucional? Por qual motivo lutar para instalar governos constitucionais? A resposta a todas essas perguntas parece ter somente duas palavras: felicidade coletiva. Quando falamos felicidade coletiva, além da participação popular efetiva (felicidade

---

[516] FERRAZ, Tércio Sampaio Jr. Introdução ao estudo do direito: técnica, decisão, dominação. São Paulo: Atlas, 2010.

[517] ROUANET, Paulo Sérgio. As razões do iluminismo. São Paulo: Companhia das Letras, 1987, p. 200.

[518] ROUANET, Paulo Sérgio. As razões do iluminismo. São Paulo: Companhia das Letras, 1987, p. 34.

pública), estamos nos referindo à possibilidade de as pessoas terem uma vida melhor segundo os seus próprios projetos racionais de satisfação de desejos ou preferências. Não é pitoresco acreditar nisso.

A felicidade apareceu em momentos históricos de relevo, como a Independência dos Estados Unidos, a Revolução Francesa e a Independência do Brasil. As ideias iluministas que guiaram essas revoluções baseavam-se firmemente na razão. Positivistas como John Austin e H. L. A. Hart eram utilitaristas. O próprio Jeremy Bentham, que estabeleceu o princípio da felicidade maior como *telos* das decisões políticas, era um positivista. Portanto, afirmar que a razão de ser dos Estados constitucionais deve ser criar maneiras para a realização dos projetos de felicidade dos indivíduos e, também, de sopesar qual a decisão adequada em momentos de colisões considerando qual delas amplia a felicidade de todos, não equivale a negar as regras ou o próprio Direito.

Segundo Marcelo Figueiredo, "discorrer sobre o 'Estado de Direito', sobre o 'Estado Constitucional' significa abrir uma porta de um universo de Standards da ciência política que varia de Estado para Estado". Para o Professor, "sem tais garantias jurídicas (formais e materiais) não é possível buscar a liberdade em sentido latíssimo". Ele diz que o Estado garantidor tem aspectos positivos e negativos. Contudo, sempre se "mostrou preferível aos olhos da civilização atual municiar os cidadãos de garantias, de controles contra a organização pública; é que o Direito deveria ser instrumento de pacificação e convivência harmônica, nunca de opressão"[519] – afirma.

Miguel Reale dizia que "se os homens fossem iguais como igual é a natural inclinação que nos leva à felicidade, não haveria Direito Positivo e nem mesmo necessidade de Justiça".[520] As raízes dos direitos fundamentais antecedem os valores universais aspirados pela humanidade. A disposição humana para a liberdade existe por si só, independente de normatização. Antes, é um valor, uma bandeira, uma inspiração. Está no âmbito da filosofia ou do direito natural. Depois de inserida num documento constitucional, torna-se direito fundamental.

A felicidade, aspiração humana primordial, tem assumido o seu viés universal, compondo o importante rol dos direitos humanos. Em razão

---

[519] FIGUEIREDO, Marcelo. Teoria geral do estado. São Paulo: Atlas, 2009, p. 76.
[520] REALE, Miguel. Fundamentos do direito. 3ª ed. São Paulo: Editora Revista dos Tribunais, 1998, p. 309.

desse coroamento remoto, temos hoje inúmeras constituições que alçaram-na como direito fundamental ou, então, como objetivo do Estado ou da Constituição, como é o caso da Constituição brasileira de 1988, que estabeleceu como valor supremo o bem-estar dos brasileiros.

A felicidade também passou a constar de ordenamentos estrangeiros e a ser alvo da atenção da comunidade internacional, a exemplo da Resolução da ONU que determinou, em 2011, que os Estados se esforcem para ampliar a felicidade da sociedade.[521]

Todas as características da internacionalização dos direitos fundamentais podem ser vistas na felicidade. Dimitri Dimoulis e Leonardo Martins ilustram as dimensões dessa internacionalização: a) rica produção normativa internacional (declarações, convenções, pactos, tratados); b) crescente interesse das organizações internacionais e criação de organizações cuja finalidade é promovê-los e tutelá-los; c) criação de mecanismos internacionais de fiscalização de violações e de responsabilização de Estados ou indivíduos que cometem tais violações; d) intensa produção doutrinária em âmbito internacional.[522] Todas essas dimensões contemplam a felicidade.

O arremate vem de Richard Posner, quando afirma que "nas condições da vida moderna, toda sociedade terá de haver-se com a questão da felicidade da população".[523] Essa é a conscientização que, esperamos, pode ajudar a frutificar nas mentes daqueles que tiverem contato com a teoria apresentada nesta obra.

Uma teoria absolutamente condizente com o constitucionalismo moderno, com a fundação dos Estados Constitucionais contemporâneos e com o estado da arte relativo aos direitos fundamentais.

## 9.4. As constituições

Hannah Arendt, em alusão à independência dos Estados Unidos, diz que só por meio de uma Constituição seria possível estabelecer os limites da nova esfera política e definir as regras em seu interior, fundando e construindo

---

[521] Disponível em: <http://www.onu.org.br/politicas-publicas-devem-ser-voltadas-para-felicidade-e-bem-estar/>. Acesso em: mar. 2013.

[522] DIMOULIS, Dimitri; MARTINS, Leonardo. Teoria geral dos direitos fundamentais. São Paulo: Editora Revista dos Tribunais, 2009, p. 35.

[523] POSNER, Richard. A problemática da teoria moral e jurídica. Tradução: Marcelo Brandão Cipolla. São Paulo: Editora WMF Martins Fontes, 2012, p. 50.

um novo espaço político onde "a paixão pela liberdade pública" ou "a busca da felicidade pública" pudessem ser exercidas pelas gerações futuras.[524]

Da mesma forma que o constitucionalismo nos moldes contemporâneos é fenômeno recente, também o é a Constituição, cujas características atuais, vistas na Carta brasileira de 1988, têm certidão de nascimento no pós--Segunda Guerra Mundial. Todavia, se imaginarmos a Constituição como algo fundante de uma sociedade, num determinado período, decorrente do poder de um grupo, chegaremos a tempos remotos, como vimos em Loewenstein, com o povo hebreu.

E o que é a Constituição? Para Tércio Sampaio Ferraz Júnior, é a Lei fundamental de um país, com normas "respeitantes à organização básica do Estado, ao reconhecimento e à garantia dos direitos fundamentais do ser humano e do cidadão, às formas, aos limites e às competências do exercício do Poder Público (legislar, julgar, governar)".[525]

Uma premissa indicada nesse trabalho é a de que a Constituição não é somente o seu texto. Este, positivado, solene, escrito, traz consigo, embutido na sua redação, princípios correlatos os quais, nada obstante não encontrem expressa menção na Carta, inserem-se em seu conteúdo, servindo, deste modo, ao conceito de Constituição e, mais ainda, sendo possível de serem tomados como parâmetro para aferição da constitucionalidade de uma lei ou ato normativo. São os princípios constitucionais implícitos. Gilmar Mendes, em menção à realidade alemã, diz:

> O conceito de Lei Fundamental não se limita às disposições singulares do direito constitucional escrito. De um lado, essa ideia abrange todos os princípios constantes do texto constitucional. Por outro, esse conceito abarca, igualmente, todos os princípios derivados da Constituição enquanto unidade, tais como o princípio da democracia, o princípio federativo, o princípio da fidelidade federativa, o princípio do Estado de Direito, o princípio da ordem democrática e liberal e o princípio do estado social. Por isso, estão compreendidos no conceito de Lei Fundamental não apenas disposições constantes do texto constitucional mas também as regras jurídicas nele formuladas, o

---

[524] FERRAZ, Tércio Sampaio Jr. Introdução ao estudo do direito: técnica, decisão, dominação. São Paulo: Atlas, 2010, p. 195.

[525] FERRAZ, Tércio Sampaio Jr. Introdução ao estudo do direito: técnica, decisão, dominação. São Paulo: Atlas, 2010, p. 195.

preâmbulo da Lei Fundamental, os dispositivos da Constituição de Weimar, incorporados expressamente ao texto da Lei Fundamental (art. 140), os princípios gerais inerentes ao sistema adotado e as ideias principais que inspiraram o constituinte, ainda que não concretizadas numa determinada disposição ou preceito.[526]

Um exemplo que Uadi Lammêgo Bulos dá é o da ideia de boa-fé. Não há, na Carta da República, nenhum dispositivo afirmando algo como: "os atos praticados na esfera pública devem atender à boa-fé". Todavia, quando lemos o caput do artigo 37 e vemos que a legalidade, impessoalidade, moralidade, publicidade e eficiência constituem os principais vetores da administração pública, fica claro que, por trás deles, está um ideal de boa-fé. Logo, a boa-fé, apesar de não estar escrita da Constituição (princípio explícito), é decorrente do próprio texto constitucional, convertendo-se, portanto, num princípio constitucional implícito. O reconhecimento dessa premissa é importante para o trabalho pelo fato de se poder afirmar que a Constituição Federal de 1988 não assegura o direito à felicidade pelo mero fato de não haver, em seu texto, a palavra felicidade.

Primeiramente, há, na Constituição, menções, em boa quantidade, à expressão "bem-estar", que, para nós, é a maneira neutra que a dogmática constitucional contemporânea optou para tratar um prisma da felicidade. É claro que a expressão foi adotada no constitucionalismo brasileiro voltada para assegurar o então propalado "Estado do bem-estar social", mas isso não quer dizer que, hoje, não possa servir de porta de entrada para a teoria da felicidade. Não há, da nossa parte, apegos apaixonados ao originalismo, segundo o qual devemos, sempre e sempre, conferir aos dispositivos da Constituição somente o significado que o Constituinte lhe conferiu. Fosse assim, seria o governo dos mortos sobre os vivos, como dizia Thomas Jefferson.[527]

Depois, a interpretação demasiadamente gramatical da Constituição pode levar a absurdos, como afirmar que ela não protege a diversidade, pelo fato de não contar com a palavra "diversidade", mas, sim, "pluralismo". Esse tipo de reducionismo esvaziaria a hermenêutica.

---

[526] MENDES, Gilmar Ferreira. Jurisdição constitucional. São Paulo: Saraiva, 2005, pp. 136-137.
[527] *Apud* VIEIRA, Oscar Vilhena. A Constituição e sua reserva de justiça. São Paulo: Malheiros, 1999, p. 67.

O que defendemos, portanto, é que a Constituição Federal de 1988 ampara o direito à felicidade quando trata do bem-estar e quando possibilita que ele ingresse no ordenamento jurídico brasileiro aliado a outros dispositivos constitucionais, como o direito à participação popular (felicidade pública), à liberdade (direito à busca da felicidade) ou o direito à saúde (bem-estar objetivo).

É claro que sempre poderemos invocar o parágrafo 2º do artigo 5º da Constituição, segundo o qual "os direitos e garantias expressos nesta Constituição não excluem outros decorrentes do regime e dos princípios por ela adotados, ou dos tratados internacionais em que a República Federativa do Brasil seja parte". Todavia, apesar de termos esse anteparo, acreditamos que não é necessário invocá-lo para fundamentar o direito à felicidade. Basta, respeitoso à unidade da Constituição, perceber a máxima lançada no Preâmbulo da Carta, que é esmiuçado das mais diversas formas no corpo do documento: Estado Democrático destinado a assegurar o exercício dos direitos sociais e individuais, a liberdade, a segurança, o bem-estar, o desenvolvimento, a igualdade e a justiça. Estão postas, nesse trecho, todas as bases do direito à felicidade.

Para Richard Layard, "a Constituição e as leis são cruciais para a felicidade". Ele afirma ainda que elas têm de ser justificadas pelo princípio da felicidade maior, "mas, uma vez estabelecidos, normalmente não devem ser descumpridos, mesmo que isso, às vezes, produza mais felicidade a curto prazo, porque diminuiria o benefício a longo prazo dessas leis".[528]

Apresentadas as premissas do constitucionalismo e da Constituição, ingressaremos na teoria dos direitos fundamentais para, em seguida, falarmos de jurisdição constitucional. Esses conhecimentos são importantes para a compreensão do direito à felicidade.

## 9.5. Direitos Fundamentais (os novos Direitos Humanos)

"Podemos saber que um resultado é melhor do que o outro, mesmo quando não podemos medir com precisão o bem-estar" – é o que diz Tim Mulgam. Se uma política aumentaria os níveis médios "de saúde, renda, taxa de alfabetização, direitos civis e liberdades políticas, então esta é uma evidência muito boa de que melhorará o bem-estar humano, mesmo se não pudermos

---

[528] LAYARD, P. R. G. Felicidade: lições de uma nova ciência. Tradução: Maria Clara de Biase W. Fernandes. Rio de Janeiro: Best Seller, 2008.

calcular com precisão o ganho total em bem-estar agregado".[529] O que essa afirmação diz é que a concretização dos direitos fundamentais de várias dimensões (civis, políticos, sociais, econômicos, culturais, transindividuais etc.) contribui para a felicidade coletiva.

Tércio Sampaio Ferraz Júnior entende que uma das razões do enfraquecimento operacional da dicotomia entre direito e moral pode ser localizada na promulgação constitucional dos direitos fundamentais: "O estabelecimento do direito natural na forma de normas postas na Constituição, de algum modo positivou-o". Segundo ele:

> E, depois, a proliferação dos direitos fundamentais, a princípio, conjunto de supremos direitos individuais e, posteriormente, de direitos sociais, políticos, econômicos aos quais se acrescem hoje direitos ecológicos, direitos especiais das crianças, das mulheres etc. provocou, progressivamente, sua trivialização. Uma coisa se torna trivial quando perdemos a capacidade de diferenciá-la e avaliá-la, quando ela se torna tão comum que passamos a conviver com ela sem nos apercebamos disso, gerando, portanto, alta indiferença em face das diferenças (cf. Luhmann, 1972, v. 2:255).

O alerta é importante porque mostra que a diferenciação clássica entre direitos naturais, direitos humanos e direitos fundamentais tem perdido sua razão de ser. Por esse prisma, o caudaloso rio da felicidade certamente banhará todas as Constituições e consequentemente as leituras contemporâneas que forem feitas sobre seus textos.

Marcelo Figueiredo, reconhecendo a necessidade de proteção judicial aos direitos humanos, indaga: "em que medida tais critérios são eficazes, são garantidos, são respeitados, têm força, operatividade, execução? Essa é uma questão tormentosa e plena de dificuldade". Para o Professor, não é possível ser ingênuo a ponto de afirmar que basta "a inserção do rol de direitos humanos em dado ordenamento jurídico, para daí concluirmos por sua execução e plena garantia". Segundo ele, "a simples enunciação de direitos nunca garantiu absolutamente nada". A alteração da realidade por meio de instrumentos normativos tem campo de ação limitado. O que o Professor destaca é que será "necessário um plus social, uma validade social, uma aceitação geral média de tais ou quais valores contemplados,

---

[529] MULGAN, Tim. Utilitarismo. Tradução: Fábio Creder. Petrópolis: Vozes, 2012, p. 223.

sem o que o direito não passará, como bem ensina Lassale, de um conjunto de normas estampadas, explicitadas em uma folha de papel".[530]

Tércio Sampaio Ferraz Júnior reconhece a problemática da efetivação dos direitos humanos nas sociedades políticas contemporâneas mais de dois séculos após as declarações solenes de 1776 e 1789. Para ele, isso se dá porque a busca de novas e adequadas formas de organização e ideário políticos, "na sequência das profundas transformações que acompanham o fim do *Ancien Régime* na França, persiste como um desafio para o mundo que estaria surgindo dessas transformações". Ele lembra ainda que "entre a proclamação formal dos direitos e o real estatuto político dos indivíduos e dos grupos aos quais eles são atribuídos estende-se um vasto espaço, ocupado por formas antigas e novas de violência". Segundo Tércio:

> Os mecanismos de poder em ação nas sociedades políticas contemporâneas não alcançam a legitimação que seria propiciada pela real efetivação dos direitos do homem ou pelo reconhecimento do cidadão como portador efetivo dos direitos cujo respeito confere ao poder seu predicado essencial como poder político, ou seja, poder justo. Ora, tal efetivação não é possível senão pela institucionalização dos mecanismos de poder em termos de lei e de direito, ou seja, em termos de justiça. Vê-se, assim, que o problema clássico da melhor Constituição (da mais justa) nada perdeu de sua atualidade, não obstante o fato de a política moderna, obedecendo à inspiração maquiavélica que nesta em sua origem, formular-se cada vez mais como problema de técnica de poder e cada vez menos como discernimento (sabedoria) do mais justo.[531]

São muitas as características dos direitos fundamentais. São históricos, pois decorrem de uma longa evolução, a exemplo do direito de propriedade. São universais, porque ultrapassam os limites territoriais, como o princípio da isonomia. São concorrentes, pois vários deles podem ser exercidos ao mesmo tempo por uma pessoa. São irrenunciáveis, nada obstante possam deixar de ser exercidos temporariamente num caso concreto. São inalienáveis, porque não podem ser comercializados, já que não gozam de natureza

---

[530] FIGUEIREDO, Marcelo. Teoria geral do estado. São Paulo: Atlas, 2009, p. 130.
[531] FERRAZ, Tércio Sampaio Jr. Introdução ao estudo do direito: técnica, decisão, dominação. São Paulo: Atlas, 2010, p. 142.

econômica. Também são imprescritíveis. Por fim, são relativos, pois não necessariamente são exercidos de modo absoluto.

Outra característica é a aplicabilidade imediata, prevista no parágrafo único do artigo 5º da Constituição. Nada obstante a previsão realce a importância dos efeitos imediatos das normas constitucionais expostas sob a forma de direitos e garantias fundamentais, há determinados comandos que não gozam de tal eficácia. Eles necessitam de regulamentação para que produzam todos os seus efeitos.

A temática dos direitos fundamentais é essencial para a teoria da felicidade que compreende haver, na Constituição Federal de 1988, fundamento de validade de um direito à felicidade expresso de várias formas. Isso porque, como nos guiamos, numa parte da teoria, pelas ideias utilitaristas, abre-se espaço para que os críticos afirmem que o utilitarismo, ao pregar decisões que ampliem a felicidade para o maior número de pessoas, pode ser cruel com o indivíduo isolado, por abrir espaço para a indiferença para com ele, caso tenha de maximizar, às custas de seus direitos, a felicidade coletiva.

Afastamos essa objeção com o reconhecimento da dignidade da pessoa humana como sendo o princípio irradiador de toda a ordem constitucional contemporânea. A partir do momento em que se reconhece que há, *a priori*, o respeito ao princípio da dignidade da pessoa humana, a teoria da felicidade fornece um escudo protetor contra irracionalidades.

John Rawls, quanto aos direitos fundamentais, tem várias críticas ao utilitarismo. Ele afirma que, para os utilitaristas, "os preceitos de justiça ditados pelo bom-senso e as noções de direito natural só têm validade subordinada como normas secundárias"; eles surgem do fato de que, "nas condições de uma sociedade civilizada, é de grande utilidade social obedecer a esses preceitos na maioria dos casos e só admitir sua violação em circunstâncias excepcionais". A segurança seria a razão de ser do cumprimento dos direitos fundamentais e não o valor que eles têm intrinsecamente. Mesmo o zelo "com o que afirmamos esses preceitos e apelamos a esses direitos ganha certa utilidade, pois contrabalança a tendência humana natural de transgredi-los de maneiras não sancionadas pela utilidade".[532] O grave problema desta visão seria, para Rawls, "que não parece haver garantia de que restringir

---

[532] RAWLS, John. Uma teoria da justiça. Nova tradução baseada na edição americana revista pelo autor, de Jussara Simões. Revisão técnica e da tradução: Álvaro de Vida. 3ª ed. São Paulo: Martins Fontes, 2008, p. 34.

ou suprimir as liberdades fundamentais de alguns seja a melhor maneira de maximizar a totalidade (ou a média) do bem-estar social".

Mesmo com todos os fundados alertas feitos por John Rawls acerca dos riscos de abusos praticados em nome da teoria da felicidade, ele próprio diz haver meios de "revisar a doutrina utilitarista de tal maneira que ela possa sustentar uma concepção da justiça adaptada a um regime constitucional, ainda que tenha de chegar a isso indiretamente, constituindo o meio que permite alcançar o maior bem-estar".[533] Segundo a nossa tese, uma das maneiras de conseguir esse desiderato de Rawls é aliando a teoria da felicidade ao princípio da dignidade da pessoa humana.

Por essa perspectiva, o que parece mais estimulante é tentar saber qual a razão de ser da construção histórica dos direitos fundamentais. Emmanuelle Jouannet afirma que a finalidade liberal de um direito das gentes moderno é o "desejo de assegurar a felicidade e o bem-estar das nações soberanas juntamente com o velho plano ideal de realização e aperfeiçoamento das sociedades humanas". Assim, só será concebida a finalidade eudemonista e providencialista do direito das gentes quando "a felicidade, o bem-estar e a utilidade são reafirmadas como valores e finalidades da política".[534]

No Brasil, a Constituição Federal de 1988 fornece instrumental suficiente para essa missão, bastando reconhecer o valor primeiro da participação popular, da liberdade, associando-a à igualdade e segurança. O resultado é o nascimento do direito à felicidade.

Muitas vezes se questiona qual seria o catálogo dos direitos fundamentais. É possível dizer que um determinado direito não é fundamental. Todavia, temos percebido que a tendência do constitucionalismo moderno é ampliar esse rol, seja pela expressa previsão nas Constituições, seja pela revelação, por parte da jurisdição constitucional, de direitos fundamentais implícitos que não foram taxativamente citados pelo constituinte. É o novo Iluminismo.

Segundo Sérgio Paulo Rouanet, o novo Iluminismo "assume como sua bandeira mais valiosa a doutrina dos direitos humanos, sem ignorar que na maior parte da humanidade só profundas reformas sociais e políticas

---

[533] RAWLS, John. Justiça e democracia. Tradução: Irene A. Paternot. São Paulo: Martins Fontes, 2000, p. 266.
[534] JOUANNET, Emmanuelle. Le droit international libéral-providence: Une histoire du droit international, Bruylant, 2011 (Collection de droit international, n° 69). O trecho transcrito consta no capítulo V, intitulado "La finalité providentialiste du droit des gens moderne: Bonheur des peuples et perfectionnement des États".

podem assegurar sua fruição efetiva".[535] Nessa perspectiva, interessante narrar o que tem ocorrido na Grã-Bretanha, quanto ao respeito aos direitos humanos aliado a um renascimento e expansão de uma consistente teoria da felicidade.

## 9.6. A expansão dos direitos humanos no Reino Unido

David Cameron, então líder do Partido Conservador no Reino Unido, declarou: "nós não devemos pensar somente sobre como colocar dinheiro no bolso das pessoas, mas como colocar felicidade em seus corações". Cameron afirmava que os políticos estavam olhando para questões que diziam respeito a eles próprios, mas que o certo seria se preocupar "em como fazer as pessoas mais felizes, em como tornar as comunidades mais estáveis e as sociedades mais coesas".[536]

Suas palavras lembram Ronald Dworkin, para quem "se quisermos tratar as pessoas genuinamente como iguais (ou assim possa parecer), devemos nos empenhar em tornar suas vidas igualmente desejáveis para elas ou lhes oferecer meios para fazê-lo, e não apenas igualar seus saldos bancários".[537]

Cameron levou adiante sua ideia e criou, como Primeiro-ministro, um índice oficial de mensuração da felicidade da sociedade britânica. A última pesquisa ocorreu com uma comunidade de 200 mil pessoas maiores de 16 anos, entre abril de 2011 e março de 2012. Os indicadores avaliaram o bem-estar da nação ao lado de dados econômicos, como o PIB. Para Glenn Everett, diretor do Programa de Medição do Bem-Estar Nacional, "compreender a visão das pessoas sobre seu bem-estar é um complemento importante para as estatísticas oficiais existentes e tem potenciais usos no processo de decisão política e de auxílio à tomada de decisão".[538]

A Inglaterra também vivenciou de perto os novos ares trazidos pelo Iluminismo. Primeiro, a *Philosophiae Naturalis Principia Mathematica*, de Isaac

---

[535] ROUANET, Paulo Sérgio. As razões do iluminismo. São Paulo: Companhia das Letras, 1987, p. 33.

[536] Disponível em: <http://news.bbc.co.uk/2/hi/programmes/happiness_formula/4809828.stm>. Acesso em: mar. 2013.

[537] DWORKIN, Ronald. A virtude soberana: a teoria e a prática da igualdade. Tradução: Jussara Simões. Revisão técnica e da tradução: Cícero Araújo, Luiz Moreira. São Paulo: Martins Fontes, 2005, pp. 05-09.

[538] Disponível em: <http://www.independent.co.uk/news/uk/politics/first-annual-results-of--david-camerons-happiness-index-published-7972861.html>. Acesso em: mar. 2013.

Newton, em 1687, "obra que serviu de paradigma às gerações seguintes em toda a Europa na explicação do mundo de maneira objetiva e científica". Em 1688, foi a vez da Revolução Gloriosa que, mesmo sem derramamento de sangue, "abriu o caminho para que a Inglaterra se transformasse em uma democracia parlamentarista e que levou à abrangente extinção da intolerância estatal". Isso propiciou uma atmosfera favorável ao progresso da arte e da ciência, visto com inveja e como exemplar "pelos intelectuais europeus".[539]

Derek Bok lembra que a Grã-Bretanha, a China e a Austrália, estão considerando o uso de índices oficiais de felicidade, além das medidas convencionais econômicas de prosperidade e crescimento.[540] Na Grã--Bretanha, a felicidade está estática desde 1975 e não é a mais elevada do que na década de 1950. Esse cenário se consolida mesmo ocorrendo grandes aumentos na renda real em todos os pontos de distribuição de renda.[541]

O resgate da teoria da felicidade se dá ao mesmo tempo em que se verifica um desenvolvimento jamais visto da jurisdição naquele país. Situação idêntica ocorreu na França, que recentemente abraçou a ideia de mensuração da felicidade nacional, iniciando um desenvolvimento da sua jurisdição. Estamos falando dos dois últimos berços do dogma do Parlamento, segundo o qual as leis eram absolutas e não cabia aos juízes fazer outra coisa que não fosse aplicá-las. Tanto a França como o Reino Unido, contudo, iniciam o século XXI resgatando seus ideais primeiros de felicidade aliando-o à expansão corajosa da jurisdição na defesa dos direitos humanos.

O Reino Unido aprovou, em 1972, o *European Communities Act*, que atribuiu hierarquia superior ao direito comunitário em face de leis formais aprovadas pelo Parlamento.[542] Com a aprovação do *Human Rigths Act*, em 1998, confiou-se aos Tribunais a aferição da legitimidade das leis em face das disposições da Convenção de Direitos Humanos. Embora não se declare

---

[539] KREIMENDAHL, Lothar (Org.). Filósofos do século XVIII: uma introdução. Tradução: Dankwart Bernsmüller. Coleção História da Filosofia. São Leopoldo: Unisinos, 2007, pp. 11-12.
[540] BOK, Derek. The politics of happiness: what government can learn from the new research on well-being. Princeton: Princeton University Press, 2010, p. 4.
[541] LAYARD, P. R. G. Felicidade: lições de uma nova ciência. Tradução: Maria Clara de Biase W. Fernandes. Rio de Janeiro: Best Seller, 2008, pp. 47-48.
[542] Essa orientação tornou-se realidade no caso Factortame Ltd. vs. Secretary of State for Transport (N.2) (1991).

a nulidade ou a invalidade da lei, pode-se constatar a incompatibilidade e assegurar à parte uma indenização.[543]

Em 2005, o Reino Unido ganhou a sua Suprema Corte, com composição e funcionamento disciplinados pelo *Statutory Instrument* nº 1.604, de 2009, iniciando os trabalhos em 1º de outubro de 2009. Ela tem jurisdição recursal sobre três sistemas legais: Inglaterra e Gales, Irlanda do Norte e Escócia. De acordo com Sunkin, primeiro presidente da Suprema Corte, o Reino Unido vivencia uma efetiva atuação judicial "nas políticas governamentais, incluindo decisões que afetaram a política educacional, as licenças para empresas de comunicação, a regulação do transporte aéreo, as finanças públicas e as políticas do bem-estar social".[544]

Emmanuelle Jouannet nos diz que a Inglaterra é lembrada por inúmeros intelectuais como a nação que conseguiu, no século XVIII, perseguir "o ideal de um Estado não despótico que soube assegurar a felicidade e a prosperidade de seu povo por meio de uma constituição equilibrada".[545] Essa também é a impressão do filósofo francês Helvétius.[546]

À medida em que a teoria da felicidade renasce no Reino Unido, o mesmo se dá com a jurisdição e a cultura de atenção aos direitos humanos, propiciando àquele país todas as ferramentas para a construção de uma importante aliança na defesa da felicidade da sociedade. Esse é um novo horizonte que tem se desenhado e que certamente deve encontrar espaço também entre os trópicos, a exemplo do Brasil.

### 9.7. Proteção das minorias e a felicidade coletiva

Fazendo uma pesquisa jurisprudencial no Supremo Tribunal Federal, entre os anos de 1994 e 2004, há dois acórdãos identificados com a expressão "minorias". Já entre 2004 e maio de 2013, o total de acórdãos chega a

---

[543] MENDES, Gilmar Ferreira; COELHO, Inocêncio Mártires; BRANCO, Paulo Gustavo Gonet. Curso de direito constitucional. São Paulo: Saraiva, 2007, p. 1.163.

[544] *Apud* MENDES, Gilmar Ferreira; COELHO, Inocêncio Mártires; BRANCO, Paulo Gustavo Gonet. Curso de direito constitucional. São Paulo: Saraiva, 2007, p. 1.164.

[545] JOUANNET, Emmanuelle. Le droit international libéral-providence: une histoire du droit international, Bruylant, 2011 (Collection de droit international, n° 69). O trecho transcrito consta no capítulo V, intitulado "La finalité providentialiste du droit des gens moderne: Bonheur des peuples et perfectionnement des États".

[546] De l'esprit, 1715. Mais um clássico.

quinze, sendo que oito foram publicados nos últimos três anos. Estamos no século das minorias.

John Stuart Mill foi muito importante para o movimento utilitarista, pois conferiu mais humanidade às suas propostas. Michael Sandel diz que Mill, "nascido uma geração após a de Bentham, tentou salvar o utilitarismo reformulando-o como uma doutrina mais humana e menos calculista". Afirma ainda que "os trabalhos de Mill são uma árdua tentativa de conciliar os direitos dos indivíduos com a filosofia utilitarista que herdara do pai e adotara de Bentham".[547] É que, para Mill, o tempo fará com que o respeito à liberdade individual acarrete a máxima felicidade. "Permitir que a maioria se imponha aos dissidentes ou censure os livre-pensadores pode maximizar a utilidade hoje, porém tornará a sociedade pior – e menos feliz – no longo prazo"[548] – arremata.

Fica evidente que o utilitarismo, depois de Mill, atuou com transparência na tarefa de conciliar suas linhas com o respeito aos direitos fundamentais. A transcrição acima, trazida para hoje, cai como uma luva no debate acerca da necessidade de tolerância, por parte da maioria, aos direitos das minorias. O que Stuart Mill afirmou foi que o desrespeito aos direitos fundamentais das minorias, no curto prazo, pode ser útil àqueles que detêm o poder e, mesmo, à maioria da sociedade. Todavia, com o tempo, a insatisfação de ambos aumentará, fazendo desta sociedade uma sociedade menos feliz.

Seja pela perspectiva filosófica clássica, seja pela comprovação empírica atual, parece claro que os direitos constitucionais assumem papel de destaque na busca da felicidade da sociedade, pois garantem bens inalienáveis a todos, inclusive às minorias. Pesquisas mostram que "uma maior tolerância de gays e outras minorias aumenta a felicidade nacional".[549] Esses resultados obtidos por meio da investigação entregam a teoria da felicidade aos cuidados da jurisdição constitucional.

Jeremy Bentham, Stuart Mill, John Austin, H. L. A. Hart e Hans Kelsen têm opiniões semelhantes sobre o Direito e é com base em boa parte

---

[547] SANDEL, Justiça. O que é fazer a coisa certa. Tradução: Heloisa Matias e Maria Alice Máximo. Rio de Janeiro: Civilização Brasileira: 2011, p. 64.

[548] MILL, John Stuart. Sobre a liberdade. Tradução: Pedro Madeira. Lisboa: Edições 70, 2010, p. 100.

[549] INGLEHART, Ronald; FOA, Roberto; PETERSON, Christopher e WELZEL, Christian. Development, freedom, and rising happiness – a global perspective (1981-2007). In: Perspectives on Psychological Science (2008), p. 271.

dessas impressões que essa tese foi estruturada. Kelsen registrava que "se virmos a essência da democracia não na onipotência da maioria, mas no compromisso constante entre os grupos representados no parlamento pela maioria e pela minoria, e por conseguinte na paz social", a jurisdição constitucional "aparecerá como um meio particularmente adequado à realização dessa ideia".[550]

Por sua vez, o filósofo suíço Vattel, afirma que o direito tem a responsabilidade direta de "adquirir a verdadeira felicidade da nação" e para fazer isto, ele deve desenvolver "a instrução, a educação, as ciências e as artes, tolerar as religiões enquanto controla o excesso, o abuso, etc."[551]

Para Hans Kelsen, "a democracia não pode ser uma dominação absoluta, nem mesmo uma dominação absoluta da maioria", pois essa dominação "distingue-se de qualquer outra dominação pelo fato de que ela não apenas pressupõe, por definição, uma oposição (isto é, a maioria), mas também porque, politicamente, reconhece sua existência e protege seus direitos". Ilustrando seu raciocínio com o exemplo do Estado soviético, Kelsen afirma que ele não pode se dizer uma democracia, pois o mesmo considera, "como sua tarefa principal, a supressão da minoria pela violência".

Na linha do que defendeu Mill, Kelsen destaca que "a democracia moderna não pode estar desvinculada do liberalismo político", pois seu princípio é "o de que o governo não deve interferir em certas esferas de interesse do indivíduo, que devem ser protegidas por lei como direitos ou liberdades humanas fundamentais". Para Kelsen, "é através do respeito a esses direitos que as minorias são protegidas contra o domínio arbitrário das maiorias".[552]

Nessa perspectiva, Stuart Mill afirmava que "a diversidade não é um mal, mas sim um bem". Ele adverte que "quando a regra de conduta não é o próprio caráter da pessoa, mas sim as tradições ou costumes de outras pessoas, está a falhar um dos principais ingredientes da felicidade humana, e o principal ingrediente do desenvolvimento individual e social". Segundo Mill, "quanto mais cada pessoa desenvolve a sua individualidade, tanto

---

[550] KELSEN, Hans. Jurisdição constitucional. São Paulo: Martins Fontes, 2007, p. 182.

[551] *Apud* JOUANNET, Emmanuelle. Le droit international libéral-providence: une histoire du droit international, Bruylant, 2011 (Collection de droit international, nº 69). O trecho transcrito consta no capítulo V, intitulado "La finalité providentialiste du droit des gens moderne: Bonheur des peuples et perfectionnement des États".

[552] KELSEN, Hans. A democracia. São Paulo: Martins Fontes, 2000, p. 183.

mais se torna valiosa para si própria, e pode por isso ser mais valiosa para os outros".[553]

A conexão entre a proteção às minorias e a felicidade tem sido provada de formas variadas. Carol Graham afirma que "as mulheres são mais felizes do que os homens nos Estados Unidos, os homens são mais felizes do que as mulheres na Rússia (devido à disparidade de tratamento legal?) e não se nota diferenças ao nível de gênero na América Latina". Quanto aos negros, Graham nos diz que nos Estados Unidos, "eles são menos felizes do que os membros das outras raças, tal como os que se identificam como minorias na América Latina se sentem menos felizes".[554]

Daí ter razão Sérgio Paulo Rouanet, quando afirma que "o novo Iluminismo proclama sua crença no pluralismo e na tolerância e combate todos os fanatismos, sabendo que eles não se originam da manipulação consciente do clero e dos tiranos, como julgava a Ilustração, e sim da ação de mecanismos sociais e psíquicos muito mais profundos".[555]

A Constituição Federal de 1988 e a jurisprudência do STF têm protegido as minorias e estabelecido uma refinada jurisprudência das diferenças, lançando o Brasil no cenário internacional como uma nação comprometida com a tolerância e, consequentemente, com a felicidade coletiva.

## 9.8. A constitucionalização da felicidade na África

Léopold Sédar Senghor disse que, se a razão é europeia, "a emoção é africana".[556] Esta emoção foi canalizada às constituições. A felicidade é um

---

[553] Portanto, ao falar das minorias, percebe-se que Mill tinha razão. E Michael Sandel sabe disso, apesar de negar com as seguintes palavras: "a enfática celebração da individualidade é a mais importante contribuição de Mill em On liberty, mas é também, de certa forma, um tipo de heresia em relação ao utilitarismo". Sandel persiste afirmando: "Já que apela para os ideais morais além dos utilitários – ideais de caráter e desenvolvimento humano –, não é a reelaboração do princípio de Bentham, e sim uma renúncia a ele, apesar de Mill afirmar o contrário". MILL, John Stuart. Sobre a liberdade. Lisboa: Edições 70, 2010, p. 115. SANDEL, Justiça. O que é fazer a coisa certa. Tradução: Heloisa Matias e Maria Alice Máximo. Rio de Janeiro: Civilização Brasileira: 2011, p. 66.
[554] GRAHAM, Carol. O que nos faz felizes por esse mundo fora. Tradução: Michelle Hapetian. Revisão: Alice Soares. Alfragide: Texto Editores, 2011, p. 83.
[555] ROUANET, Paulo Sérgio. As razões do iluminismo. São Paulo: Companhia das Letras, 1987, p. 32.
[556] L. S. Senghor, On African Socialism (London: Pall Mall Press, 1964), 73.

valor fundamental em muitas constituições africanas, a exemplo dos textos de países como Libéria, Namíbia, Gana, Nigéria e Suazilândia.

Na Libéria, a Constituição de 1986 traz, em seu Capítulo I que trata da Estrutura do Estado, o seguinte:

> Artigo 1. Todo o poder é inerente às pessoas. Todos os governos livres são instituídos por sua autoridade e em seu benefício e eles têm o direito de alterar e reformar o mesmo quando a sua segurança e felicidade assim o exigirem. A fim de garantir um governo democrático que responda aos desejos dos governados, as pessoas devem ter o direito a esse período, e da forma como previsto nos termos da Constituição, para fazer com que os seus funcionários a deixar o cargo e para preenchimento de vagas por regulares eleições e nomeações.

Por sua vez, a Constituição da Namíbia, de 1990, registra o seguinte em seu preâmbulo: "Considerando que os referidos direitos incluem o direito do indivíduo à vida, à liberdade e à busca da felicidade, independentemente de raça, cor, origem étnica, sexo, religião, credo ou condição social ou económica". Garante-se, pois, o direito à busca da felicidade.

A Constituição de Gana de 1992 expõe, no artigo 36(1), tratando dos objetivos econômicos, o seguinte: "O Estado deve tomar todas as medidas necessárias para garantir que a economia nacional é gerida de forma a maximizar a taxa de desenvolvimento econômico e para garantir o bem-estar máximo, liberdade, e a felicidade de todas as pessoas em Gana".

O preâmbulo do texto constitucional da Seychelles, de 1993, diz o seguinte: "Reafirmando que estes direitos incluem os direitos do indivíduo à vida, à liberdade e à busca da felicidade livre de todas as formas de discriminação".

A Constituição da Nigéria de 1999, no Capítulo II (sobre os Objetivos Fundamentais e Princípios Diretivos da Política de Estado), dispõe o seguinte: "O Estado deve controlar a economia nacional de modo a garantir o máximo de bem-estar, liberdade e felicidade de todos os cidadãos na base da justiça social, igualdade de status, e oportunidade" (artigo 16 (1) (b)). Esta disposição imita o artigo 16 (i) (a) da Constituição de 1979.

O preâmbulo da Constituição da Suazilândia, de 2005, diz o seguinte: "Ele prevê a garantia de paz, ordem e bom governo, bem como a felicidade e o bem-estar de todas as pessoas". Já o artigo 59 (1) da Constituição traz a presente disposição: "O Estado deve tomar todas as medidas necessárias para garantir que a economia nacional é gerida de forma a maximizar a taxa de desenvolvimento econômico e para garantir o bem-estar máximo, liberdade, e a felicidade de cada pessoa na Suazilândia; e fornecer meios adequados de subsistência e emprego adequado e assistência pública aos necessitados".

Já a Constituição do Níger (2010), no artigo 50, trata dos juramentos de respeitar a Constituição. Segundo o texto, antes de entrar em suas funções, o Presidente da República faz um juramento sobre o livro sagrado de sua confissão perante o Tribunal Constitucional, na presença dos membros da Assembleia Nacional, nos seguintes termos: "a trabalhar incansavelmente para a felicidade das pessoas". O mesmo é aplicável ao Primeiro-ministro (artigo 74) e o Presidente da Assembleia Nacional (artigo 89).

A partir de perspectivas teóricas e jurisprudenciais, é de suma importância insistir na escavação da raiz do fenômeno onipresente da constitucionalização da felicidade. A este respeito, Christopher Mbazira[557] argumenta que "ações, políticas e instituições são julgadas em termos da medida em que maximizam a felicidade geral e o bem-estar".[558]

Esta nova fronteira começa a desencadear discussões teóricas refinadas entre os estudiosos capazes de articular a multiplicidade de abordagens ligadas à felicidade e adicionar um novo horizonte para a doutrina constitucional global.

David Bilchitz utiliza a doutrina utilitária para avaliar os efeitos do caso Nokotyana v. Região Metropolitana de Ekurhuleni[559] (*Nokotyana v. Ekurhuleni Metropolitan Municipality*), apreciado pelo Tribunal Constitucional. Ele explica que "um foco estrito sobre a igualdade no contexto de recursos escassos também pode minimizar a felicidade geral dos indivíduos".[560]

Por sua vez, o Justice Albie Sachs, que integrou a Corte Constitucional da África do Sul indicado por Nelson Mandela, afirmou que ele acreditava

---

[557] Bilchitz 'Judicial Remedies and Socio-Economic Rights: A Response to Christopher Mbazira' (2008) 9 *ESR Review* 1.
[558] Mbazira 'Appropriate, Just and Equitable Relief in Socio-Economic Rights Litigation: The Tension Between Corrective and Distributive Forms of Justice' (2008) 78, 125 S. African L.J. 71.
[559] *Nokotyana v. Ekurhuleni Metropolitan Municipality* (CCT 31/09) [2009] ZACC 33; 2010 (4) BCLR 312 (CC) (19 November 2009).
[560] Bilchitz 'Is the Constitutional Court wasting away the rights of the poor? Nokotyana v Ekurhuleni Metropolitan Municipality' (2010) *SALJ* 591.

que o estabelecimento, pela Constituição da África do Sul, da Corte, "trouxe muita felicidade e bastante de emancipação para muitas pessoas".[561]

O compromisso da África com este valor fundamental – a felicidade – abre as portas para discussões globais e investigações sobre a aplicação destas disposições constitucionais acima mencionados.

### 9.9. Cortes Supremas

Karl Loewenstein questionou se a Constituição seria "instrumental para a busca da felicidade do povo"[562], baseado em sua intriga quanto ao propósito e significado de uma Constituição. Nomear a felicidade como um objetivo requer um forte compromisso por parte do grupo cuja missão é manter esse ideal. Joshua Greene ilustra isto com um exemplo dos "nortistas", os "sulistas" e os "grandes Anciões".

Greene afirma que "menos do que uma mudança cultural dramática, o coletivismo sempre parecerá errado aos nortistas, e o individualismo sempre parecerá errado para o sulista, não importa quais são os fatos. Em verdade "ambos os lados realmente acreditam que seus respectivos modos de vida produzem os melhores resultados. No entanto – e este é o ponto crucial – os dois lados estão mais comprometidos com seus modos de vida do que se eles estão a produzir um bom resultado". Greene continua a ilustrar que "os grandes Anciões entendem isso". Eles são os guardiões da sabedoria local. Eles entendem que seus valores não são, no fundo, sobre 'o que funciona'. Eles aspiram a viver de acordo com as verdades morais mais profundas".[563]

É interessante notar que Greene utiliza o termo "guardiões da sabedoria local". Levando-se em conta o fato de que as Constituições nomeiam o Supremo Tribunal Federal e os Tribunais Constitucionais como os guardiões da Constituição e, além disso, que a experiência é um pré-requisito para ser apontado como um juiz, não seria um exagero visualizar as cortes constitucionais de todo o mundo como um novo tipo de 'grandes Anciões'". A ilustração de Greene conclui que "a partir de uma perspectiva utilitarista,

---

[561] Sachs 'The Sacred and the Secular: South Africa's Constitutional Court Rules on Same-Sex Marriages' (2013-2014) 102 Ky. L.J. 147, p. 160.

[562] AJ Zurcher *Constitutions and Constitutional Trends since World War II: An Examination of Significant of Postwar Public Law with Particular Reference to the Constitutions of Western Europe* (1951) 191.

[563] John Greene. Moral Tribes: Emotion, Reason, and the Gap between Us and Them (2015), pp. 152-153.

um bom sistema de tomada de decisão é aquele em que os tomadores de decisão são mais propensos do que de outros a tomarem decisões que produzam bons resultados".[564]

O apelo da felicidade é facilmente compreensível. É um valor neutro capaz de fornecer direitos para as pessoas de uma nação. Felicidade funciona como um canal através do qual as pessoas podem tentar satisfazer as suas necessidades mais profundas. Joshua Greene explica que "a felicidade é a qualidade geral da experiência de alguém; e valorizar a felicidade é valorizar tudo o que melhora a qualidade da experiência, para si e para os outros – e, especialmente, para os outros cujas vidas deixam muito espaço para melhorias".[565]

A Constituição é, acima de tudo, um conjunto de princípios fundamentais estabelecidos por uma geração do país, em relação a si mesmo, e para as gerações seguintes. De tempos em tempos, a geração futura, ao ver que se desviou do caminho, tem a oportunidade de lembrar o acordo de fundação e, ao fazê-lo, de mudar o curso da história por seu país. Princípios constitucionais podem funcionar como uma máquina do tempo, na medida em que podemos renovar crenças fundamentais que podem ter sido esquecidas, e, como tal, a sociedade mantém a superação dos desafios enfrentados por uma democracia constitucional.

Essa abordagem ilumina a combinação de felicidade e a doutrina utilitarista, junto com debates sobre questões constitucionais, como uma maneira erudita para lidar com casos difíceis.

---

[564] John Greene. Moral Tribes: Emotion, Reason, and the Gap between Us and Them (2015), pp. 169.
[565] John Greene. Moral Tribes: Emotion, Reason, and the Gap between Us and Them (2015), pp. 160-161.

# 10.
# Direito geral à felicidade e seus desdobramentos

**10.1. Por quê a felicidade?**
Quando intelectuais negligenciam temas complexos é a comunidade que termina sendo negligenciada. Omissões dessa natureza terminam comprometendo conquistas civilizatórias. O sociólogo espanhol Julían Marías chama a atenção para "as grandes ausências", uma marca do pensamento do nosso tempo, consistente no fato de que há certas questões das mais importantes que, de repente, passaram a ser, simplesmente, esquecidas. Marías lembra o espanto que teve ao procurar em inúmeras enciclopédias, incluindo a Britânica, a palavra amor: "a palavra estava ausente nas milhares e milhares de páginas"[566] – lembra ele.

A felicidade esteve presente em todos os melhores debates que a humanidade conseguiu travar, sempre associada a valores como honra, virtude, participação política, sucesso, sorte e outros. Por quê, então, deveriam, os juristas, negligenciar isso? Negar a força da felicidade como componente integrante, inevitavelmente, das democracias constitucionais modernas, certamente representa o que Marías chama de "grandes ausências". Omissões intelectuais dessa natureza comprometem a nossa comunidade e impedem-nos de dedicarmos energia em assuntos que engrandecem a nossa gente exatamente por ampliar o campo protetivo dos direitos humanos.

---

[566] MARÍAS, Julián. La felicidad humana. Madri: Alianza Editorial, 2006, p. 11.

Marías destaca a tendência de muitos intelectuais do nosso tempo de tentar escapar quando se deparam com um problema verdadeiramente difícil de lidar. Para ele, chega a ser surpreendente "a escassez de estudos adequados sobre algo tão importante, tão interessante e de tanta consequência como a felicidade". A principal causa dessa constatação seria "a dificuldade dos métodos para estudá-la".[567]

Não há como negar a complexidade do assunto, principalmente pela sua fluidez. Contudo, reside em sua interdisciplinariedade o seu maior poder transformador, uma vez que o estudo da felicidade exige do investigador o trânsito em áreas do conhecimento tais como história, filosofia, psicologia, sociologia, economia, ciência política e, claro, o direito. Não sem razão há tanta escassez de literatura abrangente a respeito.

### 10.2. Conceito e características

O que é felicidade? A resposta mais fácil é afirmar ser impossível conceituar. De fato, não é tarefa fácil, mas isso não nos impede de refletir a respeito, de destacar os elementos que não integram o campo conceitual da felicidade, de tentar delimitar sua abrangência e, ao final, de traçarmos linhas balizadoras que possibilitariam indicar o que ela representaria minimamente. O mais importante é investigar.

Os constitucionalistas têm certo costume em lidar com termos gerais: são os conceitos jurídicos indeterminados. Essas disposições polissêmicas estão presentes em todo o Direito, não havendo razão para perplexidades. A mesma dificuldade encontrada nas discussões a respeito de felicidade também é vista em debates sobre justiça. Nem por isso o Direito abandonou esse ideal ou o reputou alvo de indiferença. Por toda a sua vida, Hans Kelsen estudou o que era justiça. É possível encontrar, de sua autoria, os livros: O Sonho da Justiça, Ilusão da Justiça, O Império da Justiça e O Que é a Justiça. Ao final da vida, falando sobre o conceito de justiça, Kelsen afirmou que importante não era obter a resposta, senão não parar de questionar e não parar de perguntar. Mesmo Cesare Beccaria chegou a anotar: "É necessário evitar associar à palavra Justiça a ideia de algo real, como força física ou ser vivo. Ela é mero modo de conceber dos homens, o que influencia infinitamente a felicidade de cada um".[568]

---

[567] MARÍAS, Julián. La felicidad humana. Madri: Alianza Editorial, 2006, p. 53.
[568] BECCARIA, Cesare Bonesana, Marchesi di. Dos delitos e das penas. Tradução: J. Cretella Jr. E Agnes Cretella. São Paulo: Editora Revista dos Tribunais, 2013.

Para que tenhamos um conceito de felicidade a partir do qual passaremos a transitar teoricamente associando esse conceito com a normatização da felicidade mundo afora, é importante eleger um autor que tenha investido energia em estudos e que tenha demonstrado força intelectual suficiente a manejar um conceito consistente. John Rawls é, sem dúvida, um extraordinário nome.

Rawls se arrisca a conceituar felicidade e o faz com sucesso. Para ele, a pessoa é feliz "quando está a caminho da execução (mais ou menos) bem-sucedida de um plano racional de vida elaborado em condições (mais ou menos) favoráveis e tem razoável confiança na possibilidade de realização de suas intenções". O que Rawls chama de "intenções", nosso conceito denomina "preferências".

O indivíduo poderia ser considerado feliz quando seus planos racionais ganhassem execução, seus objetivos mais importantes estivessem se concretizando e houvesse motivo para crer que esse cenário persistiria. A felicidade em Rawls se reveste de dois aspectos: (i) a execução bem-sucedida de um plano racional (o programa de atividades e objetivos) que a pessoa tenta realizar; e (ii) seu estado de espírito, sua confiança baseada em fundadas razões de que seu êxito vai perdurar. Ela se apresenta de forma objetiva (adaptação dos projetos às circunstâncias e crença fundada em convicções sólidas) e de forma subjetiva (crença de que se está a caminho da execução – mais ou menos – bem-sucedida de um plano racional). É sempre presente o reconhecimento de dimensões subjetivas e emocionais dos seres humanos. Deve se acrescer a cláusula de que, "se estiver enganada ou iludida, que nada, por contingência e coincidência, desminta seus equívocos", afirma Rawls.

Outra característica da felicidade de Rawls é que ela seria autossuficiente (escolhida como um valor em si mesmo). Quando o plano racional é realizado com segurança, a vida se torna totalmente digna de escolha e não escolhe nada além disso: "a felicidade não é um objetivo dentre outro o qual aspiramos, mas a realização do próprio desígnio todo" – afirma. Esse pensamento é puramente aristotélico, ou seja, a felicidade passa a ser a implementação de um plano de ação, independentemente do seu resultado.

Há limites que devem ser suportados, contudo. Rawls esclarece que a busca da felicidade "quase sempre indica a procura de certos tipos de objetivos, por exemplo, vida, liberdade e o próprio bem-estar". Logo, a felicidade é um fim abrangente. Ele diz que "os santos e os heróis, e as pessoas cujas intenções reconhecem os limites do direito e da justiça ficam de fato, felizes quando seus planos têm êxito". Embora "não lutem pela felicidade podem, não obstante, ser felizes ao promover as causas da justiça e do bem-estar do próximo, ou ao alcançar as excelências para as quais se sentem atraídas".[569] Isso não impede que sejamos felizes com as coisas simples, é bom que se diga. O que Rawls está enfatizando é que a mera execução de um plano sobre o qual a pessoa deposita suas legítimas emoções já se reveste dos caracteres da felicidade.

Para Rawls, desfrutarmos de prazeres menos elevados e nos permitirmos participar de brincadeiras e diversões. São atividades que relaxam a mente e descansam o espírito para que estejamos mais aptos a promover objetivos mais importantes. Nada obstante haja menos sofisticação em tomar um sorvete do que encontrar a cura do câncer, a distração, relaxamento e prazer trazidos com um bom sorvete têm o seu valor.

Mas John Rawls sabe bem que esses planos precisam ter fins virtuosos ou, pelo menos, que não sejam sádicos, sob pena de desconstruir as bases da felicidade. Ele alerta para o risco da construção de planos egoísticos, fanáticos ou messiânicos, a depender do que componha tais planos ou da paixão atribuída aos objetivos que possibilitam alcançar a felicidade. Para ele, quando o fim predominante é uma meta objetiva "como o poder político e a riqueza material, o fanatismo subjacente e a desumanidade se tornam manifestos". O bem humano é heterogêneo, porque os objetivos do eu são heterogêneos. Segundo o Filósofo, embora subordinar todos os objetivos a uma finalidade não transgrida, estritamente falando, "os princípios da escolha racional (não os princípios de contagem, pelo menos), ainda assim isso nos parece irracional, ou até loucura. O eu fica desfigurado quando é colocado, por razões do sistema, a serviço de um dos seus fins".[570] É preciso cautela, portanto, com o egoísmo, a megalomania e a manipulação messiânica de projetos de felicidade.

Foi em atenção a essa colocação de Rawls, a respeito dos excessos que o comprometimento com as metas pessoais podem acarretar, que o conceito

---

[569] RAWLS, John. Uma teoria da justiça. Nova tradução baseada na edição americana revista pelo autor, de Jussara Simões. Revisão técnica e da tradução: Álvaro de Vida. 3ª ed. São Paulo: Martins Fontes, 2008, p. 679.

[570] RAWLS, John. Uma teoria da justiça. Nova tradução brasileira baseada na edição americana revista pelo autor, Jussara Simões. Revisão técnica e da tradução Álvaro de Vita. 3ª Ed. São Paulo: Martins Fontes, 2008, pp. 683-684.

de felicidade dessa obra fala em projetos racionais de expectativas legítimas. Fala-se racional com a intenção de afastar os projetos passionais motivados por excessos messiânicos capazes de macular o projeto a ser desempenhado. Usa-se o adjetivo "legítimo" para deixar aberto o espaço para controle posterior de políticas implementadas sob o manto da felicidade. O conceito que oferecemos, portanto, é o seguinte: o direito à felicidade é o direito de planejar e dar execução a um projeto racional de satisfação de preferências legítimas, considerando, nessa tarefa, ainda que mininamente, chances de êxito. Seria esse o direito amplo à felicidade, cuja conformação vem, como vimos, do pensamento de John Rawls.

## 10.3. O direito à felicidade como princípio
Para falar de um direito fundamental à felicidade é preciso, antes de tudo, reconhecer que não se está tratando de um bem jurídico de fácil identificação como, por exemplo, o direito de aposentadoria em determinada idade. A felicidade tem sido reconhecida como uma dimensão subjetiva do bem-estar. Isso já ajuda bastante a delimitar os contornos desse conceito. Todavia, é fato que sua roupagem tem natureza principiológica, como sói acontecer com muitos dos denominados direitos fundamentais. Exatamente por essa razão é que assume tamanho relevo trabalhar o pensamento de Robert Alexy para que, então, fique, o direito à felicidade, devidamente caracterizado dentro da estrutura constitucional como norma que se apresenta como princípio a ser concretizado na medida do possível.

Robert Alexy afirma que os direitos fundamentais surgiram historicamente de situações específicas de demandas por segurança ou de ameaças prementes. Para Alexy, não é vedado nem à Ciência do Direito, nem à jurisprudência, fundamentar as normas concretas historicamente desenvolvidas em normas mais gerais: "Pelo contrário, essa é uma tarefa essencial da Ciência do Direito, e para a jurisprudência esse procedimento é, no mínimo, útil", diz ele.

Não há dúvidas de que um dos objetos mais polêmicos da Filosofia Política – a felicidade –, transformou-se diretamente em objeto do direito positivo e, com isso, suscitou uma série de questionamentos dogmáticos. Na linha de Robert Alexy, o direito à felicidade se revestiria de uma roupagem principiológica: "princípios são normas que ordenam que algo seja realizado em uma média tão alta quanto possível relativamente a possibilidades fáticas ou jurídicas". Seriam mandamentos de otimização e, como tais, poderiam ser preenchidos em graus diferentes. Essa medida ordenada do cumprimento dependeria tanto das possibilidades fáticas como das jurídicas, além de regras determinadas por princípios em sentido contrário.[571] O direito à felicidade é um princípio, pois a ele não podemos conferir, prima facie, caracteres de regra a serem concretizados com base no"tudo ou nada". É, ao contrário de disposições tais como a aposentadoria compulsória em certa idade, disposições cuja concretização ocorre na medida do possível. Não que mereça menos importância do que qualquer outro direito. Não é isso. Mas é que dispositivos introdutores de bens tais como a felicidade invocam uma concretização zelosa com o caso concreto e atenta ao fato de que muitas vezes esse bem constitucionalmente protegido será assegurado a depender de um sem número de razões legitimamente ponderáveis diante do caso concreto. É justo que assim o seja.

É até possível a emanação de uma regra que tenha como anteparo o direito à felicidade. Mas o direito, em si, de fato, tem revestimento principiológico. Como simboliza aspirações de liberdade, igualdade e segurança, constitui um princípio inserto no rol dos direitos fundamentais. Exatamente por esta razão, as colisões podem ser resolvidas, em boa parte das vezes, por meio de raciocínios que se guiem pelo telos de maximização da felicidade coletiva, ou seja, a maior felicidade possível, desde que não haja realizações de injustiças afrontosas à dignidade da pessoa humana. É uma aplicação contemporânea do antigo utilitarismo, agora, limitado pela vedação aos prazeres sádicos cuja representação dogmático-constitucional está na dignidade da pessoa humana.

O que se está afirmando é que, diante de colisões de direitos fundamentais (os quais, na linha de Robert Alexy, são princípios), o julgador poderia, caso tivesse informação suficiente, decidir de modo a ampliar a felicidade coletiva. Evidentemente que o julgador deve estar munido de informações suficientes a lhe fornecerem segurança para fazer esse tipo de prognose. Sem informações bastantes, o julgador navegará sobre achismos e intuições, o que representaria um voluntarismo indevido.

Um dos escudos contra eventuais excessos decorrentes de se alçar a maximização da felicidade coletiva no longo prazo como consequência

---

[571] ALEXY, Robert. Constitucionalismo discursivo. Tradução: Luís Afonso Heck. Porto Alegre: Livraria do Advogado Editora, 2008, p. 64.

buscada pela decisão estatal – incluindo, claro, a judicial – é o princípio da dignidade da pessoa humana. Proferir uma decisão considerando os potenciais efeitos que ela gerará na felicidade das pessoas envolvidas pode acarretar injustiças com um ou outro indivíduo isolado. Aqui, sob a nuvem dos direitos fundamentais compreendidos como os compreendemos hoje em dia, não seria aceitável o sacrifício absoluto dos direitos de uns para o gozo dos direitos dos outros. Não podemos concordar com a tortura de um acusado para assegurar que a maior parte da população ficasse feliz. Ou com a morte de um assassino porque desta forma a comunidade se sentiria mais segura. Nessas hipóteses, em que a aplicação do direito à felicidade coloca em risco os direitos individuais, o escudo é o princípio da dignidade da pessoa humana, que deve ser intrinsecamente considerado, ou seja: independente do saldo positivo quanto à utilidade da decisão, se esse saldo se der às custas de ofensa à dignidade, não há como proceder à tentativa de maximização da felicidade coletiva por meio de prognoses consequencialistas da decisão a ser prolatada diane do caso concreto ou da tese levada a julgamento perante o Estado.

O direito amplo à felicidade, portanto, se reveste das características de princípios, tomando por base a exposição teórica de Robert Alexy, sendo--lhe atribuído a possibilidade de mais eficácia possível dependendo das circunstâncias fáticas e jurídicas imanentes, razão pela qual ele funciona muito bem como um mandamento de otimização para determinados tipos de decisões.

### 10.4. O direito à felicidade pública (participação popular)

"Felicidade pública é o fruto do apego virtuoso e inabalável a uma Constituição livre" – registrou Joseph Warren, em 1772. Não podemos ser felizes se a nossa felicidade se situar apenas na vida privada. Nas democracias constitucionais, os cidadãos são aqueles que são vistos em ação. Participar de assuntos públicos não é um fardo, ao contrário, deve proporcionar um sentimento de felicidade não encontrado em nenhum outro lugar. É na coletividade que o ser humano se realiza como ser político que é, sem que, evidentemente, tenha negado o exercício do seu direito de ser deixado em paz, quando assim desejar, além de ter preservada sua privacidade. O reconhecimento da felicidade pública importa em admitir que nas democracias constitucionais contemporâneas a política continua a operar um papel fundamental na construção das conquistas sociais, razão pela qual é, exercendo o seu direito de ser visto em acção que a comunidade alcança a sua finalidade primeira e o seu propósito mais elevado, que é, para nós, a felicidade pública.

Os seres humanos têm o direito de estabelecer sociedades, sob leis e regulamentações, que lhes pareçam mais adequadas para promover a felicidade pública. É o direito do cidadão de ter acesso à esfera pública, "de ter uma parte no poder público – ser um participante na condução dos assuntos" – na expressão de Hannah Arendt.

Hannah Arendt foi quem nos forneceu a estrutura de pensamento que fixou o primeiro tipo de felicidade como sendo a "felicidade pública", consistente numa participação popular de qualidade, com resultados verdadeiramente transformadores e não meramente simbólicos, nada obstante a história dos direitos também seja formada por símbolos. Arendt recorda que os homens das revoluções "tinham tido contato com a 'felicidade pública e o impacto dessa experiência sobre eles foi muito grande, a ponto de preferirem praticamente em qualquer circunstância – se a alternativa infelizmente tivesse de ser colocada nesses termos – a liberdade pública em vez das liberdades civis, a felicidade pública em detrimento do bem-estar privado".[572]

Essa conclusão a que Hannah Arendt chega derruba a concepçõ equivocada segundo a qual os estadunidenses, em sua revolução da independência, agiram para assegurar o direito de viverem isolados em si mesmos. Nada disso. A Revolução teve a finalidade de permitr que os pioneiros passassem a ser senhores e senhoras de seus próprios destinos, conduzindo, como bem lhe conviessem, os rumos daquele novo mundo. A luta, portanto, foi pela liberdade pública, muito mais do que o mero desejo de liberdade.

No Brasil, Pedro Demo havia dito que "o âmago da felicidade, em termos sociais, é feito, sobretudo, de qualidade política, pois não poderia ser construída como imposição externa, mutilação pessoal ou inconsciência". Para ele, "o desafio participativo move todo projeto de felicidade, pois não é factível ser feliz no isolamento e na espoliação dos outros".[573] O sentimento

---

[572] ARENDT, Hannah. Sobre a revolução. Tradução: Denise Bottmann. São Paulo: Companhia das Letras, 2011, p. 180.

[573] DEMO, Pedro. Dialética da felicidade: olhar sociológico pós-moderno, v. I. Petrópolis: Vozes, 2001, p. 09.

de Demo está em absoluta sintonia com o que se busca na política, que é, exatamente, o oposto do isolamento, mas a capacidade de fazer alianças, se influenciar uns aos outros e, assim, de transformar a realidade em proveito da própria comunidade, ainda que haja, nesse processo, membros da comunidade que não tenham sido inteiramente contemplados em suas vontades.

A participação popular na política é boa em si mesma. A oportunidade "de participarem das decisões políticas daria a essas pessoas o incentivo para se preocuparem com o resto do mundo, concentrarem as suas mentes em questões mais amplas, e desenvolverem a sua capacidade de tomar decisões importantes"[574] – afirma Tim Mulgam.

Segundo estudo que comparou a felicidade dos cidadãos de diferentes cantões suíços, há variações quanto ao nível de felicidade de acordo com a extensão da democracia direta (iniciativas populares, referendos, plebiscitos) de cada cantão. Quanto mais direta é a democracia, maior é a felicidade. É seminal essa pesquisa elaborada por Bruno Frey. Em todos os cantões, as políticas frequentemente são decididas por meio de referendos. Todavia, em alguns deles, os cidadãos têm mais direitos de demandar referendos do que em outros. A pesquisa mostra que as pessoas são mais felizes onde têm mais direitos a referendos. Se compararmos os cantões em que esses direitos são mais amplos com os em que são menos, a diferença na felicidade é tão grande quanto se a renda tivesse duplicado.[575] Essa conclusão caminha na direção do que Stuart Mill afirmou, há séculos, quando registrou que a democracia pode assegurar aos povos uma grande soma de felicidade. É mais uma demonstração do valor da felicidade pública fruto do direito natural que a comunidade tem de ser vista em ação quanto as temas que tocam sua rotina, impactam seus desejos e alimentam suas esperanças. É natural imaginar que a comunidade tenderá sempre e inevitavelmente a tentar escapar da dor e do sofrimento e a conduzir suas escolhas em busca da felicidade. Interferir nessa realidade constitui o direito à felicidade pública.

---

[574] MULGAN, Tim. Utilitarismo. Tradução: Fábio Creder. Petrópolis: Vozes, 2012, p. 47.
[575] Bruno S. Frey and Alois Stutzer, Happiness Prosper in Democracy, Journal of Happiness Studies (2000), p. 79; Frey and Stutzer, Political Participation and Procedural Utility, European Journal of Political Research (2006), p. 391.

Encontramos fundamento para o direito à felicidade pública até em Sigmund Freud. Para ele, "no processo de desenvolvimento do indivíduo, conserva-se a principal meta do programa do princípio do prazer, achar a satisfação da felicidade, e a integração ou adaptação a uma comunidade aparece como uma condição inevitável, que se deve cumprir para alcançar a meta de felicidade". Mesmo a psicanálise explica a inevitável tendência humana à interação social e, por ela, entender-se como comunidade.

Freud destaca que o desenvolvimento individual aparece como um produto da interferência de duas tendências: a aspiração à felicidade, chamada de "egoísta", e a aspiração à união com outros na comunidade, chamada de "altruísta". Segundo ele:

> No desenvolvimento individual, a ênfase cai geralmente na aspiração egoísta ou à felicidade; a outra, que pode ser chamada 'cultural', contenta-se, via de regra, com o papel restritivo. É diferente no processo cultural. Nele, o principal é, de longe, a meta de criar uma unidade a partir dos indivíduos humanos; a meta da felicidade ainda existe, mas é impelida para segundo plano; quase aparece que a criação de uma grande comunidade humana teria êxito maior se não fosse preciso preocupar-se com a felicidade do indivíduo.

Ele conclui que "o processo de desenvolvimento individual pode, então, ter traços especiais, que não se repetem no processo cultural humano; é apenas na medida em que o primeiro desses processos tem por meta a incorporação na comunidade que ele necessariamente coincide com o segundo".[576]

Estamos devidamente embasados em doutrinas como as de Hannah Arendt e em pesquisas como as coordenadas por Bruno Frey para afirmarmos que a concepção de felicidade pública consiste no direito que o povo tem de ser visto em ação, de participar da vida pública, uma vida pública de qualidade e com participação efetiva em todas as decisões que afetem os legítimos interesses da comunidade. É um processo virtuoso por meio do qual a comunidade passa a exercitar práticas democráticas de deliberação e decisão.

---

[576] FREUD, Sigmund. O mal-estar na civilização. Tradução: Paulo César de Souza. São Paulo: Penguin Classics, Companhia das Letras, 2011, p. 88.

O direito à felicidade pública é o direito que o cidadão tem, portanto, de participar, cada vez mais, da esfera pública, em todas as suas vertentes, obtendo, dela, resultados efetivos que avançam qualitativamente à medida que se aprende com seus erros e que se cria mecanismos para evitar as fraudes contra o próprio sistema de deliberação e decisão na comunidade. A democracia e o pleno exercício de seus instrumentos ampliam a sensação de felicidade da comunidade e, com isso, potencializa os efeitos benéficos de suas decisões.

A Constituição Federal de 1988 serve de fundamento do direito à felicidade pública. No artigo 5º, LXXIII, que qualquer cidadão é parte legítima para propor ação popular que vise a anular ato lesivo ao patrimônio público ou de entidade de que o Estado participe, à moralidade administrativa, ao meio ambiente e ao patrimônio histórico e cultural, ficando o autor, salvo comprovada má-fé, isento de custas judiciais e do ônus da sucumbência. O artigo 14 prevê: A soberania popular será exercida pelo sufrágio universal e pelo voto direto e secreto, com valor igual para todos, e, nos termos da lei, mediante: I – plebiscito; II – referendo; III – iniciativa popular.

Sem dúvida, uma das bases do constitucionalismo brasileiro vigente é o fomento à participação popular que, por sua vez, consagra, quando respeita certos critérios, a felicidade pública. Esse é o primeiro viés do direito à felicidade.

### 10.5. O direito à busca da felicidade (liberdade)

A acepção do direito à felicidade enquanto direito de não sofrer interferências ilegítimas por parte do Estado ou do particular na execução pessoal de projetos racionais de realização de preferências legítimas, será designado, nesta tese, como o direito à busca da felicidade. Ele pressupõe uma compreensão liberal da existência, qual seja, a de que as pessoas têm o direito de executar seus planos racionais de realização de preferências legítimas sem que o Estado ou particulares oponham obstáculos à consecução desse projeto. Qualquer oposição precisa ser justificada e ter como finalidade o respeito ao mesmo direito pertencente àquele que deseja manifestar a oposição. Essas interferências impõem fundamentações, pois se convertem num óbice ao exercício de um tipo de liberdade, que é a liberdade de buscar realizar o próprio projeto de felicidade, seja ele qual for, conquanto que não fira o outro, nem exorte prazeres sádicos, nem esvazie o compromisso com a dignidade da pessoa humana.

Apesar de falarmos que o direito à busca da felicidade invoca naturalmente o exercício de liberdades, não estamos afirmando que ele é tão somente um tipo de liberdade. O direito à busca da felicidade tem roupagem própria, com caracteres exclusivos, funcionando como base normativa, inclusive, de subsistemas jurídicos. É uma liberdade cujos extremos estão na dor e no sofrimento, de um lado e, do outro, na busca por prazeres virtuosos e, como ápice, a própria felicidade.

Os marcos filosóficos e teóricos que municiam essa proposta são todos da escola utilitarista. Contudo, erguida num momento em que a concepção de dignidade da pessoa como centro irradiador dos textos constitucionais não era uma realidade consagrada como o é atualmente. Adam Smith é o primeiro a falar a respeito. Segundo Smith, é sábio, por parte de "cada Estado ou república (*commonwealth*)", dedicar-se a "empregar a força da sociedade para coibir os que são sujeitos à sua autoridade, de prejudicar ou perturbar a felicidade um dos outros". O viés que se adota, como se vê, é liberal e voltado para o particular. O Estado deve impedir que as pessoas aniquilem mutuamente os direitos recíprocos de busca da felicidade desfrutados por cada indivíduo. O direito à busca da felicidade se encontra amparado por essa perspectiva.

É possível abrir espaço para que outros sistemas do Direito, como o civil ou o criminal, prescrevam normas que impeçam as pessoas de estabelecerem obstáculos ilegítimos aos projetos individuais de busca da felicidade. Adam Smith afirma que o respeito a não prejudicar nem perturbar em nenhum aspecto a felicidade do próximo, mesmo nos casos em que nenhuma lei pode proteger adequadamente

> constitui o caráter do homem perfeitamente inocente e justo, caráter que, quando traz consigo certa delicadeza de atenção, é sempre muito respeitável, até venerável por si mesmo, e dificilmente deixa de ser acompanhado de muitas outras virtudes, como grandes sentimentos para com outras pessoas, grande humanidade e grande benevolência.[577]

---

[577] SMITH, Adam. Teoria dos sentimentos morais, ou, Ensaio para uma análise dos princípios pelos quais os homens naturalmente julgam a conduta e o caráter, primeiro de seus próximos, depois de si mesmos, acrescida de uma dissertação sobre a origem das línguas. Tradução: Lya Luft. Revisão: Eunice Ostrensky. São Paulo: Martins Fontes, 1999, pp. 273-274.

Esse enaltecimento às virtudes decorrentes do fato de o particular ter consciência da postura que deve adotar diante do direito dos demais indivíduos de buscarem seus projetos de felicidade pode reconhecer fundamento de validade no Preâmbulo da nossa Constituição, quando este diz que o Estado Democrático brasileiro se destina a assegurar o exercício dos direitos sociais e individuais, a liberdade, a segurança, o bem-estar, o desenvolvimento, a igualdade e a justiça como valores supremos de uma sociedade fraterna, pluralista e sem preconceitos, fundada na harmonia social e comprometida, na ordem interna e internacional, com a solução pacífica das controvérsias.

São tantas as bandeiras de virtude, justiça, respeito e generosidade que essa oração preambular traz que de nada mais precisaríamos para compreender que o projeto do constitucionalismo contemporâneo brasileiro é um projeto de felicidade alicerçado, inicialmente, nas liberdades fundadas na ideia de que o ser humano inevitavelmente tende a tentar escapar da dor e do sofrimento e a guiar suas escolhas sempre em busca da felicidade. Direitos individuais, liberdade e segurança são instrumentos poderosos para o percurso exitoso dessa jornada.

Portanto, o liberal Adam Smith é quem nos fornece as primeiras luzes quanto a esta espécie do direito à felicidade, que é o direito à busca da felicidade, direito de ordem negativa, que impõe ao Estado tanto não embaraçar a execução de planos racionais do indivíduo de conseguir a satisfação de preferências legítimas, quando impedir que os particulares o façam. Vale destacar que quando falamos "legítimas" queremos dizer aquelas preferências que não firam o outro ou descambem para os prazeres sádicos que maculam a dignidade da pessoa humana.

Vale chamar a atenção, contudo, para a observação de Sigmund Freud, para quem a pretensão individual de felicidade pode, sempre, entrar em conflito com a necessidade de felicidade coletiva. Segundo Freud:

> É pouco provável que mediante alguma influência possamos levar o homem a transformar sua natureza na de uma térmite; ele sempre defenderá sua exigência de liberdade individual contra a vontade do grupo. Boa parte da peleja da humanidade se concentra em torno da tarefa de achar um equilíbrio adequado, isto é, que traga felicidade, entre tais exigências individuais e aquelas do grupo, culturais; é um dos problemas que concernem ao seu próprio

destino, a questão de se este equilíbrio é alcançável mediante uma determinada configuração cultural ou se o conflito é insolúvel.[578]

O direito à busca da felicidade seria uma especificação do direito à felicidade. Ele seria o direito à felicidade numa perspectiva liberal, qual seja, a imposição de inações por parte do Estado e do particular. Um direito que exige ausências de interferências infundadas aos planos racionais de consecução de preferências legítimas.

O primeiro desafio é delimitar a abrangência tanto do suporte fático quando da cláusula de restrição do direito à felicidade. Outra crítica poderia suscitar que se trata de uma teoria muito abrangente e subjetiva. Se reconhecermos que há um direito à felicidade de matriz liberal (direito à busca da felicidade), cada indivíduo tem, caso não haja restrições, o direito de planejar e executar projetos racionais de preferências legítimas cujo rol de objetivos componentes, se alcançados, lhe traria felicidade. Nessa missão, o indivíduo contaria com a proteção de situações e de posições jurídicas.[579]

### 10.6. O bem-estar objetivo (direitos sociais)

"Não é uma crise, é que eu não amo mais você!" – dizia a faixa na Puerta Del Sol, em Madri, em maio de 2011, quando o movimento *Indignados* arrastou multidões às ruas protestando contra a crise econômica, política e moral da Espanha. Exigia-se uma democracia participativa, com um compromisso sincero de ofertar aos cidadãos comuns serviços públicos com um mínimo de qualidade, além de minimizar suas misérias diárias. O que se pretendia era ver concretizada a aspiração por bem-estar objetivo, ou seja, que o Estado – que deveria ser de todos – se empenhasse, por meio de suas estruturas, em diminuir as dores diárias às quais eram submetidos os cidadãos sempre que precisavam ter acesso ao rol dos direitos sociais contemplados pela Constituição, como saúde, educação, moradia, cultura, transporte público e seguridade social.

Todos esses direitos têm por objetivo incrementar materialmente o patrimônio dos cidadãos e cidadãs. Independente da associação que seja

---

[578] FREUD, Sigmund. O mal-estar na civilização. Tradução: Paulo César de Souza. São Paulo: Penguin Classics, Companhia das Letras, 2011, p. 41.

[579] A nossa construção teórica do direito à busca da felicidade tem por inspiração as lições de Robert Alexy acerca do direito geral à liberdade esboçadas em sua obra Teoria dos direitos fundamentais. Tradução: Virgílio Afonso da Silva. São Paulo: Malheiros Editores, 2006.

feita entre felicidade e bem-estar do ponto de vista terminológico, o presente tópico tratará do direito à felicidade pelo seu viés positivo, ou seja, o direito que o indivíduo tem de ser contemplado com iniciativas que o ajudem, por lhe dar acesso a bens materiais, tangíveis, a concretizar suas aspirações de felicidade. É o bem-estar objetivo. Por essa perspectiva, o Estado e os particulares não devem simplesmente cruzar os braços permitindo que o indivíduo exerça o seu direito à busca da felicidade, que é a acepção negativa ou liberal do direito à felicidade. O bem-estar objetivo invoca uma atuação puramente estatal ou em sintonia com estruturas privadas de modo a fornecer ao indivíduo instrumentos que o auxiliem na consecução do seu projeto de satisfação de suas preferências legítimas. É a dimensão tangível, objetiva, concreta do direito à felicidade: o incremento do bem-estar objetivo.

Quando se fala de uma moradia, tem-se, de cara, algo objetivo, palpável. O mesmo ocorre com uma caixa de medicamento. Também com uma escola ou água quente e limpa saindo do chuveiro. Todos esses bens que incrementam o ideal de igualdade são instrumentos concretizadores do bem-estar objetivo da comunidade. É o que o jurista sul-aficano, Albie Sachs, chama de "direito ao pão". A cada noite dormida debaixo de um teto, é justo assumir que o ser humano ganhou em bem-estar e, esse bem-estar, é puramente objetivo. Todos os direitos sociais são, em verdade, veículos concretizadores de bem-estar objetivo. São, eles, criação do pós-segunda guerra mundial, quando a Inglaterra, de Winston Churchill imaginou que a mera consagração de bem-estar objetivo seria capaz de amenizar a dor e o sofrimento da coletividade dando-lhe condição de guiar suas escolhas em busca da felicidade com mais liberdade.

Acontece que, depois da realização dessa árdua tarefa, os países que mais apostaram nesse caminho perceberam um grave buraco em suas idealizações: as pessoas contavam com bem-estar objetivo como nunca na história, contudo, revelavam uma tristeza sem fim. Qual a razão? A resposta vem da distinção entre bem-estar objetivo, que tem natureza material, tangível, concreta, como um vaso sanitário ou a luz elétrica ligada sobre uma escrivaninha e, por outro lado, o bem-estar subjetivo, que é exatamente essa dimensão emocional do ser humano que nem sempre se comunica com a primeira. O bem-estar subjetivo é imaterial, intangível, subjetivo e abstrato. Sua completude consagra a dimensão emocional do ser humano a que damos o nome felicidade. Ninguém pode, nem deve, afirmar que não somos seres emocionais. Se isso é verdade, considerando que as constituições são documentos feitos para firmar princípios quanto à comunidade que somos e o horizonte que pretendendos buscar na nossa evolução, não há nada de mais em contemplar os seres emocionais que somos. Por isso, é natural que o bem-estar contemplado pela Constituição brasileira também alcance seu viés subjetivo, e não somente o objetivo. Além do "direito ao pão" (bem-estar objetivo), também temos o direito à felicidade (bem-estar subjetivo).

Aristóteles não desconsidera que a felicidade requer bens externos: "seria difícil desempenhar um papel nobre a não ser que se esteja munido do necessário equipamento", registrou. "Muitas ações nobres requerem instrumentos para sua execução sob forma de amigos, ou riqueza ou poder político" – diz. Ele afirma que a "felicidade exige o acréscimo da prosperidade externa, sendo esta a razão de alguns indivíduos identificá-la com a [boa] fortuna (a despeito de alguns a identificarem com a virtude)".[580] Apesar de não serem a mesma coisa, há, certamente, conexões entre o bem-estar objetivo (dimensão material da vida) e o bem-estar subjetivo (dimensão imaterial da vida). Aristóteles enfatizou bem a consequência de uma na outra, apesar da distinção.

Esse viés do direito à felicidade também foi pensado pelos utilitaristas clássicos, a começar por Jeremy Bentham. Tim Mulgam nos lembra que eles eram hedonistas. Para os utilitaristas clássicos, a felicidade consiste na presença do prazer e na ausência da dor. Contudo, boa parte dos utilitaristas modernos favorece pontos de vista alternativos. Isto levou a uma mudança na terminologia. Saiu o termo "felicidade" (que levaria a discussão para o hedonismo) e entrou uma expressão neutra: bem-estar.[581] O preâmbulo da Constituição brasileira, por exemplo, optou pelo termo bem-estar.

Se colhermos os ensinamentos de Jeremy Bentham, veremos que, para ele, o mais importante interesse das pessoas é a segurança, "que inclui uma alimentação adequada e abrigo, bem como segurança contra hostilidades". Discorrendo sobre o assunto e desenvolvendo o raciocínio de Bentham, Mulgam diz que "o governo deve garantir que ninguém fique desamparado,

---

[580] ARISTÓTELES (384-322 a.C). Ética a Nicômano. Traduções, textos adicionais e notas: Edson Bini. Bauru: Edipro, 2009, p. 54.
[581] MULGAN, Tim. Utilitarismo. Tradução: Fábio Creder. Petrópolis: Vozes, 2012, p. 88.

e que todos tenham acesso a uma educação adequada e a cuidados de saúde, para permitir-lhes atender às suas próprias necessidades de segurança". Essa necessidade de segurança é a razão bastante ao incremento, na sociedade, do bem-estar objetivo, que não somente eleva o ser humano ao amenizar o seu sofrimento material, mas, também, abre espaço para que ele conduza, o mais livremente possível – por estar livre de uma vida materialmente penosa – seu destino em busca da felicidade.

Tim Mulgam recorda que, segundo Bentham, os seres humanos têm determinadas necessidades básicas: do essencial para a vida, de segurança, de abrigo, de estabilidade social suficiente para fazer planos para o futuro e assim por diante. São os "interesses de segurança" que eu, tomando de empréstimo a expressão de Albie Sachs, chamo de "direto ao pão". Para Mulgam, "essas precondições de uma vida que valha a pena devem ser garantidas a todos de pleno direito", pois a pessoa não pode desfrutar de segurança "se está preocupada com a possibilidade de ser privado das necessidades da vida pelo governo, ou por algum terceiro". Ele afirma que, para garantir a segurança de todos, "todos devemos sentirmo-nos obrigados a respeitar os direitos dos outros, e a não aplicar o princípio utilitarista quando os interesses em segurança de alguém estiverem em jogo".[582] É que, na marcha perene pela fuga da dor e do sofrimento em busca da nossa felicidade é possível que tenhamos de fazer escolhas particulares visando adequar as nossas preferências ao projeto de vida em coletividade. Exatamente por isso, surge esse anteparo ao utilitarismo. Diante da chance de destruição do bem-estar alheio, mesmo que na sua dimensão objetiva, o particular pode ser chamado a interromper o exercício então pleno do seu direito à busca da felicidade. Essa é a condição necessária para a vida em coletividade. Para os utilitaristas, a segurança é fundamental.

A mesma segurança desejada por Jeremy Bentham e envolta atualmente no pacote do Estado do bem-estar social era buscada por Adam Smith. Este afirma que "cuidado e previsão" são necessários para "prover os meios de satisfazer esses apetites naturais, de obter prazer e evitar dor, de obter a temperatura de calor e frio agradável e evitar a desagradável". Smith diz que a sua empresa própria consiste no "cuidado da saúde, da fortuna, da posição e reputação do indivíduo – objetos dos quais se supõe que dependam

---

[582] MULGAN, Tim. Utilitarismo. Tradução: Fábio Creder. Petrópolis: Vozes, 2012, p. 40.

principalmente seu conforto e felicidade nesta vida".[583] Dois positivistas e utilitaristas que enxergavam no bem-estar objetivo – e sua ligação com a segurança – um caminho necessário ao projeto individual e coletivo de bem-estar subjetivo, a felicidade.

Mesmo Friedrich Nietzsche pode ser invocado nessa parte do trabalho como marco teórico sensível à necessidade de bem-estar objetivo dos seres humanos para que possam lutar pela sua própria felicidade. Segundo o Filósofo, "quando não se tem linhas firmes e calmas no horizonte da vida, como as linhas das montanhas e dos bosques, a própria vontade íntima do homem vem a ser intranquila, dispersa e sequiosa como a natureza do citandino: ele não tem felicidade nem dá felicidade".[584]

O Estado do bem-estar objetivo, portanto, abre espaço para propiciar ao indivíduo mais segurança, que, por si só, já se conecta com a busca por felicidade. Contudo, não esgota a carga eficacial dos direitos de bem-estar objetivo (ou sociais), uma vez que os instrumentos utilizados pelo Estado, ou pelos entes privados, para auxiliar os indivíduos a concretizarem seus projetos de felicidade não se limitam ao bem-estar objetivo.

À medida que se avança na concretização da dimensão objetiva do bem-estar, novos horizontes a serem explorados passam a surgir, geradores de outros subsistemas jurídicos voltados à felicidade, consideradas as informações que a esfera política vai reunindo, de tempos em tempos, acerca do que faz as pessoas felizes.

No âmbito do desenvolvimento urbano, é possível supor que a sociedade, enclausurada pelos engarrafamentos infindos, passe a reportar, em pesquisas rotineiras, alto grau de insatisfação com a utilização de veículos para ir trabalhar. Esses elementos informacionais propiciam que as políticas públicas considerem a possibilidade de criar mecanismos que resgatem o bem-estar subjetivo das pessoas em usufruir da vida nas cidades, como ciclovias, metrôs ou viadutos. São elementos intercambiantes da felicidade: o bem-estar objetivo e o bem-estar subjetivo.

---

[583] SMITH, Adam. Teoria dos sentimentos morais, ou, Ensaio para uma análise dos princípios pelos quais os homens naturalmente julgam a conduta e o caráter, primeiro de seus próximos, depois de si mesmos, acrescida de uma dissertação sobre a origem das línguas. Tradução: Lya Luft. Revisão: Eunice Ostrensky. São Paulo: Martins Fontes, 1999, pp. 265-266.
[584] NIETZSCHE, Friedrich Wilhelm. Humano, demasiado humano: um livro para espíritos livres. Tradução, notas e posfácio: Paulo Cesar de Souza. São Paulo: Companhia das Letras, 2005, p. 178.

Na doutrina contemporânea, encontramos, nos Estados Unidos, os ensinamentos de Bruce Ackerman, para quem, quanto ao bem-estar, "mesmo se aceitássemos uma visão puramente utilitária, poderíamos pensar que o processo de promoção de utilidades não deveria ser operacionalizado por meio da satisfação das preferências atuais". Isso porque, "do contrário, ele poderia promover que quaisquer preferências caibam na melhor ou mais elevada concepção de felicidade humana". Ackerman esclarece que "essa visão conecta-se a velhas (e algumas atuais) formas de utilitarismo, dentre elas a mais famosa, a de Mill. Ela também tem raízes em Aristóteles".

Bruce Ackerman diz que, neste caso, "não se tomam as preferências existentes como um todo, e não se põem todas as preferências no mesmo altiplano". Um critério de bem-estar permanece como aquele último, "mas o sistema não é focado tão somente na satisfação de preferências. Ele insiste que bem-estar e satisfação de preferências são coisas inteiramente diferentes". Ackerman se afasta do nosso conceito de direito à felicidade, pois rejeita que seja somente a busca pela satisfação de preferências. Como exemplo a ilustrar o seu raciocínio, diz que regras gerais que desencorajam um comportamento de dependência podem ter vantagens significativas em termos de bem-estar:

> A regulação da heroína ou sobre os cigarros – ao menos de tal regulação puder ser levada a cabo com efetividade – bem poderia aumentar o bem-estar social, por meio da diminuição dos comportamentos individuais danosos, removendo-se os efeitos secundários dos danos e, logo, produzindo-se vidas mais sadias e satisfatórias. Ou a ação governamental relacionada ao meio ambiente, teletransmissão, ou a cultura podem gerar (ou melhor, impedir obstáculos), para a geração de novas preferências, fornecendo um aumento de satisfação que culmina na produção de ganhos em bem-estar. O mesmo deve ser também verdade em relação às medidas antidiscriminatórias, que podem afetar os desejos e atitudes de discriminadores e vítimas da mesma forma.[585]

Mesmo trazendo à lume a posição de Bruce Ackerman na matéria, insistimos que além do direito à busca da felicidade (que é o direito à felicidade no seu viés liberal), há, também, o direito ao bem-estar objetivo, que pode

---

[585] ACKERMAN, Bruce. Nós o povo soberano: fundamentos do direito constitucional. Tradução: Mauro Raposo de Mello. Belo Horizonte: Del Rey, 2006, p. 228.

se concretizar pelo esforço do Estado, de entes privados, ou de ambos, em parceria, para criarem instrumentos incrementadores do bem-estar objetivo da comunidade, por meio da garantia de certos direitos prestacionais, de bens outros que, de alguma forma, adicionem sensações de bem-estar subjetivo aos indivíduos ou entreguem parcelas materiais dos projetos racionais de realização de preferências legítimos.

Precisamos compreender que essa proposta encontra uma ampla avenida para percorrer no Brasil. Basta que recordemos um pouco o passado e façamos uma trajetória histórica acerca dos últimos fenômenos sociais que se deram no nosso país.

Em 2013, multidões de brasileiros marcharam pelas ruas das principais cidades do país exibindo cartazes com frases como "Ou param com a roubalheira, ou paramos o Brasil!", "Queremos hospitais padrão FIFA!" e "Vem pra rua!" Foram as manifestações de junho de 2013, que sacudiram o país exigindo o cumprimento da Constituição Federal de 1988, notadamente no que diz respeito ao direito ao bem-estar objetivo.

A partir do momento em que a Constituição Federal garante uma educação pública de qualidade, por exemplo, passa-se a possibilitar maior liberdade às pessoas, conquistada graças ao exercício das faculdades intelectuais, o que, por si só, assegura a própria felicidade (bem-estar subjetivo) e não somente o direito de lutar por ela. Thomas Jefferson, em sintonia com esse sentimento, anotou que uma parte de suas ocupações era orientar os estudos de jovens que estavam na aldeia vizinha e serviam-se de sua biblioteca: "Ao orientá-los em suas leituras, esforço-me por manter-lhes a atenção fixa nos principais objetivos de todas as ciências, na liberdade e felicidade do homem, de modo que, quando participarem dos conselhos e governança de seu país, manterão sempre em mente os únicos objetivos de todo governo legítimo"[586] – anotou Jefferson.

Há vários outros bens da vida além dos direitos sociais contemplados pelo artigo 6º da Constituição Federal que potencializam o desenvolvimento humano e a expansão dos talentos individuais de modo a ser útil à coletividade. Esses novos bens passarão a ser perseguidos à medida que o Estado Constitucional perceber que já começa a concretizar o direito ao

---

[586] [A Thaddeus Kosciusko, Monticello, 26 de fevereiro de 1810]. JEFFERSON, Thomas. Escritos políticos [The political writings of Thomas Jefferson]. Tradução: Leônidas Gontijo de Carvalho. Os Pensadores. São Paulo: Editor Victor Civita, 1973, p. 13.

bem-estar objetivo, sendo necessário, para a continuidade dessa marcha, a busca por novas aspirações, todas elas fundadas no mesmo traço da humanidade: a tentativa de escapar da dor e do sofrimento e de conduzir a vida sempre em busca da felicidade. Portanto, há, no direito ao bem--estar objetivo, um viés de prestação estatal, que também pode se dar em aliança com os entes privados, diverso da imposição de abstenção que se dá com o direito à busca da felicidade, que tem matriz notadamente liberal.

O direito ao bem-estar objetivo amplia as conquistas do Estado do bem-estar social ao cobrar ações voltadas não só para a consagração da igualdade, mas, também, da expansão dos talentos, do desenvolvimento humano e da possibilidade de obter auxílio na realização de projetos de execução de preferências legítimas. Isso, desde que se tenha a compreensão de que a dimensão objetiva do bem-estar jamais será um fim em si mesmo, mas, pura e simplesmente, um veículo facilitador da verdadeira busca da existência humana, que é a consagração da felicidade (bem-estar subjetivo).

### 10.6.1. O direito ao bem-estar objetivo e o mínimo existencial

Fernando Henrique Cardoso, no discurso de premiação por ocasião do Prêmio Kluge, ofertado pela Biblioteca do Congresso norte-americano, registrou: "Esperemos que o Brasil, com sua criatividade única e imaginação, seja um agente ativo na construção de uma ordem política e econômica que permita não só o aumento do PIB – mas também o aumento da felicidade dos países".[587]

É intuitivo supor que a afirmação de que há um direito à felicidade devidamente situado, com suporte fático identificável e com fundamento de validade na Constituição Federal, seria dizer que estamos falando do bem-estar objetivo ou, simplesmente, do mínimo existencial. Seria pensar que, com esse tal mínimo existencial, as pessoas terão supridas suas necessidades básicas e, assim, serão felizes. Não é nada disso.

Aristóteles não acreditava naquele que narra uma grande felicidade vivendo uma vida de miséria: "Ninguém consideraria que quem vivesse uma vida de miséria fosse feliz, a menos [que insistisse em pagar] o preço

---

[587] Disponível em: <http://www.psdb.org.br/confira-a-integra-do-discurso-de-fhc-na-cerimonia--do-premio-kluge/>. Acesso em: mar. 2013.

da manutenção de um paradoxo".[588] O mínimo existencial simplesmente amplia a liberdade das pessoas conferindo-lhe alguma segurança, mas isso, por si só, não assegura condições para que planejem e executem seus pacotes de preferências legítimas. Podemos até dizer que, com a garantia do mínimo existencial, fica mais fácil, para o despossuído, dar início à sua busca por felicidade. Mas isso não é o mesmo que afirmar que bem-estar objetivo e mínimo existencial se equivalem.

Para o sociólogo holandês Ruut Veenhoven, uma vez enfrentados problemas decorrentes de fragilidades primárias como fome ou epidemias, as nações deveriam avançar rumo a outros desafios mais refinados, como a majoração do nível de felicidade das pessoas[589], ou seja, da dimensão imaterial, intangível, subjetiva, abstrata e emocional da vida. Isso quer dizer que reconhecer e assegurar um direito à felicidade é um passo além do mínimo existencial e, também, do bem-estar objetivo. A concretização do mínimo existencial pode até servir de instrumento para, por amenizar a dor e o sofrimento, conferir às pessoas mais autonomia para buscarem a realização de seus planos racionais de satisfação de preferências legítimas, ou seja, a busca da felicidade, mas não significa que mínimo existencial, bem-estar objetivo e bem-estar subjetivo sejam a mesma coisa.

O direito à felicidade, portanto, requer, claro, o suprimento de necessidades básicas, mas não se esgota nisso. Linda Keller, nesse sentido, adverte que "enquanto parecer impossível fixar uma definição precisa de felicidade, é razoável concluir que essa busca exige certamente condições econômicas básicas".[590] Enquanto a dignidade da pessoa humana acolhe o mínimo existencial como plataforma econômica de viabilidade da dignidade, o direito à felicidade também faz uso dessa plataforma, mas em direção ao desenvolvimento humano nas suas mais elevadas virtudes.

---

[588] ARISTÓTELES (384-322 a.C). Ética a Nicômano. Traduções, textos adicionais e notas: Edson Bini. Bauru: Edipro, 2009, p. 43.
[589] Apresentação feita na OCDE na Conferência Medidas e Relevância Política da Felicidade, 02-03 de abril de 2007, intitulada Medidas da Felicidade Nacional Bruta, de autoria do sociólogo holandês Ruut Veenhoven, da Erasmus University Rotterdam.
[590] KELLER, Linda M. The american rejection of economic rights as human rights & the declaration of independence: does the pursuit of happiness require basic economic rights? (2003) 19 N.YL. Sch. J. Hum. Rts. 557, 613.

Crente numa liberdade a permitir o desfrute e desenvolvimento de todos os talentos individuais sem embaraços, firme num propósito de igualdade que não corrompa essas individualidades e ciente de que o suporte econômico-social é importante para trazer segurança aos indivíduos, o direito à felicidade rompe o teto do mínimo existencial e do bem-estar objetivo. Ele corresponde ao ápice do bem-estar subjetivo, esse bem imaterial, intangível, subjetivo e abstrato.

Essa crença possibilitou ao mundo assistir as revoluções do século XVIII que lançaram à imortalidade aqueles que acreditaram num mundo melhor por meio das limitações dos poderes dos governantes e da garantia de direitos aos cidadãos e cidadãs. Tudo, baseado na razão. Essas eram propostas constitucionalistas. Para Emmanuelle Jouannet, as revoluções estavam aliadas ao desenvolvimento material e econômico da Europa do século XVII, "apesar da grande miséria nos campos, das guerras, assim como os receios e medos que perduram no século XVIII, uma onda de otimismo atravessa toda a Europa, ou pelo menos sua elite intelectual, comercial e política".[591]

O direito à felicidade constitui, portanto, o bem a ser protegido quando se compreende que a vida é mais do que o fornecimento e gozo de bens primários. O conde de Shaftesbury registra que "é graças ao aumento da 'prosperidade' e 'das comodidades quotidianas' que esta ideia de felicidade se torna acessível a uma grande maioria dos indivíduos". Ele explica que à época das grandes revoluções constitucionais a economia assumia toda a sua dimensão. Também a paixão pela técnica era elemento decisivo para o contexto otimista: "Une-se de fato o desenvolvimento da técnica com a melhoria do bem-estar do homem". Bem-estar, nesse caso, objetivo.

O que se vê é a utilização da prosperidade material e tecnológica em proveito dos indivíduos para que eles consigam implementar suas aspirações de felicidade por meio da execução de planos legítimos. Shaftesbury diz que o ser humano alcançaria a felicidade porque ele poderia "melhorar,

---

[591] JOUANNET, Emmanuelle. Le droit international libéral-providence: Une histoire du droit international, Bruylant, 2011 (Collection de droit international, nº 69). O trecho transcrito consta no capítulo V, intitulado "La finalité providentialiste du droit des gens moderne: Bonheur des peuples et perfectionnement des États".

aperfeiçoar-se através de suas invenções e através de regras de conduta éticas e jurídicas".[592]

Eis as amostras de que há um descontentamento em boa parte das ciências sociais com a estruturação do Estado voltada para a consagração do mínimo existencial, ou seja, aqueles bens da vida reputados indispensáveis à sobrevivência do indivíduo. A humanidade, guiada pelo constitucionalismo contemporâneo, precisa ter o direito à felicidade, para que tenhamos, então, o retorno das grandes bandeiras universais que moveram o mundo em busca do desenvolvimento humano. O direito, a sociologia e a filosofia, como pudemos ver nas transcrições acima, estão unidos nessa tarefa.

### 10.6.2. O bem-estar objetivo e o Estado do bem-estar social

Paulo Bonavides diz que o Estado social representa "uma transformação superestrutural por que passou o antigo Estado liberal", conservando "sua adesão à ordem capitalista". A Alemanha nazista, a Itália fascista, a Espanha franquista, o Portugal salazarista foram "Estados Sociais". Também o foi "a Inglaterra de Churchill; os Estados Unidos, em parte, desde Roosevelt; a França, com a Quarta República, principalmente; e o Brasil, desde a Revolução de 1930" – diz Bonavides. Estado social foi, por último, na órbita ocidental, "a República Federal Alemã, que assim se confessava e proclamava textualmente em sua Constituição, adotada em Bonn, antes da unificação". Bonavides registra ainda:

> Quando o Estado, coagido pela pressão das massas, pelas reivindicações que a impaciência do quarto estado faz ao poder político, confere, no Estado constitucional ou fora deste, os direitos do trabalho, da previdência, da educação, intervém na economia como distribuidor, dita o salário, manipula a moeda, regula os preços, combate o desemprego, protege os enfermos, dá ao trabalhador e ao burocrata a casa própria, controla as profissões, compra a produção, financia as exportações, concede crédito, institui comissões de abastecimento, provê necessidades individuais, enfrenta crises econômicas, coloca na sociedade todas as classes a mais estreita dependência de seu poderio

---

[592] JOUANNET, Emmanuelle. Le droit international libéral-providence: Une histoire du droit international, Bruylant, 2011 (Collection de droit international, nº 69). O trecho transcrito consta no capítulo V, intitulado "La finalité providentialiste du droit des gens moderne: Bonheur des peuples et perfectionnement des États".

econômico, político e social, em suma, estende sua influência a quase todos os domínios que dantes pertenciam, em grande parte, à área de iniciativa individual, nesse instante o Estado pode, com justiça, receber a denominação de Estado social.[593]

O bem-estar objetivo, pela perspectiva da felicidade, não seria somente a denominação conferida ao compromisso com a garantia de um mínimo existencial ou de prestações estatais que assegurassem certa previdência aos indivíduos (Estado-Previdência). Seria o modelo resultante de uma opção política e jurídica que contempla um conjunto de instrumentos voltados a auxiliar o indivíduo a concretizar o seu anseio pela execução de um pacote de preferências legítimas. Contudo, o Estado do bem-estar, como garantidor do bem-estar objetivo, tem uma finalidade específica, voltada para a satisfação de preferências legítimas. Ele se interessa sobre o que é importante para a satisfação do indivíduo, o que lhe dá prazer, o que contempla suas preferências ou aspirações e o que desenvolve sua individualidade e talento de modo a torná-lo cada vez mais útil ao projeto de vida em coletividade. Por essa perspectiva, as prestações voltadas à consagração da igualdade ganhariam novos contornos, variantes dos que informam o estado clássico do bem-estar social. O bem-estar objetivo passaria a se assumir como veículo concretizador de um bem maior e não como um fim em si mesmo. Com isso, resgataríamos um elemento importante que esteve presente na Independência do Brasil mas que, de algum modo, foi engolido pelo tempo. O bem-estar objetivo, portanto, serviria a essa aspiração maior, que é a de bem-estar subjetivo, cujo ponto culminante é, exatamente, a felicidade.

O *ethos* que guia o Estado do bem-estar garantidor do direito à felicidade é a segurança, que é, assim como a liberdade, outro valor aprioristicamente considerado da felicidade, ou seja, que a compõe intrinsecamente. Tim Mulgam é quem nos recorda que o utilitarismo elege alguns valores intrínsecos, sem os quais não há que se falar em direito à felicidade. A liberdade é um deles. A segurança, outro.

Inconscientemente, costumamos associar a expressão "bem-estar", que está na Constituição Federal de 1988, à sua dimensão objetiva: direitos

---

[593] BONAVIDES, Paulo. Do estado liberal ao estado social. São Paulo: Malheiros Editores, 2009, p. 186.

sociais, tais como casa, escola, alimentação e outros. Contudo, nada obstante haja, em alguns dispositivos, essa associação, não é exclusividade do Estado do bem-estar social o fundamento de validade da expressão "bem", ou "bem geral" ou "bem-estar" nos textos constitucionais brasileiros.

Vamos à Constituição Imperial de 1824. O artigo 2º permitia a subdivisão das províncias "como pedir o bem do Estado". Dentre as atribuições da Assembleia Geral, estava a de promover o "bem geral da Nação" (art. 15, IX). No artigo 24, "as Sessões de cada uma das Camaras serão publicas á excepção dos casos, em que o bem do Estado exigir, que sejam secretas". Pelo artigo 34, se por algum caso imprevisto, de que dependa "o bem do Estado", for indispensável, que algum Senador, ou Deputado saia para outra Comissão, a respectiva Câmara o poderá determinar. No artigo 86, "não se achando a esse tempo reunida a Assembléa, o Imperador as mandará provisoriamente executar, se julgar que ellas são dignas de prompta providencia, pela utilidade, que de sua observancia resultará ao bem geral da Provincia". O artigo 101, II e IX, diz que o Imperador exerce o Poder Moderador "convocando a Assembléa Geral extra-ordinariamente nos intervallos das Sessões, quando assim o pede o bem do Imperio" e "concedendo Amnistia em caso urgente, e que assim aconselhem a humanidade, e bem do Estado". O juramento do Imperador continha o compromisso de "prover ao bem geral do Brazil" (art. 103). Por fim, o juramento dos Conselheiros de Estado determinava que eles agissem "attendendo sómente ao bem da Nação" (art. 141).

Mesmo não havendo qualquer consideração à época do Império acerca do que se entende atualmente por Estado do bem-estar social, a Constituição do Império trouxe inúmeros dispositivos nos quais se tratava de "bem", razão pela qual não podemos dizer que a concepção de bem-estar lançada nas Constituições brasileiras necessariamente se relaciona com o bem-estar objetivo.

O juramento do Presidente, previsto na Constituição Republicana de 1891, pelo artigo 44, dizia: "Prometo manter e cumprir com perfeita lealdade a Constituição Federal, promover o bem geral da República, observar as suas leis, sustentar-lhe a união, a integridade e a independência".

Curiosamente, a Constituição de 1934, que aponta em seu preâmbulo a necessidade de assegurar o "bem-estar social e econômico", não traz, em seu corpo, nenhuma expressão "bem-estar", apesar de conter vários dispositivos que concretizam a aspiração objetiva dessa aspiração.

Portanto, não entendemos o direito à felicidade como simples emanação da concretização dos direitos sociais inerentes ao chamado Estado do bem-estar social. Na nossa acepção, há ligação entre o bem-estar objetivo e o bem-estar subjetivo, mas, este último, cujo ápice é a felicidade, vai além, porque dirige o esforço público para a satisfação de aspirações específicas dos indivíduos, voltadas para a realização de planos racionais de preferências legítimas, reputadas por eles como concretização de suas aspirações por felicidade e, do ponto de vista coletivo, dirige o indivíduo para o total desenvolvimento de suas potencialidades e talentos de modo a ser cada vez mais útil e enriquecedor para a coletividade. É uma dimensão emocional da existência humana, composta por aspectos imaterias. Trata-se de um utilitarismo contemporâneo compatível com o constitucionalismo global.

## 10.7. Vedação aos prazeres sádicos (dignidade da pessoa humana)

Prender um homem que não cometeu um crime não deve ser tolerado se o preso se disser feliz com a rotina da prisão. Práticas imorais, como a escravidão, não podem ser justificadas por meio de estudos mostrando que os escravos estão tão satisfeitos em suas condições quanto os indivíduos livres. Existem outros valores ao lado da felicidade que refutam determinadas decisões públicas, independentemente do seu efeito sobre os sentimentos das pessoas afetadas.[594] Não devemos estimular, como um projeto coletivo, os prazeres sádicos. Eles nos degradam coletivamente.

Frederick Douglas registrou o seguinte, ao falar sobre o que sentiu ao se ver livre da escravidão norte-americana:

> Numa carta a um amigo, escrita logo após chegar a Nova York, eu disse que me sentia como deveria me sentir quando se escapa de uma cova de leões famintos. Mas, num momento como este, as sensações são muito intensas e rápidas para serem expressas em palavras. Angústia e pesar, como escuridão e chuva, podem ser descritas, mas felicidade e satisfação, como o arco-íris da promessa, desafiam a caneta e o lápis.[595]

---

[594] BOK, Derek. The politics of happiness: what government can learn from the new research on well-being. Princeton: Princeton University Press, 2010, p. 56.
[595] DOUGLAS, Frederick. My bondage and my freedom, 1855. In: Douglas autobiographies (The Library of America, 1994), p. 350.

Vamos falar sobre os prazeres sádicos e de como a dignidade da pessoa humana – aliança celebrada por praticamente todas as verdadeiras democracias constitucionais contemporâneas – bloqueia o estímulo a esse tipo de instinto humano.

Sigmund Freud observou atentamente o papel desempenhado pelos variados tipos de prazeres. O consumo de drogas é um deles. Para Freud, "o serviço dos narcóticos na luta pela felicidade e no afastamento da miséria é tão valorizado como benefício, que tanto indivíduos como povos lhes reservaram um sólido lugar em sua economia libidinal", pois "a eles se deve não só o ganho imediato de prazer, mas também uma parcela muito desejada de independência em relação ao mundo externo".[596]

A diferença entre a qualidade dos prazeres permite que as decisões públicas voltadas ao incremento da felicidade das pessoas deixem de considerar prazeres como o consumo de drogas. Alguém pode reportar sentir-se feliz ao consumir drogas. Todavia, seria, esta, uma manifestação que possibilitaria uma política de estímulo à prática? Se considerarmos que há prazeres mais elevados do que outros, poderíamos, facilmente, optar por não estimular o prazer decorrente do consumo de drogas.

Além da felicidade conquistada com as drogas, Freud dedicou tempo a observar os impulsos instituais selvagens. Para ele, "a sensação de felicidade ao satisfazer um impulso instintual selvagem, não domado pelo Eu, é incomparavelmente mais forte do que a obtida ao saciar um instinto domesticado. O caráter irresistível dos impulsos perversos, talvez o fascínio mesmo do que é proibido, tem aqui uma explicação econômica".[597] Estamos falando de sensações difíceis de serem naturalmente refreadas.

Para desenvolver o raciocínio acerca do que chamamos de prazeres sádicos, o marco teórico vem de Donatien Alphonse François, o Marquês de Sade, um aristocrata perverso tomado por características comuns aos psicopatas. Ele cometeu, reconhecidamente, três crimes: (i) caso Jeanne Testard, na noite de 18 para 19 de outubro de 1763, quando tinha 23 anos; (ii) caso Rose Keller, no domingo de Páscoa, 3 de abril de 1768,

---

[596] FREUD, Sigmund. O mal-estar na civilização. Tradução: Paulo César de Souza. São Paulo: Penguin Classics, Companhia das Letras, 2011, pp. 21-22.

[597] FREUD, Sigmund. O mal-estar na civilização. Tradução: Paulo César de Souza. São Paulo: Penguin Classics, Companhia das Letras, 2011, p. 23.

quando tinha 28 anos; e (iii) em Marselha, 27 de junho de 1772, aos 32 anos.

A palavra sadismo data de 1834, e aparece no Dictionnaire [Dicionário] de Boiste somente 20 anos depois da morte do marquês. O psiquiatra Krafft-Ebing conferiu o estatuto médico a esse termo, em 1891, em *Pychopathia sexualis*: "aberração pavorosa da devassidão; sistema monstruoso e antissocial que revolta a natureza". Estamos falando de todo gozo experimentado no sofrimento infligido ao outro.

Podemos conhecer um pouco de Sade em *A Filosofia na Alcova* e em *La Nouvelle Justine*. Michel Ofray afirma que, da leitura das obras, é possível encontrar:

> Um trecho sobre a materialidade da alma, uma filípica contra Deus, um sermão para demonstrar a inanidade da família, do casamento e do engendramento, um discurso provando a inexistência do bem e do mal, uma diatribe contra todo o dever, uma defesa da natureza, e a ginástica libidinal é retomada entre dois peidos, três barros e torrentes de porra.[598]

Sade e suas ideias chegam a ser repugnantes, porque os prazeres sádicos realmente causam repulsa. Ele recusa o otimismo e firma uma forte convicção na lógica fatalista: "nós obedecemos à fatalidade, o ventre da mãe decide todos os destinos, a educação, a instrução, a pedagogia não mudam nada" – anota.

Sade é o inimigo das leis, detesta cerceamentos, odeia a sociedade, só acredita no poder destrutivo do indivíduo forte, não concorda com o otimismo social, nem com o projeto político visando a maior felicidade da maioria: "Sade quer o prazer mais violento para si, custe o que custar à comunidade".[599]

A lógica dos prazeres sádicos é a lógica da repugnância e da violência, que costuma trazer consigo uma adaptação social quando consumida em massa. Com o tempo, a repugnância já não mais existe entre aqueles que iniciaram o gozo do prazer sádico. O que é violento torna-se normal,

---

[598] ONFRAY, Michel. Os ultra das luzes. Tradução: Cláudia Berliner. São Paulo: Editora WMF Martins Fontes, 2012 (Série Contra-história da filosofia; v. 4), p. 279.
[599] ONFRAY, Michel. Os ultra das luzes. Tradução: Cláudia Berliner. São Paulo: Editora WMF Martins Fontes, 2012 (Série Contra-história da filosofia; v. 4), p. 280.

comum, admissível. É a barbárie aceita socialmente em razão da adaptação resultante da exposição frequente da comunidade a prazeres sádicos enfatizados institucionalmente ao longo do tempo.

Sade costuma usar a expressão "isolismo". Michel Ofray afirma que o termo aparece três vezes na obra: *Les Infortunes de la Vertu* [Os infortúnios da virtude] (1787), *Aline et Valcour* (1795) e *La Nouvelle Justine* (1797). Há uma variação do solipsismo.

Sade acredita na expansão da força, da sua potência e da sua crueldade. Viver é estar num constante estado de guerra de todos contra todos. Para além do bem e do mal, é a crueldade que faz a lei. Parcela da humanidade existe para sofrer a lei da outra, "e esse estado de coisas convém, pois não e possível que seja diferente", diz. Para Michel Ofray, o isolismo é definido por um círculo infernal, um sistema que compõe a visão trágica do mundo: "O mundo me pertence, o outro é propriedade minha, minha potência ignora os limites: devo o que posso e posso o que quero, mas quero o que a natureza me impõe". Ele diz ainda que o isolismo corta o mundo em duas instâncias: "fortes e fracos, amos e escravos, libertinos e sentimentais, predadores e vítimas, lobos e cães, aristocratas e populacho, criminoso e sacrificados, estupradores e estuprados, assassinos e assassinados, ricos e pobres, isto é, Sade e o resto do mundo"[600], diz.

A doutrina de exortação bárbara aos prazeres sádicos abriu espaço para que sociedades adeptas a ela se adaptassem à crueldade e, assim, estabelecessem regimes totalitários mantidos por cidadãos autoritários que encontravam no gozo de prazeres sádicos uma inesgotável fonte de prazer. Essa adaptação terminou por estabelecer e consolidar um estado de aberração moral. Ninguém tem qualquer compromisso com os outros, nem há quaisquer laços de empatia, solidariedade, compaixão ou fraternidade a serem preservados na comunidade. Tudo é força, pulsão, taras e terror. É o mundo em Sade. Um universo sádico.

Hannah Arendt, no seu *Origens do Totalitarismo*, destaca que os mais insensíveis intelectuais de antes da II Guerra Mundial tinham uma verdadeira fascinação pelas obras do marquês. Essa conexão ergueu a formação doutrinária do fascismo europeu. Camus, em *L'Homme Revolte* [O homem revoltado], compara a república cercada de arame farpado de Sade com os

---

[600] ONFRAY, Michel. Os ultra das luzes. Tradução: Cláudia Berliner. São Paulo: Editora WMF Martins Fontes, 2012 (Série Contra-história da filosofia; v. 4), pp. 284-285.

campos de concentração. Muitas das barbaridades escritas pelo marquês foram praticadas pela Milicia Vichy, pela Gestapo alemã, pela soldadesca nazista e por todos os regimes fascistas.[601] Era a era dos prazeres sádicos, com o triunfo da barbárie, das taras e da ideologia da dor.

A visão totalitária do mundo pode ser encontrada em *La Nouvelle Justine*. Nessa obra, Sade justifica a ditadura da aristocracia sobre o populacho, louva os méritos do cristianismo e da monarquia aos quais, segundo ele, "devemos a grandeza e a prosperidade da França". Ele é, inegavelmente, adepto das tiranias. Sade chega a apresentar algumas de suas ideias totalitárias: obrigar os pobres a matarem seus filhos; praticar eugenia em grande escala; suprimir os "seres secundários"; abolir a assistência social; fechar os asilos para os pobres; proibir a mendicância; suprimir a caridade; punir a esmola; impor pesados impostos aos camponeses; acelerar a pauperização; proibir os casamentos desiguais; transformar as execuções capitais em espetáculos públicos; organizar uma escassez imensa de viveres com a ajuda de malversações comerciais; enforcar e passar os mendigos no sabre; agir como déspota.[602]

Sade é desumano. É bárbaro. É um monstro. Ele crê na fatalidade, na desigualdade e na crueldade. O romance *Os 120 dias de Sodoma*, de sua autoria, é abertamente facista. Defende: controle policial de um território delimitado, isolado e protegido do exterior; extraterritorialidade jurídica dos sujeitos encerrados; submissão ao capricho e ao arbítrio; constituição da lei pela palavra do amo; reino da violência pura; dominação de uma casta que reinvidica sua superioredade; constituição correlativa de uma categoria do domínio da sub-humanidade; ódio às mulheres; marcação dos corpos; vexacões generalizadas; punições sexuais; animalização dos humanos; redução do ser às nudezas existenciais; iminência perpétua da morte.[603]

Essa horrenda trajetória mostra a importância de nos afastarmos de prazeres sádicos que estão sempre batendo às portas da comunidade. Hoje, as Constituições costumam trazer um vasto rol de direitos fundamentais, cada

---

[601] ONFRAY, Michel. Os ultra das luzes. Tradução: Cláudia Berliner. São Paulo: Editora WMF Martins Fontes, 2012 (Série Contra-história da filosofia; v. 4), p. 292.

[602] ONFRAY, Michel. Os ultra das luzes. Tradução: Cláudia Berliner. São Paulo: Editora WMF Martins Fontes, 2012 (Série Contra-história da filosofia; v. 4), p. 285.

[603] ONFRAY, Michel. Os ultra das luzes. Tradução: Cláudia Berliner. São Paulo: Editora WMF Martins Fontes, 2012 (Série Contra-história da filosofia; v. 4), p. 287.

vez mais próximos dos chamados direitos naturais. De certa forma, temos uma proteção quanto aos riscos dos prazeres sádicos. Contudo, parece-me que o escudo protetor mais importante contra a acepção de felicidade como exortação de prazeres sádicos vem a ser o princípio da dignidade da pessoa humana que, atualmente, tem sido o centro irradiador da maior parte dos textos constitucionais. A partir do momento em que a dignidade da pessoa humana ingressa nessa discussão, os perigos de desvirtuamento da teoria da felicidade perdem vigor. O direito à felicidade, portanto, não ampara o estímulo a prazeres sádicos, por entendê-los violadores da dignidade da pessoa humana, centro irradiador dos Estados Constitucionais contemporâneos. A monstruosidade de Sade está fora do direito à felicidade.

## 10.8. A maximização da felicidade coletiva como consequência da decisão judicial: técnicas utilitaristas de ponderação

Qual a finalidade da jurisdição constitucional? Muitos responderão: proteger o tecido constitucional. Mas para que serve a Constituição? Dirão: proteger o povo. Mas o que o povo realmente quer? A resposta é clara: escapar das dores e do sofrimento e guiar suas escolhas sempre em busca da felicidade. Não é exagero afirmar que a razão de ser da jurisdição constitucional, desde a sua gênese, é ampliar a felicidade coletiva, desse que guiada pela razão e em respeito à dignidade da pessoa humana. Essa afirmação encontra amparo histórico nos documentos que registram o nascimento da jurisdição constitucional moderna.

A primeira Constituição a tratar, nos termos atuais, sobre o poder dado aos tribunais para aferir a constitucionalidade das leis e dos atos normativos, foi a Constituição do Estado da Pensilvânia, nos Estados Unidos, em 1776. O Capítulo Segundo, Seção quadragésima sétima, da Constituição, disciplina a escolha do chamado "Conselho de Censores", cujo dever é "examinar se a Constituição foi conservada em todas as suas partes sem o menor dano", bem como "se os corpos encarregados do Poder Legislativo e Executivo cumpriram suas funções como guardiões do povo, ou se arrogaram e exerceram outros ou maiores direitos que aqueles que lhes foram dados pela Constituição". Essa é a raiz da jurisdição constitucional .

Foi por meio dos Conselhos de Censores que se apresentou ao mundo a ideia amplamente adotada em boa parte das democracias de eleger um órgão que, por meio da autoridade, tem a missão de aferir a constitucionalidade das leis e dos atos normativos. O nível de sofisticação do controle de constitucionalidade previsto na Constituição da Pensilvânia era tamanho que havia uma previsão segundo a qual os Conselhos dos Censores teriam o poder de recomendar ao corpo legislativo a revogação das leis que lhes parecem ter sido feitas sob princípios opostos à Constituição.

O ponto crucial da gênese da jurisdição constitucional encontrada nesta Constituição vem com a previsão de convocação, pelo Conselho dos Censores, de uma comissão extraordinária sempre que "lhes parecer que haja necessidade absoluta de corrigir algum artigo defeituoso da Constituição, de explicar algum deles que não estivesse claramente expresso ou de acrescentar artigos que fossem necessários à conservação dos direitos e da felicidade do povo".

O dispositivo é claro. O Conselho dos Censores – órgão encarregado do exercício da jurisdição constitucional – pode, excepcionalmente, convocar uma comissão extraordinária quando julgar necessário uma atuação aditiva, ou seja, que acrescente artigos à Constituição. Mas quando o Conselho poderia adotar tal postura? Segundo a Constituição da Pensilvânia, "quando fosse necessário à conservação dos direitos e felicidade do povo". Percebam que a felicidade do povo vem exatamente da preservação de direitos, não da sua erosão. Não se trata, portanto, da felicidade pelo capricho nem por prazeres sádicos. É a felicidade decorrente da ampliação de direitos da comunidade, numa jornada na qual as supremas cortes têm papel de fundamental importância.

O Conselho de Censores do Estado da Pensilvânia não era um órgão meramente simbólico. Ele chegou a se reunir nos anos de 1783 e 1784. James Madson, em *O Federalista nº 48*, recorda que a função deste órgão era verificar se a Constituição estava sendo mantida inviolável em todos os seus dispositivos "e se os ramos legislativo e executivo do governo cumpriam seus deveres como guardiães do povo, ou se pretendiam para si ou exerciam outros ou maiores poderes do que os que pela Constituição lhes cabiam". Madson escreveu: No cumprimento desta missão, o conselho era necessariamente levado a comparar os procedimentos, tanto do Legislativo como do Executivo, com os poderes que a Constituição lhes atribuía; dos fatos apurados e segundo a opinião da maioria de seus membros, o conselho concluiu que a Constituição fora flagrantemente violada pelo Legislativo em diversas questões importantes. Faziam-se, portanto, o controle do poder estatal em proteção da comunidade.

Ele destacou que "foram aprovadas numerosas leis que contrariavam, sem qualquer necessidade aparente, a norma que exige que todos os projetos de lei de natureza pública sejam previamente divulgados para consideração do povo".

Eis, portanto, a gênese da jurisdição constitucional e a sua missão primeira: conservar os direitos e, assim, a felicidade do povo. Tal constatação dá razão a David Hume, para quem a utilidade e o fim desta virtude (a justiça) é buscar a felicidade e a segurança através da conservação da ordem na sociedade.

Não se cogita de um projeto de felicidade de um indivíduo isolado e autocrático, mas como um indivíduo relacionado a uma comunidade e a ela vinculado. Defendemos o conceito de direito à felicidade sabendo que, nas colisões que naturalmente aparecerão, devemos atribuir pesos maiores aos princípios relativos a interesses coletivos, de modo que, após um sopesamento falho, reste menos do direito à felicidade do que imaginávamos. Isso só mostra como é neutro o direito à felicidade. Mesmo assim, as intervenções continuam a ser restrições em um determinado tipo de felicidade e, por tal razão, elas devem ser fundamentadas.[604] É possível supor regras que vedem aos indivíduos interferirem nos projetos alheios de felicidade. Também é importante saber que a criação e manutenção da felicidade coletiva podem implicar no sacrifício de felicidades individuais, desde que não fragilizadores da dignidade da pessoa humana.

A felicidade coletiva é a razão de ser de toda a estrutura. Isso não se dá simplesmente ampliando o gozo do direito à busca da felicidade, no sentido de se lhe afastar vedações nem impor deveres para alcançá-lo. A felicidade coletiva não virá sem o direito contra intervenções da parte de sujeitos de direito de mesma hierarquia, sem as competências jurídicas para participar da formação da vontade coletiva, sem um certo grau de inexistência de situações de privação econômica e também sem as ações de participação na comunidade política, baseadas ao mesmo tempo nas próprias convicções e na responsabilidade.[605]

---

[604] O raciocínio tem por inspiração os argumentos expostos por Robert Alexy ao falar do direito geral à liberdade. Cf. ALEXY, Robert. Teoria dos direitos fundamentais. Tradução: Virgílio Afonso da Silva. São Paulo: Malheiros Editores, 2006, p. 377.

[605] ALEXY, Robert. Teoria dos direitos fundamentais. Tradução: Virgílio Afonso da Silva. São Paulo: Malheiros Editores, 2006, p. 379.

Portanto, o direito à felicidade também é exercido quando a jurisdição constitucional, diante de duas respostas encontradas, ambas com fundamento na Constituição, opta por aquela que julga ser a que mais maximiza a felicidade coletiva. É o que chamamos de ampliação da felicidade coletiva como consequência da decisão judicial proferida lidando com direitos fundamentais respeitando a dignidade da pessoa humana.

### 10.9. Objeções e respostas

Sendo amplo o suporte fático do direito à felicidade, também abrangente é a sua cláusula de restrição, que seria composta por toda norma jurídica formal e materialmente condizente com a Constituição. Isso traz graves consequências. A primeira delas é a possibilidade de judicialização de demandas a respeito de eventuais interferências estatais ou particulares no direito à busca da felicidade. Isso poderia demonstrar que estamos tratando de um direito oco, vazio, sem conteúdo ou substância, e que não haveria, por isso, nenhum parâmetro para se decidir sobre a admissibilidade de restrições à busca da felicidade. O que teríamos seria simplesmente as previsões constitucionais de liberdades, as quais seriam utilizadas pelas pessoas da forma que melhor lhes conviesse. Como objeção, é possível afirmar que o que chamo de direito à busca da felicidade, em verdade, não seria nada mais do que a liberdade.

Acerca da associação do direito à busca da felicidade à liberdade, como dissemos antes, é claro que a liberdade serve de ponto de partida para a construção desse direito, mas não é claro que sejam eles a mesma coisa. Para se exigir um medicamento numa farmácia popular do governo é importante que tenhamos liberdade política para eleger o governante e, depois, cobrá-lo pela falta de remédios. É fundamental que tenhamos o pleno gozo da liberdade de ir e vir. É crucial que haja proteção à liberdade de ofício e profissão dos médicos e demais profissionais que comporão todos os procedimentos cuja etapa final é o fornecimento do medicamento. Contudo, apesar dessa associação lógica, não há nada que justifique afirmar que direito à saúde nada mais é do o resultado do exercício da liberdade.

Do mesmo modo, afirmar que o Estado não pode interferir sem fundamentação legítima nos projetos individuais racionais de realização de um pacote de preferências legítimas, não é o mesmo que dizer que estamos falando da liberdade pura e simples. Associar o exercício de uma liberdade à busca da felicidade abre uma janela de oportunidades quanto à construção, pelo Legislador, de subsistemas jurídicos voltados para a felicidade individual e coletiva.

Além disso, a jurisdição constitucional brasileira tem proferido decisões visando a proteger a felicidade da coletividade, valendo-se de raciocínios utilitaristas. Se uma decisão visa a assegurar o bem-estar da coletividade, como dizer que o direito à felicidade não tem substância? Algo vazio não poderia ser o alvo de uma decisão judicial. Parece lógico pensar que ao indivíduo deva ser garantido, diante das possibilidades jurídicas e fáticas existentes, um máximo grau de felicidade ao fazer ou deixar de fazer o que quiser. Isso seria o direito amplo à felicidade.

O Estado não pode interferir nos projetos de felicidade das pessoas a menos que haja uma fundada razão para isso, razão esta voltada para a garantia dos projetos de felicidades dos outros, num exercício legítimo de ponderação fundado na máxima utilitarista de maior felicidade para o maior número de pessoas. Essa aspiração de felicidade estará condicionada ao princípio da dignidade da pessoa humana e às restrições estabelecidas em atenção aos direitos à felicidade dos outros. Não há, *a priori*, um direito à felicidade absoluto.

Se vivemos em coletividade esse direito precisa conviver em harmonia com um conjunto extenso de outros direitos. Portanto, os cálculos utilitaristas que visam a ampliar a felicidade coletiva por meio de decisões envolvendo colisões de direitos fundamentais esbarram, sempre, no princípio da dignidade da pessoa humana. Esse fator tira do utilitarismo moderno seus potenciais excessos e mantem vivas suas máximas mais importantes. O princípio da dignidade da pessoa humana tanto pode sustentar como complementar o direito à felicidade.

Pode haver restrições, pelo legislador, ao direito à felicidade, visando a garantir a convivência social dentro dos limites daquilo que é razoavelmente exigível. Esse é um raciocínio genuinamente utilitarista, mas cujas bases também podem ser encontradas nas máximas da proporcionalidade de Robert Alexy.

Os projetos individuais de felicidade podem ser restringidos, desde que por razões suficientes. Aqui reside a essência do direito à busca da felicidade, que compreende o direito à felicidade na sua acepção negativa, ou seja, não há permissão definitiva para buscar, da forma que lhe convier, sua felicidade. O que se defende é que o indivíduo tem o direito de buscá-la, desde que não existam razões suficientes (direitos de terceiros, interesses coletivos) que fundamentem uma restrição no direito a esta busca. Também prevalece o princípio do dano, segundo o qual a ninguém é dado o direito de, invocando diretos, causar danos ao semelhante.

O direito à felicidade tem mesmo um suporte fático amplo, que abarca não apenas todas as ações, mas também todos os estados e todas as posições jurídicas do titular do direito fundamental. Todavia, isso não significa que, e em razão de sua cláusula de restrições, também ampla, implicaria a aceitação de um direito fundamental à constitucionalidade da totalidade das ações estatais. Não é isso o que defendemos. Os casos concretos de violação surgiriam com o descumprimento de normas constitucionais que tenham uma função protetora para a liberdade individual em questão.[606] O intérprete está sempre limitado à Constituição, à legislação, aos atos normativos, às suas competências e ao caso concreto levado a julgamento.

Há um direito à felicidade e, além dele, direitos implícitos à felicidade, que são detalhados quanto ao suporte fático por meio da concretização judicial. Quando um tribunal, apreciando um caso, afirma que a tolerância às minorias seria a consequência esperada da decisão, pois tal tolerância assegura mais bem-estar subjetivo no longo prazo à comunidade, temos presentes tanto o direito à felicidade num sentido amplo, como, na sequência, um direito implícito à felicidade decorrente da concretização judicial, qual seja, a felicidade conquistada por meio da tolerância às diversidades. Logo, é possível enxergar a construção de um direito amplo à felicidade que será gradualmente refinado pela jurisdição, diante dos casos concretos.

### 10.10. O sistema constitucional

O que é um sistema? Pelas lições de Tércio Sampaio Ferraz Júnior, encontramos em Wolf, um teórico da felicidade, o termo "sistema", para quem "mais um agregado ordenado de verdades, o sistema diz respeito sobretudo a *nexus veritatum*, que pressupõe a correção e a perfeição formal da dedução". Ele recorda que "esse conceito foi reelaborado por Lambert, que, em obra datada de 1787, precisou-lhes os caracteres". Lambert trata do sistema como mecanismo, partes ligadas umas às outras, independentes umas das outras, "como organismo, um princípio comum que liga partes com partes

---

[606] Raciocínio semelhante ao utilizado em ALEXY, Robert. Teoria dos direitos fundamentais. Tradução: Virgílio Afonso da Silva. São Paulo: Malheiros Editores, 2006, p. 383.

numa totalidade e como ordenação, ou seja, intenção fundamental e geral capaz de ligar e configurar as partes num todo".[607]

É até intuitivo tentar buscar, no Direito, sistemas. De acordo com Tércio Sampaio Ferraz Júnior, "o ideal clássico da ciência correspondente aos séculos XVII e XVIII está ligado ao pensamento sistemático". Ele afirma ainda que "a maior contribuição do chamado jusnaturalismo moderno ao direito privado europeu", uma vez que a teoria jurídica europeia, que até então era mais uma "teoria da exegese e da interpretação de textos singulares, passa a receber um caráter lógico-demonstrativo de um sistema fechado, cuja estrutura dominou e até hoje domina os códigos e os compêndios jurídicos". Não nos esqueçamos da verdadeira obsessão de Jeremy Bentham – um dos pais do utilitarismo – pela sistematização, pela compilação e pela codificação.

Na sequência das ideias desenvolvidas por Tércio Sampario Ferraz Júnior quanto aos caracteres de um sistema, quem aparece é Pufendorf, com suas obras *De Jure Naturae et Gentium: libri octo*, de 1672 (sistema completo do Direito Natural), e *De Officio Hominis et Civis: libre duo*, de 1673 (resumo da anterior). Grande sintetizador dos grandes sistemas de sua época e acentuando e dando um caráter sistemático ao processo de secularização do "direito natural iniciado com Grotius e Hobbes, Pufendorf ultrapassa a mera distinção entre o Direito Natural e Teleologia Moral, segundo o critério de normas referentes à outra vida, distinguindo as ações humanas em internas e externas".[608]

Uma vez apresentadas, mesmo brevemente, os traços centrais de um sistema, segundo nos informa Tércio Sampaio Ferraz Júnior, e retomando o raciocínio relativo ao direito à felicidade, não parece exagerado afirmar que a leitura sistemática da Constituição Federal de 1988, não exclusivamente relativa aos dispositivos voltados ao bem-estar, mas uma leitura verdadeiramente sistemática, contempla claramente a ideia de um direito à felicidade a auxiliar a execução de planos racionais de concretização de preferências legítimas. Temos, na Constituição, um sistema apto a dar segurança ao traço da civilização: os seres humanos têm em

---

[607] FERRAZ, Tércio Sampaio Jr. Introdução ao estudo do direito: técnica, decisão, dominação. São Paulo: Atlas, 2010.

[608] FERRAZ, Tércio Sampaio Jr. Introdução ao estudo do direito: técnica, decisão, dominação. São Paulo: Atlas, 2010, p. 43.

sua jornada a marca insistente da tentativa de fuga da dor e do sofrimento para que, verdadeiramente livres, possam guiar suas vidas em busca da felicidade.

## 10.11. A aurora do constitucionalismo brasileiro: A Constituição Imperial de 1824: "felicidade política geral e individual"

O direito à felicidade integra a certidão de nascimento do constitucionalismo brasileiro. Negar isso é negar um fato. Negar fatos é falsear a história. John Adams, presidente dos Estados Unidos (1797/1801), imortalizou a seguinte reflexão: "os fatos são coisas teimosas". Costuma ser infrutífero duelar com eles. Ao final, eles triunfam.

E, como fato, temos a realidade de que a "Constituição Política do Império do Brazil", de 25 de março de 1824, elaborada por um Conselho de Estado e outorgada pelo Imperador D. Pedro I, trouxe uma apresentação em tudo integrada com os episódios políticos de maior gravidade no mundo de então. Nesse contexto, o embrião do direito à felicidade estava expressamente presente nessa que foi a fonte da caminhada constitucional brasileira.

Eis o que consta da apresentação da Constituição do Império de 1824:

> "DOM PEDRO PRIMEIRO, POR GRAÇA DE DEOS, e Unanime Acclamação dos Povos, Imperador Constitucional, e Defensor Perpetuo do Brazil : Fazemos saber a todos os Nossos Subditos, que tendo-Nos requeridos o Povos deste Imperio, juntos em Camaras, que Nós quanto antes jurassemos e fizessemos jurar o Projecto de Constituição, que haviamos offerecido ás suas observações para serem depois presentes á nova Assembléa Constituinte mostrando o grande desejo, que tinham, de que elle se observasse já como Constituição do Imperio, por lhes merecer a mais plena approvação, e delle esperarem a sua individual, e geral felicidade Politica: Nós Jurámos o sobredito Projecto para o observarmos e fazermos observar, como Constituição, que dora em diante fica sendo deste Imperio a qual é do theor seguinte: (...)".

É o começo da nossa trajetória. Devemos nos orgulhar dele, não nos envergonhar. Devemos dar-lhe vida, não assassiná-lo negando-o perante a convocação das futuras gerações à concretização desse direito que não é novo, pelo contrário, foi o alimento das raízes do constitucionalismo que soubemos construir. Está dito na apresentação da Constituição do Império de 1824: "por lhes merecer a mais plena aprovação e dele esperarem a sua individual e geral felicidade política". É um fato. E, como vimos, os fatos são coisas teimosas. Melhor respeitá-los.

Hannah Arendt, ao interpretar a expressão "em busca da felicidade" constante da Declaração de Independência dos Estados Unidos, associa-a não meramente à liberdade, mas ao conceito de felicidade pública, ou seja, o direito de ser visto em ação, participando das decisões públicas cujos impactos afetam a vida coletiva. "Felicidade pública", ou "felicidade política", portanto, eram bens presentes no imaginário político e jurídico da época e o Brasil não ficou fora dessa realidade.

Diante do fato de que a Constituição do Império de 1824 trouxe ao palco do constitucionalismo brasileiro a associação entre a normatividade jurídica e a aspiração política pela felicidade individual e geral, não demorou para que autores da envergadura de Pimenta Bueno começassem a dialogar intelectualmente com essa realidade. Bueno não enxergou na presença da felicidade política no texto constitucional qualquer razão para escândalo ou incredulidades. Ele preferiu estudar.

Em 1857, anotou o seguinte: "O fim das sociedades, o móvel ou princípio constitutivo dellas, não é nenhum outro senão de promover e segurar a felicidade dos homens". Na sequência, prosseguiu com o seu raciocínio: "Se o exercício bem regulado dos direitos políticos funda a liberdade política dos povos, o exercício bem regulado dos direitos civis funda a sua liberdade civil, o seu bem-ser". Pimenta Bueno então arremata: "São os princípios vivificantes do homem; se a liberdade civil não existe, tudo o mais é uma mentira; cumpre mesmo não olvidar que os direitos ou liberdades políticas por si mesmas não são as que fazem a felicidade pública, não são valiosas senão como meios de garantir os direitos ou liberdades civis. De que serviria o homem livre morrendo à fome?"[609]

O raciocínio, à luz da disposição constitucional relativa à felicidade pública individual e coletiva, é imortal. Isso porque traz uma exposição mais do que erudita, uma apresentação insuperável da natureza do próprio constitucionalismo.

Primeiro, reivindica como razão de ser das sociedades a felicidade de todos. Não poderia ser diferente. Uma compreensão humanista da existência

---

[609] Direito Publico Brazileiro e Analyse da Constituição do Império. José Antônio Pimenta Bueno. 1857.

reconhece que nenhum de nós nasceu para sofrer, nada obstante essa seja uma realidade que pode bater a porta de qualquer um a qualquer tempo.

Depois, empodera o essencial papel das liberdades civis. O binômio é claro: direitos políticos reclamam liberdade política; direitos civis reclamam liberdades civis.

Por fim, faz a associação necessária entre liberdade e prestações sociais. Qual a liberdade de uma pessoa que passa fome? Essa é uma indagação persistente e Pimenta Bueno já havia, em 1857, submetido ela à intelecção das pessoas do seu tempo.

Como então falar de felicidade como liberdade de forma desagarrada de prestações sociais sem as quais as pessoas não terão qualquer chance de reconstruírem a si e a suas vidas diante dos precipícios que a existência impõe? O direito à felicidade, então, não se esgota na liberdade. Ele reclama outros elementos constitutivos de sua essência. É a lição que fica.

Eis a fonte de tudo. O começo dos tempos. A aurora do nosso constitucionalismo. Presentes, então, a felicidade no texto constitucional e, como consequência inevitável, o desassombro intelectual de uma figura pública como Pimenta Bueno para, introduzindo a questão, dar a largada nessa corrida da compreensão individual e coletiva que nos fascina tanto.

## 10.12. A Constituição Federal de 1988: bem-estar

A Constituição brasileira não usa a palavra felicidade, é verdade. Mas usa, em várias oportunidades, a expressão bem-estar, cujas dimensões de concretização tanto podem ser objetivas (materiais) como subjetivas (imateriais).

Contudo, vale refletir a respeito da utilização do bem-estar como equivalente funcional da felicidade nos textos constitucionais.

"Tem-se a impressão de que a felicidade se volatilizou, de que se está falando de outra coisa: do bem-estar. Será que é isso mesmo? É possível que a felicidade requeira o bem-estar, mas pode consistir nele? Não corremos o risco de ficarmos sem ela, de nem sequer buscá-la?". Esse é o alerta do sociólogo espanhol Julián Marías, para quem a "ideia de bem-estar, sobretudo quando se alia com a ideia de Estado, leva ao extremo a visão quantitativa que aponta para o século XVI no pensamento britânico e adquire sua forma madura e explícita no utilitarismo, desde Stuart Mill em diante".[610]

---

[610] MARÍAS, Julián. La felicidad humana. Madri: Alianza Editorial, 2006, p. 159.

A crítica é pertinente e mostra uma tendência inevitável: neutralizar as variáveis inerentes à felicidade quantificando-as enquanto ideia de bem-estar. Adiante mostraremos como os economistas fazem isso e como os países têm aderido.

O que Julián Marías mostra é que ao tratar a felicidade como bem-estar impõe-se duas reduções: (i) priva-se do seu caráter de atividade, tensão ou projeção; (ii) tende-se a confundi-la com o que faz possível ou facilita o bem-estar.[611] Segundo o Sociólogo, a noção de bem-estar se associa à segurança: "Por isso, o Welfare State vai ligado à segurança social, sendo quase sinônimos" – diz, criticando a expansão da ideia de "caridade política" empregada por muitos países. Para ele, "o núcleo da ideia da felicidade que vai dominando em nossa época e que se expressa na noção de bem-estar é a realização. Isso é novo, porque a felicidade tem sido sempre um ideal, algo que o homem busca com maior ou menor esperança de alcançá-lo, por ser problemática, às vezes com a segurança de ser lgo inacessível". Daí ele apresentar a noção de felicidade que tem imperado em nosso tempo: "se a felicidade é impossível, chamemos felicidade como algo possível".[612] Então surge a opção pela expressão "bem-estar".

Marías alerta, com razão, que "ser feliz não é o mesmo em uma época do que é em outra, nos diversos países e sobretudo em cada pessoa", destacando, em seguida, que "o bem-estar, pelo contrário, é uma fórmula válida para uma sociedade e uma época – e no fundo se pensa que para todas –, e o caráter pessoal se desvanece". A conclusão é: "a noção de felicidade se altera de raiz, adquire um caráter quantitativo e se associa a algo quase inexistente até a pouco e hoje inundativo: a estatística".[613]

Essa é uma reflexão importante. Se a felicidade deixa de ser o que sempre se supôs ser, passando a se converter em estatísticas de cumprimento de metas quanto à saciedade de determinadas necessidades, todo o importante legado filosófico, teórico e histórico sobre o qual nos debruçamos estará perdido. Daí por que, para nós, a associação entre felicidade e bem-estar constitui uma das expressões do direito à felicidade, somente quando compreende-a como bem-estar subjetivo, algo imaterial, abstrato, ligado às

---

[611] MARÍAS, Julián. La felicidad humana. Madri: Alianza Editorial, 2006, p. 160.
[612] MARÍAS, Julián. La felicidad humana. Madri: Alianza Editorial, 2006, pp. 160-161.
[613] MARÍAS, Julián. La felicidad humana. Madri: Alianza Editorial, 2006, pp. 162-163.

emoções humanas, que são, cada vez mais dignas de consideração e respeito. Além do bem-estar subjetivo, que é a própria felicidade, há também o bem-estar objetivo, que vem a ser o conjunto de bens materiais que auxiliam a comunidade em sua perene busca por escapar da dor e do sofrimento e a conduzir suas escolhas sempre em busca da felicidade. O bem-estar objetivo traz a perspectiva prestacional desse direito, que corresponde à imposição ao Estado de utilizar sua estrutura para, positivamente, interferir nos projetos de realização pessoal das pessoas por meio de suportes cuja meta geral seja a segurança.

O receio de Julián Marías, portanto, encontra amparo em nossa obra, pois, para nós, o direito à felicidade não é somente bem-estar objetivo, apesar de essa referência ter o seu relevo e compor uma das perspectivas por nós trabalhadas.

A pesquisadora Carol Graham, na obra *A Busca da Felicidade: Uma Economia do Bem-Estar*, aponta que as questões relativas à felicidade pela perspectiva coletiva costumam vir designadas por meio de várias expressões, tais como "felicidade, bem-estar, bem-estar subjetivo, e satisfação com a vida, entre outros".[614] Paul Dolan, Richard Layard e Robert Metcalfe usam a expressão *well-being* (bem-estar). A chamada Comissão-Stiglitz, criada pelo então presidente francês, Nicolas Sarkozy, era voltada para a aferição do "bem-estar" dos franceses. Segundo texto da Comissão:

> Pesquisas têm mostrado que é possível coletar dados significativos e confiáveis sobre o bem-estar objetivo e subjetivo das pessoas. O bem-estar subjetivo engloba diferentes aspectos (avaliações cognitivas de uma vida, felicidade, satisfação, emoções positivas, como alegria e orgulho, e emoções negativas, como dor e preocupação): cada um deles deve ser medido separadamente para obter uma apreciação mais abrangente da vida das pessoas ... devem ser incluídos em maior escala inquéritos efetuados pelos oficiais de estatística.

Derek Bok tem obra intitulada *A Política da Felicidade: O que o governo pode aprender com as novas pesquisas sobre o bem-estar*. Amartya Sen, por sua vez, constrói seu pensamento alicerçado na ideia de que o "bem-estar" não é a coisa mais adequada na qual concentrar a política social, pois o correto

---

[614] GRAHAM, Carol. The pursuit of happiness: an aeconomy of well-being. Washington: Brooking Institution Press, 2011.

seria "medir, comparar e avaliar a justiça".[615] Bruno Frey e Stutzer afirmam que, para muitos fins, a felicidade ou o bem-estar subjetivo relatado são uma aproximação empírica satisfatória para a utilidade individual.[616] Ao final do século XVI, Botero definia razão de Estado como aquela que concilia a lógica de poder e a procura do bem-estar do povo.[617] São muitas as publicações que tratam da felicidade se valendo da expressão bem-estar.

Em francês, *bien-être*; em italiano, *benessere* (ou *agiatezza*); em inglês, *welfare*; em alemão, *wohlstand* (ou *wohlbefinden, wohlbehagen*). Entre nós, bem-estar. Esta é uma palavra bastante moderna. Julián Marías recorda que, "no espanhol se usa desde o começo do século XIX", e que "o dicionário da academia registra duas acepções: conjunto das coisas necessárias para viver bem: vida confortável ou abastecida que conduza a passar bem e com tranquilidade". Para o Sociólogo, "é curioso que não apareça o sentido psíquico de se encontrar ou se sentir bem".[618] Noutras palavras, a semântica aplicada ao bem-estar o dirige para o que essa tese chama de "bem-estar objetivo", negligenciando, contudo, o "bem-estar subjetivo".

A nossa Constituição Federal não usa a palavra "felicidade". O texto, contudo, vem repleto de dispositivos que falam em "bem-estar", expressão abraçada pela doutrina contemporânea – *well-being* – para designar felicidade de forma mais neutra.

Como vimos no Preâmbulo, bem-estar é o valor supremo do nosso Estado Democrático. Para o Chanceler d'Aguesseau, o direito das nações soberanas deve ser extraído "do mesmo amor próprio conduzido pela razão", sendo que este não é a preservação da soberania, mas o caminho para a felicidade. Para ele, "como o amor próprio de um particular, se é um amor razoável, o leva à felicidade, o amor próprio de uma nação, se é a razão que a conduz, torna-a mais feliz".[619]

---

[615] WHITE, Nicholas. (A brief history of happiness). Breve história da felicidade. Tradução: Luis Carlos Borges. São Paulo: Edições Loyola. 2009, p. 182.

[616] GRAHAM, Carol. The pursuit of happiness: an economy of well-being. Washington: Brooking Institution Press, 2011.

[617] Della ragione di stato, 1589.

[618] MARÍAS, Julián. La felicidad humana. Madri: Alianza Editorial, 2006, p. 158

[619] JOUANNET, Emmanuelle. Le droit international libéral-providence: Une histoire du droit international, Bruylant, 2011 (Collection de droit international, nº 69). O trecho transcrito consta no capítulo V, intitulado "La finalité providentialiste du droit des gens moderne: Bonheur des peuples et perfectionnement des États".

Interessante notar que a inserção do bem-estar no preâmbulo constitucional não foi inovação trazida com a Constituição de 1988. A Constituição de 1934 contava com preâmbulo que dizia: "Nós, os representantes do povo brasileiro, pondo a nossa confiança em Deus, reunidos em Assembleia Nacional Constituinte para organizar um regime democrático, que assegure à Nação a unidade, a liberdade, a justiça e o bem-estar social e econômico".

Essa Constituição trouxe a acepção de bem-estar atrelado aos indicadores sociais e econômicos. Pretendeu-se realçar que esses dois pontos fundamentais do projeto coletivo, destacando que eles devem considerar, como fim, a felicidade de todos os envolvidos. Mesmo assim, ambos de voltam ao bem-estar objetivo somente.

Mesmo a Polaca – Constituição de 1937 – falava de bem-estar no seu preâmbulo. Neste caso, duas vezes. Os trechos são os seguintes: "(...) sob as instituições anteriores, não dispunha, o Estado de meios normais de preservação e de defesa do (...) bem-estar do povo; (...) Resolve assegurar (...) ao povo brasileiro, sob um regime de paz política e social, as condições necessárias ao (...) seu bem-estar (...)".

A Constituição brasileira de 1937, a mais autoritária que já tivemos, trouxe em seu preâmbulo uma justificativa para o estado de coisas que tomava o Brasil à época afastando-se do nosso projeto democrático. A justificativa para a centralização excessiva de poder e a adoção de medidas das mais autoritárias da história do país foi que "sob as instituições anteriores não dispunha o Estado de meios normais para a preservação e de defesa do 'bem-estar' do povo".

A Polaca foi a Constituição brasileira que mais atenção deu ao bem-estar, deixando clara a possibilidade de desvirtuamento do discurso da felicidade como fundamento de práticas autoritárias. O artigo 1º dizia que o poder político emanava do povo e seria exercido em nome dele e no interesse do seu bem-estar. Competia privativamente à União o poder de legislar sobre o bem-estar (art. 16, V).

Uma prova do desvirtuamento completo do discurso da felicidade é o parágrafo único do artigo 96, que dizia: "no caso de ser declarada a inconstitucionalidade de uma lei que, a juízo do Presidente da República, seja necessária, dentre outras necessidades, ao bem-estar do povo, poderá o Presidente da República submetê-la novamente ao exame do Parlamento: se este a confirmar por dois terços de votos em cada uma das Câmaras, ficará sem efeito a decisão do Tribunal". A lei poderia prescrever providências destinadas à proteção, dentre outras coisas, do bem-estar do povo. Pelo artigo 123, o uso dos direitos e garantias teria por limite, dentre tantos, "o bem-estar".

Fica claro a utilização indevida da teoria da felicidade como bandeira que mascara politicamente pretensões afastadas das aspirações contemporâneas de direitos fundamentais.

O preâmbulo, porta de entrada da Constituição, esboça o ambiente no qual se dera a constituinte e marca a transição do modelo constitucional pretérito rumo a um novo horizonte do Estado brasileiro. Ele anuncia a essência da qual se revestem vários outros dispositivos constitucionais, de modo que a sua eficácia não pode ser negligenciada, principalmente se levarmos em consideração que a Suprema Corte tem conferido aplicabilidade a princípios constitucionais não escritos. Basta recordar que tanto nos Estados Unidos, como na França, a invocação à felicidade tem natureza preambular e isso não impede que a jurisdição constitucional lhe dê plena concretude ao analisar casos levados a julgamento.

Se os princípios constitucionais não escritos têm ganhado plena eficácia em razão da atuação do STF, não há como relegar a um patamar inferior algo que está devidamente escrito, especialmente se levarmos em consideração que na história constitucional jamais tivemos uma Constituição sem preâmbulo.

O "bem-estar" não está lançado somente no preâmbulo da Constituição. O parágrafo único do artigo 23 dispõe que leis complementares fixarão normas para a cooperação entre a União e os Estados, o Distrito Federal e os Municípios, tendo em vista o equilíbrio do desenvolvimento e do "bem-estar" em âmbito nacional. Aqui, o que se vê é uma outra vertente do direito à felicidade, que é a felicidade coletiva. Remete-se ao Congresso Nacional o dever de, por meio de leis complementares, celebrar alianças entre todos os entes da Federação visando ao equilíbrio do bem-estar em âmbito nacional. Aliado a esse bem-estar, quis o constituinte colocar a necessidade de equilíbrio do desenvolvimento também. A mensagem remete à igualdade material, de forma que o "bem-estar" e o desenvolvimento nacional não sejam sentidos somente em algumas regiões do país. Como se sabe, é pressuposto da República a igualdade, segundo a qual todos devem gozar, perante o Estado, da mesma consideração e respeito.

Continuando a leitura, de acordo com o artigo 182, a política de desenvolvimento urbano, executada pelo Poder Público municipal, conforme diretrizes gerais fixadas em lei, tem por objetivo ordenar o pleno desenvolvimento das funções sociais da cidade e garantir o "bem-estar" de seus habitantes. Dessa vez, entendeu-se a felicidade dos habitantes das cidades como a razão de ser das políticas de desenvolvimento urbano. Esse "bem-estar" há de ser garantido por meio do pleno desenvolvimento das funções sociais da cidade. O que fica evidente é que a Constituição se preocupou com a qualidade de vida das pessoas residentes nas cidades, tentando, por meio de políticas específicas, assegurar a felicidade delas.

E não é só o ambiente urbano. Pelo inciso IV do artigo 186, a função social é cumprida quando a propriedade rural atende, segundo critérios e graus de exigência estabelecidos em lei, ao requisito de ter uma exploração que favoreça o "bem-estar" dos proprietários e dos trabalhadores. Não se fomentou uma visão egoística da propriedade rural. Pelo contrário. Afirmou-se que ela só tem sua função social plenamente executada quando, nos termos da lei, é explorada de modo a favorecer o bem-estar daqueles por ela afetados diretamente. Logo, segundo a Constituição brasileira a felicidade deve ser assegurada tanto a quem mora no campo como a quem mora na cidade, sem distinções, devendo o Estado, para isso, se empenhar em promover ações concretizadoras desse mandamento constitucional, sob pena de frustrar o projeto elaborado pelo constituinte.

A ordem social brasileira tem como base o primado do trabalho, e como objetivo o "bem-estar" e a justiça sociais (art. 193). Além de se afirmar que ele é um valor supremo, de tratar do bem-estar nacional equilibrado, de focar no bem-estar tanto nas cidades como nos ambientes rurais, a Constituição estabelece como objetivo da ordem social, o bem-estar.

Noutro ponto, diz que o mercado interno integra o patrimônio nacional e será incentivado de modo a viabilizar o desenvolvimento cultural e socioeconômico, o "bem-estar" da população e a autonomia tecnológica do País, nos termos de lei federal (art. 219). A felicidade da população passa a ser a finalidade do mercado. O viés utilitarista de Adam Smith pode ser lembrado. Pelo texto, o incentivo do mercado interno deve pretender viabilizar o bem-estar da população, ou seja, só assim ele será útil. Esse ponto é muito importante, porque deixa clara a preocupação que a Constituição Federal teve com a razão de ser do mercado.

Como vimos no capítulo voltado para os testes empíricos aos quais a teoria da felicidade se submeteu, os países mais ricos não são necessariamente os mais felizes, nem as pessoas mais ricas são as mais felizes. Também vimos pesquisas apontando que o crescimento econômico não se dá de modo igual ao crescimento da felicidade. A Constituição anteviu esses possíveis problemas e assegurou que o mercado interno deve ser incentivado de modo a viabilizar o bem-estar da população.

Segundo o artigo 230 da Constituição, a família, a sociedade e o Estado têm o dever de amparar as pessoas idosas, assegurando sua participação na comunidade, defendendo sua dignidade e "bem-estar" e garantindo-lhes o direito à vida. Esse dispositivo impõe recordar as lições de Tim Mulgam, que nos diz que, na linha do utilitarismo, "as pessoas falham em perceber que os prazeres ou as dores no futuro distante são tão importantes quanto os prazeres e as dores imediatas". Por esta razão, "elas falham em fazer a provisão adequada para a sua idade avançada", sendo, esta, uma característica geral dos seres humanos. Daí o "legislador estar em melhores condições de conhecer os interesses de longo prazo do povo do que ele próprio". Sempre que possível, "o legislador deveria melhorar as motivações das pessoas".[620]

Por fim, o § 1º do artigo 231 diz que, dentre as terras tradicionalmente ocupadas pelos índios, estão as imprescindíveis à preservação dos recursos ambientais necessários a seu "bem-estar".

Há um verdadeiro subsistema constitucional estruturado a dar segurança aos indivíduos, segurança esta que é, pela nossa teoria, componente necessário à felicidade. Basta, passando pelo Preâmbulo, consultar os dispositivos que exortam compromissos de liberdade e segurança, temperados pelo princípio da dignidade da pessoa humana.

## 10.13. O direito à felicidade na Constituição

Há, na Constituição brasileira, inúmeros dispositivos que encarnam o ideal de segurança material cuja materialização vem com o alcance do bem-estar objetivo, um direito que integra o suporte fático do direito à felicidade. Essa segurança serve para garantir estabilidade aos indivíduos e condições mínimas de liberdade para colocarem em prática seus planos de realização de preferências legítimas.

Outro subsistema constitucional fundamental para o direito à felicidade é o da liberdade, em suas mais variadas espécies. Cada vez que a Constituição Federal de 1988 fala em liberdade, ela abre caminho para

---

[620] MULGAN, Tim. Utilitarismo. Tradução: Fábio Creder. Petrópolis: Vozes, 2012, p. 25.

que, por meio desta, o indivíduo possa racionalmente buscar realizar o seu pacote de preferências legítimas. Portanto, para que falemos em direito à felicidade é preciso reconhecer que temos, inicialmente, a necessidade de contar com a liberdade.

O Preâmbulo da Constituição Federal institui um Estado Democrático destinado a assegurar o exercício, dentre outros, dos direitos sociais e individuais, da segurança e do bem-estar. Dentre os fundamentos da República, temos o de erradicar a pobreza e a marginalização e reduzir as desigualdades sociais e regionais (art. 3º, III). O *caput* do artigo 5º assegura a inviolabilidade, dentre outros, do direito à segurança. O Estado tem de prestar assistência jurídica integral e gratuita aos que comprovarem insuficiência de recursos (art. 5º, LXXIV). São gratuitos para os reconhecidamente pobres, na forma da lei, o registro civil de nascimento e a certidão de óbito (art. 5º, LXXVI, "a" e "b").

Pelo artigo 6º, são direitos sociais a educação, a saúde, a alimentação, o trabalho, a moradia, o lazer, a segurança, a previdência social, a proteção à maternidade e à infância, a assistência aos desamparados. A seguridade social compreende um conjunto integrado de ações de iniciativa dos Poderes Públicos e da sociedade, destinadas a assegurar os direitos relativos à saúde, à previdência e à assistência social (art. 194).[621]

A felicidade pode ser ampliada e as dores reduzidas, bastando, por exemplo, a concretização do dispositivo constitucional que diz que a saúde é direito de todos e dever do Estado, garantido mediante políticas sociais e econômicas que visem à redução do risco de doença e de outros agravos

---

[621] Nesse ponto, importante trazer as considerações de Ronald Dworkin. Para ele, o utilitarista do bem-estar social e individual afirma que uma lei ou uma decisão judicial só torna determinada situação melhor se, no conjunto ou na média, resultar na melhora da situação das pessoas. Alguém que rejeite o utilitarismo imagina que, pelos menos às vezes, uma situação é melhor do que outra ainda que, na média ou em conjunto, as pessoas não estejam em melhor situação – talvez por que os direitos sejam mais respeitados ou porque a situação seja mais correta ou justa de algum outro modo. Dworkin afirma que boa parte do Direito Constitucional "não pode ser justificada em bases utilitaristas, mas, ao contrário, deve pressupor princípios de igualdade e justiça que não são utilitaristas em espírito ou consequência". E o objetivo geral da abordagem teórica, que é igualitária, é claramente não utilitarista". O Filósofo diz ainda: "é muito difícil considerar como evidente por si mesma a ideia de que o progresso consiste em tornar as pessoas mais felizes na média". DWORKIN, Ronald. A justiça de toga. Tradução: Jefferson Luiz Camargo. Revisão da tradução: Fernando Santos. Revisão técnica: Alonso Reis Freire. São Paulo: Editora WMF Martins Fontes, 2010, p. 90.

e ao acesso universal e igualitário às ações e serviços para sua promoção, proteção e recuperação (art. 196).

A educação, direito de todos e dever do Estado e da família, há de ser promovida e incentivada com a colaboração da sociedade, visando ao pleno desenvolvimento da pessoa, seu preparo para o exercício da cidadania e sua qualificação para o trabalho (art. 205). O que se vê aqui, além da segurança, é a própria liberdade.

Esse conjunto de dispositivos serve de fundamento de validade ao direito à felicidade. Esse direito não encontra amparo constitucional exclusivamente no princípio da dignidade da pessoa humana. Ao assegurar participação política na esfera pública a Constituição está tratando do direito à felicidade pública. Quando fala de liberdade, ela abre espaço para o direito à busca da felicidade. Ao tratar de direitos sociais ou demais itens que trazem segurança ao indivíduo, ela formula um convite à concretização do direito ao bem-estar objetivo. Ao vedar a tortura ou tratamentos degradantes, ela afirma também que não tolera prazeres sádicos. Quando fala de pluralismo, aceita que a sociedade fica melhor com a tolerância às minorias, pois tem seus debates enriquecidos por contrapontos necessários ao avanço da humanidade.

O que fica claro, portanto, é que a Constituição Federal de 1988 está repleta de poros capazes de absorver os projetos individuais de felicidade, bem como de ampliar a felicidade coletiva. É uma combinação virtuosa.

# 11.
# A jurisdição constitucional e o direito à busca da felicidade: a experiência sul-coreana

## 11.1. Apresentação

"O uso da expressão 'a busca da felicidade', como um direito básico dotado de força normativa por meio do qual é possível declarar uma lei inconstitucional soa péssimo aos meus ouvidos" – anota Jibong Lim, em alusão à última parte do artigo 10 da Constituição sul-coreana, que prevê que todos os cidadãos têm o direito de buscar a felicidade. A parte anterior do dispositivo trata do valor e dignidade humanos. A busca da felicidade está na Constituição desde a revisão constitucional de 1980, quando o regime militar representado pelo Presidente Chun quis justificar o seu regime e, para tal, se valeu de disposições que anunciavam uma aparente democracia, dentre as quais o direito à busca da felicidade.[622] A Constituição coreana se inspirou no artigo 13 da Constituição japonesa de 1946, que, por sua vez, se inspirou o artigo 1º da Declaração de Direitos de Virgínia e o artigo 2º da Declaração de Independência dos EUA (1776).

Jibong Lim é taxativo ao dizer que "a cláusula da busca da felicidade na Constituição coreana é uma disposição declaratória sem força executória e

---

[622] LIM, Jibong. Pursuit of happiness clause in the korean Constitution. Journal of Korean Law, v. 1, nº 2, 2001, pp. 71-103. Professor de Direito, Konkuk University (Seoul, Korea). LL.M. 1996, U.C. Berkeley School of Law; J.SD. 1999. U.C. Berkeley School of Law.

poder normativo". Para ele "o que constitui a busca da felicidade? Não existe um padrão na aplicação da cláusula de busca de felicidade para casos reais".

Falemos um pouco sobre a jurisprudência constitucional sul-coreana e a aliança que ela celebrou com a concretização do direito à felicidade.

## 11.2. O direito de casar

O artigo 809, seção 1, do Código Civil sul-coreano, dispunha que os parentes de mesmo sobrenome e origem familiar não podiam se casar, comando que existia desde o Código de 1958, incorporando costume de centenas de anos. Feministas tentaram revogar o texto, mas não conseguiram, em face da maioria que os grupos contrários tinham no Congresso.[623]

Em 1995, o Tribunal Constitucional aboliu a prática quando declarou a inconstitucionalidade do dispositivo adotando uma postura "que nem o Congresso nem o Executivo se atreveu a fazer". Segundo a maioria, o dispositivo do Código Civil violava os artigos 10, 11 seções 1 e 36.1 da Constituição. Também violava o artigo 37, seção 2ª, voltado à ordem social e bem-estar público, segundo o qual a legislação não pode restringir o direito à liberdade do cidadão.

O artigo 10 garante o direito pessoal de um indivíduo perseguir a felicidade. O artigo 11 assegura a igual proteção. O artigo 36, seção 1, cuida da igualdade de dignidade e de gênero individual no casamento e na vida familiar. O artigo 37, seção 2, fala sobre as hipóteses de restrição ao direito de liberdade do cidadão.

Jimbong Lim não enxerga o artigo 10º, que assegura o direito à busca da felicidade, como dotado de força cogente suficiente a compor o bloco

---

[623] Jibong Lim nos explica: "origem da família é o lugar onde o progenitor da família estabeleceu a família pela primeira vez. Assim, é geralmente um nome de cidade ou localidade. No mesmo nome de família, pode haver várias origens da família. Assim, a origem da família é subcategoria sob o nome de família. Por exemplo, no sobrenome "Lim" há três origens diferentes das famílias Pyungtaek, Najoo e Yecheon. Isso significa que três progenitores cujo apelido era "Lim," – eles poderiam ser irmãos ou parentes que viveram há muito tempo – criados e começaram a Lim família nos três locais diferentes, portanto, entre os LIRs, há três tipos diferentes –. Lim de Pyungtaek, Lim de Najoo e Lim de Yecheon. As pessoas com mesmo sobrenome, mas diferente origem familiar podem se casar com outro. Assim, para exemplo, embora um homem e uma mulher sejam Lims, se o homem é Lim originou Pyungtaek e a mulher é Lim originou Najoo, eles podem casar entre si. Somente as pessoas com origem mesma família, entre mesmo sobrenome não podem casar entre si pelo art. Sec 809. I do Código Civil coreano". LIM, Jibong. Pursuit of happiness clause in the korean Constitution. Journal of Korean Law, v. 1, nº 2, 2001.

de constitucionalidade. Segundo ele, o comando "é apenas uma disposição declaratória sem qualquer conteúdo específico que possa fazer derivar um direito substancial com força normativa". Todavia, não foi esse o entendimento do Tribunal Constitucional. A Corte deu-lhe força normativa capaz de atribuir ao direito à busca da felicidade conteúdo substancial. Para o Tribunal, o artigo 10 da Constituição não é uma declaração de princípio e valor fundamental sem força normativa. O Código Civil violou o direito pessoal de autodecisão em seu destino, que inclui o direito de autodecisão do parceiro sexual, especialmente o direito de escolher o cônjuge, um direito incluído no direito à busca da felicidade.

### 11.3. O direito à reputação ilibada

Questão curiosa se deu ao se analisar a constitucionalidade de dispositivo que autorizava a suspensão do indiciamento criminal por um promotor militar. Para o Tribunal Constitucional, a decisão de "suspensão de indiciamento" pelo procurador militar para o suspeito invade o seu direito à busca da felicidade, pois o impede de livrar-se da mancha por meio de uma decisão final do tribunal dando-lhe como inocente.[624] A decisão do Ministério Público de 'suspensão de indiciamento' é feita quando não se indicia o suspeito a seu critério, considerando diversas circunstâncias, embora exista suspeita suficiente para julgar o caso.

### 11.4. O direito à autonomia privada

O direito à busca da felicidade foi utilizado mais uma vez pelo Tribunal Constitucional sul-coreano, em 1993.

O Ministério do Esporte, em julho de 1989, baixou portaria sobre utilização de instalações desportivas, impondo inúmeras limitações, tais como padrões de escala e sanitárias. Segundo o artigo 5º da Portaria, cada empresa de bilhar teria de colocar um aviso na porta de entrada notificando que menores de 18 anos não estariam autorizados a entrar.

Um empresário que acabava de abrir o seu negócio apresentou queixa constitucional em 18 de abril de 1992, argumentando que o artigo 5º da portaria violava direitos constitucionais.

---

[624] LIM, Jibong. Pursuit of happiness clause in the korean Constitution. Journal of Korean Law, v. 1, nº 2, 2001.

Para o Tribunal, o artigo 5º da portaria era inconstitucional, pois violava a liberdade do requerente de ocupação e direito à igualdade e, ainda, o direito de busca da felicidade dos menores de 18 anos. A vedação invadia o direito dos menores de buscar a felicidade que queriam para cultivar o seu talento para o esporte, incluindo o bilhar.

Segundo Lim, "nesta parte da decisão, o significado e o caráter do direito de buscar a felicidade é tão equivocada que o Tribunal parece considerar a busca da cláusula de felicidade como uma panaceia para o controle de constitucionalidade".[625]

## 11.5. O direito à livre-iniciativa: a venda de bebidas

Em 1996, o Tribunal se viu novamente diante de um caso cujo fundamento para a declaração de inconstitucionalidade foi o direito à busca da felicidade.

O artigo 38-7 da Lei do Imposto sobre Bebidas determinava que o diretor do Escritório de Administração Tributária Nacional deveria determinar que os atacadistas vendedores de soju [bebida popular tida como espiritual] não comprassem mais de 50% da quantidade total de um produtor localizado na mesma província da região atacadista de negócios. Além desse dispositivo, havia o artigo 18 que previa a suspensão das vendas de bebidas alcoólicas em caso de violação da disposição acima.

Um empresário que foi obrigado a suspender as vendas de suas bebidas, devido à violação do artigo 38-7 da Lei, questionou a constitucionalidade das duas disposições perante o Tribunal Constitucional.

A maioria da Corte – seis julgadores –, entendeu que os dispositivos eram inconstitucionais por violarem a liberdade de ocupação e liberdade para competir no mercado. Para a Corte, os dispositivos infringiram o direito dos clientes de autodecisão, que está incluído no direito de buscar a felicidade.[626]

---

[625] LIM, Jibong. Pursuit of happiness clause in the korean Constitution. Journal of Korean Law, v. 1, nº 2, 2001, pp. 71-103. Professor de Direito, Konkuk University (Seoul, Korea). LL.M. 1996, U.C. Berkeley School of Law; J.SD. 1999. U.C. Berkeley School of Law.

[626] Suspensão de Acusação pelo Ministério Público Militar (Corte Constitucional da Coreia, 27 de outubro de 1989). Billiard Hall (Corte Constitucional da Coreia, Maio 13, 1993). Liquor Tax Act, 96 heonga 18 (Corte Constitucional da Coreia, dezembro 26, 1996).

## 11.6. Limites: quando se é feliz sendo adúltero

O Tribunal Constitucional analisou a constitucionalidade do artigo 241 no Código Penal que tipificava o adultério como crime. Para a Corte, a busca da felicidade estabelece as premissas que garantem o direito de autodecisão em sua fé. Esse direito inclui o direito de autodecisão quanto ao sexo, sobre se se vai ter relações sexuais e com quem. O que se sustentava era que tipificar como crime o adultério violava o direito à busca da felicidade dos adúlteros. Segundo a Corte:

> A punição à prática do adultério estabelecida pelo art. 241 do Código Penal é uma limitação razoável do direito de busca da felicidade, porque foi feito a fim de manter uma boa moral sexual e o sistema de monogamia que impõe um dever de lealdade sexual ao casal e protege a vida familiar dos males sociais.

Decisões como esta esculpem o direito à busca da felicidade a partir do momento que estabelecem um conjunto de restrições ao seu suporte fático, possibilitando que, por meio da concretização judicial tenhamos em mente, de modo cada vez mais claro, o que compõe esse direito.

## 11.7. As críticas

Para Jibong Lim, a Corte Constitucional tem se valido do dispositivo de maneira "abusiva" quando encontra dificuldade em fundamentar suas decisões em bases constitucionais. O Professor entende ser necessário aferir "se o direito à busca da felicidade na Constituição sul-coreana é um direito substancial" dotado de força normativa capaz de ser utilizado como parâmetro de controle de constitucionalidade, ou se se trata somente de um "instrumento de retórica política que anuncia um ideal da Constituição". Para ele, "até o momento, não há nenhuma teoria claramente estabelecida na Coreia quanto ao que realmente significa o dispositivo constitucional que garante o direito à busca da felicidade".[627]

Young-sung Kwon, da Universidade Nacional de Seul, vê a busca da felicidade como um direito pessoal, não um princípio geral sobre a garantia dos direitos fundamentais. Ele distingue o direito de busca da felicidade dos outros direitos constitucionais, alçando-o a um status mais elevado do que os outros. Como o direito à busca da felicidade está no mesmo dispositivo

---

[627] LIM, Jibong. Pursuit of happiness clause in the korean Constitution. Journal of Korean Law, v. 1, nº 2, 2001.

que garante o valor e dignidade humanos, Young-sung Kwon compreende--o como "um meio para alcançar o valor e dignidade humanos"[628], não se constituindo num direito, "mas numa declaração do objetivo fundamental que todos os direitos prescritos na Constituição devem perseguir".

A visão de Young-sung Kwon corresponde à do Ministro Celso de Mello, do STF, que compreende o direito à busca da felicidade como emanação do princípio da dignidade da pessoa humana. O direito à busca da felicidade não seria um direito independente que garante o direito à privacidade ou o direito ambiental, mas um direito "global" que abrange todos os direitos fundamentais necessários para perseguir a felicidade, mesmo não enumerados na Constituição da Coreia. Para o Professor, sempre que uma situação contar com a guarida de um direito constitucional específico, este comando é o que deve ser aplicado, deixando de lado o direito à busca da felicidade – que é bem amplo – e aplicando-o somente quando houver um espaço normativo ocioso.

É fundamental a conceituação que Young-sung Kwon[629] confere ao direito à busca da felicidade. Ele o enxerga como integrante do direito natural, compondo a base de cada direito fundamental previsto na Constituição sul-coreana. Tratar-se-ia de um direito tanto negativo, como a liberdade de consciência, quanto prestacional, como os direitos trabalhistas, uma vez que "felicidade" não seria a substância de um direito, como o conceito de vida ou consciência, mas "a perseguição", o meio para realizar algum direito.[630] A visão se aproxima do nosso direito à felicidade, apesar de mais limitada.

Por sua vez, Su Kim Tcheol, da Universidade Nacional de Seul, reconhece a busca da felicidade como um direito dotado de força normativa. Todavia,

---

[628] LIM, Jibong. Pursuit of happiness clause in the korean Constitution. Journal of Korean Law, v. 1, nº 2, 2001.

[629] Segundo Young-Sung Kivon, da Universidade Nacional de Seul "a adoção do direito à busca da felicidade na Constituição coreana de 1980 foi o exemplo da irresponsabilidade e da ignorância da proposta de revisão constitucional cujo objetivo era apenas propiciar popularidade pública se considerarmos, em todo o sistema de Constituição da Coreia, o fato de que a substância do direito à busca da felicidade é vaga". Constitutional law: a 360 textbook (Seul: Bubmoonsa, 2001). Já Huh Young, da Universidade Yonsei, diz que "esta disposição tem causado muitas controvérsias desnecessárias devido à sua imprecisão, desde que foi adotada na Constituição da Coreia, em 1980". Korean constitutional law 318 (24ª ed. Seul: Bakyoungsa, 2001).

[630] *Apud* LIM, Jibong. Pursuit of happiness clause in the korean Constitution. Journal of Korean Law, v. 1, nº 2, 2001.

para ele, o artigo 10º da Constituição não deve ser lido aos pedaços, mas por inteiro, fazendo uma junção da parte que trata da busca da felicidade com a parte que fala do valor e dignidade humanos. Haveria três categorias: i) amplo; ii) direito fundamental principal; iii) direito fundamental derivado. Cada um dos direitos fundamentais previstos do artigo 11 ao artigo 36 são direitos derivados, apenas subdivisões do direito fundamental principal constante no artigo 10º da Constituição. O direito à busca da felicidade abrangeria "o direito de não ser ferido no corpo, o direito de autodecisão em seu destino, e o direito de viver em paz". Para o Professor, trata-se de um dispositivo declaratório inserido no âmbito do direito natural preexistente à própria nação, não se tratando de um direito positivo.

Noutra direção, Huh Young, da Universidade Yonsei, nega força normativa ao direito à busca da felicidade. Quanto à parte que se refere à dignidade humana, o Professor não considera haver um direito, mas uma mera declaração do valor supremo que todas as disposições de direito fundamental devem perseguir. Para ele, o direito à busca da felicidade é "a prestação mais problemática entre as disposições constitucionais em termos de sistema e estrutura das disposições de direito fundamental".[631]

O valor e a dignidade humana devem estar na Constituição para fornecerem a base ideológica dos direitos fundamentais, uma vez que fornecem um valor implícito ao seu próprio conceito. Todavia, seria difícil reconhecer facilmente a busca da felicidade como um valor, em razão da relatividade secular da palavra felicidade. Daí haver problema estrutural em ter se colocado a busca da felicidade no mesmo dispositivo que trata do valor e dignidade humanos. Huh Young também entende que a busca da felicidade é um instinto humano e não um direito fundamental objeto de uma norma. Logo, a busca da felicidade não poderia ser a garantia de um direito fundamental, mas a declaração de direção da vida do cidadão sul-coreano que busca a realização do "valor e dignidade humanos" no seu ponto máximo.

Para Jimbong Lim, "o Tribunal parece escapar facilmente na cláusula da busca da felicidade sempre que se depara com temas controversos e vê dificuldade em encontrar um dispositivo constitucional adequado para o caso específico". O Tribunal Constitucional não faz esforço para dar à luz a novos direitos fundamentais por parte de uma interpretação criativa e

---

[631] *Apud* LIM, Jibong. Pursuit of happiness clause in the korean Constitution. Journal of Korean Law, v. 1, nº 2, 2001.

lógica das disposições constitucionais existentes: "o Tribunal está contando com a cláusula geral do direito de busca da felicidade como se fosse uma panaceia" – afirma Lim. Diz que a cláusula da busca da felicidade é apenas uma declaração que não introduz direito concreto. Serve para orientar a interpretação das disposições de direito fundamental.

Ele finaliza: "o uso da expressão 'a busca da felicidade', como um direito básico dotado de força normativa por meio do qual é possível declarar uma lei inconstitucional soa péssimo aos meus ouvidos"[632]. Nesse ponto, traz preocupação que também foi sentida na jurisdição constitucional brasileira. De acordo com Jibong Lim:

> Se o Tribunal, de forma não natural e injustificadamente, conta com disposições declaratórias para fundamentar suas decisões e exagera ao enxergá-la como uma disposição introdutora de um direito específico – e isso acontece mais e mais sem ser corrigido – a Corte pode perder o poder de persuasão que exerce sobre o seu público.[633]

Para ele, pode também "pôr em risco a dignidade do Poder Judiciário e dar efeito nocivo para o desenvolvimento do ativismo judicial que é, na minha opinião, mais desejável no Judiciário coreano". Mais uma consideração acerca do chamado ativismo judicial, decorrente da utilização, pela jurisdição constitucional, do direito à busca da felicidade para fundamentar decisões envolvendo delicados temas da vida. O mesmo espanto foi sentido no Brasil, tendo havido, inclusive, reações do Congresso Nacional contra a Suprema Corte. Contudo, o tempo fez estancar essas incompreensões.

Podemos perceber que a jurisdição constitucional sul-coreana tem conferido plena normatividade ao direito à busca da felicidade que, no país, encontra expressa previsão constitucional. A Corte Constitucional tem construído uma jurisprudência associando tal direito a outros direitos fundamentais, a exemplo dignidade da pessoa humana. É, portanto, uma boa fonte de informação para nós.

---

[632] LIM, Jibong. Pursuit of happiness clause in the korean Constitution. Journal of Korean Law, v. 1, nº 2, 2001.
[633] Professor de Direito, Konkuk University (Seul, Coreia). LL.B. 1991, Seul Nat'l University; LLM. 1993, Seul Nat'l University Graduate School; LL.M. 1996, U.C. Berkeley School of Law; J.SD. 1999. U.C. Berkeley Faculdade de Direito

# 12.
# A jurisdição constitucional e o direito à busca da felicidade: a experiência norte-americana

## 12.1. Apresentação

Um norte-americano, dirigindo-se a Benjamin Franklin, se queixou que seu país não estava lhe proporcionando felicidade, o que desrespeitava a Constituição. Franklin respondeu: "A Constituição só lhe dá o direito de buscar a felicidade. Você é quem tem de apanhá-la por si"[634]. O diálogo situa a discussão acerca da possibilidade de vinculação da jurisdição constitucional ao direito à busca da felicidade. A resposta de Franklin dá o tom do debate.

O direito à busca da felicidade impõe a abstenção, por parte do Estado ou do particular, de atuações que interfiram na execução dos projetos racionais de realização de preferências legítimas, sobre as quais o titular enxerga chance de êxito.

A judicialização de fenômenos da vida cotidiana ao argumento de que se estaria diante de violações ao direito à busca da felicidade não é fenômeno recente. Segundo Howard Mumford Jones, os norte-americanos tiveram muito trabalho para documentar queixas dessa natureza no século XIX, dando entrada em centenas de ações em tribunais federais e estaduais. Eles acusavam os governos e cidadãos de impedir o direito à busca da

---

[634] JONES, Howard Mumford. The pursuit of happiness. Volume 26 of Cornell Paperbacks, pp. 29-61.

felicidade. Lendo as petições, percebe-se que "a distinção entre o direito à busca da felicidade e a necessidade de atingir a própria felicidade nem sempre era clara".[635]

Assim como fizemos com o quadro do constitucionalismo sul-coreano, vamos percorrer um pouco da jurisprudência norte-americana, no que diz respeito à Suprema Corte, para compreendermos as vertentes apontadas no desenvolvimento do direito à busca da felicidade.

## 12.2. O cristianismo

Em 1810, uma Corte local debateu a felicidade para as gerações futuras. Em Massachusetts, Parsons, o Presidente do Supremo Tribunal "igualou felicidade ao Cristianismo, e não apenas ao cristianismo, mas ao cristianismo protestante, e não apenas ao cristianismo protestante, mas ao apoio da igreja pelo Estado de Massachusetts".[636] O abuso na utilização da teoria da felicidade é evidente.

## 12.3. A propriedade privada

Em 1855, outra Corte ingressou nas discussões sobre a felicidade, remetendo-a ao direito de propriedade. A Suprema Corte de Indiana declarou a inconstitucionalidade de uma lei estadual com base no direito de buscar a felicidade. Segundo Jibong Lim, "afirmando que os direitos à vida, liberdade e à busca da felicidade existiam antes da Constituição"[637], a Corte dividiu o direito à felicidade em duas partes: i) direito à fruição; ii) direito de adquirir e desfrutar da propriedade.

A acepção trazida, portanto, remete o direito à busca da felicidade ao direito natural, existindo antes mesmo de o homem, por meio das Constituições, reconhecê-lo. A jurisprudência entendia que a propriedade tem força normativa inquestionável, algo que não se notaria no direito à

---

[635] JONES, Howard Mumford. The pursuit of happiness. Volume 26 of Cornell Paperbacks, p. 346.

[636] Thos Barnes vs. First Parish, Falmouth, 6 Mass. 334 (1810). LIM, Jibong. Pursuit of happiness clause in the korean Constitution. Journal of Korean Law, v. 1, nº 2, 2001, pp. 71-103.

[637] Herman vs. The State, 8 Indiana 545 (1855). Para análise do caso, ver Howard Mumford Jones, The pursuit of happiness, pp. 36-38. Cambridge: Harvard Univ. Press, 1953. Também em LIM, Jibong. Pursuit of happiness clause in the korean Constitution. Journal of Korean Law, v. 1, nº 2, 2001, pp. 71-03. LIM, Jibong. Pursuit of happiness clause in the korean Constitution. Journal of Korean Law, v. 1, nº 2, 2001.

busca da felicidade, uma vez que, este, não constava na Constituição Federal, ao contrário do direito à propriedade, taxativamente previsto.

Posteriormente, passamos a ver, ainda que raramente, cortes federais fazendo uma leitura conjunta dos direitos mencionados, promovendo a compreensão da 14ª Emenda (direito à propriedade) em sintonia com a Declaração de Independência, reconhecendo o caráter constitucional da definição de busca da felicidade.

## 12.4. A exoneração da tributação

O Supremo Tribunal do Estado de Wisconsin apreciou um caso de imposto sucessório de 1906. Na oportunidade, o banco interessado consignou em suas alegações:

> Os direitos inerentes aqui referidos não estão definidos, mas estão incluídos sob os termos muito gerais de vida, à liberdade e busca da felicidade. É relativamente fácil de definir a vida e a liberdade, mas é evidente que o termo perseguição, de felicidade, é uma expressão muito abrangente, que cobre um amplo campo.[638]

## 12.5. O direito de herança

Em outros casos os tribunais têm entendido que o direito à busca da felicidade não tem nem sentido legal nem o poder normativo de ser aplicado em casos reais. Há um caso no qual a Corte citou o Antigo Testamento para provar que a lei mosaica tinha disposições reconhecendo o direito de herança. Para Lim:

> O tribunal presumivelmente tinha em mente a Bíblia King James. De acordo com a Concordância de Young, a palavra 'feliz' ou 'felicidade' ocorre no Antigo Testamento dezessete vezes, mas em nenhum caso a felicidade referem-se à propriedade, mas à vida sabiamente vivida de acordo com as percepções do Todo Poderoso![639]

---

[638] Nunnenmacher, Trustee vs. The State, 108 N W 627 (Wisconsin, 1906).
[639] LIM, Jibong. Pursuit of happiness clause in the korean Constitution. Journal of Korean Law, v. 1, nº 2, 2001, pp. 71-103. Professor de Direito, Konkuk University(Seoul, Korea). LL.M. 1996.

## 12.6. O direito de casar

Em 1958, dois residentes da Virgínia, Mildred Jeter (negra), e Richard Loving (branco) se casaram no Distrito de Columbia. Em seguida, retornaram para Virgínia onde passariam a residir. Eles foram ameaçados de ir a julgamento por um júri popular sob a acusação de "violar a proibição de miscigenação". Ano seguinte, o casal se declarou culpado. Contudo, o juiz suspendeu a sentença com a condição de que saíssem da Virgínia e não retornassem por 25 anos. Foram morar no Distrito de Columbia.[640]

Em novembro de 1963, eles conseguiram anular o julgamento a que foram submetidos, ao fundamento de que ele não se dera de acordo com a 14ª Emenda (devido processo legal). Em outubro de 1964, o casal ingressou perante o Tribunal do Distrito Leste da Virgínia pleiteando a declaração de inconstitucionalidade da lei. O casal perdeu em todas as instâncias até que o caso chegou à Suprema Corte.

Sob a liderança do Presidente da Corte, Earl Warren, entendeu-se que os estatutos do Estado da Virgínia, que vedavam casamentos entre pessoas com base na classificação racial violavam a igual proteção e as cláusulas do devido processo (14ª Emenda). Segundo a Corte "o estatuto tem apenas uma finalidade odiosa e discriminatória e não um fim legítimo primordial". Se recordarmos dos ensinamentos de Stuart Mill, estaríamos falando de prazeres sádicos. Para a Corte "classificações raciais – particularmente para fins criminais – estão sujeitas a um rigoroso escrutínio e devem ser essenciais para a realização de algum objetivo do Estado, um interesse público relevante".

Todavia, o Estado não havia demonstrado qualquer finalidade legítima para impedir casamentos inter-raciais. Somente "a odiosa discriminação racial", razão pela qual deveria ser declarado inconstitucional. A Suprema Corte registrou que:

> A liberdade de casar há muito tem sido reconhecida como um dos direitos vitais e pessoais essenciais para o exercício regular da felicidade pelo homem livre. O casamento é um dos direitos civis fundamentais do homem, fundamental para a nossa própria existência e sobrevivência.

---

[640] Loving vs. Virginia 388 U.S. 1,87 S.Ct. 1817, 18 L.Ed.2d 1010 (1967).

Ao fazer menção à busca da felicidade, a Corte ressaltou que não estava compreendendo-a como um direito fundamental dotado de plena eficácia, mas um objetivo perseguido pela "vida" e pela "liberdade" e que, também, auxilia na interpretação dos limites destas. Daí Jibong Lim afirmar que "nunca a Suprema Corte dos Estados Unidos reconheceu a busca da felicidade como um direito, mas como o princípio ou fim".[641]

### 12.7. O direito de ser deixado em paz

Em 1923, a Suprema Corte apreciou o caso Olmstead vs. EUA. O voto vencido de Brandeis rejeitou as provas obtidas por escutas, aplicando a 4ª, 5ª e 14ª Emendas à Constituição (devido processo legal). Ao aplicar a 14ª Emenda, Brandeis compreendeu a busca da felicidade como o direito de ser deixado em paz: "a proteção garantida pelas emendas é muito mais ampla. Os construtores da nossa Constituição comprometeram-se a assegurar condições favoráveis para a busca da felicidade" – anotou. Segundo Brandeis, "eles reconheceram a importância da natureza espiritual do homem, de seus sentimentos e de seu intelecto. Sabiam que apenas uma parte da dor, prazer e satisfação de vida encontram-se em coisas materiais".

Percebam as marcas fortes da doutrina filosófica nesse voto. Ele afirmou ainda que:

> Eles procuraram proteger os americanos em suas crenças, seus pensamentos, suas emoções e suas sensações. Direitos conferidos, contra o governo, como o direito de ser deixado em paz, o mais abrangente dos direitos e o direito mais valorizado pelos homens civilizados. Para proteger esse direito, cada intrusão injustificada por parte do governo sobre a privacidade do indivíduo, qualquer que seja o meio empregado, deve ser considerado uma violação da 14ª Emenda.[642]

Temos a acepção pura do direito à busca da felicidade.

---

[641] LIM, Jibong. Pursuit of happiness clause in the korean Constitution. Journal of Korean Law, v. 1, nº 2, 2001, pp. 71-103. Professor de Direito, Konkuk University (Seoul, Korea). LL.M. 1996.
[642] Loving vs. Virginia 388 U.S. 1,87 S.Ct. 1817, 18 L.Ed.2d 1010 (1967).

## 12.8. O direito à privacidade e à vedação de provas obtidas por meios ilícitos

Outro caso tratou da proibição, em Washington, por meio da Lei de Proibição Nacional, do transporte e importação de bebidas alcoólicas, bem como de perturbações e venda dessas bebidas. Um grupo se insurgiu contra a medida. Olmstead foi o principal conspirador.

Ele era gerente geral de uma empresa do mercado de bebidas. Em Seattle, trabalhava num grande prédio no qual havia três linhas telefônicas diferentes. Havia telefones no escritório do gerente, em sua própria casa, nas casas dos seus associados e em outros lugares na cidade. A informação que levou à descoberta da conspiração e da sua natureza e extensão foi em grande parte obtida por interceptação de mensagens nos telefones dos conspiradores. Pequenos fios foram inseridos ao longo dos fios de telefone comum.

O voto-divergente do Justice Brandeis, enalteceu a proteção dos pais fundadores dos Estados Unidos ao direito à busca da felicidade, afirmando que os criadores da Constituição estabeleceram condições para alcançar o resultado dessa busca.

## 12.9. O direito de ministrar o estudo de línguas estrangeiras

Em Meyer vs. Nebraska, Robert T. Meyer foi condenado por um delito, e apelou para a Suprema Corte, que declarou a inconstitucionalidade de uma lei estadual que proibia o ensino de línguas estrangeiras a crianças pequenas.

Meyer, professor de línguas paroquiais na escola, tinha sido condenado por violar uma lei que proíbe o ensino da qualquer assunto em um idioma diferente do Inglês nas primeiras oito séries de escolas públicas e privadas. Para a Corte:

> O termo "liberdade" na 14ª Emenda, incluiu muitos direitos acadêmicos, bem como não acadêmicos. O direito dos professores a ensinar e o direito dos estudantes a aquisição de conhecimentos estavam entre eles. Assim, o direito de Meyer para ensinar alemão, o direito dos estudantes a aprender alemão e o direito dos pais a participar dele estavam dentro dessa zona de liberdade constitucionalmente protegida.

A Corte continuou:

Nos termos da 14ª Emenda, nenhum Estado deve privar qualquer pessoa da liberdade sem o devido processo legal. Isso mostra que "liberdade", não é apenas a liberdade de contenção corporal, mas também o direito do indivíduo de contrato para participar em qualquer das ocupações comuns da vida, para adquirir conhecimento útil, para se casar, estabelecer um lar e educação de crianças, para adorar a Deus segundo os ditames de sua própria consciência.

De acordo com o acórdão, "a busca da felicidade é a diretriz que ajuda a interpretar e limitar o alcance da 'liberdade".[643]

Esse trecho do acórdão é importante. Ele mostra como a jurisdição constitucional norte-americana compreende o direito à busca da felicidade como um direito associado à liberdade, o que lhe dá conotações tão límpidas que derrubam as primeiras acusações de ser um direito vazio, sem suporte fático. A liberdade, de fato, é componente intrinsecamente ligado ao direito à felicidade, principalmente quanto este se apresenta pelo seu viés liberal, ou seja, quando estamos falando do direito à busca da felicidade.

## 12.10. Outros casos

Em Bute vs. o Estado de Illinois, a Suprema Corte afirmou que "a Constituição foi concebida em grande parte, no espírito da Declaração de Independência, que declarou que proteger "direitos inalienáveis", como vida, liberdade e a busca da felicidade", contudo, segundo Jibong Lim, "não reconhecem a busca da felicidade constante da Declaração de Independência como um direito oponível".[644]

Há outros casos que mencionam o direito à busca da felicidade: In Re Slaughter-House Cases (1872), Butchers' Union Co. vs. Crescent City Co. (1884), Yick Wo vs. Hopkins (1886), Pierce vs. Society of Sisters (1925), Griswold vs. Connecticut (1965), Zablocki vs. Redhail (1978).

## 12.11. Limites: quando se é feliz fumando ópio

Em Terr. Washington vs. Ah Lim (24 Pac 588) o direito à busca da felicidade apareceu novamente. Vigorava, em Washington, um estatuto que proibia o fumo de ópio. Lim Ah fumou e foi processado. Em sua defesa, sustentou

---

[643] Meyer vs. State of Nebraska, 262 US. 390,43 S. Ct. 625 (1923).
[644] Bute vs. People of State of Illinois, 333 US. 640, 68 S. Ct. 763 (1948). LIM, Jibong. Pursuit of happiness clause in the korean Constitution. Journal of Korean Law, v. 1, nº 2, 2001, pp. 71-103.

que "privá-lo do direito de fumar ópio foi uma violação injustificável ao seu direito à vida, liberdade e busca da felicidade", decorrente de uma indevida limitação aos meios e formas de diversão. Contudo, para a maioria da Corte:

> É comum ingressar em uma grande quantidade de conversa fluida acerca dos direitos e liberdades naturais, como se estas fossem descritas por meio de termos de um significado bem definido e imutável. Tais coisas não são absolutas, nem um direito absoluto à liberdade a ser garantida a qualquer membro da sociedade.

A decisão se alinha com o que Richard Layard fala, ao dizer que "Mill estava certo em sua intuição sobre as verdadeiras fontes da felicidade duradoura, mas errado em argumentar que alguns tipos de felicidade são intrinsecamente melhores do que outros". Para ele, "fazer isso é essencialmente paternalista", pois seria "óbvio que alguns prazeres, como os fornecidos pela cocaína, não podem em sua natureza ser duradouros; trabalham contra a felicidade da pessoa a longo prazo": "alguns prazeres doentios, como os dos sádicos, devem ser evitados porque diminuem a felicidade das pessoas"[645] – finaliza. Esse trecho demonstra a compreensão de que há direitos fundamentais que não se revestem de caráter absoluto.

## 12.12. As críticas

Para Jibong Lim, em geral, a busca da felicidade tem sido entendida e interpretada pelos tribunais norte-americanos como uma retórica política e declaratória e não como uma terminologia jurídica da qual a força normativa vem diretamente em nível federal, bem como na maioria dos Estados. Segundo o Professor:

> A teoria da felicidade como um direito inalienável antecede o sistema judiciário americano. Se os tribunais têm se esforçado para adaptar um conceito do século XVIII até os tempos modernos, pode ser que a confusão foi em parte causada por sua incapacidade de estudar a história das maneiras pelas quais este conceito tornou-se central no pensamento político e cultural americana.[646]

---

[645] LAYARD, P. R. G. (Happiness). Felicidade: lições de uma nova ciência. Tradução: Maria Clara de Biase W. Fernandes. Rio de Janeiro: Best Seller, 2008, p. 39.
[646] LIM, Jibong. Pursuit of happiness clause in the korean Constitution. Journal of Korean Law, v. 1, nº 2, 2001, pp. 71-103.

Para Howard Momford Jones, o ideal de felicidade atualmente não está sendo conduzido por uma pequena elite – como a composta por Mason e Jefferson –, uma vez que ele foi democratizado à medida que as causas de infelicidade foram popularizadas, "mas este conceito ainda não adquiriu força legal ou constitucional".[647]

Robert Allen Rutland chega a ter uma postura ainda mais cética acerca do direito à busca da felicidade. Insatisfeito em negar vigência ao direito à busca da felicidade, ele afasta qualquer eficácia quanto à Declaração de Independência dos Estados Unidos, classificando esse célebre documento como uma "acusação de crimes praticados pela Inglaterra, um instrumento de propaganda e a afirmação mais clara da filosofia que existia por trás da Revolução Americana". Para ele, "não era uma carta de direitos uma vez que não forneceu uma única garantia legal da liberdade pessoal".[648]

Críticas têm surgido aos juízes no sentido de que, sempre que situações complexas se lhe apresentam, eles invocam a busca da felicidade como elemento integrante da decisão, em razão da sua indeterminabilidade conceitual, o que facilitaria sua utilização para qualquer que fosse a decisão. Os julgadores estariam dando à busca da felicidade a mesma significância que o senso comum seria capaz de dar.

A crítica diz que: "A cláusula da busca da felicidade não é uma disposição que prescreve um direito específico e que pode ser o padrão de decisão judicial dotada de força normativa a regular um caso real. Seria, apenas, uma declaração da filosofia política". A busca da felicidade não teria índole jurídica, "mas política e filosófica".[649] Contudo, o que vimos foi que a história constitucional norte-americana sempre contemplou o direito de propriedade, da mesma forma que o fez com o direito à busca da felicidade. O Poder Judiciário confere, a ambos, a mesma força normativa, qual seja, dispositivo dotado de força cogente capaz de servir de fundamento de decisão judicial.

---

[647] JONES, Howard Mumford. The pursuit of happiness. Ithaca, NY: Cornell Univ. Press, 1953, p. 62.
[648] ARMITAGE, David. Declaração de independência: uma história global. Tradução: Angela Pessoa. São Paulo: Companhia das Letras, 2011.
[649] LIM, Jibong. Pursuit of happiness clause in the korean Constitution. Journal of Korean Law, v. 1, nº 2, 2001, pp. 71-103.

# 13.
# A jurisdição constitucional e o direito à busca da felicidade: a experiência brasileira

## 13.1. Apresentação

"Todo direito humano tem de ser justificado como um modo de evitar sofrimento (ou promover a felicidade). A Constituição e as leis são cruciais para a felicidade"[650] – é a afirmação de Richard Layard, um dos mais importantes economistas da Grã-Bretanha cujos estudos sobre desemprego e desigualdade serviram de base intelectual nas políticas públicas do governo trabalhista de Tony Blair.

Faz sentido a declaração? Há algo entre direitos humanos e felicidade? Seria, a Constituição, "crucial" para a felicidade?

Não há, na legislação brasileira, previsão explícita do direito à busca da felicidade. Tanto a Câmara dos Deputados como o Senado da República contam com projetos de reforma da Constituição para a inserção, no rol dos direitos sociais, do direito à busca da felicidade, mas nenhum deles foi aprovado ainda. Mesmo assim, a Suprema Corte tem decidido casos importantes mencionando, no teor de suas manifestações, o direito à busca da felicidade, deixando claro haver uma conexão reconhecida no Brasil entre a teoria da felicidade e a jurisdição constitucional. Nesse ponto do trabalho

---

[650] LAYARD, P. R. G. (Happiness). Felicidade: lições de uma nova ciência. Tradução: Maria Clara de Biase W. Fernandes. Rio de Janeiro: Best Seller, 2008, p. 150.

iremos discorrer exatamente sobre tais conexões e suas consequências no amadurecimento do nosso Estado Constitucional.

Recente decisão da Suprema Corte sobre uniões entre pessoas do mesmo sexo introduziu o direito à busca da felicidade no centro do constitucionalismo brasileiro. Em um dos votos da maioria favorável às uniões, um tópico falou sobre o direito à busca da felicidade, apontando suas raízes e o seu desenvolvimento nos Estados Unidos, Japão, Coreia do Sul, França e Butão. Afirmou-se que ele teria natureza constitucional por meio do princípio da dignidade da pessoa humana, que constitui um dos objetivos da República. Tratar-se-ia de um princípio constitucional implícito.

Essa compreensão não tem passado livre de ataques. Exercendo o contraditório, partes afetadas pelo reconhecimento, na jurisdição constitucional brasileira, do direito à busca da felicidade, têm suscitado o que bem entendem.

Ao conceder a pensão a Edson Vander de Souza, companheiro do servidor público segurado pelo Instituto de Previdência dos Servidores de Minas Gerais, o Ministro Celso de Mello viu sua decisão ser contestada por Cármem Mello de Aquino Netta, filha do servidor. Para Cármem "a tese do direito à felicidade não pode se sobrepor à lei vigente, na medida em que cada um tem uma visão do que é esse subjetivo estado de euforia que está na metafísica".[651] A Corte negou o pedido.

Não seria exagero afirmar que, no Brasil, há quem tema o direito à busca da felicidade. Qual seria sua fonte normativa? O receio é de que os tribunais comecem a fundamentar decisões com base em normas estrangeiras.

Essa parte do livro pretende identificar se, no Brasil, decisões judiciais se valem do direito à busca da felicidade como elemento autônomo ou apenas como argumento de reforço para as posições defendidas. Estudaremos os casos julgados pela Suprema Corte nos quais se mencionou o direito à busca da felicidade. Ao final, poderemos identificar se as decisões alçaram-no como fundamento ou se somente mencionaram-no como *dicta*. Antes, pelo relevo do qual se reveste a iniciativa, tratemos da "PEC da Felicidade".

---

[651] RE 477.554 AgR/MG (Celso de Mello), 16.08.2011, 2ª Turma.

## 13.2. A segurança jurídica

Num primeiro caso apreciado pelo Supremo Tribunal Federal, o direito à busca da felicidade aparece atrelado a um princípio não taxativamente exposto na Constituição. Teríamos uma decisão fundamentada com base em dois princípios implícitos.

O servidor público do Estado do Amazonas, Zedequias Rodrigues da Silva, aposentado, recebia um adicional de 20% ao seu salário previsto numa lei anterior a Constituição Federal de 1988. O Estado proibiu esse adicional ao argumento de que a Constituição não teria recepcionado a lei. O caso chegou à Suprema Corte. O Ministro Carlos Velloso fundamentou sua decisão valendo-se, no ponto, do seguinte: "A lei inconstitucional nasce morta. Em certos casos, entretanto, os seus efeitos devem ser mantidos, em obséquio, sobretudo, ao princípio da boa-fé". Ao final, registrou:

> Uma das razões mais relevantes para a existência do direito está na realização do que foi acentuado na Declaração da Independência dos Estados Unidos da América, de 1776, o direito do homem de buscar a felicidade. Noutras palavras, o direito não existe como forma de tornar amarga a vida dos seus destinatários, senão de fazê-la feliz.[652]

O interessante dessa decisão é que ela se sustenta no princípio da boa-fé, que não tem taxativa previsão na Constituição e que só se justifica após um exercício hermenêutico capaz de encontrá-lo implicitamente em outros dispositivos, como o artigo 37 que trata da legalidade, impessoalidade, moralidade, publicidade e eficiência necessárias a Administração Pública.

Se tomarmos como referência a posição do Ministro Celso de Mello, que entende que o direito à busca da felicidade está implicitamente previsto na Constituição, por meio do princípio da dignidade da pessoa humana, a decisão de Zedequias estaria fundamentada em dois princípios implícitos. Não causaria estranheza imaginar uma decisão fundamentada somente no direito à busca da felicidade.

---

[652] AI 548.146/AM, 12.22.2005.

## 13.3. A livre-iniciativa

Um posto de gasolina, devedor do Fisco, sofreu penhora sobre parcela do seu faturamento. O posto alegava violação aos artigos 1º, IV, 5º, XIII, XVI e XVII e 170, parágrafo único, da Constituição, que falam em livre-iniciativa, concorrência e livre associação para fins lícitos. O relator do caso, Ministro Joaquim Barbosa, escreveu:

> A Constituição não contém nenhuma disposição que obrigue o cidadão a ter sucesso econômico ou profissional. Também não se espera que as pessoas lançadas à sorte em empreendimentos empresariais tenham sempre capacidade administrativa pujante. O direito fundamental assegurado na Constituição Federal refere-se ao dever do Estado de permitir e prover os meios para a busca do sucesso, da felicidade e do bem comum.[653]

O Ministro Joaquim Barbosa deixa claro que o que a Constituição contempla é o dever do Estado de permitir e prover os meios para a busca da felicidade.

Segundo a Constituição Federal de 1988, o mercado interno integra o patrimônio nacional e será incentivado de modo a viabilizar o desenvolvimento cultural e socioeconômico, o "bem-estar" da população, nos termos de lei federal (art. 219). Pelo texto, o incentivo do mercado interno deve pretender viabilizar o bem-estar da população. Esse ponto é muito importante, porque deixa claro a preocupação que a Constituição Federal teve com a razão de ser do mercado. Logo, o que o ministro afirmou foi que a atividade privada deve se dar sem embaraços estatais que impeçam o desenvolvimento dos negócios avençados, uma vez que a Constituição contempla o dever do Estado em permitir e prover os meios para a busca da felicidade. O dispositivo acima incrementa o raciocínio empregado pelo Ministro Joaquim Barbosa.

Mesmo nas raízes do direito à busca da felicidade, temos uma aliança entre a busca da felicidade e o desenvolvimento privado. O foco teria sido os interesses materiais, sendo, o principal deles, a proteção da propriedade privada.

---

[653] RE 370.212/RS, 09.08.2010.

## 13.4. O direito de casar

O direito de casar parece ser o que mais conta com invocações, no Brasil e no mundo, ao direito à busca da felicidade, seguindo a inspiração norte-americana que adotou tal fundamento pela primeira vez. O casamento também está associado à felicidade nas recentes pesquisas feitas por Carol Graham. Para ela, "o casamento está positivamente correlacionado com a felicidade nos Estados Unidos (e, segundo outros estudos, na Europa) e na América Latina".

"Na Rússia, o casamento não está significativamente correlacionado com a felicidade (que demonstra níveis de felicidade genericamente mais reduzidos e que sofreu uma tulmutuosa transição econômica)"[654] – afirma. Carol Graham também fala que casamentos estáveis que atravessam uma crise não deveriam acabar, pois o divórcio gera muita infelicidade em ambos, o que não ocorre quando se tem um casamento turbulento.

No âmbito da jurisdição constitucional brasileira, em 2000, o Ministro Marco Aurélio, então Presidente da Suprema Corte, apreciou um caso e mencionou o direito à busca da felicidade. O caso trata do direito de reconstruir a vida afetiva.

Em 11 de março de 1994, Nicola Mary Tucker se casou, em Miami, com Robert F. Jansen. Tempos depois, o casal se divorciou amigavelmente, tendo, o ato, sido formalizado no 11º Circuito Judicial – Divisão de Família, do Condado de Dade, Flórida.

Vivendo no Brasil, Nicola Mary Tucker pretendeu se casar novamente e pleiteou a homologação da sentença de divórcio. O Presidente homologou o pedido e, ao fazê-lo, anotou: "ressalto o direito do homem à constante busca da felicidade, da realização como ser humano, passando o fenômeno pela reconstrução familiar".[655]

## 13.5. As pesquisas com células-tronco embrionárias

Em outro julgamento histórico, a Suprema Corte, pelo voto do Ministro Celso de Mello, compondo a maioria que declarou a constitucionalidade da realização de pesquisas científicas para fins terapêuticos com células-tronco embrionárias, afirmou:

---

[654] GRAHAM, Carol. O que nos faz felizes por esse mundo fora. Tradução: Michelle Hapetian. Revisão: Alice Soares. Alfragide: Texto Editores, 2011, p. 82.
[655] SE 6.467/EU, 05.22.2000.

Permitirá a esses milhões de brasileiros, que hoje sofrem e que hoje se acham postos à margem da vida, o exercício concreto de um direito básico e inalienável que é o direito à busca da felicidade e também o direito de viver com dignidade, direito de que ninguém, absolutamente ninguém, pode ser privado.[656]

Contudo, o fundamento da decisão consistiu na ausência de violação ao direito à vida e na prevalência dos direitos constitucionais à saúde, ao planejamento familiar e a uma vida digna.

## 13.6. Seria, a invocação ao direito à busca da felicidade, um *obiter dictum*?

Os casos acima não utilizaram o direito à busca da felicidade como elemento normativo autônomo capaz de fundamentar, isoladamente, a decisão tomada no âmbito da jurisdição constitucional. As decisões se baseiam também em outros dispositivos constitucionais. Não seria equivocado dizer que a Suprema Corte, até agora, utilizou o direito à busca da felicidade como mais um fundamento da decisão. Contudo, "apesar de ser dever das Cortes de justiça decidir questões de fato valendo-se de princípios, elas não deveriam fazê-lo invocando princípios mais gerais do que o necessário".[657] Mencionar o direito à busca da felicidade numa discussão não quer dizer que seja esse o único fundamento da decisão.

Como se sabe, "declarações judiciais, desacompanhadas de aplicação judicial, não possuem autoridade".[658] Se analisarmos os casos mencionados, cujos fundamentos tocaram no direito à busca da felicidade, perceberemos que eles tentam assegurar acesso à liberdade de opção sexual, liberdade para reconstruir a vida familiar, liberdade para competir no mercado, liberdade de ciência, direito a benefícios do Governo e direito à saúde. São decisões tomadas com base na Constituição, em dispositivos específicos. O direito à busca da felicidade se associa, como defendemos, à liberdade e segurança.

---

[656] ADI 3.510.
[657] SALMOND, John W. The theory of judicial precedents. In: Precedents, statues, and analysis of legal concepts. Edited with an introduction by Scott Brewer. Garland Publishing, Inc. New York London 1998, pp. 388-389.
[658] SALMOND, John W. The theory of judicial precedents. In: Precedents, statues, and analysis of legal concepts. Edited with an introduction by Scott Brewer. Garland Publishing, Inc. New York London 1998, pp. 388-389.

Ele também serviu para ilustrar a discussão fornecendo um argumento de reforço ao discurso empregado naquela deliberação argumentativa. Utiliza-se um referencial universal para situar discussões complexas que já foram resolvidas em outras nações invocando o direito à busca da felicidade.

Apenas o Ministro Celso de Mello tentou demonstrar o amparo, pelo Direito Constitucional brasileiro, a esse direito. Para o Ministro, o princípio da dignidade da pessoa humana contempla o direito à busca da felicidade, possibilitando o seu emprego por julgadores quando da tomada de decisões. Contudo, se fizermos uma leitura mais apurada do raciocínio, a decisão tomada com base no direito à busca da felicidade estaria em conexão com o princípio da dignidade da pessoa humana, constante na Constituição. Logo, apesar da utilização da expressão "busca da felicidade", ela vem associada à dignidade da pessoa humana como fundamento de uma decisão judicial. Mais adiante, retomaremos o estudo da jurisdição constitucional brasileira no que diz respeito à utilização do direito à felicidade como fundamento de decisões judiciais.

# 14.
# Direito à felicidade pública (participação popular)

## 14.1. Teste: O plebiscito da divisão do Pará
### 14.1.1. A felicidade

"Estou muito feliz e emocionada"[659] –, comentou a cantora paraense Fafá de Belém, sobre a participação de todos os conterrâneos no plebiscito sobre a divisão do Estado do Pará em Carajás e Tapajós. A Suprema Corte havia determinado que o plebiscito para o desmembramento de um ente federado, instrumento da democracia direta, deve envolver não somente a população do território a ser desmembrado, mas a de todo o ente.[660] A decisão ampliou o número de cidadãos que participam diretamente das alterações territoriais dos seus Estados. Ampliou-se a base da participação política, que constitui característica prima facie do direito à felicidade.

### 14.1.2. A participação popular como direito à felicidade pública

O Preâmbulo da Constituição brasileira assegura a liberdade. Um dos objetivos da República é construir uma sociedade livre (art. 3º, I). O caput do artigo 5º assegura o direito à liberdade. No seu inciso LXXIII, diz que qualquer cidadão é parte legítima para propor ação popular que vise a anular ato lesivo ao patrimônio público ou de entidade de que o Estado

---

[659] Disponível em: <http://caras.uol.com.br/noticia/fafa-de-belem-comenta-plebiscito-essa-de-cisao-fortaleceu-este-pais-poderoso-e-grandioso-que-e-o-para#image0>. Acesso em: jun. 2013.
[660] ADI 2.650/DF (Min. Dias Toffoli).

participe, à moralidade administrativa, ao meio ambiente e ao patrimônio histórico e cultural, ficando o autor, salvo comprovada má-fé, isento de custas judiciais e do ônus da sucumbência. O artigo 14 prevê: A soberania popular será exercida pelo sufrágio universal e pelo voto direto e secreto, com valor igual para todos, e, nos termos da lei, mediante: I – plebiscito; II – referendo; III – iniciativa popular.

Sem dúvida, uma das bases do constitucionalismo brasileiro vigente é estímulo à cidadania de qualidade, que, para nós, corresponde à felicidade pública.

Pela teoria da felicidade, as pessoas geralmente são os melhores juízes dos seus próprios interesses, e uma vez que cada pessoa está mais preocupada com os seus próprios interesses, o melhor sistema político permite às pessoas escolherem periodicamente os seus próprios governantes. A participação política é boa em si mesma. A oportunidade "de participarem das decisões políticas daria a essas pessoas o incentivo para se preocuparem com o resto do mundo, concentrarem as suas mentes em questões mais amplas, e desenvolverem a sua capacidade de tomar decisões importantes"[661] – afirma Tim Mulgam. O raciocínio acima encarna o direito à felicidade pública.

Se pensarmos no Brasil, o STF certamente maximizou a felicidade coletiva ao definir que o plebiscito para o desmembramento do Estado deve envolver não somente a população do território a ser desmembrado, mas a de todo o Estado. Mais do que isso, a Corte concretizou o direito à felicidade pública, sem o qual todos os outros direitos à felicidade estariam comprometidos.

Há várias maneiras de a jurisdição constitucional contribuir com a maximização da felicidade da sociedade. Ela o faz, por exemplo, quando garante o exercício de direitos fundamentais e fortalece a democracia. Para isso, pouco importa se o fundamento da decisão é o direito à busca da felicidade. Não é a utilização dessa expressão em uma decisão judicial que, por si só, assegura a felicidade de alguém ou da sociedade.

Carol Graham afirma que, tanto na América Latina, como na Rússia, as pessoas mais felizes "tendem mais a apoiar as políticas de mercado, a sentirem-se satisfeitas com o funcionamento da democracia e a preferir a

---

[661] MULGAN, Tim. Utilitarismo. Tradução: Fábio Creder. Petrópolis: Vozes, 2012, p. 47.

democracia a qualquer outro sistema de governo".[662] Não há razões para temer o direito à felicidade pública.

Bruce Ackerman afirma a possibilidade de defender a democracia constitucional em si mesma não sob a base de que ela respeita preferências existentes, mas sob uma teoria bastante diferente, para a qual ela ajuda a incutir os melhores ou os maiores tipos de desejos e crenças: "Os grandes teóricos da democracia constitucional, John Stuart Mill e John Rawls, insistiram nesse particular"[663] – diz Ackerman. A maximização da felicidade pode vir não de dar às pessoas o que elas querem agora, mas encorajá-las a ter melhores anseios.[664]

Ackerman mostra sua concepção utilitarista da diversidade de opiniões. Ele afirma que "qualquer sistema justo permitirá ampla diversidade de concepções disponíveis". Isso porque, "essa diversidade promove a liberdade individual e a liberdade de escolha. O constitucionalismo americano respeita tal diversidade e tal liberdade, em parte, por causa de seus efeitos salutares na deliberação pública".[665]

Há um fim, portanto, que é a felicidade coletiva. Mesmo Thomas Jefferson associava as discussões acerca do território nacional, do seu solo, sua dimensão, ou mesmo a definição das terras que iriam compô-lo, como algo inerente à felicidade do povo. Jefferson anotou: "como se poderá dispor dos territórios da União de modo a produzir o maior grau de felicidade a seus habitantes? (...) Eles não só se sentirão mais felizes em Estados de tamanho moderado como é também o único meio pelo qual podem existir como sociedade regular".[666]

Os elementos informacionais que nos chegam por meio das consistentes pesquisas acerca da felicidade dos povos servem de indicativo de que as ações promovidas pela jurisdição constitucional, ao reafirmarem o

---

[662] GRAHAM, Carol. O que nos faz felizes por esse mundo fora. Tradução: Michelle Hapetian. Revisão: Alice Soares. Alfragide: Texto Editores, 2011, pp. 119-120.
[663] ACKERMAN, Bruce. Nós o povo soberano: fundamentos do direito constitucional. Tradução: Mauro Raposo de Mello. Belo Horizonte: Del Rey, 2006, p. 228.
[664] MULGAN, Tim. Utilitarismo. Tradução: Fábio Creder. Petrópolis: Vozes, 2012, p. 42.
[665] ACKERMA N, Bruce. Nós o povo soberano: fundamentos do direito constitucional. Tradução: Mauro Raposo de Mello. Belo Horizonte: Del Rey, 2006, p. 225.
[666] [A James Monroe, Paris, 9 de julho de 1786]. JEFFERSON, Thomas. Escritos políticos [The political writings of Thomas Jefferson]. Tradução: Leônidas Gontijo de Carvalho. Os Pensadores. São Paulo: Editor Victor Civita, 1973, p. 13.

compromisso com a democracia e o pleno exercício de seus instrumentos, ampliam a sensação de felicidade da sociedade e, com isso, potencializam os efeitos benéficos de suas decisões, além de concretizarem o direito à felicidade pública. Assegurar a todos os paraenses o direito de serem vistos em ação, em uma decisão vital para suas vidas, foi a forma que a jurisdição constitucional encontrou para assegurar o direito à felicidade pública.

# 15.
# Direito à busca da felicidade (liberdade)

## 15.1. Teste: A Marcha da Maconha
### 15.1.1. A infelicidade do silêncio forçado

Numa tarde de sábado em maio de 2011, em São Paulo/SP, cerca de mil manifestantes participavam da Marcha da Maconha. Eles queriam caminhar pela Avenida Paulista rumo à Consolação. A manifestação havia sido proibida pela Justiça, ao argumento de que fazia apologia às drogas. Reagindo criativamente à proibição, os manifestantes converteram a passeata num ato em favor da liberdade de expressão. As referências à maconha foram apagadas e cobertas com fita adesiva preta. No mesmo sábado, por volta das 14 horas, os manifestantes souberam, pela polícia, que não poderiam continuar a marcha. Na altura do Masp, a Tropa de Choque da Polícia Militar tentou contê-los. A polícia disparou balas de borracha, bombas de efeito moral, gás lacrimogênio e gás pimenta contra a multidão. "Foi triste, muito triste"[667] – disse o jornalista Pedro Nogueira, de 25 anos, um dos organizadores da marcha.

É fácil perceber que estamos falando da liberdade sob suas múltiplas espécies: a liberdade de expressão, liberdade de associação e liberdade de manifestação do pensamento. Contra essa liberdade de introduzir na esfera

---

[667] Matéria intitulada: Marcha da Maconha acaba em conflito com a Polícia Militar. De Márcia Abos, em O Globo de 21.05.11. Disponível em: <http://oglobo.globo.com/pais/marcha-da-maconha-acaba-em-conflito-com-policia-militar-2789220>. Acesso em: jun. 2013.

social assuntos incômodos para debatê-los e permitir o posicionamento das pessoas diante deles, foram utilizados instrumentos como balas, bombas e gases de efeito moral. O que se quis foi conter, com o uso da força e o respaldo judicial, a força do pensamento.

## 15.1.2. Liberdade e felicidade

A censura hostil e temida, tanto pode ser pública ou privada, como judicial ou a pior delas: a social. Há um rio no qual movimentos como a Marcha da Maconha deságua: o preâmbulo da Constituição estabelece uma sociedade pluralista; o pluralismo político é princípio fundamental; e o ensino deve ser ministrado com base no pluralismo de ideias. Eis o riacho no qual a Tropa de Choque da Polícia Militar do Estado de São Paulo deve se refrescar. Contudo, setores da sociedade têm combatido a opinião que surge numa manifestação, num seminário ou numa biografia.

Em 2013, a blogueira cubana Yoani Sánchez desembarcou no Recife disposta a discutir sobre Cuba. "Fora Yoani!", foi o que ouviu. Em seguida, um sujeito tentou fazê-la engolir notas de dólares, esfregando-as em sua face. Puxaram-lhe os cabelos. Na Bahia, proibiram a exibição de um documentário com a sua participação. Em São Paulo, novos protestos impediram-na de expor suas opiniões em um debate.

Fica claro que não são só os ditadores que têm uma queda pela censura. Há algo de muito errado no Brasil quanto à tolerância à opinião e movimentos como a Marcha da Maconha precisam ser discutidos nesse contexto. "Parece que um povo pode progredir durante um certo período de tempo, e depois para: quando pára? Quando deixa de possuir individualidade" – disse, em 1859, John Stuart Mill, alertando em seguida: "nas reflexões políticas, a tirania da maioria é um dos males contra os quais a sociedade precisa de se precaver". Para Mill, "silenciar a expressão de uma opinião é um roubo à humanidade; à posteridade, bem como à geração atual; àqueles que discordam da opinião, mais ainda do que àqueles que a sustentam". Isso porque, "se a opinião for correta, ficarão privados da oportunidade de trocar erro por verdade; se estiver errada, perdem uma impressão mais clara e viva da verdade, produzida pela sua confrontação com o erro – o que constitui um benefício quase igualmente grande".[668]

---

[668] MILL, John Stuart. Sobre a liberdade. Lisboa: Edições 70, 2010, p. 51.

O que Mill afirma é que vedar a livre discussão de ideias em nada beneficia a sociedade. Ele ensina que a única maneira pela qual um ser humano pode estar próximo de saber tudo sobre um assunto "é ouvindo o que se pode dizer acerca disso por pessoas que têm todo tipo de opinião, e estudando todos os ângulos de que pode ser olhado por todo o tipo de mentalidade".[669]

Impedir debates incômodos é só mais uma forma de tiranizar opiniões.

### 15.1.3. O Ministro Luiz Fux e o marco teórico de Stuart Mill

A constitucionalidade da Marcha da Maconha foi alvo da deliberação do Supremo Tribunal Federal. A decisão foi favorável à Marcha, impondo condições (não haver consumo, não haver crianças...). A decisão foi tomada na esteira da teoria da felicidade. Segundo o voto do Ministro Luiz Fux:

> O pensamento jurídico dos EUA partiu dos escritos de John Milton e da teoria utilitarista de John Stuart Mill – segundo a qual a colisão de opiniões conflitantes ampliaria as chances de atingimento da verdade e do esclarecimento público – para formular as justificativas da consagração, na Primeira Emenda à Constituição norte-americana, da liberdade de expressão (*free speech*).

Stuart Mill e o Utilitarismo aparecem, portanto, no centro da decisão.

### 15.1.4. O Ministro Luiz Fux e a menção a Oliver Wendell Holmes

Após introduzir o pensamento de Stuart Mill, o Ministro Fux recorda o voto do Juiz da Suprema Corte norte-americana, Oliver Wendell Holmes,

---

[669] Stuart Mill diz: "A verdade de uma opinião constitui parte da sua utilidade. Se queremos saber se não é desejável que se acredite numa proposição, será possível deixar de refletir sobre se é verdadeira ou não? Na opinião das melhores pessoas, e não na das piores, nenhuma crença contrária à verdade pode ser realmente útil: e será que poderemos impedir tais pessoas de alegar enfaticamente esse aspecto em sua defesa, quando são acusadas de ser culpadas de rejeitar uma doutrina que lhes dizem ser útil, mas que acreditam ser falsa? Os que estão do lado das opiniões dominantes nunca deixam de tirar toda vantagem possível deste aspecto: não os vemos a eles a lidar com a questão da utilidade como se fosse completamente distinta da questão da verdade; pelo contrário: é porque, acima de tudo, a sua doutrina é a verdade, que o conhecimento ou a crença dessa doutrina é tido como tão indispensável". MILL, John Stuart. Sobre a liberdade. Lisboa: Edições 70, 2010, pp. 59-60.

que, ao apreciar o caso Abrams vs. United States (250 US 616), afirmou: "o melhor teste de veracidade é o poder de uma ideia de obter aceitação na competição do mercado; não caberia ao Estado, mas à livre circulação (*free trade*) ou ao livre mercado de ideias (*marketplace of ideas*) estabelecer qual ideia deveria prevalecer". Falar de livre mercado, ainda que de ideias, faz lembrar Adam Smith, outro utilitarista. O Ministro destacou ainda "o importante papel da liberdade de expressão no fortalecimento do potencial de contribuição individual ao bem-estar da sociedade e, em especial, na realização pessoal do indivíduo".

### 15.1.5. A felicidade como *telos*

Apontando o raciocínio utilitarista do *justice* Brandeis, da Suprema Corte dos EUA, ao votar no caso Whitney vs. California, o Ministro Luiz Fux disse que "a repressão ao discurso não traz estabilidade pública, antes semeando o ódio e a reação. O discurso proibido não é desencorajado, mas escondido, incentivando a conspiração". Logo, entre reprimir, correndo o risco de suportar custos elevados no futuro, e permitir, incorrendo em custos menores no presente e nenhum no futuro, o ideal seria permitir.

O que se vê é um raciocínio fiado na ideia de que o julgador, no momento da sua decisão, deve pesar as consequências do julgamento e optar pela decisão que, sem romper o princípio da dignidade da pessoa humana, aumente o bem-estar geral, ou seja, amplie ao maior nível de felicidade para o maior número de pessoas.

A atenção que o Ministro Fux confere às potenciais consequências da decisão ao bem-estar coletivo é tamanha que ele chega a afirmar que "não se pode formar plena convicção acerca de qualquer questão sem conhecimento mais amplo possível dos diversos aspectos que a compõem e sem alguma percepção das eventuais consequências da adoção de um ou outro ponto de vista". O Ministro pergunta: "Quais as consequências dessa repressão?" e, em seguida, responde: "A clandestinidade da discussão é uma delas. (...) Se reprimido o debate, fica subterrâneo, estimulando-se a formulação de juízos parciais e míopes, com elevado risco do surgimento de visões maniqueístas de ambos os lados".

Nesse ponto, vale recordar Hans Kelsen, para quem "a liberdade religiosa, a liberdade de opinião e de imprensa pertencem à essência da democracia; a ela pertence, acima de tudo, a liberdade da ciência, baseada na crença na possibilidade de conhecimento objetivo". Para ele, "o apreço à ciência racional e a tendência a mantê-la livre de qualquer intrusão por parte das especulações metafísicas ou religiosas são características significativas da moderna democracia como a que se tem formado sob a influência do liberalismo político". Segundo Kelsen, "a existência da democracia é ameaçada se o ideal de conhecimento objetivo ficar na retaguarda de outros ideais. Em geral, esse movimento intelectual caminha de mãos dadas com a tendência a atribuir ao irracional um valor mais elevado que ao racional".[670] O raciocínio do Ministro Luiz Fux encontra respaldo em Kelsen também.

A ponderação utilizando como telos a felicidade é afirmada em seguida, quando o Ministro diz: "Há que se vislumbrar com clareza as posições antagônicas e, sopesando-as, chegar-se a uma conclusão". O utilitarismo aparece quando ele afirma que "ainda que seja somente para sua satisfação pessoal, o indivíduo é livre para compartilhar com a sociedade seu entendimento sobre a matéria e, assim, incorporá-la ao debate democrático". Eis, então, a utilização de raciocínios utilitaristas como fundamento da decisão judicial.

---

[670] KELSEN, Hans. A democracia. São Paulo: Martins Fontes, 2000, pp. 184-185.

# 16.
# O bem-estar objetivo (direitos sociais)

**16.1. Teste: O tratamento gratuito de saúde dos soropositivos**
Aos 28 anos, o sergipano Alex[671] estudava na Universidade Tohoko, no Japão, graças a uma bolsa. Também trabalhava. Alex começou a sentir febre com frequência e perdeu 11kg rapidamente. Decidiu fazer alguns exames. Num deles, leu a palavra 'positivo'. Era o teste de HIV. Transtornado com o diagnóstico, ficou recluso no apartamento que dividia com dois amigos na província de Miyagi. Em uma semana, fez as malas e deixou o emprego fixo, a bolsa de estudo e o visto permanente para buscar tratamento gratuito no Brasil, em Aracaju, no Estado de Sergipe.

Ele se dirigiu a uma unidade dos Centros de Testagem e Aconselhamento (CTAs) e foi recebido por uma equipe de profissionais multidisciplinar. Indagado sobre o que achou do serviço, disse: "Fiquei muito feliz com o atendimento integral e gratuito com médicos, psicólogos, nutricionistas, assistentes sociais e enfermeiros capacitados".[672] A resposta abre espaço para a configuração do direito aos meios à busca da felicidade, correspondendo ao direito que o indivíduo tem de desfrutar de prestações estatais que o auxiliem a executar seus projetos racionais de concretização de preferências ou desejos legítimos, sobre os quais o indivíduo enxerga chance de êxito.

---

[671] Pseudônimo.
[672] Disponível em: <http://g1.globo.com/se/sergipe/noticia/2012/03/nove-acidentes-sao-regis--trados-pela-prf-nas-rodovias-de-sergipe.html>. Acesso em: mar. 2013.

No Brasil, o medicamento e o teste para o HIV são disponibilizados gratuitamente em todos os postos de saúde. O Sistema Único de Saúde oferece 20 medicamentos antirretrovirais diferentes para o tratamento da Aids. Alex ficou feliz em recuperar sua saúde. Isso já era previsível. Pelo menos para a filosofia. Segundo Schopenhauer, "um mendigo saudável é mais feliz do que um rei doente".[673] Madame du Châtelet recomendava: "Empenhemo-nos portanto em ter boa saúde".[674] Stuart Mill chegou a inserir a saúde dentre os principais prazeres. Richard Layard afirma que há sete fatores que nos afetam quanto à felicidade sendo, um deles, a saúde. Para Carol Graham, ter saúde torna as pessoas mais felizes e, melhor ainda, "a felicidade pode produzir efeitos positivos adicionais sobre a saúde – um fato a que tanto se alude na literatura, mas que é mais difícil de provar empiricamente com a maioria dos dados".[675]

Como a jurisdição constitucional brasileira contribuiu com a felicidade de Alex? A caminhada foi longa. Em 12 de dezembro de 1998, o Município de Porto Alegre sustentava, no STF, que os artigos 196, 197 e 198 da Constituição Federal eram normas programáticas, dependendo de regulamentação, não implicando a transferência ao município da obrigação de fornecer os medicamentos especiais e excepcionais necessários ao tratamento contra o HIV.[676]

O art. 196 diz: "A saúde é direito de todos e dever do Estado, garantido mediante políticas sociais e econômicas que visem à redução do risco de doença e de outros agravos e ao acesso universal e igualitário às ações e serviços para sua promoção, proteção e recuperação".

Já o art. 197 registra:

> São de relevância pública as ações e serviços de saúde, cabendo ao Poder Público dispor, nos termos da lei, sobre sua regulamentação, fiscalização e

---

[673] SCHOPENHAUER, Arthur. A arte de ser feliz: exposta em 50 máximas. Organização e ensaio de Franco Volpi. Tradução: Marion Fleischer, Eduardo Bandão, Karina Jannini. São Paulo: Martins Fontes, 2001. Breves Encontros, p. 76.
[674] DU CHÂTELET, Gabrielle Emilie Tonnerlier de Breteuil, Marquêsa. Discurso sobre a felicidade. Tradução: Marina Appenzeller. São Paulo: Martins Fontes, 2002, pp. 39-40.
[675] GRAHAM, Carol. O que nos faz felizes por esse mundo fora. Tradução: Michelle Hapetian. Revisão: Alice Soares. Alfragide: Texto Editores, 2011, p. 143.
[676] Todo o relato foi extraído dos autos do AI 232.469/RS, julgado em 12.12.1998, de relatoria do Ministro Marco Aurélio.

controle, devendo sua execução ser feita diretamente ou através de terceiros e, também, por pessoa física ou jurídica de direito privado.

Por fim, o art. 198 dispõe que as diretrizes, ações e serviços públicos de saúde integram uma rede regionalizada e hierarquizada e constituem um sistema único.

Para Porto Alegre, a Lei nº 8.913/96 atribuía ao SUS a responsabilidade pela distribuição de medicamentos, razão pela qual não seria necessária a regulamentação do artigo 2º, no que toca ao financiamento das despesas. Também dizia que, em face à autonomia dos Municípios, era inconstitucional o ato normativo federal ou estadual que lhes acarretasse despesa. O Município sustentou que, mesmo que o citado Diploma não dependesse de regulamentação, não se poderia impor ao ente municipal a obrigação, sem que antes fossem estabelecidas as formas de repasse dos recursos. A Portaria nº 874, de 3 de julho de 1997, oriunda do Ministério da Saúde, atribui ao Órgão a responsabilidade pelos remédios específicos ao tratamento do HIV.

O caso ficou sob a relatoria do Ministro Marco Aurélio. Segundo ele, o preceito do artigo 196 da Constituição, de eficácia imediata, revela que:

> A saúde é direito de todos e dever do Estado, garantido mediante políticas sociais e econômicas que visem à redução do risco de doença e de outros agravos e ao acesso universal e igualitário às ações e serviços para a sua promoção, proteção e recuperação.

A referência a "Estado" abrangeria, para o ministro, a União, os Estados, o Distrito Federal e os Municípios. Havia lei obrigando o fornecimento dos medicamentos excepcionais, como os concernentes à Aids, às pessoas carentes. Além disso, o Município de Porto Alegre surgiria com responsabilidade prevista em diplomas específicos, ou seja, os convênios celebrados no sentido da implantação do SUS, devendo receber, para tanto, verbas do Estado. O ministro não fugiu da alegação sobre falta de regulamentação municipal para o custeio da distribuição. Para ele, essa falta de regulamentação não impediria a responsabilidade do Município.

Ao final da decisão, proferida há mais de uma década, o Ministro Marco Aurélio fez um alerta: "É hora de atentar-se para o objetivo maior do próprio Estado, ou seja, proporcionar vida gregária segura e com o mínimo de conforto suficiente a atender ao valor maior atinente à preservação da dignidade do homem".

A decisão foi proferida em 1998. Dois anos antes, o Brasil e o mundo davam dois importantes passos no combate ao HIV. Em julho, na Conferência Internacional de Aids, em Vancouver, Canadá, se anunciou a descoberta do chamado coquetel de combate à doença. Em novembro, o Congresso Nacional brasileiro aprovou a Lei nº 9.313, que obrigava o Estado a fornecer medicamentos de combate à enfermidade.

O Ministério da Saúde, tendo em vista o aumento de casos, a falta de recursos terapêuticos e a alta taxa de mortalidade, tinha estabelecido, em 1985, o Programa Nacional de DST e AIDS -PN- DST/AIDS (Portaria nº 236, de 02.04.1985) e criado o Departamento de DST, Aids e Hepatites Virais, visando a estimular políticas públicas de prevenção e assistência aos portadores da enfermidade.

No ano 2000, na Conferência Internacional de Aids, de Durban, África do Sul, a comunidade internacional reconhecia o acerto da política brasileira na área de medicamentos indicando "o protagonismo e a liderança do país nas discussões sobre acesso universal, propriedade intelectual e patentes de medicamentos".[677]

Em 2001, na reunião da Organização Mundial do Comércio em Doha, Catar, o Brasil sustentou que os países em desenvolvimento deveriam ter a prerrogativa de quebrar patentes de medicamentos em áreas de interesse da saúde pública.

Logo no começo de 2001, o Brasil declarou a possibilidade de licenciamento compulsório das patentes de dois medicamentos. No mês de março, conseguiu a redução do preço de um deles.[678] Quanto ao outro, em agosto de 2001 o Ministério da Saúde anunciou o licenciamento compulsório da patente do medicamento, sustentando emergência em razão do custo e do interesse público. Contudo, após o anúncio a detentora da patente reduziu o preço significativamente.

---

[677] GREEN, Duncan. Da pobreza ao poder: como cidadãos ativos e estados efetivos podem mudar o mundo. Tradução: Luiz Vasconcelos. São Paulo: Cortez; Oxford: Oxfam International, 2009, p. 27.

[678] Todo o histórico nacional pode ser conhecido acessando o site mantido pelo próprio Ministério da Saúde no Brasil. Disponível em: <http://www.aids.gov.br>. Acesso em: mar. 2011.

O Decreto Presidencial nº 4.830, de 04 de setembro de 2003, autorizou a importação de medicamentos genéricos em caso de emergência ou interesse público. O decreto autorizava ainda a produção em grande escala dos referidos antirretrovirais pelo laboratório estatal Far-Manguinhos.

Fica evidente que a postura do Judiciário é incômoda, porque força o Poder Executivo a fazer o que não estava fazendo, que é abranger novas necessidades de tratamentos médicos ocorridas no seio de uma sociedade complexa. Daí podermos dizer que as decisões judiciais no âmbito do direito à saúde muitas vezes trazem o benefício de forçar o Poder Executivo a manter sempre a atualidade de seus debates acerca das políticas públicas de saúde, oxigenando suas discussões e permitindo que novos elementos lhe sejam fornecidos. Além disso, contribuem para a maximização da felicidade da sociedade, por propiciar segurança a todas elas no que diz respeito ao tratamento universal e gratuito de uma doença tão desoladora quanto a Aids. Uma das maiores contribuições que a jurisdição constitucional brasileira deu à saúde foi a construção da jurisprudência favorável ao tratamento universal e gratuito dos soropositivos. Alex, feliz, certamente não fazia ideia disso.

O que vimos ocorrer com Alex foi a concretização das aspirações de utilitaristas clássicos como Jeremy Bentham. A este respeito, Tim Mulgam afirma que, para os utilitaristas, "o governo deve garantir que ninguém fique desamparado, e que todos tenham acesso a uma educação adequada e a cuidados de saúde, para permitir-lhes atender às suas próprias necessidades de segurança".[679]

Como já havíamos dito, o Estado de Bentham é o nosso Estado do bem-estar social. Se recordarmos Adam Smith, lembraremos que, para ele, sua empresa própria consiste no "cuidado da saúde, da fortuna, da posição e reputação do indivíduo – objetos dos quais se supõe que dependam principalmente seu conforto e felicidade nesta vida".[680]

Estamos vivendo em uma era singular. Nós somos capazes de diagnosticar o que tem sido até então desconhecido. Estes novos diagnósticos

---

[679] A afirmação é de Tim Mulgam, em: Utilitarismo. Tradução: Fábio Creder. Petrópolis: Vozes, 2012, p. 26.
[680] SMITH, Adam. Teoria dos sentimentos morais, ou, Ensaio para uma análise dos princípios pelos quais os homens naturalmente julgam a conduta e o caráter, primeiro de seus próximos, depois de si mesmos, acrescida de uma dissertação sobre a origem das línguas. Tradução: Lya Luft. Revisão: Eunice Ostrensky. São Paulo: Martins Fontes, 1999, pp. 265-266.

incluem: cannabis dependência, claustrofobia, desordem depressiva, epilepsia, desordem de ansiedade generalizada, doença de Huntington, insónia, melancolia, desordem obsessivo-compulsiva, perturbação da dor, distúrbios de pânico, doença de Parkinson, jogo patológico, distúrbio de personalidade, transtorno fóbico, psicose, esquizofrenia, distúrbio do sono, transtorno dismórfico corporal, perturbação pós-traumática, transtorno bipolar, transtorno de personalidade borderline, transtorno de personalidade anti-social, transtorno desafiador opositivo, transtorno de déficit de atenção e hiperatividade, demência senil, Alzheimer e depressão pós-parto, para citar apenas alguns exemplos.

Qualidade de vida e bem-estar compreendem duas dimensões: (i) uma abordagem objetiva, cujo conteúdo se baseia na realização de bens materiais, tais como o acesso efetivo aos direitos sociais, e (ii) uma perspectiva subjetiva, constituída por bens imateriais, coisas que parecem ser intangíveis ou subjetivo, como a felicidade. A quantidade de bens materiais não é o único meio para medir uma vida; a qualidade de vida também é crucial. Por conseguinte, a vida deve ser avaliada qualitativamente.

Carol Graham explica que as questões relativas à felicidade sob a perspectiva coletiva são normalmente designados por meio de várias expressões, como 'felicidade, bem-estar, bem-estar subjetivo e satisfação com a vida'[681].

Esta qualidade de vida está ligada ao direito à felicidade, como NJ Udombana explica, "a vida é principalmente sobre a promoção da dignidade humana, felicidade e valores"[682]. Bem-estar traduz preocupações sobre o seu conteúdo objetivo, tais como serviços de saúde, bem como os aspectos subjetivos, tais como o senso de auto-estima.

---

[681] C Graham. 2011. The Pursuit of Happiness: An Economy of Well-Being (2011).

[682] NJ Udombana 'A Question of Justice: The WTO, Africa, and Countermeasures for Breaches of International Trade Obligations' (2005) 38 *J Marshall L Rev* 1153, 1202

# 17.
# A vedação aos prazeres sádicos
# (dignidade da pessoa humana)

## 17.1. A qualidade dos prazeres

A jurisdição constitucional brasileira tem dado sua contribuição para minimizar o cultivo, pelas pessoas, em suas relações sociais, dos prazeres sádicos. O STF tem compreendido que esse tipo de prazer macula a ideia de dignidade da pessoa humana, razão pela qual não deve ser estimulado, seja pelo Estado, seja pelos particulares, seja pelo próprio indivíduo que enxerga, em práticas cruéis, egoístas, sádicas ou perversas por qualquer ordem, fonte de prazer e, consequentemente, um caminho para a felicidade.

## 17.2. Teste: As Brigas de Galo
### 17.2.1. Marco teórico

Os utilitaristas foram grandes defensores dos direitos dos animais. Jeremy Bentham, que encampou essa bandeira, disse: "O problema não consiste em saber se os animais têm poder de raciocinar; tampouco interessa se eles falam ou não; o verdadeiro problema é este: podem eles sofrer"?[683] Há outro utilitarista que defende, com vigor, os direitos dos animais. Trata-se do filósofo australiano Peter Singer. Para ele, os animais, em razão de sua

---

[683] BENTHAM, Jeremy. Uma introdução aos princípios da moral e da legislação. Os Pensadores. São Paulo: Abril, 1979, p. 04.

capacidade de sentir prazer e dor, têm o interesse em não sofrer: "A capacidade de sofrer e desfrutar as coisas é uma condição prévia para se ter quaisquer interesses, condição que é preciso satisfazer antes de se poder falar de interesses de um modo significativo"[684] – afirma.

Nessa linha, vamos trabalhar o caso apreciado pelo Supremo Tribunal Federal relativo à constitucionalidade das leis que regulamentavam as brigas de galos.

### 17.2.2. Fatos

Vigorava, no Estado do Rio de Janeiro, a Lei estadual nº 2.895, de 20 de março de 1998, editada com o objetivo de disciplinar as chamadas brigas de galos (os da espécie *gallus-gallus*). Uma ação ajuizada no STF atacava a lei ao fundamento de que ela violava o artigo 225, *caput*, c/c o seu § 1º, inciso VII, da Constituição Federal[685], que tratavam de meio ambiente ecologicamente equilibrado e vedava a crueldade a animais, respectivamente.

Justificando a lei, a Assembleia Legislativa do Estado do Rio de Janeiro disse que as brigas de galos eram "um forte fator de integração de comunidades do interior do Estado, a gerar, inclusive, um apreciável número de empregos, sendo que, no Rio de Janeiro, há, aproximadamente, 100 rinhas e mais de 70 centros esportivos".

Os fundamentos e debates lançados nesse julgamento mostram que a vertente da nossa teoria da felicidade, voltada para a vedação à satisfação ou estímulo de prazeres sádicos, tem sido contemplada pelo Supremo que a associa, da mesma forma que fazemos, ao princípio da dignidade da pessoa humana.

### 17.2.3. Prazeres sádicos

Para o Relator do caso, Ministro Celso de Mello, a Constituição visa a impedir a ocorrência de situações de risco que ameacem ou que façam periclitar a vida animal, "cuja integridade restaria comprometida por práticas aviltantes, perversas e violentas contra os seres irracionais". Segundo ele, afirmar que se trata de atividade desportiva ou prática cultural ou, ainda, expressão

---

[684] SINGER, Peter. Ética prática. Tradução: Jefferson Luiz Camargo. São Paulo: Martins Fontes, 2002, p. 68.
[685] ADI 1.856/RJ (Min. Celso de Mello), 26.05.2011.

folclórica, é uma "patética tentativa de fraudar a aplicação da regra constitucional de proteção da fauna, vocacionada, dentre outros nobres objetivos, a impedir a prática criminosa de atos de crueldade contra animais".

O Ministro Ayres Britto frisou a necessidade de inibir os prazeres sádicos. Para ele, o preâmbulo da Constituição fala de uma sociedade fraterna, pluralista e sem preconceitos: "E fraternidade evoca, em nossas mentes, a ideia de algo inconvivível com todo tipo de crueldade, mormente aquelas que desembocam em derramamento de sangue, mutilação de ordem física e, até mesmo, na morte do ser torturado" – afirmou.

Segundo Ayres Britto, "essa crueldade, caracterizadora de tortura, manifesta-se no uso do derramamento de sangue e da mutilação física como um meio, porque o fim é a morte". Ele destacou que, nas brigas de galos, "o jogo só vale se for praticado até a morte de um dos contendores, de um dos galos, que são seres vivos". Disse ainda, que "derramar sangue e mutilar fisicamente o animal não é sequer o fim. O fim é, verdadeiramente, a morte de cada um deles; a briga até a exaustão e a morte". Ao final, o Ministro disse: "não se pode perder a oportunidade para que a Suprema Corte manifeste o seu repúdio, com base na Constituição, a esse tipo de prática, que não é esporte nem manifestação de cultura".

Até aqui o que temos é a contemplação da vedação aos prazeres sádicos, decorrentes de práticas impostas a seres vivos que lhes impõe crueldade, ao argumento de que ali há a satisfação do público, que entra em êxtase ao assistir os duelos.

### 17.2.4. Adaptação como maximização da crueldade

Outro ministro que abordou a questão pelo viés da teoria da felicidade foi Gilmar Mendes. Destacando sua visão consequencialista, ressaltou "o significado dessa decisão, dos seus reflexos, inclusive, em outros tipos de prática". Na sequência, disse que "este tipo de prática provoca a falta de sensibilização ou mesmo um fenômeno de dessensibilização em relação a práticas violentas".

O Ministro introduz a questão da adaptação que foi bem trabalhada por nós quando tratamos de Jeremy Bentham. Segundo Mendes, práticas violentas acarretam uma espécie de adaptação nas pessoas. Ele chama o fenômeno de "dessensibilização em relação a práticas violentas". Ele está com a razão. De fato, o fenômeno da adaptação é caractere fundamental na teoria da felicidade, pois demonstra que as pessoas conseguem se habituar a atmosferas hostis. Nesse caso, a adaptação se daria quanto a práticas cruéis, o que em nada contribuiria para a felicidade coletiva ou para a utilidade da sociedade. Ao final, o Ministro Gilmar afirma enxergar nas brigas de galo uma "maximização da crueldade".

### 17.2.5. Conexão entre a vedação ao estímulo a prazeres sádicos e o princípio da dignidade da pessoa humana

O Ministro Cezar Peluso relacionou o enaltecimento de prazeres sádicos entre os indivíduos por meio do êxtase trazido com a dor dos animais ao princípio da dignidade da pessoa humana, na linha do que temos defendido neste livro.

O princípio da dignidade da pessoa humana seria o escudo protetor contra a satisfação de prazeres sádicos ou o seu enaltecimento, seja pelo Estado, seja pelos particulares, seja mesmo por quem dele goza. Segundo o Ministro Peluso: "a lei ofende também a dignidade da pessoa humana, porque, na verdade, implica, de certo modo, um estímulo às pulsões mais primitivas e irracionais do ser humano". Ele prossegue dizendo: "a proibição também deita raiz nas proibições de todas as práticas que promovem, estimulam e incentivam ações e reações que diminuem o ser humano como tal e ofendem, portanto, a proteção à dignidade da pessoa humana, que é fundamento da República".

O que o Ministro Peluso introduziu foi a conexão entre a vedação aos prazeres sádicos e o princípio da dignidade da pessoa humana. Tão logo fez isso, o Ministro Ricardo Lewandowski encampou o raciocínio sustentando o seguinte: "Proibiram-se agora as touradas em Barcelona. A Europa está preocupada com o tratamento desumano, cruel e degradante que se dá aos animais domésticos, sobretudo nos abatedouros e também nos criadouros". Na sequência, o Ministro Lewandowski afirmou que as vedações decorrem "desse princípio básico da dignidade da pessoa humana. Quando se trata cruelmente ou de forma degradante um animal, na verdade está se ofendendo o próprio cerne da dignidade humana".

Nem bem o Ministro Lewandowski encerrava seu raciocínio, o Ministro Cezar Peluso retomou a palavra destacando que o pior de tudo era que a exarcerbação desses prazeres que impunham dor e morte a seres vivos se davam como um espetáculo público. A colocação fez o Ministro Lewandowski replicar: "E não apenas daqueles que participam desse espetáculo degradante, desse suposto esporte, mas também daqueles que indiretamente são atingidos por ele, pelos gritos dos animais e dos participantes".

### 17.2.6. Necessidade de a coletividade cultivar prazeres nobres

A Ministra Cármen Lúcia, última a votar, destacou a necessidade de a própria sociedade se afastar desse tipo de bestialidade, não esperando que isso se dê exclusivamente pelas mãos do Estado. Para ela: "se a coletividade, sozinha, não conseguir fazer com que o folclore e a cultura seja produção em benefício da vida e da dignidade, incumbe ao Estado vedar práticas que conduzam a isso".

A ministra continua afirmando que "não é o Estado que tem de ficar proibindo ou impondo às pessoas condutas que dignifiquem, mas a sociedade é que deve fazer isso". Ao final, registrou: "O Poder Público tem de atuar não o tempo todo, entrando na casa da gente ou na vida da gente, mas cada um de nós, na nossa casa, sendo digno".

### 17.2.7. Decidindo o caso à luz da fórmula da felicidade

O caso introduz uma situação na qual de um lado está o argumento do direito à preservação da cultura local e das práticas desportivas (P1) e, do outro, o direito ao meio ambiente ecologicamente equilibrado e a vedação a crueldade aos animais (P2).

Não há meios de preservar um simplesmente flexibilizando a aplicação do outro. O que temos é a necessidade de implementação de P1 e, consequentemente, o afastamento de P2. Ou o contrário. Diante dessa hipótese, de dois meios que exortam igualmente P1, deve ser escolhido aquele que intervém de modo menos intenso em P2. Se existe um modo menos intenso e igualmente possível, então uma posição pode ser melhorada, sem que nasçam custos para a outra. Contudo, se eu empregar um meio menos intenso em P1, P2 é afetado negativamente. Nesse cenário, o caso não alcança um nível de Pareto-eficiente, pois há custos que não podem ser evitados, ou seja, necessariamente alguma das pretensões não será alcançada.

Daí a necessidade de ponderação.[686] O raciocínio é igual no caso da Farra do Boi.

---

[686] O raciocínio tem por inspiração: ALEXY, Robert. Constitucionalismo discursivo. Tradução: Luís Afonso Heck. Porto Alegre: Livraria do Advogado Editora, 2008, pp. 110-111.

### 17.3. Teste 2: A Farra do Boi
#### 17.3.1. Fatos

A Suprema Corte, em junho de 1997, se viu diante do desafio de deliberar acerca da constitucionalidade da "Farra do Boi", prática decorrente de um costume enraizado em regiões da faixa litorânea do Estado de Santa Catarina, por parte de um segmento da população de origem açoriana, que consistia em as pessoas soltarem touros nas ruas e persegui-los, às vezes com o uso de violência. Chamavam-na de "tourada à corda" ou "boi na vara". Mais de seis mil açorianos haviam migrado para essa região do Brasil.

De um lado, estava a proteção constitucional aos costumes regionais, o que permitiria a continuidade do evento. Do outro, a vedação à crueldade aos animais, que imporia o fim da prática. O STF poderia se alinhar ao voto do Ministro Maurício Corrêa, para quem se tratava de manifestação cultural protegida constitucionalmente. Também poderia ganhar maioria a proposta do Ministro Francisco Rezek, para quem se tratava de prática violenta e cruel com os animais. Qual das duas decisões, pela teoria da felicidade, seria a adequada?

Manter a Farra do Boi, espetáculo no qual uma turba revelava prazer em impor crueldades a animais, poderia ser útil, no curto prazo, à maximização da felicidade da sociedade, que, de alguma forma, se satisfazia com o espetáculo sádico. Os catarinenses veriam mantida uma prática culturalmente aceita há décadas, sem qualquer sensação de menoscabo a ela imposta por um Tribunal.

Por outro lado, esse prazer sentido pelos praticantes e entusiastas da Farra do Boi seria, na linha dos ensinamentos de Stuart Mill, um prazer sádico, que não deveria ser estimulado pelo fato de intensificar sentimentos humanos incompatíveis com projetos de uma vida coletiva civilizada e humanizada. Estaríamos tratando de uma falsa felicidade, que não deveria ser fomentada. A felicidade verdadeira estaria em, no longo prazo, a sociedade perceber que se deixou guiar pela virtude, pela renúncia a um prazer sádico em prol de uma boa ação, qual seja, a vedação a crueldades a animais. A opção da inconstitucionalidade da prática enalteceria o que Mill chamou de prazeres nobres.

A Suprema Corte decidiu pela inconstitucionalidade do costume, impactando imediatamente a vida dos catarinenses envolvidos com a Farra do Boi.[687]

---

[687] RE 153.531/SC, Ministro Marco Aurélio, 03.06.1997.

Nas linhas do pensamento de Mill, o que se viu foi a aplicação das premissas do utilitarismo, maximizando a felicidade coletiva em razão do respeito a direitos e do enaltecimento de prazeres nobres. Percebam como as linhas-mestras do utilitarismo podem se alinhar perfeitamente com a doutrina contemporânea de direitos fundamentais, servindo como importante critério decisório em caso de colisões de direitos.

### 17.3.2. Prazeres sádicos

Segundo o Relator do caso, Ministro Francisco Rezek, havia, nos autos, "coisas repulsivas narradas por pessoas da sociedade catarinense". O Ministro Marco Aurélio, por sua vez, qualificou a Farra do Boi como um espetáculo no qual "uma turba ensandecida vai atrás do animal para procedimentos que estarrecem". Ele lembrou que naquele mesmo ano o jornal O Globo havia estampado "um animal ensanguentado e cortado, invadindo uma residência e provocando ferimento em quem se encontrava no interior". Para o ministro, tratava-se de "prática cuja crueldade é ímpar e decorre das circunstâncias de pessoas envolvidas por paixões condenáveis buscarem, a todo custo, o próprio sacrifício do animal".

Quando o Ministro Marco Aurélio fala de "paixões condenáveis" ele abre espaço para o que trabalhamos nesta obra como prazeres sádicos. Novamente a Corte tenta, por meio da jurisdição constitucional, inibir o enaltecimento ou prática de prazeres sádicos que em nada contribuem para a utilidade da sociedade contemporânea.

### 17.3.3. Conexão entre a vedação ao estímulo a prazeres sádicos e o princípio da dignidade da pessoa humana

O Ministro Néri da Silveira, ao votar, afirmou que "a cultura pressupõe desenvolvimento que contribua para a realização da dignidade da pessoa humana e da cidadania e para a construção de uma sociedade livre, justa e solidária".[688] Mais uma vez o princípio da dignidade da pessoa humana aparece como escudo contra a satisfação de bestialidades por parte de pessoas que sentem prazer com práticas de opressão ou crueldade contra, no caso, animais. É uma conexão importante que foi contemplada por nós nesta obra.

---

[688] IF 114/MT (Min. Néri da Silveira), 13.03.1991.

O princípio da dignidade da pessoa humana impede esse tipo de prazer, seja pela vedação ao estímulo por parte do Estado, seja pelos particulares, ou, até mesmo, pelo particular isoladamente, que não tem o direito de abrir mão de sua própria dignidade para, supondo estar desfrutando de felicidade, dedicar-se a prazeres sádicos. Por esse prisma, não teria qualquer amparo jurídico a pessoa que alegasse poder se automutilar pelo fato de sentir um indescritível prazer na prática. Pela nossa teoria da felicidade essa atitude desenvolveria a satisfação de um prazer cujo combate se dá pelo princípio da dignidade da pessoa humana.

# 18.
# A felicidade como telos da decisão judicial (ponderação)

## 18.1. A ponderação em Robert Alexy

Sempre que se fala em ponderação é intuitivo lembrar da monumental obra de Robert Alexy. Vamos apresentar a essência da sua teoria para que, em seguida, possamos expor a proposta segundo a qual a felicidade pode ser um critério de ponderação diante da colisão de direitos fundamentais ou princípios constitucionais. A felicidade seria o *telos*.

Segundo Alexy, a distinção entre regras e princípios é a base da teoria da fundamentação no âmbito dos direitos fundamentais, dando-lhe racionalidade. Alexy destaca que, na maioria das vezes, o que contrapomos não são regras e princípios, mas normas e princípios ou normas e máximas. A distinção entre regras e princípios é, portanto, uma distinção entre duas espécies de normas.

Estabelecendo os princípios como mandamentos de otimização, ele afirma que a distinção entre regras e princípios é uma distinção qualitativa, não uma distinção de grau, uma vez que toda norma é ou uma regra ou um princípio. Robert Alexy traz um exemplo que o Tribunal Constitucional Federal alemão resolveu com base na norma sobre conflitos, contida no artigo 31 da Constituição alemã (o direito federal tem prioridade sobre o direito estadual).

A colisão se estabeleceu entre o artigo 22, 1, da Ordenação sobre o Horário de Trabalho de 1934 e 1938 (direito federal vigente à época), que, pela interpretação do Tribunal, permitia a abertura de lojas entre 7h e 19h nos dias úteis e o artigo 2º da Lei do Estado de Baden, sobre o horário de funcionamento do comércio, de 1951, que, entre outras coisas, proibia a abertura de lojas após as 13h nas quartas-feiras.

As duas regras não poderiam valer ao mesmo tempo, caso contrário a abertura das lojas nas tardes de quarta-feira seria tanto permitida quanto proibida. A possibilidade de considerar a cláusula da lei estadual como uma exceção ao direito federal estava excluída, em face do disposto no artigo 31 da Constituição. Restou apenas a possibilidade de declaração de nulidade da norma de direito estadual.

Após esclarecer o caso, Alexy afirma que "conflitos entre regras ocorrem na dimensão da validade, enquanto as colisões entre princípios – visto que só princípios válidos podem colidir – ocorrem, para além dessa dimensão, na dimensão do peso". Para resolver esses conflitos entre princípios, Alexy criou a Lei de Colisão. Ele a introduz apresentando um caso concreto, exposto no parágrafo abaixo.

Imagine uma situação na qual se indaga a possibilidade de realização de uma audiência com a presença de um acusado que, devido à tensão desse tipo de procedimento, corria o risco de sofrer um derrame cerebral ou um infarto. Realizando o sopesamento entre os interesses envolvidos, é possível concluir-se que os interesses do acusado, que se opõem à intervenção, têm, no caso concreto, um peso sensivelmente maior que os interesses em que se baseia a ação estatal. Logo, a intervenção estatal viola o princípio da proporcionalidade e, com isso, o direito fundamental do acusado que deriva do artigo 2º, 2º, 1, da Constituição. Há um dever de garantir, na maior medida possível, a operacionalidade do Direito Penal e, do outro lado, o dever de manter incólume, na maior medida possível, a vida e a integridade física do acusado.

Alexy, então, nos mostra que essa colisão pode ser resolvida ou por meio do estabelecimento de uma relação de precedência incondicionada, ou por meio do estabelecimento de uma relação de precedência condicionada. Ele lança a fórmula:

- ✓ P1 P P2
- ✓ P2 P P1

✓ (P1 P P2) C
✓ (P2 P P1) C

Apontando o distinto caráter prima facie das regras e dos princípios, Alexy diz que seria necessário ser superados os princípios que estabelecem que as regras que tenham sido criadas pelas autoridades legitimadas para tanto devem ser seguidas e que não se deve relativizar sem motivos uma prática estabelecida. Tais princípios devem ser denominados princípios formais. Em um ordenamento jurídico, quanto mais peso se atribui aos princípios formais, tanto mais forte será o caráter prima facie das regras. Ele destaca que princípios e regras continuam a ter um caráter prima facie distintos.

Por fim, apresentando as regras e princípios como razões, Alexy afirma que quem aceita para si como inafastável a norma "não ferir alguém em sua autoestima", aceita uma regra. Essa regra pode ser uma razão para outra regra: "não falar com alguém sobre seus fracassos". Do outro lado, princípios podem também ser razões para decisões, isto é, para juízes concretos de dever-ser. Nesse sentido, o princípio da proteção da vida foi, na decisão sobre a incapacidade de participar da audiência processual, uma razão para a não admissibilidade da realização da audiência.[689]

## 18.2. O princípio da proporcionalidade e seus desdobramentos

Robert Alexy esclarece que, no Direito Constitucional alemão, a ponderação é uma parte daquilo que é exigido por um princípio mais amplo: o princípio da proporcionalidade. Este se compõe de três princípios parciais: (i) princípios da idoneidade; (ii) da necessidade; e (iii) da proporcionalidade em sentido estrito.[690]

Nos princípios da idoneidade e da necessidade, a otimização é relativa às possibilidades fáticas. O princípio da idoneidade exclui o emprego de meios que prejudiquem a realização de, pelo menos, um princípio sem, pelo menos, fomentar um dos princípios ou objetivos, a cuja realização eles devem servir.

---

[689] ALEXY, Robert. Constitucionalismo discursivo. Tradução: Luís Afonso Heck. Porto Alegre: Livraria do Advogado Editora, 2008, pp. 94-97.

[690] ALEXY, Robert. Constitucionalismo discursivo. Tradução: Luís Afonso Heck. Porto Alegre: Livraria do Advogado Editora, 2008, p. 110.

Se um meio M, que é empregado para fomentar a realização do princípio P1, não é idôneo para isso, e prejudica a realização do princípio P2, não nascem custos nem para P1 nem para P2 se M é colocado de lado. Há, contudo, custos para P2 se M é empregado. P1 e P2 podem, então, juntos quanto às possibilidades fáticas, ser realizados em uma medida superior, se M é colocado de lado. P1 e P2, juntos, proíbem, portanto, o emprego de M. Isso mostra que o princípio da idoneidade é a expressão da ideia da Pareto-eficiente: uma posição pode ser melhorada sem que nasçam desvantagens para outras.[691]

Pelo princípio da necessidade, de dois meios que em geral fomentam igualmente P1, deve ser escolhido aquele que menos intensivamente intervém em P2. Se existe um meio menos intensivamente interveniente e igualmente idôneo, então uma posição pode ser melhorada, sem que nasçam custos para a outra. A aplicabilidade do princípio da necessidade pressupõe, todavia, que não existe um terceiro princípio P3 que, pelo emprego do meio menos intensivamente interveniente em P2, é afetado negativamente. Nessa conjuntura, o caso não mais pode ser solucionado em virtude de reflexões, que se apóiam na ideia de Pareto-eficiente. Se custos ou sacrifícios não podem ser evitados, torna-se necessária uma ponderação.[692]

Pelo princípio da proporcionalidade em sentido estrito sabe-se o que significa a otimização relativamente às possibilidades jurídicas. Quanto mais alto é o grau do não cumprimento do prejuízo de um princípio, tanto maior deve ser a importância do cumprimento do outro.[693]

Expostas, pois, as máximas do pensamento de Robert Alexy.

### 18.3. Felicidade como *telos*

O que se pretende não é colocar a felicidade coletiva como razão de ser da jurisdição constitucional. É evidente que transitamos sob a nuvem dos direitos fundamentais, sem os quais não é possível deliberar sobre qualquer tema sem que a própria Constituição seja fraudada. A esse respeito, muito

---

[691] ALEXY, Robert. Constitucionalismo discursivo. Tradução: Luís Afonso Heck. Porto Alegre: Livraria do Advogado Editora, 2008, p. 110.

[692] ALEXY, Robert. Constitucionalismo discursivo. Tradução: Luís Afonso Heck. Porto Alegre: Livraria do Advogado Editora, 2008, pp. 110-111.

[693] ALEXY, Robert. Constitucionalismo discursivo. Tradução: Luís Afonso Heck. Porto Alegre: Livraria do Advogado Editora, 2008, p. 111.

bem nos diz Derek Bok, para quem alguns atos do Estado são necessários enquanto outros são proibidos pela própria Constituição, "independentemente do que pesquisadores afirmem quanto aos seus efeitos na felicidade da sociedade". Ele afirma que "os juízes não podem manter a segregação nas escolas ou proteger editoriais de jornais apenas para fazer as pessoas felizes".

Não interessa se a permissão para que membros da *Ku Klux Klan* marchem com seus capuzes produzirá o aumento líquido da satisfação das pessoas. De acordo com Derek Bok, utilitaristas podem tentar explicar esses resultados, argumentando que assegurar uma manifestação ou proibir cláusulas restritivas realmente irá aumentar a felicidade das pessoas no longo prazo. Mas não é por isso que os juízes tomam essas decisões, nem é claro como eles iriam fazer tal determinação.[694]

### 18.3.1. A visão de Richard Posner

O momento atual do constitucionalismo lançou ao centro das discussões especializadas o fenômeno da ponderação, como substituto da crença em direitos constitucionais absolutos. Richard Posner nos diz que, tal prática, "não só carrega um forte teor utilitarista, como reflete uma tendência geral de ênfase nas considerações utilitaristas como determinantes das normas jurídicas e decisões judiciais".[695]

Posner é certeiro ao fazer essa consideração. Em verdade, muitas das ponderações operadas pela jurisdição constitucional encontram, no utilitarismo, justificativas para seus discursos, ainda que não façam qualquer menção a ele. Isso demonstra que a teoria da felicidade se alia à jurisdição constitucional ao propiciar que decisões sejam tomadas tendo a maximização da felicidade coletiva como telos. É oportuno refletir sobre a leitura utilitarista que Posner faz de um caso constitucional apreciado pela Suprema Corte dos Estados Unidos envolvendo uma colisão. Ficará claro que é possível à jurisdição constitucional implementar raciocínios utilitaristas em suas decisões.

---

[694] BOK, Derek. The politics of happiness: what government can learn from the new research on well-being. Princeton: Princeton University Press, 2010, p. 56.
[695] POSNER, Richard. A economia da justiça. Tradução: Evandro Ferreira e Silva. Revisão da tradução: Aníbal Mari. São Paulo: Editora WMF Martins Fontes, 2010, p. 61.

Richard Posner indaga se o fato de o sexo feminino ser excluído do Virgínia Military Institute (VMI) causa às mulheres em geral um dano maior do que aquele que a inclusão delas causaria à missão de formar soldados-cidadãos. Ele reputa "ridícula" a ideia de que a igualdade das mulheres depende, mesmo que minimamente, de elas terem o direito de entrar no VMI. Para as poucas mulheres que quisessem entrar no VMI, o Estado havia estabelecido uma instituição paralela – uma academia "separada, mas igual" que na verdade não era igual. Na Virgínia, o número de mulheres que querem frequentar uma faculdade de regime quase militar é muito pequeno para que se justifique a fundação de uma instituição feminina tão rica e tão bem apoiada quanto a masculina. Se um número significativo de instituições públicas de ensino quisesse excluir as mulheres e uma decisão favorável ao VMI servisse de precedente para que elas o fizessem, o dano causado às mulheres seria maior. Entretanto, são pouquíssimas as instituições públicas que pretendem excluir o sexo feminino hoje em dia, e as que têm essa pretensão só poderiam invocar como precedente uma decisão favorável ao VMI se também usassem o método adversativo.

Logo, foi a insignificância militar do VMI, seu papel extremamente periférico na defesa do país, que permitiu que a Corte proibisse uma forma de discriminação por sexo em ambiente militar sem se preocupar com a possibilidade de que a admissão de mulheres pusesse em risco o programa do VMI. É o raciocínio de Posner.[696]

A partir do momento em que ele passa a tentar medir os custos para o bem-estar coletivo de uma ou outra restrição, o que está fazendo é transitando pela ideia de felicidade como telos. Poderíamos somar às regras de ponderação atualmente utilizadas pela jurisprudência constitucional, ou sugerida pela doutrina especializada, à possibilidade de ponderação utilitarista, considerando-se, claro, os direitos fundamentais. A felicidade seria o *telos*. Ela surgiria como um critério possível de ser utilizado pelo julgador ao se deparar com a necessidade de resolver um caso concreto por meio da ponderação. A resposta correta seria aquela que ampliasse a felicidade coletiva, afastando-se da dor ou dos prazeres sádicos.

---

[696] POSNER, Richard. A problemática da teoria moral e jurídica. Tradução: Marcelo Brandão Cipolla. São Paulo: Editora WMF Martins Fontes, 2012, pp. 266-267.

## 18.3.2. A visão de Ronald Dworkin

Para Ronald Dworkin, o que se daria era o fato de o Judiciário entrar na "aplicação concreta e particular das regras que se destinam a maximizar a utilidade ao longo do tempo". Contudo, "sua atuação como arquitetos de diretrizes políticas deve ser a menor possível, uma vez que isso seria ineficaz de diversas maneiras".

Se a ordem legislativa se esgotar sem uma decisão, "o Judiciário deve declarar que suas decisões não são guiadas por nenhuma fonte que não a legislativa". Há uma lacuna a ser preenchida de maneira despretensiosa, "como representantes de seus mestres políticos e com a disposição de espírito que orientaria a atuação deles, avançando – como afirmou o positivista e utilitarista por excelência Oliver Wendell Holmes –, do molar para o molecular"[697] – diz.

Para Dworkin, a utilidade é, sem dúvida, bem servida por uma concentração exclusiva no futuro, sem olhar o passado, a não ser na medida em que isso seja prudente do ponto de vista estratégico.[698]

## 18.3.3. A visão de Robert Alexy

Como a nossa teoria da felicidade reconhece a existência de direitos fundamentais, não teríamos o risco de corromper o sistema protetivo instituído pela Constituição, ao optarmos por aquela decisão que ampliasse a felicidade coletiva. Qualquer que fosse a resposta, estaríamos transitando por uma nuvem que abrangeria os direitos fundamentais, ou seja, não haveria riscos aos cidadãos.

Ademais, o princípio da dignidade da pessoa humana é sempre um escudo protetor do indivíduo isolado.

Para Thomasius, a *felicitas* constitui o fundamento de todas as obrigações jurídicas: "É necessário fazer o que faz a vida ficar mais longa e a mais feliz possível e evitar o que a faz ficar triste e apressa a morte"[699] – afirma. Béat

---

[697] DWORKIN, Ronald. A justiça de toga. Tradução: Jefferson Luiz Camargo. Revisão da tradução: Fernando Santos. Revisão técnica: Alonso Reis Freire. São Paulo: Editora WMF Martins Fontes, 2010, p. 351.

[698] DWORKIN, Ronald. A justiça de toga. Tradução: Jefferson Luiz Camargo. Revisão da tradução: Fernando Santos. Revisão técnica: Alonso Reis Freire. São Paulo: Editora WMF Martins Fontes, 2010, p. 352.

[699] Em seus *Fundamenta juris naturae et gentium*.

Phillipe de Vicat diz que "o homem aspira incessantemente à felicidade, a buscar até onde é possível um estado de prazer ou de facilidade".[700] Para Wolff: "A obrigação capital do homem é chegar à felicidade e evitar o infortúnio"[701]. Como se percebe, há muitos que defendem que a felicidade deveria ser a telos das decisões públicas de relevo.

A teoria da felicidade, que coloca o valor "felicidade" como um bem protegido constitucionalmente, encontra o revestimento princípiológico descrito por Robert Alexy, para quem "princípios são normas que ordenam que algo seja realizado na maior medida possível dentro das possibilidades jurídicas e fáticas existentes".[702]

A ideia central de maximização da felicidade coletiva e redução das dores serve como base dos exercícios de ponderação que a jurisdição constitucional muitas vezes é levada a realizar.

Ao falar de adequação e necessidade, Alexy diz que essas máximas expressam a exigência de uma máxima realização em relação às possibilidades fáticas. Esse raciocínio serve para a teoria da felicidade. Quanto à adequação, Alexy traz um caso para ilustrar.

Um cabeleireiro colocou em seu estabelecimento, sem permissão, uma máquina de venda automática de cigarros. As autoridades administrativas impuseram-lhe uma multa por descumprimento da lei sobre o comércio no varejo, que exigia uma permissão, a ser concedida se o requerente demonstrasse "a necessária expertise", que seria obtida por meio: (i) de um curso profissionalizante como comerciante; (ii) de uma prática de muitos anos em um estabelecimento comercial; ou (iii) de um exame especial, no qual seriam testados conhecimentos técnico-comerciais.

Para o Tribunal Constitucional Federal, a exigência de uma prova de expertise viola a liberdade profissional garantida pelo art. 12, § 1º, da Constituição alemã, pois não é adequada para proteger o consumidor contra prejuízos à sua saúde ou contra prejuízos econômicos. A exigência

---

[700] Tratado de direito civil e das gentes.
[701] JOUANNET, Emmanuelle. Le droit international libéral-providence: Une histoire du droit international, Bruylant, 2011 (Collection de droit international, nº 69). O trecho transcrito consta no capítulo V, intitulado "La finalité providentialiste du droit des gens moderne: Bonheur des peuples et perfectionnement des États".
[702] ALEXY, Robert. Teoria dos direitos fundamentais. Tradução: Virgílio Afonso da Silva. São Paulo: Malheiros Editores, 2008, p. 587.

seria proibida pela máxima da adequação e violaria o direito fundamental à liberdade profissional.[703]

Para Alexy, estavam em jogo dois princípios: o da liberdade profissional (P1) e o da proteção ao consumidor (P2). A medida adotada (M) – prova de expertise – não é capaz de fomentar P2 (proteção do consumidor), mas embaraçaria a realização de P1 (liberdade profissional). Nessa situação, não há custos nem para P1 (liberdade profissional), nem para P2 (proteção do consumidor), caso M (prova de expertise) não seja adotada, mas há custos para P1 (liberdade profissional) se M (prova de expertise) for adotada. P1 (liberdade profissional) e P2 (proteção ao consumidor), se considerados em conjunto, são realizados em maior grau – quanto às possibilidades fáticas – se se abrir mão de M (prova de expertise). Logo, P1 e P2, considerados conjuntamente, proíbem a adoção de M. Para Alexy, essa argumentação "é a expressão da ideia de otimização" e, também, "da ideia de eficiência de Pareto: uma posição pode ser melhorada sem que uma outra seja piorada".

Esse exercício de ponderação abre espaço para a realização de raciocínios semelhantes tendo, como vetor, a felicidade. Isso porque, a doutrina utilitarista prega a maior liberdade possível, crente de que ela ajuda no exercício da individualidade humana, agregando, com isso, bem-estar. Da mesma forma, é fundamento do utilitarismo a busca por segurança, entendendo-se que ela traz felicidade à coletividade.

Por essa perspectiva, a colisão entre os princípios da liberdade profissional (P1) e o da proteção ao consumidor (P2) poderia ser resolvido apresentando-se a seguinte fundamentação: A medida adotada (M) – exigência de demonstração de competência comercial – não é capaz de fomentar P2 (ideal de segurança), mas embaraçaria a realização de P1 (liberdade). Se M não for adotada, não há prejuízo à felicidade que seria gerada com P1 (liberdade), nem para P2 (segurança), mas há prejuízos para P1 (liberdade) se M for adotada. P1 (liberdade) e P2 (segurança), ambos maximizadores da felicidade coletiva, são realizados conjuntamente e em maior grau – quanto às possibilidades fáticas – quando se afasta M. Logo, P1 (liberdade) e P2 (segurança), juntos, vedam a adoção de M, se o que se pretender for a maximização da felicidade coletiva. Estamos diante da

---

[703] ALEXY, Robert. Teoria dos direitos fundamentais. Tradução: Virgílio Afonso da Silva. São Paulo: Malheiros Editores, 2008, p. 589.

busca de otimização para a felicidade, trabalhando sob a fórmula de Pareto-eficiente: uma posição pode ser melhorada quanto à felicidade coletiva sem que outra seja dela afastada.[704]

O mesmo se daria com a máxima da necessidade. Dentre dois meios aproximadamente adequados, deve ser escolhido aquele que intervenha de modo menos intenso. O exemplo que Robert Alexy traz é o seguinte: Uma portaria do Ministério para a Proteção para a Juventude, Família e Saúde continha a proibição (restrição da liberdade) de comercialização de doces que, embora contivessem chocolate em pó, eram feitos, sobretudo, de flocos de arroz e não eram, portanto, produtos genuinamente de chocolate. O objetivo era proteger o consumidor contra compras equivocadas (fomentar a segurança).

O Tribunal Constitucional Federal observou que essa proibição seria adequada para proteger o consumidor, pois se há uma proibição de que algo seja comercializado, o risco de que ele seja comprado por engano é pequeno. No entanto, a proibição de comercialização não seria necessária. Haveria uma medida igualmente adequada e, ao mesmo tempo, menos invasiva. Um dever de identificação no rótulo poderia combater o perigo de confusões e equívocos "de maneira igualmente eficaz, mas de forma menos invasiva". Alexy apresenta, na linha anterior, sua fórmula.

Para a teoria da felicidade, o raciocínio empregado pelo julgador deveria ser o seguinte: A segurança do consumidor (P2) é satisfeita igualmente pelo dever de inscrição no rótulo (M1) e pela vedação de comercialização (M2). Assim, P2 (segurança do consumidor) é indiferente se se adota M1 (inscrição no rótulo) ou M2 (vedação à comercialização). Mas isso não se mantém para o caso da liberdade profissional (P1). M2 (vedação à comercialização) intervém muito mais em P1 (liberdade profissional) que M1 (inscrição no rótulo). Em face das possibilidades fáticas (M1 – inscrição no rótulo ou M2 – vedação à comercialização), P1 (liberdade profissional) é satisfeito em um grau maior com a escolha de M1 (inscrição no rótulo) que com a escolha de M2 (vedação à comercialização) sem que, com isso, surjam custos para P2 (segurança do consumidor). Por isso, a otimização de P1 (liberdade profissional) e P2 (segurança do consumidor) afasta a utilização de M2 (vedação à comercialização) se o que se quer é a maximização da

---

[704] ALEXY, Robert. Teoria dos direitos fundamentais. Tradução: Virgílio Afonso da Silva. São Paulo: Malheiros Editores, 2008, p. 589.

felicidade. Da mesma forma, estamos diante de Pareto-eficiente: Como há uma forma que intervém menos e é igualmente maximizadora da felicidade, uma posição pode agregar ao bem-estar sem impor custos à outra posição.[705]

### 18.3.4. A visão de Stuart Mill

Stuart Mill já fazia esses exercícios que hoje são feitos por Robert Alexy. Mill pensou o mesmo exemplo envolvendo as potências liberdade de um lado e segurança do consumidor do outro. O raciocínio é igual ao de Alexy. O que hoje se denomina "ponderação" nada mais é do que o utilitarismo revisitado.

Stuart Mill dá o exemplo da venda de venenos. Ele indaga: "Até que ponto se pode legitimamente abusar da liberdade para prevenir crimes ou acidentes?" Para Mill, "se os venenos nunca fossem comprados ou usados senão para cometer assassínio, seria correto proibir a sua produção e venda". Mas podem ser pretendidos para fins não apenas inocentes, mas também úteis, e não podem ser impostas restrições num dos casos sem fazer o mesmo no outro. Deve-se decidir que "modos possíveis de regulação são ou não contrários ao princípio". Ele nos dá um exemplo: "uma precaução como a de incluir no rótulo do fármaco um aviso sobre o seu caráter perigoso pode ser imposta sem violação da liberdade: o comprador não pode deixar de querer saber que o que tem é venenoso".[706]

Uma saída dada por Stuart Mill é "requerer-se que o vendedor assinalasse num registro a altura exata da transação, o nome e a morada do comprador, o tipo exato e a quantidade exata dos artigos vendidos; que perguntasse o objetivo para que eram requeridos, e registrar a resposta dada". Quando não houvesse receita médica, "poderia ser requerida a presença de uma terceira pessoa para provar isto caso houvesse depois razão para acreditar que o artigo havia sido usado para fins criminosos".

Mill finaliza afirmando que "tais regulações não representariam, em geral, qualquer obstáculo substancial à obtenção do artigo, mas representariam um obstáculo muito considerável a que se fizesse um uso impróprio dele sem que isso fosse descoberto".[707]

---

[705] ALEXY, Robert. Teoria dos direitos fundamentais. Tradução: Virgílio Afonso da Silva. São Paulo: Malheiros Editores, 2008, pp. 590-591.
[706] MILL, John Stuart. Sobre a liberdade. Lisboa: Edições 70, 2010, pp. 162-163.
[707] MILL, John Stuart. Sobre a liberdade. Lisboa: Edições 70, 2010, p. 164.

O que temos, então? Ponderação ou a felicidade como telos da decisão? Stuart Mill escreveu o trecho acima no século XIX.

O próprio Jeremy Bentham negava que os juízes devessem aplicar o princípio utilitarista em todas as ocasiões: "Não é de se esperar que este processo deva ser estritamente perseguido previamente a cada julgamento moral, ou em cada operação legislativa ou judicial".[708] Podemos indagar: a ideia de felicidade como telos da decisão judicial resolve todos os casos?

## 18.4. A judicialização da felicidade na Nigéria

Na Nigéria, a felicidade é entendida como um direito constitucional e é mais do que uma mera expressão linguística. A seção 16 (1) (b) da Constituição, prevê que "o Estado, dentro do contexto dos ideais e objetivos para os quais provisões são feitas na Constituição, deve controlar a economia nacional de modo a garantir o máximo de bem-estar, liberdade e felicidade de cada cidadão com base na justiça social e na igualdade de status e de oportunidade". A Nigéria constitucionalizou, assim, a felicidade, como parte de seu movimento em direção a uma economia sustentável. É uma tentativa normativa de evitar que abusos de mercado interfiram negativamente na felicidade das pessoas.

A Nigéria mostra como o compromisso com a felicidade é capaz de diminuir a força do dinheiro em áreas que não estão à venda, enfatizando, assim, que há coisas que o dinheiro não pode comprar. O trauma coletivo africano causado pela intensa exploração econômica conduzida pelo sistema colonial mostra a sua intensidade através da inserção de um fator de limitação oriundo de um dispositivo constitucional, para, assim, lidar com os eventuais efeitos colaterais de um poder econômico ilimitado. A decisão do governo nigeriano de colocar petróleo, ativo mais valioso do país, à venda, acabou nos tribunais por meio de um caso que se tornou célebre.

Akinola Akintayo contextualiza a disputa ao explicar que o petróleo ocupa um lugar de destaque no bem-estar sócio-econômico da Nigéria e dos nigerianos. Em 2010, os recursos advindos do petróleo contribuíram com cerca de 99% das receitas do governo e cerca de 38,8% do PIB do país. De acordo com Akintayo, "enquanto os governos sempre tentaram maximizar a receita através de aumentos incessantes no preço dos produtos

---

[708] BENTHAM, Jeremy. Introdução aos princípios da moral e da legislação [1789] apud Singer (Org.). Ethics, 312.

petrolíferos, indivíduos e grupos da sociedade civil sempre resistiram por causa do prejudicial impacto sobre a maioria das pessoas que são pobres". Qual a saída para esse cenário de desestabilização social absolutamente indiferente ao bem-estar subjetivo da população? Segundo Akintayo, a contencioso constitucional se tornou um meio de resistência.[709]

A Constituição da Nigéria superou o pesado fardo do racismo, do colonialismo e de todas as formas de opressão ao inserir um dispositivo específico determinando que o poder econômico tem que ter um propósito mais elevado. É claro que esse dispositivo tem força normativa suficiente a forçar a sua implementação e aplicação em casos concretos. A constitucionalização nigeriana da felicidade é a realização da intenção de Steve Biko, quando afirmou ser necessário reduzir o elemento materialista que faz o caráter africano rastejar.[710]

A Constituição deve fazer gerar seus efeitos naturais, precisamente porque as disposições constitucionais são mais do que promessas generosas. Não há palavras vazias nem disposições sem sentido na Constituição. Portanto, negligenciar o fato de que a felicidade foi constitucionalizada em muitas democracias equivale a declarar que certas disposições não existem, apesar de sua contitutionalização.

Na Nigéria, o juiz M. Bello[711] declarou a política de desregulamentação da indústria petrolífera inconstitucional, ilegal, nula e sem efeito, ordenando, em seguida, que o governo fixe e publique os preços dos produtos petrolíferos regularmente. A Justiça ordenou que os réus, os seus agentes e colaboradores, desistam da desregulamentação do setor e procedam em obediência às Lei do Petróleo e da Lei de Controle de Preço.[712]

---

[709] Akintayo 'Case Review: A Good Thing from Nazareth? Stemming the Tide of Neo-Liberalism against Socio-Economic Rights: Lessons from the Nigerian Case of Bamidele Aturu v. Minister of Petroleum Resources and Others' (2014) 15 *Economic and Social Rights Review* 7.

[710] Steve Biko *I write what I like: A selection of his writings* (ed. A Stubbs) (Johannesburg, 2015), p. 77.

[711] *Bamidele Aturu v. the Minister of Petroleum Resources, Diezani Alison-Madueke, and the Attorney General of Federation and Minister of Justice, Mohammed Adoke*.

[712] Os dispositivos questionados são os seguintes: seção 6 do Petroleum Act, 2004; seção 4 do Price Control Act, 2004; e seção 16(1)(b) da Constituição da República Federativa de 1999 que, no original, diz o seguinte: "the Government shall control the national economy in such manner as to secure the maximum welfare, freedom, and happiness of every citizen on the basis of social justice and equality of status and opportunity".

Como Akinola Akintayo enfatiza, o Tribunal considerou que a leitura conjugada dos dispositivos constitucionais "obrigaria o governo a regular e corrigir, de tempos em tempos, o preço dos produtos petrolíferos, de tal modo a garantir o máximo bem-estar, liberdade e felicidade dos cidadãos nigerianos".[713]

Essa célebre decisão não teria existido não fosse o tirocínio e a coragem de Bamidele Aturu, o nigeriano que, crendo no Estado de direito, em aliança com a Constituição, elevou sua voz na defesa dos grupos mais vulneráveis, cujas vidas dependiam daquela riqueza nacional tão relevante. Foi ele quem deu início a uma batalha jurídica entre "Davi e Golias". Este caso mostra que Aturu tomou um caminho semelhante ao percorrido por Steve Biko, que afirmou que "a pedra angular da sociedade é o próprio homem – não apenas seu bem-estar, não o seu bem-estar material, mas o próprio homem com todas as suas ramificações".[714] Biko explicou que "temos de ter um outro olhar quanto à melhor forma de usar o nosso poder econômico"; e, na Nigéria, foi a felicidade que surgiu como instrumento de resistência.[715]

Depois dessa monumental batalha jurídica, Femi Aborisade falou, na cerimônia de homenagem intitulada "Bamidele Aturu: We Shall Not Forget You!", realizada em 22 de julho de 2014, em Lagos, na Nigéria. Aborisade afirmou que a humanidade havia perdido um dos seus raros ativos. Disse ainda que as tribos e as forças internacionais sentiam-se esgotadas pela morte de Bamidele Aturu. Ele acreditava na Constituição do seu país e, ao usá-la, abriu um caminho de esperança para o Estado de Direito na Nigéria. Ele usou a felicidade como um direito constitucional.

Direitos constitucionais têm um papel de destaque na busca da felicidade da sociedade, porque eles garantem bens inalienáveis a todos, incluindo às minorias. Para Greene, essa é a explicação que demonstra a razão pela qual o ideal utilitarista é imparcial e claramente benéfico para todos os grupos.[716]

---

[713] Akintayo 'Case Review: A Good Thing from Nazareth? Stemming the Tide of Neo-Liberalism against Socio-Economic Rights: Lessons from the Nigerian Case of Bamidele Aturu v. Minister of Petroleum Resources and Others' (2014) 15 *Economic and Social Rights Review* 7.

[714] Steve Biko (n 3), p. 51.

[715] Steve Biko (n 3), p. 107.

[716] John Greene Moral Tribes: Emotion, Reason, and the Gap between Us and Them (2015) (n 30), p. 166.

É importante notar que a felicidade não é apenas uma consequência de bolsos cheios de dinheiro. Embora o dinheiro seja uma forma de alcançar sonhos e projetos legítimos, depois de um tempo um paradoxo assume seu lugar. Richard Easterlin explica este paradoxo, o "Paradoxo de Easterlin", da seguinte maneira: o dinheiro ajuda a busca da felicidade até um certo ponto. Depois disso, o nível de felicidade não mostra aumento significativo.[717] Esse paradoxo não significa que às pessoas devam ser negados objetivos materiais, pois interferir nos projetos de felicidade das pessoas é um ato indevido. O Paradoxo de Easterlin mostra que há uma interface entre o desenvolvimento econômico e a felicidade. Como resultado, um foco absoluto no enriquecimento material não é capaz de refletir um aumento de felicidade constante a longo prazo. É por esta razão que o desenvolvimento paralelo dos aspectos subjetivos de bem-estar são de suma importância.

A experiência nigeriana mostra que casos difíceis costumam apresentar perguntas cujas respostas são necessariamente complexas e que, não raramente, não se alcança essas respostas por meio de raciocínio de "tudo ou nada", ou seja, por meio da aplicação integral de regras cujos comandos não dão espaço para acomodações justas e úteis. Muitas vezes só recorrendo a raciocínios utilitaristas é possível conciliar interesses legítimos contrapostos pontualmente no caso concreto. É com a aplicação de raciocínios utilitaristas que os Tribunais muitas vezes conseguem desenhar prognoses judiciais firmadas na ampliação do bem-estar do maior número de pessoas possível no longo período.

Ao utilizar a felicidade como um dos fundamentos da decisão[718], o Poder Judiciário da Nigéria colocou em prática o ideal de Frantz Fanon, para quem o sentido da vida é "a busca do que há de mais íntimo na humanidade – o nosso potencial humano – do qual o capitalismo nos afasta."[719]

---

[717] Richard Easterlin. *Happiness, Growth, and the Life Cycle* (eds Hinte & Zimmermann) (2010) 1.
[718] Akintayo (n 43) 07. Um recurso pende de análise perante a Corte de Apelação da Nigéria. Akintayo destaca que a Corte, baseando-se na decisão da Suprema Corte no caso *Attorney General of Ondo State v. Attorney General of the Federation* (2002) 9 NWLR (Pt. 772) 222, entendeu que os dispositivos do capítulo II da Constituição – os que falam sobre garantir o máximo de bem-estar, liberdade e felicidade de cada cidadão com base na justiça social e na igualdade de status e de oportunidade – foram reconhecidos como concretizáveis por meio de legislação ulterior.
[719] Hudis *Frantz Fanon: Philosopher of the Barricades* (2015), p. 54.

Não seria um exagero dizer que a decisão da Nigéria representa um avanço em termos de proteção de um grupo vulnerável de pessoas, qual seja, os pobres. Tribunais têm meio legítimos constitucionalmente reconhecidos de contribuir com a maximização da felicidade da sociedade e da redução de suas dores e sofrimento por meio do exercício desembaraçado dos direitos fundamentais. Tribunais, uma vez independentes, tornam-se os últimos bastiões de proteção dos grupos vulneráveis.

Isto leva a uma necessária reflexão sobre a felicidade como um direito constitucionalmente protegido, dotado de densidade normativa. Este fenômeno exige um tratamento teórico adequado. Estamos a falar de uma importante faceta do campo constitucional que parece estar se espalhando globalmente. O que deve ser feito, em vez de negar o que é evidente, é insistir em estudar a possível densidade e contornos da felicidade como um direito fundamental, proporcionando um espaço para um debate erudito e contemporâneo sobre os seus méritos.

### 18.5. Teste: Uniões Homoafetivas
### 18.5.1. Os fatos

Em 9 de maio de 2011, Toni Reis, presidente da Associação Brasileira de Lésbicas, Gays, Bissexuais, Travestis e Transexuais (ABGLT), divulgou uma "Carta aberta ao Supremo Tribunal Federal", em agradecimento à decisão unânime da Corte que reconheceu a união estável homoafetiva: "Sabemos que a equiparação de direitos entre casais homoafetivos e heteroafetivos não vai, sozinha, aumentar ou diminuir a felicidade, mas ela nos dá segurança que precisamos nos momentos de infortúnio" – disse Toni, lançando à discussão a questão da segurança que é, para nós, componente da felicidade. Ao final, ele arrematou: "E o melhor de tudo é que o Brasil inteiro ganha com a decisão do STF. Ninguém perdeu. O Brasil ficou maior, mais belo, mais colorido, mais humano e mais feliz".[720]

Uma das mais importantes decisões da jurisdição constitucional brasileira mencionando o direito à busca da felicidade se deu em 2011. A Corte deveria fixar qual a interpretação a ser conferida ao artigo 1.723 do Código Civil, que reconhece, como entidade familiar, somente a união estável entre

---

[720] Disponível em: <http://marinasantanna.com/2011/05/09/carta-aberta-ao-supremo-tribunal-federal/>.

homem e mulher, configurada na convivência pública, contínua e duradoura e estabelecida com o objetivo de constituição de família.

A necessidade de disciplinar qual a interpretação compatível com a Constituição decorria do fato de órgãos do Estado negarem direitos a casais homoafetivos. Cabia à Corte decidir se essa união também abrangeria casais do mesmo sexo, apesar de o dispositivo constitucional falar em "homem e a mulher".

Primeiro, façamos um histórico desse tema na jurisprudência brasileira para que tenhamos informações suficientes a comprovar como o direito à busca da felicidade ilustrou esse debate.

### 18.5.2. O direito à busca da felicidade Brasil afora

A utilização do direito à busca da felicidade não se resume à Suprema Corte. O Superior Tribunal de Justiça também tem se valido da expressão em questões complexas. Na Corte, a precursora da postura é a Ministra Nancy Andrighi.

Duas cidadãs gaúchas, que se relacionavam há três anos, requereram habilitação para o casamento em dois cartórios de registro civil. Os pedidos foram negados. O STJ determinou a habilitação do casamento.[721]

Marta[722] tentou o reconhecimento da união estável mantida, entre 1994 e 2003, com Mauro, agente da Polícia Federal, falecido em 2003. Ao iniciar o relacionamento, ambos encontravam-se separados de seus cônjuges e não tiveram filhos. O Agente havia sido casado com Carla, tendo, com ela, três filhos, mas em 1993 se separaram, reatando o relacionamento no ano seguinte. Em 1999, se divorciaram, mas continuaram a se relacionar até o falecimento. A ex-mulher também buscou o reconhecimento da união entre ela e o ex-marido, de 1999 a 2003. O STJ determinou que a pensão do Agente atenderia às duas mulheres, na proporção de 50% para cada uma.[723]

O casal Valéria e Carlos foi procurado por Paulo, pai biológico do menor Gabriel, com a intenção de que o casal o adotasse em razão de sua genitora, Maria, não ter condições de criá-lo. Ela vivia com seu marido e dois filhos, em condições precárias. Um dos filhos já havia sido entregue para a adoção. O pai biológico era casado pela segunda vez e pai de outros três

---

[721] REsp 1.183.378/RS.
[722] Nos próximos dois casos usaremos nomes fictícios.
[723] REsp 1.157.273/RN.

filhos, todos de parceiras diferentes. Sua atual mulher cuidava do bebê do casal, com sete meses, bem como do filho dele, fruto de outro relacionamento. Gabriel foi gerado em um relacionamento extraconjugal de ambos os seus genitores. O casal aceitou a proposta e conseguiu a guarda provisória do bebê, que passaria a viver na cidade de Joinville/SC, onde o casal trabalhava, ela médica e ele corretor de imóveis. Após três meses, Valéria e Carlos se viram obrigados, judicialmente, a, sob escolta policial, entregar o bebê a um abrigo de menores. O STJ determinou a devolução imediata do bebê ao casal.[724]

Casos de pensões por morte para companheiros de união homoafetiva também chegaram ao STJ. Severino Galdino Belo ajuizou ação contra a Caixa de Previdência dos Funcionários do Banco do Brasil pleiteando o pagamento de pensão decorrente do falecimento de seu companheiro, Luiz Carlos Ferreira dos Santos, beneficiário de plano de assistência e benefícios de previdência privada complementar. Severino era seu dependente. Entre os anos de 1990 e 2005, quando Luiz Carlos faleceu, Severino viveu com ele em união estável. Com o falecimento, foi seu herdeiro testamentário. O STJ assegurou a pensão.[725]

Em todas as decisões, o Tribunal invocou o direito à busca da felicidade. Na mesma linha do que veremos no STF, se viu um incremento no discurso empregado pela julgadora, além da elevação do direito à busca da felicidade como elemento integrante da decisão.

Instâncias inferiores também têm agido. O Tribunal Regional Federal da 2ª Região, competente pelo Rio de Janeiro e Espírito Santo, é um deles. Em Vitória/ES, Washington Luiz Alves levou a União ao Judiciário visando a receber a pensão vitalícia deixada por Alexandre Gonçalves Volpato, bem como se tornar dependente para gozo dos benefícios do plano de assistência à saúde dele. Segundo Washington, ele conviveu em relação homoafetiva com Alexandre, servidor público federal, desde 11 de março de 1992, residindo juntos por 11 anos, no mesmo endereço, até o momento do falecimento do servidor, em 22.12.2003. Para comprovar o seu argumento, apresentou fotos, documentos e testemunhas.[726]

---

[724] CC 108.442/SC.
[725] REsp 1.026.981/RJ.
[726] Apelação em reexame necessário nº 200750010008368, de relatoria do Desembargador Franca Neto.

Em Niterói/RJ, Laudemir Azevedo Monteiro levou a União à Justiça tentando ver reconhecida a união entre ele e Luiz Carlos Pinto de Freitas, ex-militar da Marinha brasileira, falecido dia 1º de julho de 2000. Pretendia a concessão de pensão por morte, a contar da data do óbito do companheiro, e a liberação dos valores creditados em nome do falecido na conta do Pasep.[727]

Na cidade do Rio de Janeiro, Elizabeth Rodrigues de Barros ajuizou ação contra a União pretendendo receber benefício de pensão por morte, na condição de companheira e dependente de Elenice de Castro, ex-servidora pública do Ministério do Exército, a partir da data do seu falecimento (25/02/2008), "no valor correspondente ao do respectivo provento e acréscimos legais, com parcelas vencidas a contar do óbito, acrescido de juros e correção monetária". Segundo Elizabeth, ela teria convivido em relação homoafetiva com a instituidora do benefício, sob total dependência econômica da mesma, por aproximadamente 11 anos (de 1997 até a data do falecimento, em 2008), residindo juntas no mesmo endereço.[728]

Todos os casos acima foram decididos por meio da invocação, dentre outros argumentos, do direito à busca da felicidade. Percebemos que a utilização desse direito envolvendo reflexos de uniões entre pessoas do mesmo sexo não é exclusividade do Supremo. Vamos agora ver como ocorreu a importante decisão de reconhecimento dos efeitos jurídicos decorrentes de uniões homoafetivas pela Suprema Corte brasileira.

### 18.5.3. O caso no STF

A análise da decisão do Supremo Tribunal Federal acerca das uniões homoafetivas demonstra que a Corte se valeu da felicidade como telos da decisão judicial, introduzindo, assim, mais um viés do direito à felicidade. Como vimos, temos os seguintes desdobramentos do direito amplo à felicidade: (i) direito à felicidade pública (participação popular); (ii) direito à busca da felicidade (liberdade); (iii) direito ao bem-estar objetivo (direitos sociais); (iv) vedação ao estímulo de prazeres sádicos (dignidade da pessoa

---

[727] 1ª Vara de Niterói/RJ, ação ordinária com pedido de antecipação de tutela nº 2004.51.02.004258-1. No TRF 2ª Região, Apelação em reexame necessário nº 200451020042581, de relatoria do Desembargador Poul Erik Dyrlund.

[728] Apelação em reexame necessário nº 200851010091576, de relatoria da Desembargadora Maria Alice Paim Lyard.

humana); e (v) ampliação da felicidade coletiva (bem-estar subjetivo) como consequência da decisão estatal, incluindo a judicial (utilitarismo).

O julgamento em análise é mais um dos que introduz raciocínios utilitaristas e positivistas que abraçam a teoria da felicidade.

### 18.5.4. Vedação a prazeres sádicos, iluminismo e liberdade

Na decisão, o Ministro Carlos Ayres Britto, relator, invocou o texto preambular da Constituição, como elemento de um constitucionalismo fraternal. Em seguida, atacou o estímulo a prazeres sádicos entre os indivíduos, desenvolvidos por uma "mente voluntarista, ou sectária, ou supersticiosa, ou obscurantista, ou industriada, quando não voluntarista, sectária, supersticiosa, obscurantista e industriada ao mesmo tempo". Enaltecendo a presença da razão nesse tipo de discussão – que nos remete ao Iluminismo –, frisou o papel das liberdades individuais que se impõem ao respeito do Estado e da sociedade. A primeira parte do voto do Ministro, portanto, aborda importantes componentes ou agentes conectores da felicidade. Sua Excelência fala do preâmbulo da Constituição, de prazeres sádicos, da razão (Iluminista) e da liberdade.

Carlos Ayres Britto afirmou que aquele julgamento possibilitaria à Corte, "pela primeira vez no curso de sua longa história, apreciar o mérito dessa tão recorrente quanto intrinsecamente relevante controvérsia em torno da união estável entre pessoas do mesmo sexo". Para o Ministro, o tema envolvia "um tipo de dissenso judicial que reflete o fato histórico de que nada incomoda mais as pessoas do que a preferência sexual alheia, quando tal preferência já não corresponde ao padrão social da heterossexualidade".

### 18.5.5. Projetos de felicidade e o princípio do dano (de Stuart Mill)

Quanto à família, Carlos Ayres Britto a qualifica como ambiente primaz, de uma convivência empiricamente instaurada por iniciativa de pessoas que se veem tomadas "da mais qualificada das empatias, porque envolta numa atmosfera de afetividade, aconchego habitacional, concreta admiração ético-espiritual e propósito de felicidade tão emparceiradamente experimentada quanto distendida no tempo e à vista de todos". O Ministro brinda Stuart Mill ao inserir em seu voto o princípio do dano: "não se proíbe nada a ninguém senão em face de um direito ou de proteção de um interesse de outrem". Segundo o princípio do dano, o único fim para o qual as pessoas têm justificação, individual ou coletivamente, para interferir na liberdade de ação de outro, é a autoproteção, cuja função é prevenir dano a outros.

O princípio do dano também foi referenciado pelo Ministro Marco Aurélio, que anotou que "ao Estado é vedado obstar que os indivíduos busquem a própria felicidade, a não ser em caso de violação ao direito de outrem, o que não ocorre na espécie".[729]

Mill afirma que uma pessoa não pode ser forçada a fazer ou a deixar de fazer algo porque será melhor para ela que o faça, porque a faça feliz, ou porque, na opinião de outros, fazê-lo seria sensato, ou até correto. Para ele, "a única parte da conduta de qualquer pessoa pela qual ela responde perante a sociedade, é a que diz respeito aos outros. Na parte da sua conduta que apenas diz respeito a si, as sua independência é, por direito, absoluta". Ao final, afirma que "as pessoas têm mais a ganhar em deixar que cada um viva como lhe parece bem a si, do que forçando cada um a viver como parece bem aos outros".[730]

O STF, nas palavras dos ministros Carlos Ayres Britto e Marco Aurélio, entenderam que só o princípio do dano seria capaz de frear projetos legítimos de felicidades de casais homoafetivos. Como não havia, no caso, qualquer razão para a invocação de tal princípio, o certo e o justo seria permitir e reconhecer essas uniões.

### 18.5.6. Por que a fórmula da felicidade não considera a infelicidade dos oponentes

Quanto à decisão sobre as uniões homoafetivas, é possível imaginar: "Mas há quem não tenha gostado da decisão. Quem tenha ficado triste". Nesse caso, a teoria da felicidade é indiferente aos sentimentos sádicos, ou seja, a sensação de menoscabo de quem se sente pior ao ver os outros gozarem direitos.

Stuart Mill destaca que os homens têm um grande prazer em subordinarem mulheres, porque isso os ajuda a se sentirem superiores. Contudo, ao aferir os ganhos para a sociedade que a igualdade sexual traria, Mill sequer considera – nem poderia – a dor que será causada aos homens por esta revogação de seus privilégios. Tal prazer não serviria ao bem-estar social. O raciocínio é o mesmo no caso das uniões homoafetivas.

---

[729] RE 603.583/RS.
[730] MILL, John Stuart. Sobre a liberdade. Lisboa: Edições 70, 2010, p. 44.

Jeremy Bentham dizia que a razão é necessária para derrubar a tradição irracional e que a única alternativa ao utilitarismo seria o capricho, uma espécie de moralidade baseada no autointeresse, numa paixão ou na superstição. Esse capricho não compõe o cálculo de maior felicidade para o maior número de pessoas. É como Tim Mulgam diz: "o prazer sádico não tem absolutamente nenhum valor".[731]

É importante que fique claro esse ponto do raciocínio, sob pena de, a cada instante, termos de fazer esclarecimentos adicionais. O incômodo de indivíduos que gozam de direitos com o fato de outros indivíduos gozarem dos mesmos direitos trata de um sofrimento que não decorre de injustiça, mas do capricho. É como Stuart Mill dizia: "a sociedade não reconhece aos competidores desapontados qualquer direito, quer legal quer moral, a estarem imunes deste tipo de sofrimento".[732]

### 18.5.7. Felicidade como *telos* e pareto-eficiente

Afastando maniqueísmos do debate e apresentando a ideia, de Robert Alexy, de Pareto-eficiente, aplicável, também, à teoria da felicidade, o Ministro Britto registra que a decisão estabelece "o reino da igualdade pura e simples, pois não se pode alegar que os heteroafetivos perdem se os homoafetivos ganham". Significa que a decisão, quanto ao reconhecimento das uniões homoafetivas, amplia a situação de bem-estar dos homoafetivos, sem mitigar, em nada, a situação vivenciada pelos heteroafetivos. Ou seja, o cálculo utilitarista aponta que estamos diante de Pareto-eficiente: uma parcela dos afetados pela decisão melhorou de situação sem que a outra parcela piorasse.

Ao final do voto, o Ministro Carlos Ayres Britto diz: "E quanto à sociedade como um todo, sua estruturação é de se dar, já o dissemos, com fincas na fraternidade, no pluralismo e na proibição do preconceito, conforme os expressos dizeres do preâmbulo da nossa Constituição do inciso IV do seu art. 3º". A utilidade da sociedade é ampliada.

Ao esclarecer o que seria o pragmatismo jurídico, Ronald Dworkin afirma que se trata de raciocínio segundo o qual "para decidir os casos que se lhes apresentam, os juízes devem recorrer a um estilo consequencialista

---

[731] MULGAN, Tim. Utilitarismo. Tradução: Fábio Creder. Petrópolis: Vozes, 2012, p. 94.
[732] MILL, John Stuart. Sobre a liberdade. Lisboa: Edições 70, 2010, p. 160.

voltado para o futuro".[733] Nessa linha, importante perceber que o Ministro Luiz Fux realçou sua preocupação com a maximização futura da felicidade coletiva decorrente da decisão proferida no caso das uniões homoafetivas: "Independentemente do resultado deste julgamento, a sua repercussão social será imensa e são, em boa parte, imprevisíveis as suas consequências", anotou o Ministro.

Fux afirmou haver uma "falsa insensibilidade aos projetos pessoais de felicidade dos parceiros homoafetivos que decidem unir suas vidas e perspectivas de futuro, que, na verdade, esconde uma reprovação". Em seguida, após falar das consequências da decisão na sociedade (raciocínio utilitarista) e frisar a necessidade de atenção aos projetos pessoais de felicidade (direito à busca da felicidade), arrematou seu apoio à teoria da felicidade e às suas bases ao introduzir, tal como o fizera o Ministro Carlos Ayres Britto, um cálculo paretiano, ou seja, tentando alcançar a meta de Pareto-eficiente na decisão. O Ministro afirmou: "uma união estável homoafetiva, por si só, não tem o condão de lesar a ninguém, pelo que não se justifica qualquer restrição ou, como é ainda pior, a limitação velada, disfarçada de indiferença". Ninguém ficaria numa situação pior.

O voto que mais se apegou à teoria da felicidade foi o do Ministro Celso de Mello. Ele realçou a finalidade da decisão, apontando o seu viés utilitarista, segundo o qual, no longo prazo, teríamos a ampliação da felicidade para o maior número de pessoas:

> Busca-se, com o acolhimento da postulação deduzida pelo autor, a consecução de um fim revestido de plena legitimidade jurídica, política e social, que, longe de dividir pessoas, grupos e instituições, estimula a união de toda a sociedade em torno de um objetivo comum, pois decisões – como esta que ora é proferida pelo Supremo Tribunal Federal – que põem termo a injustas divisões, fundadas em preconceitos inaceitáveis e que não mais resistem ao espírito do tempo, possuem a virtude de congregar aqueles que reverenciam os valores da igualdade, da tolerância e da liberdade.

---

[733] DWORKIN, Ronald. A justiça de toga. Tradução: Jefferson Luiz Camargo. Revisão da tradução: Fernando Santos. Revisão técnica: Alonso Reis Freire. São Paulo: Editora WMF Martins Fontes, 2010, p. 34.

Para o ministro, a decisão em favor das uniões homoafetivas "remove obstáculos que, até agora, inviabilizavam a busca da felicidade por parte de homossexuais vítimas de tratamento discriminatório".

Dirigindo seu raciocínio para a ausência de custos à felicidade dos grupos opositores afirmou que a decisão "não é nem pode ser qualificada como decisão proferida contra alguém, da mesma forma que não pode ser considerada um julgamento a favor de apenas alguns". Celso de Mello invocou "princípios fundamentais (como os da dignidade da pessoa humana, da liberdade, da autodeterminação, da igualdade, do pluralismo, da intimidade, da não discriminação e da busca da felicidade)". Para ele:

> A extensão, às uniões homoafetivas, do mesmo regime jurídico aplicável à união estável entre pessoas de gênero distinto justifica-se e legitima-se pela direta incidência, dentre outros, dos princípios constitucionais da igualdade, da liberdade, da dignidade, da segurança jurídica e do postulado constitucional implícito que consagra o direito à busca da felicidade, os quais configuram, numa estrita dimensão que privilegia o sentido de inclusão decorrente da própria Constituição da República (art. 1º, III, e art. 3º, IV), fundamentos autônomos e suficientes aptos a conferir suporte legitimador à qualificação das conjugalidades entre pessoas do mesmo sexo como espécie do gênero entidade familiar.

Ele afirmou que a decisão não tensionaria as relações humanas, nem dividiria pessoas grupos ou instituições. A decisão, no longo prazo, seria útil, porque estimularia a união de toda a sociedade em torno de um objetivo comum, o que aumentaria a sensação de fraternidade e ampliaria, com isso, a felicidade coletiva.

Portanto, há um conjunto bem ordenado de argumentos da teoria da felicidade que ilumina essa decisão.

### 18.5.8. Maiorias e minorias

Chinelo Okparanta é uma escritora nigeriana, atualmente vivendo como cidadã nos Estados Unidos. Ela é sensível aos preconceitos do seu país de origem, especialmente aqueles contra os homoafetivos. Em algumas regiões da Nigéria – especialmente na parte norte – uma pessoa gay pode ser apedrejada até a morte segundo uma interpretação da Sharia. Okparanta anota, em seu romance *Felicidade Como Água*, a seguinte mensagem: "sim, o nosso amor pode ser escondido, mas ele é forte. E, ainda assim, poderá trazer a felicidade".[734]

Na Corte Constitucional da África do Sul, coube ao juiz Albie Sachs apresentar o seu voto sobre a constitucionalidade do casamento entre pessoas do mesmo sexo. Comentando posteriormente a decisão, Sachs afirmou que ela assegurou "a esperança de felicidade para os casais do mesmo sexo". A associação entre tolerância e aceitação com a esperança de felicidade é mais do que uma arma retórica. Pesquisas mostram que "uma maior tolerância a homossexuais e outras minorias aumenta a felicidade nacional".[735] Pessoas questionadas a respeito da decisão afirmam não concordarem com ela, contudo, quando indagados sobre se preferem viver num lugar aberto às minorias e tolerante às diferenças, ou noutro complementamente oposto, preferem o primeiro, por acreditarem que, nele, são mais felizes.

A "esperança da felicidade" de Albie Sachs engloba o triunfo da liberdade em termos de liberdade de escolher a quem se vai entregar sua afeição. A escritora nigeriana Okparanta ilustra essa liberdade afirmando o seguinte: "As aves aquáticas ainda estão grasnando, e o sol está alto no céu. O rio ainda está brilhando em tons de prata e ouro. A graça está sentada ao meu lado, e eu não posso deixar de pensar que, talvez, essa iminência da alegria é a sua própria forma de felicidade".[736]

O julgamento das uniões homoafetivas mostrou, com clareza, uma divergência entre maiorias e minorias políticas, bem como o papel da jurisdição constitucional como árbitro desses dilemas. Stuart Mill diz que, nas reflexões políticas, a "tirania da maioria" é incluída entre os males contra os quais a sociedade precisa se precaver. As pessoas perceberam que, quando "a própria sociedade é o tirano – a sociedade tomada coletivamente, para lá dos indivíduos distintos que a compõem –, os seus meios de tiranizar não se restringem aos atos que pode realizar através dos seus funcionários políticos".[737]

Afirmando que a sociedade pode executar as suas próprias ordens (e o faz realmente), Mill afirma que se ela emite ordens incorretas em vez

---

[734] Okparanta *Happiness Like Water: Stories* (2014) 143.
[735] Inglehart, Foa, Peterson & Welzel 'Development, Freedom, and Rising Happiness – A Global Perspective (1981-2007)' (2008) *Perspectives on Psychological Science* 271.
[736] Okparanta *Happiness Like Water: Stories* (2014) (n 51) 151.
[737] MILL, John Stuart. Sobre a liberdade. Lisboa: Edições 70, 2010, pp. 32-33.

das corretas, ou se emite ordens em relação a assuntos em que não devia interferir, exerce uma tirania social pior do que muitos tipos de opressão política, "dado que deixa menos meios de escapar – muito embora na seja geralmente imposta através de punições tão extremas –, penetrando muito mais profundamente nos pormenores da vida, e escravizando a própria alma". Daí ele afirmar que:

> Também é necessária a protecção contra a tirania da opinião e do sentimento dominantes; contra a tendência da sociedade para impor; por outros meios que não as punições civis, as suas próprias ideias e práticas como regras de conduta àqueles que não as seguem, e para restringir o desenvolvimento – e, se possível, impedir a formação – de qualquer individualidade que não esteja em harmonia com os seus costumes, e para forçar todas as personalidades a modelarem-se à imagem da sociedade.

Stuart Mill sustenta, por fim, que há um limite à interferência legítima da opinião coletiva na independência individual; "e encontrar esse limite, e protegê-lo contra transgressões, é tão indispensável para o bom estado das relações humanas, como a proteção contra o despotismo político".[738]

As ideias de Mill são importantes para mostrar o quanto as multidões apaixonadas, sejam elas compostas por quaisquer grupos minoritários ou majoritários que sejam, podem ser cruéis com quem não compartilha de suas opiniões.

A decisão do STF mostra que o direito à felicidade é digno do nosso reconhecimento e que, mais do que isso, a felicidade da sociedade tem sido usada como telos de decisões judiciais tomadas no âmbito da jurisdição constitucional.

A Ministra Cármen Lúcia também trouxe, em seu voto, argumentos condizentes com o que temos defendido. Segundo ela, "pode-se não adotar a mesma escolha do outro; só não se pode deixar de aceitar essa escolha, especialmente porque a vida é do outro e a forma escolhida para se viver não esbarra nos limites do Direito". Enaltecendo a liberdade, disse que, "para ser digno há que ser livre". Ao final, realçou a necessidade de decisões judiciais que afastem as dores das pessoas. Ela disse: "O que é indigno leva

---

[738] MILL, John Stuart. Sobre a Liberdade. Lisboa: Edições 70, 2010, pp. 32.33.

ao sofrimento socialmente imposto. E sofrimento que o Estado abriga é antidemocrático. E a nossa é uma Constituição democrática".

### 18.5.9. Felicidade como segurança

O último argumento do Ministro Luiz Fux, ao votar, abordou a necessidade de segurança para os indivíduos. O ministro disse que "a questão do reconhecimento também toca o tema da segurança jurídica", uma vez que "o alheamento do direito positivo relativamente às uniões homoafetivas gera inaceitável insegurança para os indivíduos". Para ele, "reconhecimento, portanto, também é certeza e previsibilidade".

### 18.5.10. O direito à busca da felicidade

O Ministro Celso de Mello abriu tópico em seu voto denominado: "O direito à busca da felicidade, verdadeiro postulado constitucional implícito, como expressão de uma ideia-força que deriva do princípio da essencial dignidade da pessoa humana".

O Ministro rememorou os bastidores da elaboração da Declaração de Direitos do Estado da Virgínia e, em seguida, os da Declaração de Independência dos Estados Unidos, reputando-os documentos insertos nas ideias iluministas. Ele reconheceu que o direito à busca da felicidade representa derivação do princípio da dignidade da pessoa humana, qualificando-se como um dos mais significativos postulados constitucionais implícitos cujas raízes mergulham, historicamente, na própria Declaração de Independência dos Estados Unidos da América, de 04 de julho de 1776.

Essa foi a linha que ele seguiu em seu voto, qual seja, compreender o direito à busca da felicidade como contido no princípio da dignidade da pessoa humana. Nesse ponto, cabe destacar que, pelos nossos estudos, o direito à busca da felicidade tem fundamento autônomo na Constituição Federal, representado pelo rol de direitos constantes da Carta, bem como, numa outra linha, no subsistema constitucional voltado para o chamado bem-estar.

A dignidade da pessoa humana se relaciona com o princípio da busca da felicidade, mas como elemento complementar e, em muitos casos, escudo limitador da busca pela felicidade a qualquer custo. Não reconhecemos que a porta de entrada do direito à busca da felicidade é o princípio da dignidade da pessoa humana, nada obstante saibamos que ele se relaciona de várias formas com o princípio e, além disso, o condiciona e o conforma. Tem-se aqui um componente do direito à felicidade: a vedação aos prazeres sádicos.

Apesar de divergirmos quanto à porta de entrada do direito à busca da felicidade, o Ministro Celso é certeiro ao afirmar que o direito à busca da felicidade é "fator de neutralização de práticas ou de omissões lesivas cuja ocorrência possa comprometer, afetar ou, até mesmo, esterilizar direitos e franquias individuais". Aqui, como se percebe, destaca a visão liberal que deve ser atribuída ao direito à busca da felicidade no seu primeiro ciclo de desenvolvimento.

Nesse ponto, vale recordar as lições de Stuart Mill, para quem "as diferenças entre seres humanos nas suas fontes de prazer são tais, assim como a sua susceptibilidade à dor, e a influência de diferentes influências físicas e morais", que a não ser que haja uma correspondente diversidade nos seus modos de vida, "nem obtêm a sua justa parte de felicidade, nem atingem o estatuto intelectual, oral e estético de que a sua natureza é capaz". Daí ele indagar: "Por que devia, então, a tolerância, no que diz respeito ao sentimento público, abranger apenas os gostos e modos de vida que impõem a concordância através da grande quantidade dos seus aderentes?"[739]

Independentemente da inegável importância do julgamento, há um longo caminho a percorrer até que se emancipem todos aqueles que ainda são discriminados. A este respeito, a felicidade pode representar o quão fluidos e de difícil concretização são muitos dos direitos fundamentais. Como Okparanta afirma, "a felicidade é como a água: nós estamos sempre tentando agarrará-la, mas ela sempre escorrega por entre os dedos".[740]

### 18.6. Teste: As cotas raciais

Leci Brandão, sambista carioca, indagada sobre as políticas públicas de cotas raciais para ingresso nas instituições públicas de ensino superior, afirmou que estava cansada de ganhar as cotas das cadeias, as cotas do analfabetismo, as cotas do desemprego: "Eu quero ter umas cotas de coisas mais felizes"[741] – conclamou.

---

[739] MILL, John Stuart. Sobre a liberdade. Lisboa: Edições 70, 2010, p. 122.
[740] Okparanta *Happiness Like Water: Stories* (2014) (n 51) 152.
[741] Matéria intitulada Leci Brandão: Negros merecem cotas "mais felizes", de Thais Bilenky. Disponível em:<http://terramagazine.terra.com.br/interna/0,,OI3713001-EI6581,00-Leci+Brandao+Negros+merecem+cotas+mais+felizes.html>. Acesso em: jun. 2013.

A Sambista se referia à decisão do Supremo, de abril de 2012, que considerou constitucional a política de cotas étnico-raciais para seleção de estudantes da Universidade de Brasília (UnB). Por unanimidade, os ministros julgaram improcedente a Arguição de Descumprimento de Preceito Fundamental (ADPF) 186, ajuizada na Corte pelo Democratas (DEM). É sobre esse julgamento que falaremos agora.

### 18.6.1. A maximização da felicidade

A Suprema Corte brasileira decidiu, por unanimidade, que são constitucionais os programas de ação afirmativa que estabelecem um sistema de reserva de vagas, com base em critério étnico-racial, para acesso ao ensino público superior. Os argumentos utilizados pelo relator, Ministro Ricardo Lewandowski, e acompanhado por todos os ministros, foram utilitaristas. Eles consideraram uma soma das utilidades[742] da decisão. A ponderação que se operou, nada obstante tenha ganhado o nome de "Proporcionalidade entre meios e fins", teve viés utilitário. O que se almejou mensurar foi os ganhos coletivos com a aplicação da política de cotas, principalmente em saber se a sociedade seria beneficiada com ela.

Ronald Dworkin, no contexto norte-americano, analisando os argumentos utilizados pela Universidade de Washington ao defender a sua política de cotas raciais, trouxe exemplo de raciocínio utilitarista que justificaria a política. Segundo o Filósofo, a Universidade poderia argumentar que "o aumento do número de advogados negros diminuiria as tensões sociais, o que melhoraria o bem-estar de quase todos os membros da comunidade". Dworkin nos diz que esse seria um "argumento utilitarista"[743]. No caso brasileiro, o Ministro Lewandowski, ao apontar os fundamentos constitucionais de sua decisão, afirmou que a manutenção das políticas de cotas étnico-raciais como critério de ingresso nas instituições públicas de ensino superior, tenderiam a "reverter esse quadro, politicamente constrangedor e responsável pela eclosão de tensões sociais desagregadoras". O argumento é utilitarista.

---

[742] SMITH, Adam. Teoria dos sentimentos morais, ou, Ensaio para uma análise dos princípios pelos quais os homens naturalmente julgam a conduta e o caráter, primeiro de seus próximos, depois de si mesmos, acrescida de uma dissertação sobre a origem das línguas. Tradução: Lya Luft. Revisão: Eunice Ostrensky. São Paulo: Martins Fontes, 1999, pp. 265-266.

[743] DWORKIN, Ronald. Levando os direitos a sério. Tradução: Nelson Boeira. São Paulo: Martins Fontes, 2007, p. 358.

O que o ministro afirmou é que a política de cotas, embora traga alguma infelicidade imediata a quem a ela se opõe, no longo prazo trará para a sociedade um incremento no bem-estar, pelo fato de eliminar tensões sociais desagregadoras. Há uma tentativa de sopesamento, mas na linha utilitarista. Vejamos que a teoria da felicidade, pelo seu viés utilitarista, está presente nesse importante julgamento realizado no âmbito da jurisdição constitucional. O que não se fez foi qualificar o argumento como utilitarista. Mas é evidente que se trata de uma ponderação realizada pelos critérios utilitários.

Dworkin afirma que é possível, num caso complexo como esse das políticas de cotas raciais para ingresso nas universidades públicas, "fazer ponderações que, apesar de especulativas, não podem ser rejeitadas como implausíveis"[744]. É isso o que ocorreu no julgamento brasileiro.

O Ministro Ricardo Lewandowski iniciou seu voto afirmando querer "discutir esse relevante tema do modo mais amplo possível, fazendo-o, em especial, à luz dos princípios e valores sobre quais repousa a nossa Carta Magna". A primeira ponderação que fez, na esteira do que dito por Dworkin, foi afirmar que "as aptidões dos candidatos devem ser aferidas de maneira a conjugar-se seu conhecimento técnico e sua criatividade intelectual ou artística com a capacidade potencial que ostentam para intervir nos problemas sociais".

Dworkin afirma que "alguns dos argumentos utilitaristas baseiam-se, ao menos indiretamente, em preferências externas, como a preferência de certos negros por advogados de sua própria raça". Esse raciocínio foi empregado por Lewandowski quando registrou que a decisão pela constitucionalidade da política de cotas baseada em critérios étnico-raciais estimularia a "criação de lideranças dentre grupos discriminados, capazes de lutar pela defesa de seus direitos, além de servirem como paradigmas de integração e ascensão social". O ministro dirigiu-se ao sentimento de satisfação sentido por cada beneficiário da política: "Esses programas trazem, pois, como um bônus adicional a aceleração de uma mudança na atitude subjetiva dos integrantes desses grupos, aumentando a autoestima que prepara o terreno para a sua progressiva e plena integração social" – afirmou.

---

[744] DWORKIN, Ronald. Levando os direitos a sério. Tradução: Nelson Boeira. São Paulo: Martins Fontes, 2007, p. 360.

## A FELICIDADE COMO TELOS DA DECISÃO JUDICIAL (PONDERAÇÃO)

Há um trecho da decisão que encampa, abertamente, a felicidade como *telos* da decisão. O ministro afirmou que a metodologia de seleção diferenciada nas universidades pode levar em consideração critérios étcnicos-raciais ou socioeconômicos, "de modo a assegurar que a comunidade acadêmica e a própria sociedade sejam beneficiadas pelo pluralismo de ideias, de resto, um dos fundamentos do Estado brasileiro, conforme dispõe o artigo 1º, V, da Constituição".

O raciocínio é utilitarista. Encontramos, na teoria da felicidade, todas as premissas necessárias a embasar a manifestação acima. Vamos recordar Stuart Mill. Para Mill, o tempo fará com que o respeito à liberdade individual acarrete à máxima felicidade. "Permitir que a maioria se imponha aos dissidentes ou censure os livre-pensadores pode maximizar a utilidade hoje, porém tornará a sociedade pior – e menos feliz – no longo prazo" – arremata. Parece que Mill falava para o caso das cotas étnico-raciais brasileiras.

Segundo o Ministro Lewandowski, a pluralidade de ideias trazidas com o emprego das políticas de cotas nas universidades beneficiará tanto a comunidade acadêmica como a própria sociedade. No cálculo da felicidade coletiva operado pelo ministro, o bem-estar futuro seria evidente. Como havia possibilidade argumentativa de sustentar sua constitucionalidade, então o preferível seria maximizar a utilidade, fiada nos benefícios que o pluralismo de ideais inegavelmente traria no longo prazo. Vejam como a teoria da felicidade e a jurisdição constitucional já andam juntas nas decisões da Suprema Corte. O ministro argumentou ainda que a:

> Convivência multisecular com a exclusão social gera a perpetuação de uma consciência de inferioridade e de conformidade com a falta de perspectiva, lançando milhares deles, sobretudo as gerações mais jovens, no trajeto sem volta da marginalidade social.

Dworkin entende ter fundamental importância prática saber se os critérios morais – por exemplo, perguntar se seria sensata e justa uma política que impedisse as crianças de firmar contratos, ou se a tortura é sempre moralmente errada – estão entre os critérios que os juízes e outras autoridades devem usar para decidir quando essas proposições são verdadeiras.[745]

---

[745] DWORKIN, Ronald. A justiça de toga. Tradução: Jefferson Luiz Camargo. Revisão da tradução: Fernando Santos. Revisão técnica: Alonso Reis Freire. São Paulo: Editora WMF Martins Fontes, 2010, p. 5.

Explicando o que seria "pragmatismo jurídico", Dworkin esclarece que juízes, para decidir os casos que lhes são apresentados, podem recorrer a um estilo consequencialista e voltado para o futuro.[746] Foi o que o Ministro Lewandowski fez. A teoria da felicidade é, oportunamente, consequencialista. Em seguida, seu argumento caminhou no sentido da minimização da felicidade não somente no âmbito daqueles que padecem da discriminação, mas, também, entre as pessoas que, de alguma forma, contribuem para ela. Sua Excelência afirmou:

> Esse efeito, que resulta de uma avaliação eminentemente subjetiva da pretensa inferioridade dos integrantes desses grupos, repercute tanto sobre aqueles que são marginalizados como naqueles que, consciente ou inconscientemente, contribuem para sua exclusão.

Novamente assistimos à utilização de raciocínios voltados para a felicidade como telos da decisão tomada pela jurisdição constitucional. Basta que recordemos, mais uma vez, de Stuart Mill. Para ele, o desrespeito aos direitos fundamentais das minorias, no curto prazo, pode ser útil àqueles que detêm o poder e, mesmo, à maioria da sociedade. Todavia, com o tempo, a insatisfação de ambos aumentará, fazendo desta sociedade uma sociedade menos feliz. Logo, não há razão para a manutenção dessa discriminação. Ela não seria útil ao cômputo geral da felicidade coletiva no longo prazo. Esta é exatamente a ideia apresentada pelo Ministro Lewandowski.

Há ainda outra conexão do caso com a teoria da felicidade. Pesquisas mostram que "uma maior tolerância a minorias aumenta a felicidade nacional".[747] Esses resultados científicos obtidos por meio da investigação empírica entregam a teoria da felicidade aos cuidados da jurisdição constitucional. A partir do momento em que pesquisas identificam que a tolerância às minorias aumenta a felicidade nacional, temos o exercício da jurisdição constitucional integrando os componentes da teoria da felicidade. Hans Kelsen, nessa linha, registrava que:

---

[746] DWORKIN, Ronald. A justiça de toga. Tradução: Jefferson Luiz Camargo. Revisão da tradução: Fernando Santos. Revisão técnica: Alonso Reis Freire. São Paulo: Editora WMF Martins Fontes, 2010, p. 32.

[747] INGLEHART, Ronald; FOA, Roberto; PETERSON, Christopher e WELZEL, Christian. Development, freedom, and rising happiness – a global perspective (1981-2007). In: Perspectives on Psychological Science (2008), p. 271.

Se virmos a essência da democracia não na onipotência da maioria, mas no compromisso constantes entre os grupos representados no parlamento pela maioria e pela minoria, e por conseguinte na paz social, a jurisdição constitucional aparecerá como um meio particularmente adequado à realização dessa ideia.[748]

Seja pela perspectiva filosófica clássica como marco teórico, seja pela comprovação empírica atual, parece claro que os direitos constitucionais assumem papel de destaque na busca da felicidade da sociedade, pois garantem bens inalienáveis a todos, inclusive às minorias.

Em vez de empregar a técnica da proporcionalidade nas linhas teóricas de Alexy, o que a Suprema Corte brasileira fez, ao apreciar a questão das políticas de cotas raciais para ingresso em instituições de ensino superior públicas, foi se valer da felicidade coletiva como telos da decisão judicial.

## 18.7. Teste: Crimes de Bagatela
### 18.7.1. A legislação penal e seus propósitos utilitaristas

"A concepção utilitarista e secularizada da pena acompanha – e às vezes vale diretamente para fundar – o conjunto dos princípios garantistas reivindicados enquanto princípios de direito natural, tais como a estreita legalidade, a resposta da pena ao delito, a ofensividade, a exterioridade e a culpabilidade da ação criminosa, a jurisdicionalização e o ônus da prova"[749] – garante Luigi Ferrajoli, na ótica do seu garantismo penal.

Para Ferrajoli, o Utilitarismo é "o pressuposto necessário de toda e qualquer doutrina penal sobre os limites do poder punitivo do Estado". Estamos falando sobre o bem-estar dos cidadãos assegurado mediante a tutela de todos os seus bens fundamentais.

Mas qual a finalidade das leis penais? A felicidade dos cidadãos, incluindo-se, nesse cômputo, os próprios condenados, que também devem ser considerados. É o mesmo sentimento de Francis Bacon, para quem "a finalidade da lei, para a qual orienta as suas disposições e sanções, não é

---

[748] KELSEN, Hans. Jurisdição constitucional. Tradução do alemão: Alexandre Krug. São Paulo: Martins Fontes, 2007, p. 182.

[749] FERRAJOLI, Luigi. Direito e razão: teoria do garantismo penal. São Paulo: Editora Revista dos Tribunais, 2014, p. 242.

outra que a felicidade dos cidadãos". A nossa teoria da felicidade constitui, portanto, o instrumental por meio do qual iremos apreciar a efervescente discussão acerca dos chamados "crimes de bagatela".

### 18.7.2. Crimes de pequena ofensividade

A obra *Os Miseráveis*, do escritor francês Victor Hugo, foi escrita em 1862 e é uma narração que denuncia a injustiça social da França do século XIX, por meio da saga do personagem Jean Valjean.

Jean Valjean, de humilde origem camponesa, ficara órfão de pai e mãe ainda pequeno, tendo sido criado por uma irmã mais velha, casada e com sete filhos. Ao ver a irmã perder o marido, ele se tornou arrimo da família, passando a realizar trabalhos rudes e mal remunerados. Num inverno rigoroso, perdeu o emprego e a fome bateu à porta da família. Desesperado, quebrou a vitrine de uma padaria tentando roubar um pão. Foi levado aos tribunais por crime de roubo e arrombamento e condenado a cinco anos de prisão. Devido às tentativas de fuga e mau comportamento, acabou sofrendo outras condenações, totalizando dezenove anos de reclusão com trabalhos forçados.

Victor Hugo narra que, naquele período, na França, os termos do Código eram categóricos: "nossa civilização tem momentos terríveis: são os momentos em que uma sentença anuncia um naufrágio". Escreve ainda: "Que minuto fúnebre este em que a sociedade se afasta e relega ao mais completo abandono um ser que raciocina!" Ele questiona: Depois de a falta ter sido cometida e confessada, por acaso o castigo não foi por demais feroz e excessivo? Onde haveria mais abuso: da parte da lei, na pena, ou da parte do culpado, no crime? Não haveria excesso de peso em um dos pratos da balança, justamente naquele em que está a expiação? Por que o exagero da pena não apagava completamente o crime, quase que invertendo a situação, substituindo a falta do delinquente pela da Justiça, fazendo do culpado a vítima, do devedor credor, pondo definitivamente o direito justamente do lado de quem cometeu o furto?

A genialidade de Victor Hugo propicia contundentes críticas ao sistema jurídico francês, marcado pelo legalismo e absolutamente afastado da jurisdição constitucional. Guiada cegamente pela ideia de soberania da lei, a França não permitia o controle de constitucionalidade da legislação, tornando os juízes meros "boca da lei" (*la bouche de la loi*). Os sonhos da Revolução terminaram em nada. Victor Hugo reflete: É próprio das sentenças em que domina a impiedade, isto é, a brutalidade, transformar pouco a pouco, por uma espécie de estúpida transfiguração, um homem em animal, às vezes até em animal feroz. Quando era novamente preso, os novos castigos que lhe infligiam só serviam para torná-lo mais sobressaltado.[750]

Quase dois séculos se passaram, mas a saga de Jean Valjean, imortalizada na monumental obra *Os Miseráveis*, persiste, vestindo farrapos iguais aos usados pelos pobres franceses da época. Isso no Brasil. O Jean Valjean dos trópicos é o mineiro Elias Junio de Oliveira. Elias, sem quaisquer antecedentes criminais, foi preso em flagrante e denunciado pela prática do crime de furto, por haver tentado subtrair um pedaço de carne de um supermercado. Após a prisão, ele sofreu uma ação penal. A Defensoria Pública tentou paralisar a ação no Tribunal de Justiça de Minas Gerais, mas o pedido foi negado. Um novo pedido foi feito, ao Superior Tribunal de Justiça, que também o negou. Elias continuou tentando. Ele chegou até a Suprema Corte brasileira pedindo a paralisação da ação penal que sofria.

Um pedaço de carne. Foi esse o objeto da tentativa de furto. Nesse ponto, vale a lição de Beccaria, para quem "o número de motivos que impelem os homens além do natural sentimento de piedade é muito inferior ao número de motivos que, pela natural ambição de serem felizes, os induzem a violar o direito que não encontram em seus corações, mas sim nas convenções sociais".[751]

Na Suprema Corte, o caso ganhou a relatoria do Ministro Joaquim Barbosa. Segundo o ministro, havia no caso: (i) mínima ofensividade da conduta do agente, (ii) ausência de periculosidade social da ação, (iii) reduzido grau de reprovabilidade do comportamento do réu e (iv) inexpressividade da lesão ao bem juridicamente tutelado. Ao conceder o pedido de Elias e determinar a paralisação da ação penal, o ministro registrou: "não é possível reconhecer, na hipótese, a existência de justa causa para a ação penal".[752]

A decisão mostra que Cesare Beccaria está certo ao afirmar ser melhor prevenir os crimes que puní-los: "Esta é a finalidade precípua de toda boa

---

[750] HUGO, Victor. Os miseráveis. Tradução: Alexandre Boide. São Paulo: Coleção: L&PM Pocket, 2012.
[751] BECCARIA, Cesare Bonesana, Marchesi di. Dos delitos e das penas. Tradução: J. Cretella Jr. E Agnes Cretella. São Paulo: Editora Revista dos Tribunais, 2013, p 110.
[752] HC 111.476 MC/MG (Min. Joaquim Barbosa), 06.12.2011.

legislação, a arte de conduzir os homens ao máximo de felicidade, ou ao mínimo de infelicidade possível, para aludir a todos os cálculos dos bens e dos males da vida" – diz Beccaria. Mas no que diz respeito aos crimes de miséria (tentar furtar um pão, por estar faminto), a situação é outra. Mesmo essa frustração já havia sido prevista por Beccaria, que disse: "os meios empregados até agora têm sido, em sua maioria, falsos e contrários ao fim proposto".[753]

O outro Jean Valjean brasileiro também é das Minas Gerais. Natural da cidade de Araguari, Maycon Marques Pachêco foi denunciado pelo crime de furto qualificado tentado, ao ser surpreendido no Açougue Guedes saindo com um pacote de linguiça na mão. A Defensoria Pública tentou paralisar a ação no Tribunal de Justiça de Minas Gerais, mas o pedido foi negado. Um novo pedido foi feito, desta vez ao Superior Tribunal de Justiça, que também o negou. Maycon chegou até a Suprema Corte brasileira. O caso ganhou a relatoria do Ministro Gilmar Mendes, que concedeu o habeas corpus afirmando não incidir "a tipicidade material, que se traduz na lesividade efetiva e concreta ao bem jurídico tutelado".[754]

Tanto Elias como Maycon, como se viu, perderam todos os recursos que manejaram, só conseguindo o habeas em última instância, na Suprema Corte. Até lá, os juízes que analisaram seus casos entenderam que, se o Código Penal brasileiro classifica a conduta de subtração de coisa alheia móvel como crime, crime ela é. O Código prevê pena de um a quatro anos de reclusão, além da multa.

### 18.7.3. O utilitarismo e as cadeias

O que separa o destino reservado a Elias e Maycon do triste destino do personagem de Victor Hugo, Jean Valjean, é a existência da jurisdição e a aplicação dos ideais utilitaristas aliados aos direitos fundamentais reconhecidos numa democracia constitucional moderna.

O Brasil do século XXI tem uma Suprema Corte independente exercendo a jurisdição constitucional. A França do século XIX, que tinha leis penais tão severas quanto as nossas, só tinha os juízes boca da lei (*la bouche de la loi*).

---

[753] BECCARIA, Cesare Bonesana, Marchesi di. Dos delitos e das penas. Tradução: J. Cretella Jr. E Agnes Cretella. São Paulo: Editora Revista dos Tribunais, 2013, p.136.
[754] HC 109.783 MC/MG. Min. Gilmar Mendes, 09.08.2011.

Mesmo assim, a filosofia de Kant é contrária a decisões como as esboçadas pelo Supremo, no que diz respeito aos crimes de bagatela: "a punição judicial não pode, jamais, ser decretada simplesmente como meio para alcançar um bem, seja em benefício da sociedade civil, devendo-lhe apenas ser aplicada por ter aquele cometido um delito" – registra Kant, sustentando em seguida: "Deve ser julgado digno de castigo antes mesmo que possa pensar em extrair desta punição qualquer utilidade para ele próprio ou para os seus concidadãos".[755] É o imperativo categórico levado ao extremo.

Vamos ver como as lições de Derek Bok se encaixaria aqui. Segundo o Professor, vale a pena conhecer os efeitos negativos que a prisão impõe ao casamento e à paternidade, principalmente das regiões urbanas. Bok sugere que o Legislativo pode rever a aplicação de penas de prisão obrigatória para delitos de drogas e outros crimes não violentos. Isso para determinar se os efeitos de dissuasão são suficientes para justificar as consequências devastadoras para as famílias.[756] O raciocínio, voltado para a teoria da felicidade, parece ter encontrado amparo na Suprema Corte por meio da construção da chamada jurisprudência dos crimes de bagatela, que aplica o princípio da insignificância a crimes como o narrado acima.

### 18.7.4. A fórmula da felicidade aplicada ponto a ponto pelo STF

Há um caso apreciado pela Suprema Corte brasileira, de relatoria do Ministro Carlos Ayres Britto, cuja ponderação realizada foi construída em cima dos raciocínios utilitaristas. O caso trata de bens de propriedade de um estabelecimento comercial que sofreu tentativa de furto por parte de uma jovem. Denunciada, ela afirmou à jurisdição que não deveria ter uma ação penal movida contra si, em razão da insignificância do valor dos bens.

Segundo o Ministro Carlos Ayres Britto, sua posição era no sentido do reconhecimento da insignificância penal "como expressão de um necessário juízo de razoabilidade e proporcionalidade de condutas que, embora formalmente encaixadas no molde legal-punitivo, materialmente escapam

---

[755] O trecho de Kant sobre o qual se baseia a mais relevante desqualificação filosófico-moral do utilitarismo penal é o conhecidíssimo, e em parte já citado, dos *Principi metafisici della dottrina del diritto*, cit., p. 520-521.

[756] BOK, Derek. The politics of happiness: what government can learn from the new research on well-being. Princeton: Princeton University Press, 2010, p. 145.

desse encaixe". A Suprema Corte se vale da expressão proporcionalidade/razoabilidade para justificar uma decisão tomada no âmbito da jurisdição constitucional, quando, na verdade, o que se operou foi pura e simplesmente um conjunto de argumentos utilitaristas.

No caso, a Constituição foi invocada quanto ao seu preâmbulo, que introduz na dogmática constitucional brasileira o sistema constitucional da felicidade, por meio de um conjunto de proteções ao bem-estar. Para o Ministro, a justiça material é o valor ou bem coletivo que a Constituição Federal prestigia desde o seu princípiológico preâmbulo. Essa Justiça se concretizaria "mediante uma certa dosagem de razoabilidade e proporcionalidade na concretização dos valores da liberdade, igualdade, segurança, bem-estar". O bem-estar aparece num lugar de destaque na decisão. Na sequência, o Ministro começa a operar suas ideias utilitaristas. Diz: "toda ação ou omissão penalmente significante é a que instabiliza por modo temerário a convivência humana. É a que provoca, ora mais, ora menos, temerária discórdia no seio da coletividade, de modo a afetar a estabilidade das respectivas relações".

O que afirma é que o crime só é relevante quando traz discórdia à convivência humana. Quando não, crime não é. Noutras palavras, crime só é aquele que traz infelicidade à coletividade. Infelicidade esta a ser sentida, a ser notada, marcada pela discórdia capaz de afetar a estabilidade das relações sociais. Se não trouxer consigo essa força, não há razão para movimentar-se a máquina do Estado contra o cidadão que cometeu a conduta tipificada como criminosa. Não haveria qualquer utilidade.[757]

A teoria da felicidade e todo o consequencialismo humanitário que a contorna é evidente, mostrando o quanto a Suprema Corte brasileira se vale desse tipo de raciocínio para resolver temas levados a julgamento.

### 18.7.5. Os teóricos da felicidade e o direito penal: ponto e contraponto

Segundo Maria Cristina Longo Cardoso Dias, na sua tese de doutorado defendida na Universidade de São Paulo, o critério de punição de Jeremy Bentham é contrário à vingança, aproximando-se da ideia de proporcionalidade entre crime e punição. A dor gerada pela punição deve ser, em todos os casos, a menor possível, suficiente apenas para desestimular crimes, quando houver vantagem para a sociedade. "Quando o balanço

---

[757] HC 109.134/RS, julgado em 13.09.2011, pela 2ª Turma.

entre prazer e dor apontar para a não formulação de regras da legislação, estas não devem ser formuladas e as normas permanecerão no escopo da ética"[758] – afirma.

Sabemos que Jeremy Bentham teve, dentre seus inspiradores, o Marquês de Beccaria, Cesare Bonesana, que trouxe luzes aos debates quanto a um novo Direito Penal. Segundo Beccaria, "é necessário selecionar quais penas e quais os modos de aplicá-las, de tal modo que, conservadas as proporções, causem impressão mais eficaz e mais duradoura no espírito dos homens, e a menos tormentosa no corpo do réu".[759]

Outra fonte de referência utilitarista da postura do Supremo na construção da jurisprudência dos crimes de bagatela é Stuart Mill, para quem, "para salvar a vida de alguém, sob certas condições, não só é permitido, mas até obrigatório, furtar o alimento ou o remédio necessário ou tomar posse deles mediante emprego da força".[760]

Todavia, também há críticos. Immanuel Kant é um deles. Segundo ele: "Ao conceito de pena enquanto tal, não se pode de modo algum vincular a participação da felicidade". Isso porque, "embora aquele que castiga possa perfeitamente ter ao mesmo tempo a boa intenção de dirigir a punição também para esse fim, todavia enquanto punição, isto é, como simples mal [Übel], tem que antes justificar-se por si mesma, de modo que o punido, se ficasse nisso e ele tampouco visasse algum favor oculto por trás desses rigor, tem que ele mesmo reconhecer que isso lhe ocorreu de modo justo e que sua sorte corresponde perfeitamente a sua conduta.

Kant dedica muita atenção à associação entre as penas impostas aos criminosos e os impactos na felicidade. Para ele, "toda punição, enquanto tal, tem que conter, em primeiro lugar, justiça, e esta constitui o essencial desse conceito. A ela, na verdade, pode ligar-se também bondade, mas o punível, depois de seu procedimento, não tem a mínima razão para contar com ela". Ele prossegue: Portanto, a punição é um mal [Übel] físico, o qual, mesmo que enquanto consequência natural não se vinculasse ao moralmente mau [Bösen], todavia, enquanto consequência segundo princípios de uma

---

[758] DIAS, Maria Cristina Longo Cardoso. A ampliação do espaço da moral no utilitarismo de John Stuart Mill: uma comparação com a moral do utilitarismo de Bentham. Defendida dia 18 de agosto de 2011, na Faculdade de Filosofia, Letras e Ciências Humanas, p. 31.
[759] BECCARIA, Cesare. Dos delitos e das penas. São Paulo: RT, 1999, p. 52.
[760] MILL, Stuart. Filósofos do século XIX. Uma introdução. Tradução: Dankwart Bernsmüller. Coleção História da Filosofia 7. São Leopoldo: Editora Unisinos, 2006, p. 221.

legislação moral teria de estar vinculado a ele. Se, pois, todo o crime, mesmo sem considerar as consequências físicas para o agente, é por si punível, isto é, arruína (pelo menos em parte) a felicidade, então seria manifestamente absurdo dizer: o crime consistiu precisamenter em que ele incorreu numa punição enquanto prejudicou sua felicidade própria (o que, segundo o princípio do amor de si, teria que ser o verdadeiro conceito de todo o crime). Deste modo a punição tornar-se-ia a razão para denominar algo um crime e a justiça teria que consistir, muito antes, em abster-se de toda a punição e em impedir mesmo a punição natural; pois então não haveria na ação mais nada mau, porque os males, que do contrário se seguissem a ele e em virtude dos quais, unicamente, a ação chamar-se-ia má, seriam doravante contidos. Querer, porém, depois disso, considerar toda a punição e recompensa somente como uma engrenagem mecânica na mão de um poder superior, que desse modo devesse servir unicamente para pôr em ação os entes racionais com vistas a seu objetivo final (a felicidade), é um mecanismo demasiado visivelmente supressor de toda a liberdade de sua vontade, para que fosse necessário deter-nos nisso.[761]

A visão de Kant não é tão distante da de Beccaria. A máxima kantiana de que "o homem não deve jamais ser tratado como puro meio a serviço dos fins de um outro e, assim, ser confundido com os objetos do direito real", está intimamente ligada à máxima beccariana segundo a qual "não existirá liberdade sempre que as leis permitam que em alguns eventos o homem deixe de ser pessoa e se torne coisa". Todavia, a teoria da felicidade sofre acusações de que não é bastante para estabelecer um sistema penal garantista. De acordo com Luigi Ferrajoli, "mesmo sendo um pressuposto necessário, o utilitarismo não é, todavia, uma condição por si só suficiente para fundar, no plano teórico, sistemas garantistas de direito penal mínimo".[762] Ferrajoli, decerto, está se referindo a uma versão draconiana do utilitarismo, de natureza autoritária, que crê na utilidade dos governantes ou, mesmo, na utilidade do Estado, concebido como sujeito político autônomo superior à sociedade.

---

[761] KANT, Immanuel. Crítica da razão prática. Tradução baseada na edição original de 1788, com introdução e notas de Valerio Rohden. São Paulo: Editora WMF Martins Fontes, 2011, pp. 62-63.
[762] FERRAJOLI, Luigi. Direito e razão: teoria do garantismo penal. São Paulo: Editora Revista dos Tribunais, 2014, p. 242.

A teoria da felicidade, contudo, foca no bem-estar e na utilidade não mais dos governantes, mas, sim, dos governados. Se pensarmos em Condorcet, recordaremos que, para ele, "as leis são feitas para a utilidade dos cidadãos, que a elas devem obediência, e não daqueles encarregados de fazer com que estas sejam respeitadas". Esse utilitarismo "expressa um ponto de vista externo ao sistema jurídico, e tem, portanto, condições de fundar, juntamente com a separação axiológica, entre direito e moral, modelos de direito penal mínimo e garantista" – afirma Luigi Ferrajoli. Contudo, o raciocínio utilitarista pode se mostrar ambivalente, pois, no que diz respeito à finalidade da pena, é possível lidarmos com duas visões bem diferentes.

Uma primeira versão tem por finalidade a máxima utilidade possível garantida à maioria formada pelos não desviantes. Interessa à segurança social, distinta dos interesses daqueles que suportam a pena, tornando impossível a avaliação entre custos e benefícios. Não haveria "nenhum limite ou garantia na intervenção punitiva, sendo idônea, pois, para fundar, inclusive, modelos de direito penal máximo" – diz Ferrajoli. Por esta finalidade, é possível legitimar, aprioristicamente, "as penas mais severas, inclusive aquela de morte, bem como os procedimentos mais antigarantistas, compreendidas a tortura e as medidas policiais mais invasivas e não liberais".

Como segunda vertente do Utilitarismo, teríamos a linha que enxerga como finalidade o mínimo sofrimento necessário a ser impingido à minoria formada por desviantes, ou seja, considera os interesses dos destinatários da pena, evitando males extrapenais maiores, tornando "possível a comparação entre estes e os meios penais adotados" – assegura Ferrajoli. É uma doutrina sobre os limites do Direito Penal, "consentindo-lhe, pois, a justificação somente se suas intervenções forem limitadas ao mínimo necessário". Estariam justificados somente "o mínimo das proibições, o mínimo das penas e um mínimo de verdade judiciária, tal como se garante, segundo um esquema epistemológico já traçado, através de rígidas regras processuais".[763]

Apesar do alerta sincero de Luigi Ferrajoli, podemos encontrar em Beccaria, por exemplo, ilustrações importantes acerca de um utilitarismo humanitário, que compreende a pena como uma necessidade derradeira,

---

[763] FERRAJOLI, Luigi. Direito e razão: teoria do garantismo penal. São Paulo: Editora Revista dos Tribunais, 2014, p. 244.

na exata linha do pretendido pelo denominado "direito penal mínimo". Para Beccaria, a necessidade forçou os homens a cederem parte da própria liberdade. As pessoas não quiseram depositar, na esfera pública, nada além da mínima porção possível bastante para induzir os outros a defender-se. A necessidade, como justificativa para a pena aparece em Bentham, em Romagnosi e em Carmignani. Mesmo Ferrajoli reconhece que "o princípio de que a 'lei não deve estabelecer nada além de penas estrita e evidentemente necessárias' está presente em todas as constituições emanadas da Revolução Francesa".

O problema é que, para Luigi Ferrajoli, "tais indicações, vez que restaram ancoradas à concepção majotirária da utilidade que a mera prevenção dos delitos representa, mostraram-se incapazes de sugerir critérios de efetiva delimitação e minimização do direito penal". Ele sustenta que elas "cairão por terra, tanto em razão das Constituições como também das doutrinas utilitaristas do século XIX, todas voltadas para modelos correcionais ou intimidativos de direito penal máximo ou ilimitado, em uníssono com a reação anti-iluminista".[764] O receio do jurista com o utilitarismo é evidente.

Ferrajoli sustenta que as quatro finalidades preventivas do utilitarismo penal como justificações da pena, dizem respeito somente à prevenção dos delitos. São elas: (i) emenda ou correição do réu, a sua neutralização e colocação em uma condição na qual não possa causar mal; (ii) conseguir dissuadir todos os outros de imitá-lo por meio do exemplo da punição ou de sua ameaça legislativa; (iii) integração disciplinar destes com aqueles; e (iv) consequente reforço da ordem mediante a reafirmação dos valores jurídicos lesados.[765]

É bem verdade que a visão acima não esteve absolutamente presente no século XVIII, notadamente no final desse século. Muitas obras apresentavam outros objetivos da pena que não fosse, exclusivamente, a prevenção do delito. Tanto assim o é que o próprio Ferrajoli afirma que, na época do Iluminismo, "a função utilitarista da pena tornou-se a base comum de todo o pensamento penal reformador, reunindo-se expressamente com a doutrina da separação entre direito e moral". Montesquieau, Voltaire,

---

[764] FERRAJOLI, Luigi. Direito e razão: teoria do garantismo penal. São Paulo: Editora Revista dos Tribunais, 2014, p. 243-244.

[765] FERRAJOLI, Luigi. Direito e razão: teoria do garantismo penal. São Paulo: Editora Revista dos Tribunais, 2014, pp. 244-245.

Beccaria, Blackstone, Filangieri, Pagano, Hume, Bentham e Von Hulboldt compreendiam que as aflições penais "são preços necessários para impedir males maiores, e não homenagens à ética ou à religião, ou, ainda, ao sentimento de vingança".[766]

A mensagem que podemos deixar é que todo o raciocínio empregado no âmbito da jurisdição constitucional para afastar os efeitos da tipificação penal incidente nas condutas praticadas dentro do contexto dos chamados crimes de bagatela tem como fundamento a escola utilitarista. Só a utilização dessa doutrina, em aliança entre a teoria da felicidade e a jurisdição constitucional, tornou possível conferir um caráter humanitário à legislação penal brasileira.

---

[766] FERRAJOLI, Luigi. Direito e razão: teoria do garantismo penal. São Paulo: Editora Revista dos Tribunais, 2014, p. 245.

# 19.
# Olhando além do horizonte: danos hedônicos

## 19.1. Apresentação

À luz da teoria da felicidade e da jurisdição constitucional, iremos trabalhar o conceito de danos hedônicos. Para isso, precisamos conhecer o caso seguinte. Após o seu relato, cuidaremos da conceituação e da aplicação desse tipo de dano.

## 19.2. A nova dimensão dos danos morais: os danos hedônicos

A doutrina se equilibrou quanto ao conceito dos danos morais na linha de um conceito "negativo" ou "excludente", associando o dano moral à "dor". Dano moral seria todo sofrimento humano que não resulta de uma perda pecuniária. Logo, se o dano não estiver atrelado às características do dano patrimonial, é o dano moral. Nas lições de Silvio Rodrigues, "a dor, a mágoa, a tristeza infligida injustamente a outrem".[767]

Assim como no Brasil, há um critério de reparação pecuniária baseada na dor nos Estados Unidos. Mesmo assim, surgiu lá a configuração dos danos hedônicos, por se entender que a mera reparação pecuniária quanto a dor e sofrimento não englobaria os delicados aspectos relativos à perda da

---

[767] RODRIGUES. Silvio. Direito civil de acordo com o novo código civil. 19ª ed. São Paulo: Saraiva, 2002, p. 167.

felicidade com o gozo da vida. Ele é diverso dos danos morais e, no Brasil, tem um irmão próximo: os danos existenciais.[768]

### 19.3. Danos hedônicos e o seu desenvolvimento nos Estados Unidos

O conceito de danos hedônicos pode ser ilustrado com a passagem da expert Tina M. Tabacchida, no seu *Hedonic Damages: A New Trend in Compensation?* (Danos Hedônicos: Uma Nova Tendência nas Compensações?). Ela diz que esses danos decorrem de uma compensação a um indivíduo pela perda da capacidade de desfrutar dos prazeres da vida. Abrangem os valores mais importantes da vida, incluindo o valor econômico, moral e filosófico com os quais se é possível viver. Dois outros elementos são as expectativas do indivíduo para o futuro, bem como o gozo de atividades passadas. Ao contrário dos danos decorrentes de perdas pecuniárias, os danos hedônicos envolvem uma análise mais subjetiva quanto ao prazer da vida do indivíduo. Mais subjetiva do que a análise necessária a mensurar os danos morais.

O que pretendemos demonstrar é que a jurisdição constitucional, nesse caso, poderia ter se valido de mais uma ferramenta trazida pela teoria da felicidade. A figura dos danos hedônicos deveria ter sido suscitada pela parte e submetida à apreciação da Suprema Corte para que se decidisse o seu cabimento ou não. Seria mais uma forma de aproximarmos as modernas teorias acerca da felicidade da jurisdição no constitucionalismo atual.

A partir do momento em que a jurisdição considera a perda da felicidade com a vida como elemento apropriado à mensuração de danos morais, ela possibilita a consideração da redução da capacidade da pessoa quanto à sua percepção sensorial, bem como quanto às suas atividades físicas. Para ilustrar, podemos utilizar como elementos informadores do valor do dano

---

[768] A Sentença 500, de 22.07.1999, proferida pela Corte de Cassação italiana, inovou ao reconhecer o direito de indenização com base tão somente na injustiça do dano e na lesão a uma posição constitucionalmente garantida. Posteriormente, diante de um caso mais grave, a mesma Corte proferiu a sentença 7.713, de 07.06.2000, reconhecendo o que a doutrina brasileira tem chamado de dano existencial. Trata-se de ação em que o pai foi condenado a pagar indenização pelo dano existencial causado ao filho, em razão da conduta omissiva do genitor, que resistiu inflexivelmente ao adimplemento das prestações de alimentos, somente vindo a efetuar o pagamento anos depois do nascimento do filho e em razão de determinação judicial, conduta que ofendeu o direito do autor de ser tratado com a necessária dignidade, comprometendo o seu desenvolvimento.

hedônico a incapacidade de dançar, de nadar, de praticar esporte, de se exercitar ou de se envolver em atividades recreativas, de surfar, de tomar sorvete, de ter relações sexuais, de realizar tarefas domésticas, de brincar com os filhos ou de desfrutar da companhia dos amigos.

## 19.4. Danos hedônicos na jurisprudência norte-americana

A configuração dos danos hedônicos é resultado da jurisprudência dos Estados Unidos. Apreciando o caso Sherrod vs. Berry (1985), a Corte de Illinois autorizou, pela primeira vez, uma indenização em razão da configuração de danos hedônicos. O caso envolvia abuso de poder por policiais. Esse tipo de dano passou a ser permitido quando a morte da pessoa ocorresse em razão de uma violação dos direitos civis.

O economista Stan Smith foi o responsável pela caracterização dos danos hedônicos. Ele foi chamado a depor nesse caso na condição de perito e criou uma metodologia para a medição do quantum relativo à vida humana no tocante à perda da felicidade com o gozo da vida. O Tribunal, ao confirmar dois anos depois, a admissão do depoimento do economista, destacou a fórmula de Smith como "de valor inestimável". Desde então, o Economista fez carreira cruzando o país a pedido de litigantes explicando que a felicidade tem um valor quantificável.

A fórmula de Smith tem três critérios. O primeiro pode ser chamada de "vontade/disposição para aceitar". Ele se concentra na atividade produtiva do indivíduo e se baseia na ideia de que os indivíduos são "dispostos a aceitar" certas quantias de dinheiro em troca de um maior risco de morte (por exemplo, trabalhando em uma profissão de alto risco). O segundo pode ser denominado "vontade/ disposição para pagar". Os danos hedônicos são estimados considerando quanto os indivíduos estão dispostos a pagar para reduzir a probabilidade de morrer. O valor que um indivíduo está disposto a pagar por um "salva-vidas", um sensor de incêndio ou cintos de segurança, está relacionado com o valor que ele atribui à vida. O terceiro critério se vale de um questionário para tentar determinar quanto o indivíduo está disposto a pagar em termos percentuais para reduzir a chance de morrer.

Quase 20 anos depois de Smith apresentar sua fórmula ao Judiciário, ela continua sendo utilizada. A popularidade da equação é tamanha que a lei que autorizou a compensação das vítimas em decorrência dos ataques às torres gêmeas do World Trade Center menciona o cômputo de danos hedônicos.

Smith sugere que, a fim de simplificar a análise do valor, os julgadores devem considerar várias hipóteses. A primeira delas é que o valor financeiro de um indivíduo não corresponde ao valor hedônico de sua vida. A vida de um desempregado ou de uma criança tem valor, apesar de nenhum deles auferir renda. Depois, a vida tem um valor hedônico independente da sua riqueza, educação, gênero, família ou outras características socioeconômicas. Em terceiro lugar, o valor hedônico da vida está relacionado à expectativa de vida. Por fim, Smith sugere que se assuma que "o valor hedônico de vida de cada ano futuro tem uma taxa de desconto real zero".[769]

Outro exemplo de configuração judicial de dano hedônico na jurisprudência norte-americana vem do caso Andrews vs. Mosley Well Service, no qual a Corte separou as perdas quanto à felicidade em gozar a vida dos danos pela dor e sofrimento.

O caminhoneiro Andrews, ao sentar-se no seu caminhão no estacionamento de um posto de gasolina, deixando a porta aberta enquanto colocava seu café sobre o painel e pegava as chaves, foi colhido por um caminhão. Depois do acidente, os músculos das costas começaram a sofrer espasmos, fazendo com que ele ficasse internado 15 dias, além de usar por um ano um aparelho para a coluna cervical e o pescoço.

Ele ficou incapaz de trabalhar e a cirurgia que fez não lhe aliviou a dor. No julgamento pleiteando reparações, Andrews declarou que desde sua lesão, ele não conseguiu mais dirigir, trabalhar no quintal de sua casa, lavar os próprios pés, colocar a comida dos seus peixes, ou, simplesmente, jogar bola com seus filhos. Afirmou ainda que sua incapacitação para o trabalho o impedia de sustentar sua família e lhe impunha duras restrições quanto a atividades cotidianas, o que afetava, muito, sua autoestima.

A Corte concordou com Andrews e, como danos pecuniários, fixou a quantia de $250,000 por danos e sofrimentos físicos, $75,000 pelos danos e sofrimentos mentais e $75,000 pela perda de felicidade com o gozo da vida.

## 19.5. As críticas

Essa nova configuração do modelo de reparação pecuniária por danos impostos a terceiros não passa sem críticas nos Estados Unidos. Cass Sunstein é um dos seus maiores adversários. Para ele, "as pessoas exageram muito os efeitos hedônicos de vários eventos adversos, em grande parte porque

---

[769] TABACCHI, Tina M. Hedonic damages. Ohio State Law Journal. [v. 52: 331], pp. 331-349.

não anteveem a sua notável capacidade de adaptação às mudanças". Diz ainda que "muitas dessas perdas são ilusórias, ou, pelo menos, exageradas, no sentido de que elas infligem muito menos danos hedônicos do que se imagina".[770]

Sunstein propõe separar "as condições adversas que impõem perdas grandes e persistentes, das condições adversas que impõem perdas apenas transitórias, de curto prazo ou modestas". Um ponto-chave seria saber que as pessoas muitas vezes não conseguem, com antecedência, antecipar os efeitos hedônicos de eventos adversos. Para o Professor, "a incapacidade nesta contagem produz previsões hedônicas erradas".

Sunstein defende que os juízes são suscetíveis a erros de julgamento ao fixarem as indenizações decorrentes dos danos hedônicos, que são normalmente exageradas. A razão está no fato de o sistema jurídico indenizar perdas que os próprios perdedores dedicariam pouca atenção em suas vidas. Para Sunstein: "O sistema jurídico certamente produz ilusões quanto aos casos de responsabilidade civil". Ele indaga: "Como é possível que juízes passem a atuar como 'hedômetros', se lhes falta o acesso direto à experiência de vida da pessoa?"

Assim como ocorre no Brasil, com a indenização por danos morais, o sistema jurídico norte-americano permite que as pessoas sejam indenizadas em razão da dor e do sofrimento que experimentaram. Nesse particular, Sunstein nos diz que: Os efeitos adversos decorrentes da dor e do sofrimento são, sem dúvida, reais, e o sistema legal deve tentar intimidá-los e oferecer compensações. Contudo, as perdas hedônicas são, na maioria das vezes, lesões muito mais graves suportadas pelas pessoas, maiores do que perdas econômicas.

Para Sunstein, as indenizações que "são notoriamente variáveis, não sendo claro, em qualquer sentido, que sigam critérios racionais ou coerentes".[771] Ele sugere uma reforma legal visando a estabelecer uma agenda para o modelo de indenização por danos civis, que se daria por meio de três tarefas

---

[770] SUNSTEIN, Cass R. Illusory losses. In: Law and happiness. The University of Chicago Press, pp. 157-196.
[771] VISCUSI, W. Kip. Pain and suffering in product liability cases: systematic compensation or capricious awards? 8 Intl Review of Law and Economics 203 (1988). BOVBJERG, Randall et al. Valuing life and limb in tort: scheduling pain and suffering, 83 Nw. L . Rev. 908 (1989); RODGERS, Gregory. Estimating jury compensation for pain and suffering in product liability cases involving nonfatal personal injury, 6 J Forensic Economics 251 (1993).

distintas: (a) da transposição das perdas hedônicas em termos monetários; (b) a correção de erros de julgamentos hedônicos; e (c) avaliação da capacidade de danos, se for o caso.

Em muitos Estados norte-americanos as pessoas podem ser indenizadas por terem sofrido danos hedônicos. Sunstein alerta para o fato de que "a linha que separa, de um lado, a dor e o sofrimento e, do outro, os danos hedônicos, pode ser obscura; eventos que impõem sofrimento também podem impor perdas hedônicas". Ele elenca vários casos nos quais as perdas decorrem da incapacidade das pessoas se envolverem em atividades que valorizam, tais como os esportes[772], andar a cavalos[773] ou manter relações sexuais[774]. Também é possível a configuração em hipótese de perda de um membro[775]; impossibilidade de mover o cotovelo[776]; depressão e redução da autoestima decorrente da amputação de um braço[777], redução da capacidade cognitiva ou retardo mental[778], ficar acamado ou necessitando de constantes cuidados médicos[779]. Para Sunstein, são exemplos "difíceis de serem traduzidos em equivalentes econômicos".

O Professor traz situações aparentemente negativas que, quando testadas por meio de pesquisas, mostram que não repercutiram tão negativamente na vida das pessoas como se imaginava. Segundo Sunstein, "quanto às alterações negativas, incluindo as que dizem respeito ao sistema legal, o impacto hedônico é muitas vezes surpreendentemente pequeno". Ele ilustra seu raciocínio com os seguintes exemplos: Paraplégicos são apenas modestamente menos felizes do que outra pessoas.[780] Jovens que perde-

---

[772] Day vs. Ouachita Parish School Bd., 823 So.2d 1039, 1044 (La. Ct. App. 2002) (a vítima, estudante do ensino médio, se viu incapaz de jogar no time de esportes do colégio para o qual ele havia treinando desde a sexta série).

[773] Allen vs. Wal-Mart Stores, Inc., 241 F.3d 1293, 1297 (10th Cir. 2001) (concessão de indenização em razão de danos hedônicos decorrentes da perda da capacidade de andar a cavalo).

[774] Varnell vs. Louisiana Tech University, 709 So2d 890, 896 (La Ct App 1998).

[775] Pierce vs. NYCR Com., 409 F2d 1392 (Mich 1969); Matos vs. Clarendon Nat Ins Co., 808 So2d 841, 849 (La Ct App 2002).

[776] Kirk vs. Wash. State Univ., 746 P.2d 285, 292 ( ash. 1987).

[777] Coleman vs. Deno, 832 So. 2d 1016 (La Ct App 2002).

[778] Nemmers vs. United States, 681 F. Supp. 567 (CD Ill 1988).

[779] BERLA, Edward P. et al. Hedonic damages and personal injury: a conceptual approach, J. Forensic Economics (1990).

[780] KAHNEMAN, Daniel; KRUEGER, Alan. Developments in the measurement of subjective well-being, 20 J Econ Persp 3, 14 (2006). An interesting question, not explored in the hedonic

ram um membro em razão de um câncer não mostram menos felicidade do que jovens que, em situação semelhante, não tiveram câncer. Pessoas com deficiência moderada recuperam seu nível de predisposição depois de dois anos.[781] Pacientes de diálise renal não apresentam níveis mais baixos de felicidade do que pessoas comuns. Pacientes de colostomia relatam níveis de felicidade que são quase o mesmo que as pessoas que não tiveram colostomia.

O Professor, para chegar à conclusão que chegou, parece ter se fiado muito na questão da adaptação das pessoas às intempéries da vida. Esse fenômeno – adaptação – já foi estudado por nós por meio de importantes marcos teóricos, tais como Carol Graham, Derek Bok e Richard Layard. Nada obstante tenhamos exposto suas impressões, é importante, para contrapor Sunstein, rememorar parte dos ensinamentos.

Segundo Richard Layard, "a adaptação é ainda maior no topo e explica por que os ricos ganham tão pouco com sua riqueza". Ele afirma que "os ganhos para os ricos podem ser diretamente comparados com os maiores ganhos que os pobres teriam se o dinheiro fosse mais igualmente distribuído".[782] Os argumentos de Layard contrapõem o raciocínio de Sunstein no sentido de que perdas não impactam tanto na felicidade como se imagina e que os ganhos também não. No quesito ilustrado por Layard – dinheiro –, o que há é uma adaptação ainda maior por parte de quem tem muito dinheiro. Ou seja, se a falta de saúde não faz tão mal – como parece tentar fazer crer Sunstein – a abundância de saúde é imediatamente notada e agrega valor à sensação de felicidade.

Há ainda outro argumento muito poderoso para situar no local adequado as propostas de Sunstein tentando enfraquecer a consistência dos danos hedônicos. Segundo Bok, mesmo que pudesse ser demonstrado que quase todas as famílias de baixa renda "se adaptam à sua condição de vida e alcançam um surpreendente grau de felicidade, não significa que os formuladores de políticas públicas não têm motivo para ajudá-las". Se for

---

literature, is the extent to which discrimination and stigma might contribute to the (admittedly modest) decrease in happiness, or perhaps in more significant decreases in moment-by-moment happiness.

[781] OSWALD, Andrew; NATTAVUDH, Powdthavee. Does happiness adapt? A longitudinal study of disability with implications for economists and judges, Mimeo, University of Warwick (2005).
[782] LAYARD, Richard. Felicidade: lições de uma nova ciência. Tradução: Maria Clara de Biase W. Fernandes. Rio de Janeiro: BestSeller, 2008, p. 52.

possível comprovar que a condição econômica é injusta, "(por exemplo, porque eles tinham sido enganados por seu empregador), isso poderia recomendar um esforço para que sejam feitos ajustes ao destino dessas famílias".[783]

É possível que as pessoas, diaceradas por males causados por terceiros, possam se adaptar a eles e, com o tempo, se sentirem melhor. Isso não quer dizer que, considerando seus históricos de vida e as perspectivas de como essas vidas prosseguiriam, caso não tivessem sido afetadas drasticamente, não seja óbvio que há mais do que dor e sofrimento em alguns episódios. O que há, em verdade, é a obstrução da felicidade pelo gozo da vida, configurando-se, assim o dano hedônico. A configuração dos danos hedônicos, de fato, é completamente indiferente ao fenômeno da adaptação, por entender que ele não afasta a perda do prazer com o gozo da vida.

Essa última parte do trabalho pretendeu apresentar as características dos danos hedônicos, fornecendo sua conceituação e expondo o histórico jurisprudencial construído nos Estados Unidos da América. Também trouxemos as críticas, marcadas pela doutrina de Cass Sunstein. Foi importante, nessa tarefa, as lições do perito Smith, responsável pela sua introdução na jurisprudência norte-americana em 1985 e que, hoje, tem visto sua proposta florescer ao redor de todo o país.

### 19.6. O dano existencial nas relações de trabalho

Buscando inspiração nos ensinamentos de Flaviana Rampazzo Soares, danos existenciais decorrem de condutas que afetam os direitos da personalidade de modo a causar danos de natureza extrapatrimonial, afetando o equilíbrio da pessoa, atingindo a sua essência e, em última análise, a sua dignidade, tornando conveniente a atuação da responsabilidade civil para cessar a desarmonia ocasionada pelo ofensor.

Segundo Flaviana Rampazzo Soares, os interesses ligados à existência da pessoa estão intimamente relacionados aos direitos fundamentais e, consequentemente, aos direitos da personalidade. Da ampla tutela dos mesmos, resulta a valorização de todas as atividades que a pessoa realiza ou pode realizar, pois tais atividades são capazes de fazer com o que o indivíduo

---

[783] BOK, Derek. The politics of happiness: what government can learn from the new research on well-being. Princeton: Princeton University Press, 2010, p. 56.

atinja a felicidade – a razão de ser da existência humana –, exercendo, plenamente, todas as suas faculdades físicas e psíquicas.[784]

Essa dimensão dos danos, que, na hipótese, se apresenta como os danos existenciais, se relaciona com a visão social da existência aliada às relações de trabalho. É que, para Franco Filho, os direitos sociais passam a ser essenciais à busca da felicidade. Uma vez implementados, eles darão chance ao direito social à felicidade, que assim será o maior de todos, porque representará o somatório deles.[785]

Os arts. 1º, III, e 5º, V e X, da Constituição Federal, combinados, estabelecem o princípio da ressarcibilidade dos danos extrapatrimoniais. Já o Código Civil trata da indenização nos arts. 12, caput, 186 e 927. Segundo o art. 8º, parágrafo único, da Consolidação das Leis do Trabalho, aplica-se subsidiariamente o direito comum ao Direito do Trabalho.

No Brasil, a Justiça do Trabalho tem responsabilizado empresas pelo dano existencial, entendido como uma espécie de dano imaterial causado ao empregado pela imposição de excessivo volume de trabalho. A conduta do empregador afrontaria o direito do empregado de dispor de seu tempo livre para as suas atividades sociais, políticas ou culturais, atingindo a própria existência do indivíduo a ponto de vilipendiar o seu direito de autodeterminação. Em última análise, as chances deste empregado ser feliz em seu projeto de vida seriam reduzidas por ato perpetrado pela empresa.

Luiz Otávio Linhares Renault, desembargador do Tribunal Regional do Trabalho da 3ª Região, relatou caso no qual um gerente que atuava em uma empresa da área de combustíveis obteve indenização de R$ 10 mil. De acordo com o trabalhador, seus períodos de descanso e convívio familiar não eram plenamente usufruídos, uma vez que ficava à disposição da empresa, de sobreaviso.

A 1ª Turma do TRT-3 reformou a decisão para condenar a ré ao pagamento de R$ 10 mil por dano moral existencial. O desembargador Renault reconheceu que o extenuante regime de trabalho imposto ao funcionário comprometeu sua liberdade de escolha, inibindo a convivência familiar e social e frustrando seu projeto de vida.

---

[784] SOARES, Flaviana Rampazzo. Responsabilidade Civil por Dano Existencial. Porto Alegre: Livraria do Advogado Editora Ltda, 2009, p. 37.

[785] FRANCO, Georgenor de Sousa. O direito social à felicidade. In: Direitos Fundamentais: questões contemporâneas. Em homenagem aos 25 anos da Constituição Federal de 1988. Rio de Janeiro: GZ editora. 2014, p. 142.

"Viver não é apenas trabalhar. É conviver, relacionar-se com seus semelhantes na busca do equilíbrio, da alegria, da felicidade e da harmonia, consigo própria, assim como em todo o espectro das relações sociais materiais e espirituais", destacou o julgador, que entendeu que havia, ali, violação ao princípio da dignidade humana previsto no artigo 1º, inciso III, da Constituição Federal.

O desembargador resumiu sua compreensão quanto ao dano existencial da seguinte forma:

> O dano existencial ofende, transgride e arranha com marcas profundas a alma do trabalhador, ulcerando, vilipendiando, malferindo diretamente os direitos típicos da dignidade da pessoa humana, seja no tocante à integridade física, moral ou intelectual, assim como ao lazer e à perene busca da felicidade pela pessoa humana, restringida que fica em suas relações sociais e familiares afetivas.[786]

Noutra decisão, o TRT da 4ª Região, ao apreciar pedido de indenização devido à jornada excessiva, com labor aos sábados e, inclusive, aos domingos, reconheceu o dano existencial caracterizado pelo término da relação conjugal e, consequentemente, necessária mudança no curso de vida da empregada.

Em 2015, foi a vez de a Quarta Turma do Tribunal Superior do Trabalho absolver uma empresa do pagamento de indenização por dano existencial a uma comerciária do Rio Grande do Sul devido à jornada excessiva. Por maioria, a Turma entendeu que não foram encontrados elementos caracterizadores do dano.

Todavia, a relatora do recurso, Ministra Maria de Assis Calsing, que ficou vencida, entendeu que o dano à existência se caracteriza pelo impedimento do exercício de atos normais, como viver com a família, passear, se divertir. "Faz parte da felicidade e da dignidade de qualquer pessoa", afirmou.

O dano existencial, portanto, tem suscitado debates importantes no âmbito da Justiça do Trabalho, aparecendo, no Brasil, como o equivalente aos danos hedônicos mas, na hipótese, fruto de abusos nas relações laborais que terminam por corromper projetos legítimos de vida por parte dos empregados.

---

[786] Processo 0011067-61.2014.5.03.0163

# Conclusão

Primeiramente, vieram da Filosofia as acepções quanto à felicidade e a tentativa de identificar suas características mais marcantes para que, então, um conceito ficasse registrado. A razão de ser da investigação filosófica foi a necessidade de abordar a questão de modo interdisciplinar. Boa parte dos ensinamentos filosóficos consistiu em procurar obter sabedoria e, muitas vezes, a busca pela sabedoria consistia na própria busca da felicidade. A Filosofia se mostrou rica quanto a esses conhecimentos e provou que todas as premissas sobre as quais ela assentou essa teoria são atuais.

Na parte filosófica, tivemos de percorrer os pensadores clássicos e o fizemos com certo desagrado. Para que pudéssemos tratar de todas as acepções filosóficas acerca da felicidade, teríamos – sem exagero –, de estudar todos os filósofos. Como dissemos, a busca pela sabedoria, ou pela verdade, se confundia com a busca pela felicidade, fazendo com que a doutrina filosófica, na maior parte das vezes, fosse, também, a doutrina da felicidade.

Diante da necessidade de delimitar o âmbito de filósofos estudados, fizemos uma opção: apreciaríamos aqueles que elaboraram doutrinas diretamente ligadas à felicidade, a exemplo de Epicuro, Sêneca, Cícero, Schopenhauer e das escolas hedonistas e estoicas. Outro critério escolhido foi se voltar para aqueles que, apesar de não terem se dedicado exclusivamente à felicidade, a utilizaram com frequência em seus ensinamentos, a exemplo de Sócrates, Platão e Aristóteles. O critério seguinte foi compreender o pensamento dos discípulos dos filósofos clássicos e identificar se as primeiras reflexões sobre a felicidade ganharam coro nas doutrinas seguintes. Aqui, aparecem Thomas Hobbes e Friedrich Nietzsche, pela anunciada intenção de se afastarem das ideias platônicas sobre a felicidade. Também trabalhamos Immanuel Kant, pela marca que sua doutrina trouxe de rompimento com as ideias postas até então. Kant trabalha uma acepção inovadora de felicidade, daí termos nos dedicado a expor e compreender suas lições. Por fim, temos Madame du Châtelet, a única mulher contemplada, que enriqueceu o trabalho com uma perspectiva, influenciada pelas suas desventuras no amor, em especial, na sua relação mal resolvida com Voltaire. Não nos esquecemos de tratar das filosofias alemã e escocesa geradas com o Iluminismo.

Portanto, admitimos a impossibilidade de percorrer todos os filósofos. Além disso, o desagrado por ter tido de excluir alguns deles que, reconhecidamente, contribuíram para o estudo da felicidade, a exemplo de Santo Agostinho. Há uma certa arbitrariedade nesses cortes.

Além de excluirmos as doutrinas religiosas das nossas pesquisas, tivemos de fazer o mesmo no campo da psicologia. Da mesma forma, com desagrado. Nesse campo, contamos com as importantíssimas contribuições de Daniel Kahneman, Prêmio Nobel. Todos os seus ensinamentos contribuiriam muito para o desenvolvimento crítico da teoria da felicidade, mas por razões de estruturação do conteúdo, tivemos de optar por não realizar incursões teóricas nos campos psicológicos, limitando-nos a compreender as conclusões das pesquisas sobre a felicidade dos povos trazidas no trabalho. Martin Seligman, outra fonte especial de conhecimento sobre a felicidade na esfera psicológica, nos serviu de base, por trazer várias pesquisas e por se debruçar sobre elas. Portanto, mesmo reconhecendo o valor dos estudos de Kahneman, tivemos de deixá-lo de fora em razão de opção conteudística.

A segunda parte do trabalho trata do movimento utilitarista, segundo o qual a razão de ser das decisões públicas é a maximização da felicidade do maior número de pessoas com a consequente redução das dores.

Os capítulos investigam a origem, desenvolvimento e adaptação do movimento utilitarista, apontando o refinamento que essa doutrina passou ao longo do tempo, saindo de uma visão ortodoxa proposta por Jeremy Bentham até chegar a Stuart Mill, que introduziu elementos à doutrina, aproximando-a do que hoje convencionou-se chamar de teoria dos direitos fundamentais. Em Mill, encontramos também a diferenciação quanto à qualidade dos prazeres. Após conhecermos as premissas do movimento utilitarista, podemos perceber que muitas vezes a jurisdição constitucional brasileira exercida pela Suprema Corte se vale de ideias utilitárias, conferindo a elas o nome de proporcionalidade-razoabilidade. Nesses dois capítulos discorremos sobre Jeremy Bentham. Na sequência, trazemos as críticas que a literatura especializada faz às suas ideias. Quando tratamos dessas críticas, quem aparece é Stuart Mill, um aliado de primeira hora que, posteriormente, se propõe a revisitar a doutrina benthamista e o faz com perfeição. Também trazemos as críticas contemporâneas, a exemplo de Michael Sandel, Amartya Sen e John Rawls. Para não ficarmos somente na crítica, trouxemos as lições do economista Richard Layard, um entusiasta do utilitarismo.

Os capítulos referentes ao utilitarismo são atuais para o tema da jurisdição constitucional. Há a presença das ideias utilitaristas em várias decisões da Suprema Corte, a exemplo da jurisprudência dos crimes de bagatela e, também, do célebre julgamento da constitucionalidade das políticas de cotas. Há o desenvolvimento de ideias utilitaristas, ainda, no julgamento das uniões homoafetivas e na constitucionalidade da Marcha da Maconha. Vimos que a jurisdição constitucional realiza distinções entre os prazeres e o faz com base na Constituição Federal. Essa ideia tem fundamento teórico em John Stuart Mill que, mesmo criticado, persistiu na elaboração de distinções entre os chamados prazeres nobres e os prazeres sádicos. Como já tínhamos apreciado as doutrinas filosóficas da felicidade, notamos que essa distinção aparece nos clássicos, a exemplo de Aristóteles. Estudar o utilitarismo de Stuart Mill possibilitou abrir uma porta para o constitucionalismo contemporâneo se aliar ao utilitarismo, a partir do momento em que se compreende a existência dos direitos fundamentais a serem resguardados pela jurisdição. Contrapondo a falsa premissa de que no Utilitarismo, para a maximização da felicidade, valeria tudo, percebemos que Mill aproxima-a do respeito aos direitos fundamentais, possibilitando trabalhar essa doutrina atualmente.

O estudo, análise e compreensão do Utilitarismo, trouxe elementos importantes ao trabalho e aproximou a teoria da felicidade do constitucionalismo e da jurisdição constitucional contemporâneas. Não seria exagero afirmar que é no Utilitarismo que encontramos o fundamento de validade da utilização, pela jurisdição constitucional, da felicidade como ethos hermenêutico.

Tratamos dos resultados empíricos decorrentes de pesquisas sobre a felicidade que podem auxiliar o exercício da jurisdição pelo fato de fornecerem, ao julgador, informações sobre o impacto da decisão na felicidade coletiva, que podem ser considerados, caso o juiz entenda por bem, para a formação da sua convicção, realizar reflexões consequencialistas.

Nessa parte do trabalho, depois de apresentarmos a doutrina clássica de Richard Easterlin, nos guiamos pelas pesquisas de Carol Graham, que nos fornece substanciosos resultados sobre a felicidade dos povos mundo afora. Graham constitui o ponto mais importante, pois sua contribuição ao estudo da felicidade, por meio das pesquisas, propiciou que comparássemos suas conclusões com o exercício atual da jurisdição constitucional no Brasil. Trabalharemos os números da felicidade no ocidente, analisando, também, pesquisas feitas em nosso país. Algumas conclusões surgem. Uma delas é que a comparação é um fator desestabilizante para a felicidade. Outra é que o desemprego é destrutivo sob múltiplos aspectos, não somente pela ausência da renda.

Assim, com o acesso às pesquisas sobre a felicidade, podemos trazer seus resultados para o âmbito do Direito Constitucional e identificar como a jurisdição tem tratado das questões reputadas impactantes à felicidade coletiva. O capítulo sobre a deturpação do discurso da felicidade no Reino do Butão e na África do Sul traz um alerta. Ele trata do risco de utilização paternalista da felicidade como instrumento de inibição de direitos e de erosão da autonomia da vontade. Nada obstante reconheçamos que a felicidade é uma bandeira universal imersa no rol dos direitos fundamentais, cujo resguardo é dever do constitucionalismo, não acreditamos que seja dever do Estado criar a sua própria pauta da felicidade baseada nos padrões morais das autoridades. Isso seria um voluntarismo incompatível com as premissas aqui defendidas.

Para ilustrar, trabalhamos o caso do Reino do Butão, o pequeno país da cordilheira do Himalaia que alçou a felicidade como meta constitucional, chegando a criar o índice Felicidade Nacional Bruta, em substituição ao Produto Interno Bruto. Com uma Constituição repleta de menções à felicidade, o Butão alçou a felicidade à finalidade primeira do Estado. Todavia, para alcançar esse objetivo, maculou direitos fundamentais, oprimiu minorias, negou direitos, limitou a liberdade de expressão, afastou a diversidade religiosa e o direito de ir e vir e pôs fim à autonomia da vontade. Do ponto de vista econômico e social, o país experimentou um boom positivo, com crescimento em todos os indicadores sociais e um distanciamento quanto ao Nepal, país alvo da sua indiferença. Todavia, no que diz respeito aos direitos fundamentais, o que se viu foi uma sistemática ação para minimizá-los. O capítulo é importante, portanto, para situar a diferença entre "considerar" os indicadores de felicidade como elementos norteadores das decisões públicas e "impor" ideias pré-concebidas de felicidade por meio de decisões públicas.

A parte histórica trata, respectivamente, da Independência dos Estados Unidos, da Revolução Francesa e da Independência do Brasil, abordando as conexões desses movimentos com a felicidade. Os documentos consultados, a exemplo da própria Declaração de Independência dos Estados Unidos, da Declaração de Direitos do Homem e do Cidadão, na França, e várias manifestações de Dom Pedro, no Brasil, deixam claro: a felicidade era o grande projeto constitucional. Os ideais lançados em muitos documentos do período apontam a felicidade como finalidade derradeira do projeto de vida coletiva guiada por uma Constituição. Compreendemos que foi nos braços da poesia iluminista, dotada de forte vigor filosófico, que a felicidade surgiu com toda a sua força e, naturalmente, com todas as suas indefinições conceituais. Mesmo assim, é importante que saibamos que esse foi o marco do constitucionalismo do século XVIII, que chegou a fixar que a felicidade era a finalidade do Estado.

A partir dessa constatação, fica a pergunta: se o constitucionalismo visava à felicidade, em que momento esse divórcio se deu? Ou melhor: será mesmo que esse divórcio ocorreu?

O capítulo sobre a dogmática do Direito à Felicidade apresenta o constitucionalismo contemporâneo e suas principais marcas, passando para as acepções sobre as constituições. Em seguida, ingressa no importante universo dos direitos fundamentais, abordando, em tópico específico, a necessidade de proteção das minorias e a relação dessa proteção com a felicidade coletiva. Também trata da visão contemporânea de Estados Constitucionais. Também discorre sobre a importante relação entre o positivismo e o direito à felicidade.

Temos a apresentação de um conceito de direito amplo à felicidade, que se desdobraria em algumas espécies. São elas: (i) direito à felicidade pública (participação popular); (ii) direito à busca da felicidade (liberdade); (iii) bem-estar objetivo (direitos sociais); (iv) vedação a prazeres sádicos (dignidade da pessoa humana); e (v) maximização da felicidade coletiva como consequência das decisões estatais, incluindo as judiciais (ponderação utilitarista).

O capítulo apresenta conceito e características do direito à felicidade, além de trazer objeções e respostas necessárias à continuidade do debate. Esclarece, ainda, que direito à felicidade não é o mesmo que "mínimo existencial", nem que "Estado do bem-estar social". Ao final, percorre a Constituição Federal de 1988 relacionando-a com a proteção ao direito à felicidade.

Os capítulos seguintes fazem testes ao conceito de direito à busca da felicidade, que seria a necessária abstenção do Estado e dos particulares quanto aos planos individuais racionais de execução de pacotes voltados à satisfação de preferências ou desejos legítimos. Lançadas as bases conceituais desse tipo de direito à felicidade, passa-se a investigar qual o tratamento jurisprudencial tem lhe sido conferido em três países: Estados Unidos, Coreia do Sul e Brasil. É uma vertente fundamental para esta obra.

Dizer que a felicidade é o objetivo do constitucionalismo e que, por tal razão, a jurisdição constitucional deve considerá-la, é uma coisa. Outra coisa é tentar identificar o que viria a ser o direito à busca da felicidade e qual o reconhecimento que a jurisdição constitucional lhe tem dado. Essa última visão constitui o objetivo do capítulo.

Pelo fato de a Constituição da Coreia do Sul também trazer o direito à busca da felicidade e de isso ter inspirado a crítica especializada desse país, conhecemos os julgamentos cuja invocação a esse direito despertou intensa crítica na doutrina, a exemplo dos casos sobre adultério, suspensão do indiciamento criminal de promotor, limitações de instalações desportivas e o caso da venda de Soju.

Ao final, passamos ao Brasil, discorrendo sobre os casos nos quais a jurisdição constitucional exercida pela Suprema Corte fez menção ao direito à busca da felicidade. A conclusão, no caso brasileiro, é que até agora o que temos, em verdade, é o reconhecimento do direito à busca da felicidade como algo incorporado ao lado de outros fundamentos lançados nas decisões do Supremo Tribunal Federal.

O importante é a identificação constitucional do direito à busca da felicidade e o tratamento que a jurisdição constitucional lhe deu. A exemplo do que o século passado fez com a dignidade da pessoa humana, a busca da felicidade começa a se espalhar por várias Constituições mundo afora e, consequentemente, passa a ser alvo de consideração da jurisdição constitucional.

Daí a necessidade dos estudiosos se debruçarem sobre todas as premissas que cercam esse direito, numa tentativa de identificar exatamente de qual roupagem ele se reveste. Acreditamos que o que a dignidade da pessoa humana representou para as discussões constitucionais no século XX, a felicidade representará no século XXI. Além do direito a uma existência digna, a humanidade tem o direito de ter uma existência feliz.

Apresentamos um teste ao conceito de direito à felicidade na sua matriz positiva, ou seja, a necessidade de o Estado atuar de modo a ajudar as pessoas a realizarem seus projetos racionais de realização de preferências ou desejos legítimos. Não basta a ausência de interferências estatais. O Estado precisa criar instrumentos (políticas públicas) que contribuam para as aspirações de felicidade das pessoas, municiado por elementos informacionais a respeito do que é importante para a comunidade e para o indivíduo. O teste foca em um tipo de intervenção estatal: o direito à saúde. Trabalhamos o caso dos trata mentos aos soropositivos.

Realizamos testes quanto ao conceito de vedação a prazeres sádicos. Guiado pelo princípio da dignidade da pessoa humana e pela matriz teórica de Stuart Mill (que tem inspiração aristotélica), o capítulo aborda julgamentos realizados pelo Supremo Tribunal Federal, nos quais a Corte traçou distinções entre tipos de prazeres. Falamos dos casos "Briga de Galos" e "Farra do Boi".

Tratamos do direito à felicidade como liberdade. Ele também se guia pela matriz teórica de Stuart Mill e trata de seus conceitos submetendo-os aos testes em dois julgamentos realizados pelo Supremo Tribunal Federal: o plebiscito da divisão do Estado do Pará e a Marcha da Maconha.

O capítulo seguinte traz como pergunta inicial: diante de uma aparente colisão de direitos fundamentais, pode, o julgador, estabelecer como telos da decisão a ser proferida, a maximização da felicidade coletiva? Se sim, seria esse um critério confiável? Haveria racionalidade nele? Em que ele se distinguiria da ideia de proporcionalidade ou razoabilidade? A partir desses questionamentos começamos a compreender o fenômeno da colisão de bens e o fizemos seguindo o marco teórico de Robert Alexy.

Em seguida, passamos a explicar de que forma a felicidade pode ser utilizada como telos para alcançar a melhor resposta diante dessa colisão. Para ilustrar os ensinamentos teóricos, optamos por testar as premissas apresentadas no julgamento da constitucionalidade das políticas de cotas para ingresso nas instituições públicas de ensino superior. Também abordamos os argumentos utilitaristas empregados na jurisdição constitucional com a construção da jurisprudência dos crimes de bagatela. Fizemos o mesmo com a Marcha da Maconha e com o caso relativo às uniões homoafetivas. Percebemos que o que se convencionou chamar de ponderação pelo critério de proporcionalidade e razoabilidade, na verdade não passa da utilização de raciocínios utilitaristas.

O último capítulo aborda tema que não é de exclusiva utilização da jurisdição constitucional. Ele fala dos critérios para mensuração da indenização em razão de danos e, nesse particular, introduz o conceito de danos hedônicos e, no Brasil, de danos existenciais nas relações de trabalho.

É importante destacar que não apresentamos um capítulo tão denso, quanto a esse assunto, como fizemos nos demais. Tanto pelo fato da escassez de literatura nacional a respeito, como pela presença tímida do tema na jurisdição estrangeira, não tivemos combustível para abordar o assunto com extensão. Todavia, não podemos dizer que não o fizemos com profundidade. A investigação se concentrou nos referenciais jurisprudenciais e teóricos norte-americanos. E, ao arrastar a ideia para o Brasil, tentamos formular indagações quanto ao ordenamento e jurisprudência nacionais.

Apontamos, na introdução do trabalho, a pretensão de realizar uma investigação geral que, confirmada, tornaria necessárias algumas investigações específicas. A investigação geral consistiu em identificar se a felicidade se relaciona com o constitucionalismo moderno. A essa relação demos o nome de "conexões". "Há 'conexoes' entre a felicidade e o constitucionalismo moderno?" – indagamos.

O trabalho parece ter provado que não só há essas conexões como, em verdade, o constitucionalismo moderno nasceu pretendendo assegurar a todos a felicidade e, mais do que isso, concretizar um projeto de felicidade coletiva.

Portanto, a felicidade é a razão de ser de grandes revoluções constitucionalistas, a exemplo da Revolução Norte-Americana e da Revolução Francesa. Concluímos também que o Brasil não passou à margem dessas aspirações. Em 1822, por ocasião do grito de independência, tivemos o Príncipe se valendo de suas competências para convocar uma Assembleia Nacional e, para tal, afirmando ser a sua intenção assegurar a felicidade do Reino. Como vimos, Thomas Jefferson se correspondia e se encontrava furtivamente com brasileiros tentando fazer brotar aqui os ideais da revolução norte-americana cujo mote era assegurar o direito à busca da felicidade.

Além de encontrarmos conexões entre o constitucionalismo moderno e a felicidade, verificamos a existência de consequências decorrentes dessa relação.

Percebemos que a filosofia se dedicou desde sempre a decifrar os mistérios da busca pela felicidade, chegando a criar escolas específicas cuja finalidade era refletir a respeito, a exemplo do epicurismo. Também os filósofos clássicos, como Sócrates, Platão e Aristóteles se dedicaram a estudá-la. Não seria exagero concluir que a filosofia, enquanto busca pela sabedoria, muitas vezes se confundia com a própria busca pela felicidade. Ficou claro que não teríamos conseguido marchar em direção às conclusões específicas do trabalho se não tivéssemos recorrido às doutrinas filosóficas que se mostraram incrivelmente atuais.

Outra conclusão importante alcançada pelo trabalho foi quanto ao utilitarismo. Após conhecermos as bases teóricas dessa escola e investigar detalhadamente as suas raízes e desenvolvimento, percebemos ser possível fazer uma releitura de suas propostas, aliando-as com o constitucionalismo contemporâneo e, principalmente, com a ideia dos direitos fundamentais. Dessa forma, pudemos encontrar em Stuart Mill a calibração necessária ao Utilitarismo, propiciando que ele se alie aos direitos fundamentais quando o julgador estiver diante de casos submetidos à jurisdição constitucional. Ilustramos essa possibilidade com o julgamento de casos pelo STF.

A partir desse momento, o trabalho passou a dialogar com múltiplas conexões entre o constitucionalismo moderno e a felicidade, a exemplo da possibilidade de empregar raciocínios utilitaristas como telos diante da aparente colisão entre direitos fundamentais. Essa era uma possibilidade que não tínhamos em mente e que só surgiu após a maturação dos conhecimentos acerca do Utilitarismo.

As informações foram suficientes a embasarem a existência de um direito à felicidade, que se apresenta de formas variadas, seja como direito à busca da felicidade (visão liberal), como bem-estar objetivo (visão positiva), vedação do estímulo a prazeres sádicos ou, mesmo, felicidade como telos da decisão judicial.

Partindo para a judicialização do direito à busca da felicidade, concluímos que esse direito começa a ganhar musculatura na jurisdição, nacional e estrangeira, mas que ainda necessita de maiores pesquisas a identificarem exatamente o seu campo de ação e a roupagem da qual se reveste. No Brasil, percebemos que ele tem sido invocado em muitos casos, mas jamais como fundamento único da decisão a ser tomada, sempre aparecendo como argumento de reforço das ideias concebidas, mas aliado a outros fundamentos de expressa previsão constitucional.

Essa conclusão foi importante porque afastou o fetichismo que girava em torno dessa discussão, com uma espécie de pânico por parte dos críticos da jurisdição constitucional receosos que a Suprema Corte brasileira passasse a decidir casos complexos invocando o direito à busca da felicidade para se esquivar do dever de fundamentar a decisão de maneira consistente.

Outra conclusão auspiciosa consistiu em, por meio da análise de inúmeras pesquisas nacionais e internacionais, perceber que já há instrumental suficiente a aferir qual a percepção das pessoas quanto ao que as fazem felizes. Uma das respostas aponta o exercício pleno dos instrumentos da democracia direta. Outra, fala do respeito às minorias. Questões interessantes aparecem quanto ao divórcio, desemprego, corrupção, educação e saúde. Todas essas estatísticas podem ilustrar o processo de tomada de decisão do julgador na órbita da jurisdição constitucional, não somente caso ele queira empregar conjecturações consequencialistas, mas para formar sua convicção acerca da consagração do bem comum no momento de proferir o seu juízo de valor. Essa parte do trabalho conclui que as pesquisas sobre a felicidade já são uma realidade e que estão ao inteiro dispor dos julgadores quando da tomada de decisões.

Também pudemos notar que os economistas têm voltado suas pesquisas para a felicidade e as têm dirigido às políticas públicas. Ao nos dedicarmos às pesquisas sobre a felicidade dos povos, concluímos que não resiste a testes a premissa de que é impossível conferir elementos universais à felicidade capazes de conferir-lhe o caráter de uma teoria. Mesmo a neurociência trouxe luzes e lucidez a esta discussão. Submetendo-se a felicidade a exames científicos obtém-se seu caráter universal. Por meio de experiências é possível identificar as principais características da felicidade, mensurá-la e compará-la com os níveis de felicidade de outras pessoas. É uma teoria.

O trabalho alcançou ainda uma resposta curiosa no que diz respeito à Constituição Federal de 1988. Concluiu-se que ela não só abraça o projeto constitucional de felicidade iniciado com as revoluções norte-americana e francesa como também intensifica essa meta ao espalhar por vários campos do texto constitucional a necessidade de preocupação com a felicidade das pessoas, seja na ordem social, com os idosos, com os índios, com o desenvolvimento urbano, a propriedade rural e até mesmo com o mercado.

CONCLUSÃO

A atualidade da Constituição Federal de 1988 pode ser percebida ao adotar a expressão "bem-estar" em vez de felicidade, prática verificada entre os economistas contemporâneos e a doutrina especializada no assunto.

Dando continuidade às nossas conclusões, chegamos a alertar para o risco do desenvolvimento de um paternalismo autoritário por meio da utilização incriteriosa da teoria da felicidade. O exemplo veio do Reino do Butão, que, nada obstante tenha alçado a felicidade como razão de ser do Estado e, também, tenha experimentado um crescimento em todos os indicadores sociais de relevo, o fez às custas do desrespeito aos direitos das minorias, fragilizando, assim, o seu discurso libertador, e deixando claro que a teoria da felicidade também pode servir de instrumento de justificação de decisões autoritárias que se afastam de todas as premissas integrantes da nossa teoria.

Outra conclusão que obtivemos acerca da investigação quanto às conexões entre a teoria da felicidade, o constitucionalismo e a jurisdição constitucional, é que uma vez contemplada pelas Constituições, explícita ou implicitamente, a felicidade, ou a sua busca, assume um viés normativo, não sendo possível lhe negar existência. Assim, a jurisdição constitucional passa a conferir um caráter substancial ao direito à felicidade não o vendo como mero exercício retórico ou um ideal político desprovido de eficácia. O direito à felicidade deixaria de ser um compromisso filosófico cujo fundamento de validade estaria no Direito Natural. O direito pode promover a felicidade e a Constituição e a jurisdição constitucional são fundamentais nisso. Ao concluir dessa forma, promovemos um reencontro entre as raízes do constitucionalismo moderno e o constitucionalismo contemporâneo.

Por fim, abordamos a questão dos danos hedônicos, possibilidade de indenização em termos pecuniários decorrentes da imposição de danos que retiram da vítima a felicidade com o gozo da vida. Também falamos dos danos existenciais.

Portanto, podemos apontar as seguintes conclusões quanto a este trabalho:

- ✓ O constitucionalismo moderno, marcado pelas revoluções norte-americana e francesa, alçou a felicidade pública como sua meta, influenciando, com essa bandeira, a independência do Brasil e seus primeiros documentos constitucionais, que também eram profundamente marcados pela teoria da felicidade.

- ✓ A filosofia oferece um marco teórico forte no que diz respeito à formatação da teoria da felicidade e sua aliança contemporânea com o constitucionalismo.
- ✓ O movimento utilitarista, outrora relegado ao ocaso em razão das suas falhas no que diz respeito aos direitos naturais, pode ser submetido a uma calibração, desde que suas ideias – especialmente as de John Stuart Mill –, transitem sob a nuvem dos direitos fundamentais, sendo possível utilizá-lo como elemento informacional disponibilizado ao julgador no momento de proferir uma decisão no âmbito da jurisdição constitucional.
- ✓ As pesquisas sobre a felicidade dos povos têm mostrado realidades que não podem estar afastadas do constitucionalismo. As impressões da sociedade sobre democracia, minorias, saúde, corrupção, religião, desemprego, divórcio e muitos outros campos da vida, devem contar com a consideração e respeito da jurisdição constitucional, que, a cada dia, passa a tomar decisões mais impactantes no bem-estar da sociedade.
- ✓ A teoria da felicidade não pode ser utilizada de forma incriteriosa como justificativa de decisões autoritárias que ao invés de ouvir as impressões dos cidadãos acerca da felicidade, passa a impor suas próprias ideias sobre o que faz cada pessoa mais feliz. A experiência do Reino do Butão e na África do Sul, além de alguns episódios na América Latina são ilustrativos.
- ✓ O direito à busca da felicidade tem sido confrontado nos tribunais, a exemplo do que ocorreu nos Estados Unidos, na Coreia do Sul e no Brasil. Trata-se de mais do que um obter dictum, passando a compor a ratio decidendi de importantes casos apreciados pela jurisdição constitucional.
- ✓ Alguns julgamentos ocorridos no âmbito da jurisdição constitucional brasileira têm usado a nomeclatura proporcionalidade e razoabilidade para justificar a tomada de decisão quando a Corte está diante de uma aparente colisão de bens. Todavia, muitas vezes o que se faz é um emprego de ideias utilitárias, como se deu no julgamento sobre as uniões homoafetivas, das políticas de cotas e na construção da jurisprudência dos crimes de bagatela.
- ✓ A teoria da felicidade oferece um novo critério de mensuração de danos impostos às pessoas nas suas relações, os danos hedônicos,

que, suplantando a ideia inicial de danos morais, tenta compensar a pessoa pela perda da felicidade com o gozo da vida em razão de danos injustamente suportados.

Essas são, portanto, as primeiras conclusões. Não fechamos a porta, contudo, para que novas impressões surjam à medida que os debates se intensifiquem e que o trabalho seja submetido à crítica pública. Sempre que novas impressões, pela sua consistência, contarem com a nossa atenção, poderemos retomar as linhas teóricas apresentadas no trabalho e promover releituras que, inevitavelmente, podem nos dirigir para conclusões mais refinadas. De todo modo, até aqui, essas são, de fato, as nossas conclusões.

# REFERÊNCIAS

ACKERMAN, Bruce. Nós o povo soberano: fundamentos do direito constitucional. Tradução: Mauro Raposo de Mello. Belo Horizonte: Del Rey, 2006.

ALEXY, Robert. Teoria dos direitos fundamentais. Tradução: Virgílio Afonso da Silva. São Paulo: Malheiros Editores, 2006.

APPIO, Eduardo. Controle difuso de constitucionalidade: modulação dos efeitos, uniformização de jurisprudência e coisa julgada. Juruá, 2009.

ARISTÓTELES. A política. Tradução: Roberto Leal Ferreira. São Paulo: Martins Fontes, 2006.

__. Ética a Nicômano. Traduções, textos adicionais e notas: Edson Bini. Bauru: Edipro, 2009.

ARMITAGE, David. Declaração de independência: uma história global. Tradução: Angela Pessoa. São Paulo: Companhia das Letras, 2011.

ARMSTRONG, David. Revolution and world order: the revolutionary state in international society (Oxford, 1993).

AUSTIN, John. 1832. The province of jurisprudence determined. W. Rumble (ed.), Cambridge: Cambridge University Press, 1995.

BARROSO, Luís Roberto. O controle de constitucionalidade no direito brasileiro: exposição sistemática da doutrina e análise crítica da jurisprudência. São Paulo: Saraiva, 2008.

BECCARIA, Cesare. Dos delitos e das penas. São Paulo: RT, 1999. BENTHAM, Jeremy. An introduction to the principles of morals and legislation (1780/89), Ed. J. H. Burns e H. L. A. Hart, Intro, F. Rose (Oxford, 1996).

__. Dissertations and discussions political, philosophical, and historical, 2 vols. Nova York: Haskell House, 1973.

__. Introduction to the principles of morals and legislation, 1789, Ed. J. H. Burns, H. L. A. Hart. London, Athlone Press.

__. Nonsense upon Stilts (1792), Bentham, rights, representation, and reform: Nonsense upon Stilts and other writtings on the french revolution. Ed. Philip.

__. The correspondence of Jeremy Bentham, Ed. Ger. Tomothy L. S. Sprigge, 12 volumes até o presente (Londres e Oxford, 1968-), v. I.

__. The philosophy of economic science, Jeremy Bentham´s Economic Writings 81, 115-6 (W. Stark [org] 1952);

BERLA, Edward P. Hedonic damages and personal injury: a conceptual approach, J Forensic Economics (1990).

BIDWELL, John. Printers supplies and capitalization. In: Hugh Amory e David D. Hall, Eds. A history of the book in America, I: The colonial book in the atlantic world (Cambridge, 2000).

BOK, Derek. The politics of happiness: what government can learn from the new research on well-being. Princeton: Princeton University Press, 2010.

BOK, Sissela. Explorando a felicidade: de Aristóteles à neurociência. Tradução: Patrícia Azevedo. Rio de Janeiro: Tinta Negra, 2012.

BONAVIDES, Paulo. Do estado liberal ao estado social. São Paulo: Malheiros Editores, 2009.

__. Teoria do estado. São Paulo: Malheiros, 2008.

BOSCH, Philippe van den. A filosofia e a felicidade. Tradução: Maria Ermanita Galvão. São Paulo: Martins Fontes, 1998.

BOYER, Jean-Baptiste. Marquis d'Argens. Sur la vie hereuse (On the happy life).

BUKOVANSKY, Mlada. Legitimacy and power politics: the american and freench revolution in international political culture (Princeton, 2002).

BULOS, Uadi Lammêgo. Curso de direito constitucional. São Paulo: Saraiva, 2009.

CANOTILHO, J. J. Gomes. Direito constitucional e teoria da constituição. Coimbra: Edições Almedina, 2010.

CÍCERO (Marco Túlio Cícero) (1961) De finibus bonorum et malorum (On the boundaries of good and bad). Tradução: H. Rackham. Cambridge, MA, Harvard University Press, I.32.

__. A virtude e a felicidade. Tradução: Carlos Ancêde Nougué. São Paulo: Martins Fontes, 2005.

CLÈVE, Clèmerson Merlin. Fiscalização abstrata de constitucionalidade no direito brasileiro. São Paulo: Revista dos Tribunais, 2000.

COHEN, Martin. Casos filosóficos. Tradução: Francisco Innocêncio. Ilustrações: Raúl Gonzáles. Rio de Janeiro: Civilização brasileira, 2012.

COMTE-SPONVILLE, André; DELUMEAU, Jean; FARGE, Arlette (La plus belle histoire du bonheur). A mais bela história da felicidade: a recuperação da existência humana diante da desordem do mundo. Tradução: Edgard de Assis Carvalho, Mariza Perassi Bosco. Rio de Janeiro: Difel, 2010.

COSTA, Emília Viotti da. Da monarquia à república: momentos decisivos. 9ª ed. São Paulo: Editora Unesp, 2010.

CUMBERLAND, Richard, 1631-1718. De legibus naturae. English A treatise of the laws of nature; translated, with introduction and appendix by John Maxwell (1727); edited and with a foreword by Jon Parkin, I.4.

DARWALL, Stephen (1995). The british moralist and the internal "ought": 1640-1740. Cambridge, Cambridge University Press.

DESCARTES, René. The philosophical writings of Descartes, 261. v. 2. Translated by: John Cottingham, University of Reading.

DIAS, Maria Cristina Longo Cardoso. A ampliação do espaço da moral no utilitarismo de John Stuart Mill: uma comparação com a moral do utilitarismo de Bentham. Defendida dia 18 de agosto de 2011, na Faculdade de Filosofia, Letras e Ciências Humanas.

DIMOULIS, Dimitri; MARTINS, Leonardo. Teoria geral dos direitos fundamentais. São Paulo: Editora Revista dos Tribunais, 2009.

DONAGAN, Alan. Is there a credible form of utilitarianism? In: Contemporary Utilitarianism 187, 188 (Michael D. Bayles [Org.], 1968).

DOUGLAS, Frederick. My bondage and my freedom, 1855. Douglas Autobiographies (The Library of America, 1994).

DWORKIN, Ronald. A justiça de toga. Tradução: Jefferson Luiz Camargo. Revisão da tradução: Fernando Santos. Revisão técnica: Alonso Reis Freire. São Paulo: Editora WMF Martins Fontes, 2010.

__. A virtude soberana: a teoria e a prática da igualdade. Tradução: Jussara Simões. Revisão técnica e da tradução: Cícero Araújo, Luiz Moreira. São Paulo: Martins Fontes, 2005.

__. O direito da liberdade: a leitura moral da constituição norte-americana. Tradução: Marcelo Brandão Cipolla. São Paulo: Martins Fontes, 2006.

DU CHÂTELET, Gabrielle Emilie Tonnerlier de Breteuil, Marquêsa. Discurso sobre a felicidade. Tradução: Marina Appenzeller. São Paulo: Martins Fontes, 2002.

EASTERLIN, Richard A. Does economic growth improve the human lot? Some empirical evidence. University of Pennsylvania, 1974.

ECKARDT, Ursula M. Von. The pursuit of happiness in the democratic creed: an analysis of political ethics (Nova York: Frederick Praeger, 1959).

EDGEWORTH, F. Y. Mathematical psychics. Londres, 1888. EPICURO. Carta sobre a felicidade. Tradução: João Forte. Lisboa: Biblioteca Editores Independentes.

FERRAZ, Tércio Sampaio Jr. Introdução ao estudo do direito: técnica, decisão, dominação. São Paulo: Atlas, 2010.

FIGUEIREDO, Marcelo. Direito constitucional: estudos interdisciplinares sobre federalismo, democracia e administração pública. Belo Horizonte: Fórum, 2012. O caráter contramajoritário do poder judicial – o caso Marbury vs. Madison – Uma preocupação sobretudo norte-americana?

__. Teoria geral do estado. São Paulo: Atlas, 2009.

FOURIER, Charles. Théorie dês quatre mouvements et dês destinées générales. Theory of the four movements. Gareth Steadman Jones e Ian Patterson (Orgs.). Cambridge University Press, 1996.

FRANCK, Thomas M. Political questions: judicial answers. Princeton, New Jersey: University Press, 1992.

FREUD, Sigmund (2005) Civilization and its discontents (Unbehagen in der Kultur, 1930). Ed. James Strachey. New York, Norton.

FREY, B. S.; STUTZER, A. Happiness prosper in democracy, Journal of Happiness Studies (2000).

__. Political participation and procedural utility. European Journal of Political Research (2006).

__. The economics of happiness. Princeton and Oxford: Princeton University Press, 2002.

GABLER, James M. Passions: The wines and travels of Thomas Jefferson (Baltimore, 1995).

GARRATY, John A. e Mark C. Carnes, Eds, ger., American National Biography, 24 vols. (Nova York, 1999), VII.

GODOY, Arnaldo Sampaio de Moraes. Direito constitucional comparado. Porto Alegre: Sergio Antonio Fabris Ed., 2006.

GOETHE. Divã ocidental-oriental, VIII, 7.

GOFF, Frederick R. The John Dunlap broadside: the first priting of the declaration of independence (Washington, 1976).

GOMES, Laurentino. 1822: Como um homem sábio, uma princesa triste e um escocês louco por dinheiro ajudaram D. Pedro a criar o Brasil, um país que tinha tudo para dar errado. Rio de Janeiro: Nova Fronteira, 2010.

GRAHAM, Carol. O que nos faz felizes por esse mundo fora. Tradução: Michelle Hapetian e revisão de Alice Soares. Alfragide: Texto Editores, 2011.

__. The pursuit of happiness: an economy of wellbeing. Brookings Institution Press, 2011.

GRAU, Eros Roberto. Ensaio e discurso sobre a interpretação/aplicação do direito. São Paulo: Malheiros Editores, 2009.

GREEN, Duncan. Da pobreza ao poder: como cidadãos ativos e estados efetivos podem mudar o mundo. Tradução: Luiz Vasconcelos. São Paulo: Cortez; Oxford: Oxfam International, 2009.

HAMILTON, Alexander; JAY, John; MADISOM, James. O federalista. Tradução: Ricardo Rodrigues Gama. Campinas: Russell Editores, 2005.

HARRISON, Jonathan. Utilitarianism, universalization, and our duty to be just. Proceedings of the Aristotelian Society, v. 53 (1952-1953)

HARROD R. F. Utilitarianism revised, Mind, v. 45 (1936).

HART, H. L. A. The United States of America. In: Hart, Essays on Bentham: jurisprudence and political theory (Oxford, 1982). HAYEK, Friedrich A. Law, legislation, and liberty, v. II, The Mirage of Social Justice: A new statement of the liberal principles of justice and policial economy, (1976). The University of Chicago Press. HEGEL, G. W. F. (1990) Encyclopedia of the philosofical sciences in outline (1817). Tradução: Steven A. Taubenek. New York, Continuum, § 396.

HOBBES, Thomas (1994) Leviathan [1651]. Ed. Edwin Curley. Indianapolis/Cambridge, MA, Hackett.

HOBSBAWN, Eric J. A era das revoluções, 1789-1848. Tradução: Maria Tereza Teixeira e Marcos Penchel. São Paulo: Paz e Terra.

HOLANDA, Sérgio Buarque de. Capítulos de história do império. Fernando A. Novaes (Org.). São Paulo: Companhia das Letras, 2010.

HOWELL, Wilbur Samuel. The declaration of independece and eighteenth-century logic. William and Mary Quartely, 3ª ser., 18 (1961).

HUGO, Victor. Os miseráveis. Tradução: Alexandre Boide. São Paulo: Coleção: L&PM Pocket, 2012.

HUTCHESON. An inquiry concerning moral good and evil (1725). HUME, David. A treatise of human nature (1739).

__. An enquiry concerning the principles of morals (1751). INGLEHART, Ronald et al. Development, freedom, and rising happiness – a global perspective (1981-2007). In: Perspectives on Psychological Science (2008), p. 271.

JEFFERSON, Thomas. Basic writings. The theological and liscellaneous works of Joseph Priestley 13 ( John Towill Rutt (Org.), 1832.

JOHNSON, Paul. A history of the american people. New York, 1997, HarperCollins Publishers.

JONES, Howard Mumford. The pursuit of happiness. Ithaca, NY: Cornell Univ. Press, 1953.

JOUANNET, Emmanuelle. Le droit international libéral-providence: Une histoire du droit international, Bruylant, 2011 (Collection de droit international, nº 69). Capítulo V, La finalité providentialiste du droit des gens moderne: Bonheur des peuples et perfectionnement des États.

JÚNIOR, Dirley da Cunha. Curso de direito constitucional. Salvador: JusPodivm, 2009.

KAHNEMAN, D., DIENER, E.; SCHWARZ, N. (Eds.) Wellbeing: the foundations of hedonic psychology. New York, Russell Sage Foundation, 1999.

KAHNEMAN, D., KRUEGER, A. B. Developments in the measurement of subjective wellbeing. Journal of Economic Perspective 20(1) Winter, 2006.

KANT, Immanuel (1956) Critique of practical reason. Tradução: Lewis White Beck. Indianapolis, Bobbs-Merril, V.

__. Crítica da razão prática. Tradução baseada na edição original de 1788, com introdução e notas de Valerio Rohden. São Paulo: Editora WMF Martins Fontes, 2011.

KELLER, Linda M. The american rejection of economic rights as human rights & the declaration of independence: does the pursuit of happiness require basic economic rights? (2003) 19 N.YL. Sch. J. Hum. Rts. 557.

KELSEN, Hans. A democracia. São Paulo: Martins Fontes, 2000.

__. Jurisdição constitucional. São Paulo: Martins Fontes, 2007.

__. O problema da justiça. Tradução: João Baptista Machado. São Paulo: Martins Fontes, 2003.

__. O que é Justiça?: a justiça, o direito e a política no espelho da ciência. Tradução: Luís Carlos Borges. São Paulo: Martins Fontes, 2001.

KREIMENDAHL, Lothar (Org.). Filósofos do século XVIII: uma introdução. Tradução: Dankwart Bernsmüller. Coleção História da Filosofia. São Leopoldo: Unisinos, 2006.

__. Filósofos do século XVIII: uma introdução. Tradução: Dankwart Bernsmüller. Coleção História da Filosofia. São Leopoldo: Unisinos, 2007.

LAÉRCIO, Diógenes (1925). Lives of the philosophers. Tradução: R. D. Hicks, Ed. Ver. Cambridge, MA, Harvard University Press, II.88.

LAYARD, Richard. Felicidade: lições de uma nova ciência. Tradução: Maria Clara de Biase W. Fernandes. Rio de Janeiro: BestSeller, 2008.

LEFEBVRE, Georges. 1789. O surgimento da revolução francesa. Tradução: Cláudia Schiling. Rio de Janero: Paz e Terra, 1989.

LEWIS Jan. Happiness. In: Jack P. Green e J. R. Pole (Orgs.). The blackwell encyclopedia of the american revolution (Cambridge, Inglaterra: Blackwell, 1994).

LIM, Jibong. Pursuit of happiness clause. In: Korean Constitution Journal of Korean Law, v. 1, nº 2, 2001.

LIMA, Oliveira. O movimento da independência. 6ª ed. Rio de Janeiro: Topbooks, 1997.

LINCOLN, Abraham. Speech at Springfield, Illinoi (26 de junho de 1857). In: The Collected Works of Abraham Lincoln, Ed. Roy P. Basler, 9 vols. (New Brunswick, NJ, 1953-1955), II, p. 406.

LOEWENSTEIN, Karl. Teoria de la constitución. Barcelona: Ariel, 1976.

LOCKE, John (1963) A commom-place Book to the Holy Bible.

__. An essay concerning human understanding. Ed., introd. Peter H. Nidditch. Oxford, Clarendon Press, II. xxi §47.

LONG, Douglas. J. Bentham on Liberty: Jeremy Bentham's idea of liberty in relation to this utilitarianism. Toronto, 1977.

LUCRÉCIO (1975) De rerum natura (On the nature of things). Tradução: W. H. D. Rouse, ver. M. F. Smith. Cambridge, MA, Harvard University Press, Livro 1.

MABBOTT J. D. Punishment, Mind, v. 48 (1939).

MAIER, Pauline. American scripture: making the declaration of independence (Nova York: Vintage, 1997).

MAUS, Ingeborg. O judiciário como superego da sociedade. Tradução: Geraldo de Carvalho e Gercélia Batista de Oliveira Mendes. Rio de Janeiro: Editora Lumen Juris, 2010.

MAUZI, Robert. L'idèe du bonheur au XVIII siècle (Librairie Armand Colin).

__. Maintenant sur ma route. Paradigme Edition, 1995. MAXWELL, Kenneth R. A devassa da devassa: a inconfidência mineira, Brasil – Portugal, 1750-1808; Tradução: João Maia. São Paulo: Editora Paz e Terra S/A, 2010.

MENDES, Gilmar Ferreira. Jurisdição constitucional. São Paulo: Saraiva, 2005.

__. COELHO, Inocêncio Mártires; BRANCO, Paulo Gustavo Gonet. Curso de direito constitucional. São Paulo: Saraiva, 2007.

MILL, John Stuart. Autobiography (1873). New York: P.F. Collier & Son Company, 1909-14.

___. A sujeição das mulheres. Coimbra: Almedina, 2006.

___. Considerations on representative government. Ed. C. V. Shields. Indianapolis/Nova York, Bobbs-Merrill.

___. Sobre a liberdade. Lisboa: Edições 70, 2010.

___. Utilitarianism (1863). Edited by Roger Crisp. Oxford: Oxford University Press, 2004.

MONTAIGNE, Michel de. The complete essays (Penguin Classics) [Paperback]. M. A. Screech (Editor, Translator, Introduction).

MOTA, Carlos Guilherme. 1789-1799: a revolução francesa. São Paulo: Perspectiva, 2007.

MULGAN, Tim. Utilitarismo. Tradução: Fábio Creder. Petrópolis: Vozes, 2012.

___. Líderes e discursos que revolucionaram o mundo. Cambridge Editorial Partnership. Tradução: Mayara Fortin e Renato D'Almeida. São Paulo: Universo dos Livros, 2012.

NIETZSCHE, Friedrich Wilhelm. A gaia ciência. tradução Paulo César de Souza. 1ª ed. São Paulo: Companhia das Letras, 2012.

___. Beyond good and evil. In: Basic writings of Nietzsche. Tradução: Ed. Walter Kaufmann. New York, Random House, § 200.

NUSSBAUM, Martha C. Who is the happy warrior? Philosophy poses questions to psychology. The Journal of Legal Studies, v. 37, nº S2, Legal Implications of the New Research on Happiness. The University of Chicago Press.

NEVES, Marcelo. A constitucionalização simbólica. São Paulo: WMF Martins Fontes, 2007.

OSWALD, Andrew and Powdthavee Nattavudh. Does happiness adapt? A longitudinal study of disability with implications for economists and judges, Mimeo, University of Warwick (2005).

OWEN, Robert. The book of the new moral world, parte IV.

PALMER, R. R. The age of the democratic revolution, 2 vols. (Princeton, 1959-1964).

PLATÃO. O banquete. Tradução, apresentação e notas: Edson Bini. São Paulo: Edipro, 2012.

PLATO. The tragedy and comedy of life: Plato's Philebus. Translated and with commentary by Seth Bernadete.

PLUQUET, Abbé. De la sociabilité (Chez Barrois, 1767).

PIGOU, A. C. The economics of welfare. Londres, Macmillian, 1920. POPE, Alexander. An essay on man. In: The poems of Alexander Pope. John Butt (Org.). Yale University Press, 1963, Epistle IV, 536.

POSNER, Richard. A economia da justiça. Tradução: Evandro Ferreira e Silva. Revisão da tradução: Aníbal Mari. São Paulo: Editora WMF Martins Fontes, 2010.

___. A problemática da teoria moral e jurídica. Tradução: Marcelo Brandão Cipolla. São Paulo: Editora WMF Martins Fontes, 2012. RAWLS, John. Justiça e democracia. Tradução Irene

A. Paternot. São Paulo: Martins fontes, 2000.

__. Uma teoria da justiça. Nova tradução baseada na edição americana revista pelo autor, Jussara Simões. Revisão técnica e da tradução: Álvaro de Vida. 3ª ed. São Paulo: Martins Fontes, 2008.

__. O direito dos povos. Tradução: Luís Carlos Borges. Revisão técnica: Sérgio Sérvulo da Cunha. São Paulo: Martins Fontes, 2001.

REALE, Miguel. Fundamentos do direito. 3ª ed. São Paulo: Editora Revista dos Tribunais, 1998.

RESENDE, André Lara. Os limites do possível: a economia da conjuntura. São Paulo: Portfólio-Penguin, 2013.

ROBSON, John M. (Org.). Autobiography. Londres: Penguin, 1989. RODGERS, Gregory. Estimating jury compensation for pain and suffering in product liability cases involving nonfatal personal injury, 6 J Forensic Economics 251 (1993).

RODRIGUES, José Honório. Independência: revolução e contrarrevolução. Rio de Janeiro: F.Alves, 1975.

RODRIGUES. Silvio. Direito civil de acordo com o novo código civil. São Paulo: Saraiva. v. 4, 2002.

ROSS, Alf. Direito e justiça. Tradução: Edson Bini. Revisão técnica: Alysson Leandro Mascaro. Bauru: SP: Edipro, 2003.

ROUSSEAU, Jean Jacques. Confissões. Les confessions. Paris: Editions Garnier Frères, 1964.

RUFINO, André. Estrutura de direitos fundamentais: repensando a distinção entre regras, princípios e valores. São Paulo: Saraiva, 2009.

RUSSEL, Bertrand. The conquest of happiness. Nova York: Liveright, 1930.

SAGER, Lawrence. The Domain of Constitucional Justice. In: ALEXANDER, Lary (Coord). Constitucionalism: Philosophical Foundations, Cambridge: Cambridge University Press, 1998. SALMOND, John W. In precedents, statues, and analysis of legal concepts. Edited with an introduction by Scott Brewer. Garland Publishing, Inc. New York London 1998.

SANDEL. Justiça. O que é fazer a coisa certa. Tradução: Heloisa Matias e Maria Alice Máximo. Rio de Janeiro: Civilização Brasileira: 2011.

SARLET, Ingo Wolfgang. Dignidade da pessoa humana e direitos fundamentais na Constituição Federal de 1988. Porto Alegre: Livraria do Advogado, 2004.

SARMENTO, Daniel. O neoconstitucionalismo no Brasil: Riscos e possibilidades. In: Direitos fundamentais e estado constitucional: estudos em homenagem a J. J. Gomes Canotilho. George Salomão Leite, Ingo Wolfgang Sarlet (Coords.). São Paulo: Editora Revista dos Tribunais; Coimbra (Pt): Coimbra Editora, 2009.

SCHOFIELD, Catherine Pease-Watkin, and Cyprian Blamires (Oxford, 2002).

SCHOPENHAUER, Arthur. A arte de ser feliz: exposta em 50 máximas. Organização e ensaio de Franco Volpi. Tradução: Marion Fleischer, Eduardo Bandão, Karina Jannini. São Paulo: Martins Fontes, 2001.

SCHMITT, Carl. O guardião da Constituição. Tradução: Geraldo de Carvalho; coordenação e supervisão de Luiz Moreira. Belo Horizonte: Del Rey, 2007.

SELIGMAN, Martin. Felicidade autêntica: usando a nova psicologia positiva para a realização permanente. Tradução: Neuza Capelo. Rio de Janeiro: Objetiva, 2009.

SEN, Amartya. Desenvolvimento como liberdade. Tradução: Laura Teixeira Motta. Revisão técnica: Ricardo Doninelli Mendes. São Paulo: Companhia das Letras, 2010.

SÊNECA. Da vida feliz. Tradução João Forte. Lisboa: Biblioteca Editores Independentes, 2008.

SHAFFER, Andrew. Os grandes filósofos que fracassaram no amor. Tradução: Marcelo Barbão. São Paulo: Leya, 2012.

SHAFTESBURY. An inquiry concerning virtue and merit (1711). SIDWICK, Henry. The methods of ethics. 7ª ed. Londer, 1907.

__. Outlines of the history of ethics, 5ª ed. Londres, 1902.

SILVA, Alberto da Costa e. História do Brasil Nação: 1808-2010. Direção: Lilia Moritz Schwarcz. v. 1. Crise Colonial e Independência.

1808-1830. Rio de Janeiro: Fundação Mapre – Objetiva, 2011.

SMITH, Adam. Teoria dos sentimentos morais, ou, Ensaio para uma análise dos princípios pelos quais os homens naturalmente julgam a conduta e o caráter, primeiro de seus próximos, depois de si mesmos, acrescida de uma dissertação sobre a origem das línguas. Tradução:

Lya Luft. Revisão: Eunice Ostrensky. São Paulo: Martins Fontes, 1999.

STIGLITZ, J.; SEN, A e FITOUSI. Report by the Commission on the Measurement of Economic Performance and Social Progress, 2009. September, 2009.

SUNSTEIN, Cass R. Illusory losses. In law and happiness. The University of Chicago Press.

TAVARES, André Ramos. Curso de direito constitucional. São Paulo: Saraiva, 2008.

TABACCHI, Tina M. Hedonic damages. Ohio State Law Journal. [v. 52: 331].

TEILHARD DE CHARDIN, Pierre. Sur le bonheur, on happiness (Harper & Row, 1973).

THALER, Richard; SUNSTEIN, Cass. Nudge: o empurrão para a escolha certa: Aprimore suas decisões sobre saúde, riqueza e felicidade. Tradução: Marcello Lino. Rio de Janeiro: Elsevier, 2009.

TOCQUEVILLE, Alexis. A democracia na América: sentimentos e opiniões de uma profusão de sentimentos e opiniões que o estado social democrático fez nascer ente os americanos. Tradução: Eduardo Brandão. São Paulo: Martins Fontes, 2000.

__. A democracia na América: leis e costumes de certas leis e certos costumes políticos que foram naturalmente sugeridos aos americanos por seu estado social democrático. Tradução Eduardo Brandão. São Paulo: Martins Fontes, 2005.

TRIBE, Laurence; DORF, Michael. Hermenêutica constitucional. Tradução: Amarílis de Souza Birchal. Coordenação e supervisão de Luiz Moreira. Belo Horizonte: Del Rey, 2007.

URMSON, J. O. The interpretation of the philosophy of J. S. Mill, Philosophical Quarterly, v. 3 (1953).

VALADÉS, Diego (Org.). Conversas acadêmicas com Peter Häberle. Traduzido, do espanhol, por Carlos dos Santos Almeida. São Paulo: Saraiva, 2009.

VARENNES, Fernando. Constitutionalising discrimination in Bhutan: The emasculation of human rights in the Land of the Dragon. Asia-Pacific Journal on Human Rights and the Law 2: 47-76, 2008. Printed in the Netherlands.

VIEIRA, Oscar Vilhena. A Constituição e sua reserva de justiça. São Paulo: Malheiros, 1999.

VEENHOVEN, Ruut. Freedom and happiness: A comparative study in 44 nations in the early 1990s, 2000, em Diener e Suh, 2000.

VOLELLE, Michel. A revolução francesa: 1789-1799. Tradução: Mariana Echalar. São Paulo: Editora Unesp, 2012.

VOLTAIRE. Letter to M. le marquis de Florian, Verney (16 March 1774), from Oeuvres Complètes de Correspondance [Garnier frères, Paris, 1882, ed. Georges Bengesco], v. XVI, letter # 9067.

VIANNA, Luiz Werneck et al. A judicialização da política e das relações sociais no Brasil. Rio de Janeiro: Editora Revan, 1999.

VILLA, Marco Antônio. A história das Constituições brasileiras. São Paulo: Leya, 2011.

VISCUSI, W. Kip. Pain and suffering in product liability cases: systematic compensation or capricious awards? 8 Intl Review of Law and Economics 203 (1988).

WHITE, Nicholas. Breve história da felicidade. Tradução: Luis Carlos Borges. São Paulo: Edições Loyola. 2009.

WILLS, Garry. Inventing America: Jefferson's declaration of independence. Garden City: Doubleday, 1978.

Arendt, H (1951) *The Origins of Totalitarianism* (New York, NY)

Bilchitz, D (2015) *Poverty and Fundamental Rights. The Justification and Enforcement of Socio-Economic Rights* (New York, NY)

Biko, S (2015) *I Write What I Like: A Selection of His Writings* (Johannesburg)

Bok, D (2010) *The Politics of Happiness: What Government can Learn from the New Research on Wellbeing* (New Jersey, NJ)

Fourie, F (1990) "The Namibian Constitution and economic rights" *South African J on Human Rights* 6: 363-end p?

Friedrich, O (2001) "United no more" available at *http://content.time.com/time/magazine/article/0,9171,146510,00.html* (accessed 1 Mar 2016)

Junior, LH, Higginbotha, FM & Ngcobo, S (1990) "*De jure* housing segregation in the United States and South Africa: The difficult pursuit for racial justice" *University of Illinois LR* vol?: 764-878

Kaplan, RD (1996) *The Ends of the Earth: A Journey at the Dawn of the 21st Century* (New York, NY)

Landis, ES (1962) "South African apartheid legislation: Fundamental structure" *Yale LJ* 71: 1-52

Maseko, T (2008) "The drafting of the Constitution of Swaziland, 2005" *African Human Rights LJ* 8: 312--336

Read, JS (1979) "The new Constitution of Nigeria, 1979: 'The Washington Model?'" *J of African Law* 23 (2): 131--174

Varennes, F (2008) "Constitutionalising discrimination in Bhutan: The emasculation of human rights in the Land of the Dragon" *Asia-Pacific J on Human Rights and the Law* 2: 47-76

Verwoerd, HF (1961) *The Truth about South Africa* (Address by the Honourable Prime Minister of the Union of South Africa, Dr Verwoerd before the South Africa Club in the Savoy Hotel) (London, 17 March 1961)

Von Kraft-Ebing, R (1939) *Psychopathia Sexualis: A Medico-Forensic Study* (London)

# ÍNDICE

| | |
|---|---|
| AGRADECIMENTOS | 9 |
| SUMÁRIO | 13 |
| INTRODUÇÃO | 21 |
| 1. A FILOSOFIA E A FELICIDADE | 25 |
| 2. O UTILITARISMO NA SUA PRIMEIRA VERSÃO: JEREMY BENTHAM | 87 |
| 3. O UTILITARISMO REVISITADO: JOHN STUART MILL | 123 |
| 4. A FELICIDADE TESTADA: AS PESQUISAS SOBRE O BEM-ESTAR SUBJETIVO | 141 |
| 5. A DECLARAÇÃO DE INDEPENDÊNCIA DOS ESTADOS UNIDOS E A FELICIDADE | 155 |
| 6. A REVOLUÇÃO FRANCESA E A FELICIDADE | 191 |
| 7. A INDEPENDÊNCIA DO BRASIL E A FELICIDADE | 209 |
| 8. A DETURPAÇÃO DO DIREITO À FELICIDADE | 231 |
| 9. A DOGMÁTICA DO DIREITO À FELICIDADE: CONTEXTO | 259 |

10. DIREITO GERAL À FELICIDADE E SEUS DESDOBRAMENTOS ... 287

11. A JURISDIÇÃO CONSTITUCIONAL E O DIREITO À BUSCA DA FELICIDADE: A EXPERIÊNCIA SUL-COREANA ... 337

12. A JURISDIÇÃO CONSTITUCIONAL E O DIREITO À BUSCA DA FELICIDADE: A EXPERIÊNCIA NORTE-AMERICANA ... 345

13. A JURISDIÇÃO CONSTITUCIONAL E O DIREITO À BUSCA DA FELICIDADE: A EXPERIÊNCIA BRASILEIRA ... 355

14. DIREITO À FELICIDADE PÚBLICA (PARTICIPAÇÃO POPULAR) ... 363

15. DIREITO À BUSCA DA FELICIDADE (LIBERDADE) ... 367

16. O BEM-ESTAR OBJETIVO (DIREITOS SOCIAIS) ... 373

17. A VEDAÇÃO AOS PRAZERES SÁDICOS (DIGNIDADE DA PESSOA HUMANA) ... 379

18. A FELICIDADE COMO TELOS DA DECISÃO JUDICIAL (PONDERAÇÃO) ... 387

19. OLHANDO ALÉM DO HORIZONTE: DANOS HEDÔNICOS ... 431

CONCLUSÃO ... 441

REFERÊNCIAS ... 455